■李帆／主编

民國思想文叢

【古史辨派】

吴岩 李晓涛 编

長春出版社
全国百佳图书出版单位

图书在版编目（CIP）数据

古史辨派 / 吴岩，李晓涛. —长春：长春出版社，2013.1
（民国思想文丛）
ISBN 978－7－5445－2653－1

Ⅰ. ①古... Ⅱ. ①吴... ②李... Ⅲ. ①史学流派—研究—中国—民国 Ⅳ. ①K092

中国版本图书馆 CIP 数据核字（2012）第 274525 号

古史辨派

编　者：吴　岩　李晓涛
责任编辑：张耀民　胡　新
封面设计：大　熊

出版发行：長春出版社　　总编室电话:0431－88563443
发行部电话:0431－88561180　　邮购零售电话:0431－88561177
地　址：吉林省长春市建设街 1377 号
邮　编：130061
网　址：www. cccbs. net
制　版：吉林省久慧文化有限公司
印　刷：长春方圆印业有限公司
经　销：新华书店

开　本：787 毫米×1092 毫米　1/16
字　数：340 千字
印　张：23
版　次：2013 年 1 月第 1 版
印　次：2013 年 1 月第 1 次印刷
定　价：45.00 元

编辑说明

本书收录体现“古史辨派”基本思想主张的代表性作品。因古史辨派的形成、发展都与《古史辨》的汇编成册、出版发行密不可分，故而本集的作品从顾颉刚等人编撰的《古史辨》（全七册）中摘取。

在作品编选过程中，为尽量保持文章原貌，除对明显错字进行改动外，其余皆仍其旧。由于《古史辨》文章写就年代较早，某些语言习惯和外来词译法与今有异，外文存在不少讹误，出于忠实原文之考虑，未作改动，原文注释亦一并保留。文中标点均统一采用新式标点。如个别篇目有所删节，则以省略号标出。文中凡有损坏、缺漏或字迹不清者，则以□号表示；正字均以［ ］标明。每篇文章之后皆注明出处、发表年月及收录文集；若因初刊时间无从查考，则暂从文集出版年月。

我们力求搜罗最能代表古史辨派思想的作品，但囿于篇幅，仅能选编部分，难免有遗珠之憾。此外，把握这样一个与中国传统学术和西方现代思想皆有渊源的流派，我们深感力有不逮，舛误之处在所难免。还望读者批评指正，不吝赐教！

编 者

总 序

思想如何分类，向来是个难题。从古至今，人类思想呈现多姿多彩的面貌，每一种思想皆各有主旨，各具风采，特色鲜明，或可名之曰“家”，或可名之曰“派”，晚近则有“流派”之名。

在中国思想发展史上，有两个时期最引人注目，一个是先秦时期，一个是中华民国时期。先秦自不必说，诸子百家，各显其能，争鸣不已，异彩纷呈，形成中国思想史上的“轴心时代”，影响及于后世两千余年。民国思想虽未能再现“百家争鸣”的胜景，但亦具有明显的多元文化特征，思想家群体和思想流派甚多，思想文化论战此起彼伏，思想交锋异常激烈和复杂，而且实现了对中国固有思想传统的实质性的挑战与超越，形成一些新的思想、学说体系，整个思想界呈现一片繁荣景象。之所以如此，既在于晚清以来西学的大举进入，西方思想、学说与中国固有观念、学问的碰撞、交融，已使得相对单一的中国传统思想体系遭到极大冲击，乃至近于分崩离析，从而为民国时期多元思想、文化格局的出现奠定了基础；又在于形成于清末、壮大于民国的新式知识分子群体的出现，尤其是清末民初派遣出国的留学生在民国年间纷纷回国，成为新式知识分子群体中的中坚力量。所受教育的差异以及与各类集团、群体、势力的不同关联，使得他们形成相异的思想、文化理念，在当时各种矛盾纠葛交织的时代环境下，往往就中国政治、经济、文化、社会等各方面问题提出自身旗帜鲜明的主张，并引发激烈、复杂的论战与斗争；也在于民国北洋政府，尤其是后来的国民政府尽管实行文化专制主义政策，但因各种原因，还是给予思想家和学者一定的自由活动空间，允许各种思想观念、主张并存而且彼此展开争论；还在于民国时期社会空间的相对扩大，如大学、研究院等学术机构的建立与迅速发展，报刊、出版业的极大发达，社会舆论的相对自由，等等，为思想界精英结合成志趣相投的群体、自由地表达自己的思想主张提供了社会条件和现实可能性。正是在这些因素下，民国思想成为中国思想史上的一座高峰。

作为思想繁荣的表征之一，便是民国时期出现思想家群体和流派众多的景象。这些群体和流派主要分布在政治思想、文化思想、学术思想领域，此外在经济思想、社会思想、教育思想、科技思想内部也不乏各种流派。不同流派的思想家主张各异，或趋近于民族主义，或趋近于激进主义，或趋近于自由主义，或趋近于保守主义，不一而足；而且延续的时间也长短不一，有的起步于清末，进入民国后发扬光大，绵延数十载，有的仅在北洋政府时期或国民政府时期昙花一现，数年后无果而终。由于流派是个不易界定的概念，大家对之的认知不同，于是人们所认定的思想流派的存在方式也不全然一致，有的依托于同人报刊或出版物而存在，甚至一个刊物就会造就一个流派，如甲寅派、新文化派（或称新青年派）、现代评论派、学衡派、古史辨派、醒狮派、新月派、独立评论派、战国策派、观察派等；有的依托于某一机构、团体或党派而存在，如所谓北大派、南高派，以及乡村建设派、国家主义派等；有的仅仅因为主张趋同而被视为一派，如无政府主义派、科学派、玄学派、西化派、文化保守派等。就流派的划分界定而言，这些“派”并非完全处在同一层次，其中既有角度、性质之别，又有大小之分，还有人员、主张等的多重交叉，甚至是派中有派，如认同传统的文化保守派中又有东方文化派、本位文化派、现代新儒家等不同的思想派别存在。由于思想流派众多，思想文化论争也因而接连不断，如民国初年的孔教之争，“五四”时期的东西文化之争、白话与文言之争、科学与玄学之争，“五四”之后的中国社会性质论战、中国社会史论战，等等。故而民国时期成为继先秦之后，中国历史上思想文化论争最多的一个时期。

通过发布并实践自身的主张，这些流派在历史的关键时刻让国人听到了思想家们独到的声音。而且这样的声音在争鸣中成长壮大，日臻成熟，自成一体。无论其主张如何相左，但整体而言，大抵皆对中国社会走向现代化和整个国家走上富强之路，从各自立场发挥了思想支撑和引领作用，并为今天留下了丰富的思想遗产。

从民国思想史的研究状况看，学术界对这些流派虽有所研究，特别是对一些重要派中人，如刘师复、陈独秀、胡适、鲁迅、钱玄同、吴宓、梅光迪、柳诒徵、顾颉刚、张君劢、曾琦、李璜、梁漱溟、晏阳初、张奚若、罗隆基、梁实秋、雷海宗、林同济等，有较为深入的研究，但整体而言，非常不乐观，不仅是某些流派未被全面系统的探讨过，而且有些派中人乏人问津，形成不少学术空白点。这一情形的出现，与多种主客观因素相关，如问题意识的局限、一流之外的思想家不被重视等，其中一个重要因素就是原始文献资料的缺乏系统整理，导致研究者无从着手或着手不易，从而知难而退。近年来，出版界虽推出了不少关于近代中国思想方面的文献资料集，不过总体而言，这些资料集重晚清轻民国，晚清思想资料的出版蔚为大观，系统性颇强；而民国思想资料的出版则相对不足，尽管已有一批思想家的个人全集、文集、选集等陆续出版，也有中国现代思想史资料汇编一类的书先后面世，但存在着要么过于分散、要么过于笼统的弊端，针对民国思想特点而编的特色性资料集不多，如以思想流派作为归类的文献资料集就尚属空白。所以，以“民国思想文丛”之名系统整理出版民国思想的文献，显然是极为必要的，既能克服已有出版物或分散、或笼统的弊端，又能体现民国时期思想流派众多这一思想史特色。对于研究者来说，“民国思想流派文丛”可为其研究民国思想流派史提供一份基本资料，为其研究派中人物提供一个基本语境；对于普通读者来说，执一卷在手则知一派，可作为进入丰富多彩的民国思想世界的原始读本，以此为起点，集腋成裘，就能进而了解民国思想史的整体面貌。

由于民国思想流派众多，一时难以穷尽，所以这套文丛首先选取当时在政治思想、文化思想和学术思想领域最具代表性的无政府主义派、新文化派、学衡派、古史辨派、国家主义派、乡村建设派、现代评论派、新月人权派、战国策派的基本文献编入，其他流派只能俟诸他日。在编排结构上，每派一集（现代评论派与新月人权派的思想主张和存在时间都相近，故合为一集），每集内部以人物为单位编辑文献，挑选该人最能代表该派思想的论说编入，每篇文献后注明出处。各集编排顺序如下：编辑说明、流派介绍、文献汇编、参考文献。其中数万字的“流派介绍”，主要是简要介绍该集所涉流派的基本情况、人物生平、思想主张、时代影响等，以使读者对该派思想有个初步的了解和认识，由于各派情况有异，故在写法上各集可能略有不同；“参考文献”则在提供该派文献之出处的同时，列出可扩展阅读的论著目录，以方便意欲进一步探索的读者。

选编这样一套经典性的近现代思想文献，不论对谁都是个巨大的挑战，我们深知力有不逮，舛错失误在所难免。还望方家不吝赐教，以利将来修订完善！

此外，本丛书中收录的某些文章由于种种原因未能及时与作者家属或后人取得联系，望有了解此类情况者及时与编者联系，在此谨致以最衷心的感谢！

李　帆

2012年11月于北京师范大学

目 录

古史辨派评介

一、《古史辨》与古史辨学派

古史辨派，又称古史辩派、疑古派，以顾颉刚、钱玄同等为创始人和主要代表，是中国新文化运动以后出现的一个以“疑古辨伪”为特征的史学、经学研究的学术流派。他们主张用历史演进的观念和大胆疑古的精神，吸收西方近代社会学、考古学等方法，研究中国古代的历史和典籍。

古史辨运动的兴起以及古史辨派的形成，有其特定的历史条件和时代因素。传统史学观点一向认为上古时期是中国的黄金时代，从尧、舜、禹经过商汤、周文王、周武王至周公、孔子、孟子是一脉相承的道统所系，承载道统的典籍，只能信奉，不能怀疑。近代以降，伴随戊戌变法、辛亥革命直至“五四”新文化运动的思想启蒙、思想解放，产生了对中国传统的怀疑、反对乃至颠覆，其中体现的黄金上古观念随之破灭，中国古代信史需要重估，古史辨运动正是在这样的时代思潮中应运而生。就学术渊源而言，中国传统学术中的疑古辨伪思想，也为古史辨运动的兴起提供了学术土壤，远自郑樵，近至清代的姚际恒、崔述，其疑古精神及辨伪方法，都成为以顾颉刚为代表的古史辨派加以发挥运用的学术理念及学术方法。晚清今文经学尤其是康有为对儒家经典的重新解释与阐发，也带给顾颉刚以启发和借鉴。此外，梁启超在 20 世纪初倡导的“新史学”，胡适在新文化运动中提出以科学的方法整理国故，以及西方输入的新史学理论和方法都为中国史学研究的现代化注入了推动力。中国历史研究的众多问题，均要从古史研究中获取答案。由是，在以上诸多合力的作用下，古史辨运动的兴起以及古史辨派的出现，也就成为中国历史研究现代化过程中，不可或缺的重要环节。

古史辨运动的兴起以及与之相伴而生的古史辨派的形成、发展都与《古史辨》的汇编成册、出版发行密不可分。《古史辨》一至七册均由朴社首次出版发行。朴社成立于 1923 年，彼时顾颉刚在上海商务印书馆编译所做责任编辑，月薪 100 元（大洋）。那时郑振铎在商务印书馆编《小说月报》，他又是“文学研究会”的创办人，在闸北租了一所大屋，一半自己住，一半作为“文学研究会”的聚会场所，或开会，或阅读，或听留声机。顾颉刚在上海工作时，晚上也常去那里聚会，和大家讨论一些古史与歌谣问题。后经郑振铎提议，说我们为馆里工作，一月才拿百元左右，可是一出书，馆里可以赚几十万元，何苦来！还不如自己筹资办一个书社。大家都同意。后来，讨论了几次，决定每人每月从工资中提出10元储存在银行生息，集款到一定数目时，便可出书了。当时约集10人，有顾颉刚、郑振铎、王伯祥、叶圣陶、周予同、沈雁冰（茅盾）、胡愈之、谢文逸、陈达夫、常燕生等，并由顾颉刚任会计（大家公认顾有一定的经济头脑）。周予同为此社取名为“朴社”，因为他听了钱玄同的课，非常醉心于清代的“朴学”。顾颉刚对朴社用心用力最多，还亲自撰写了朴社宣言及社约。后因发生五卅惨案，朴社迁至北京。1926年，顾颉刚的《古史辨》第一册由朴社出版，出版后销路大好，一年内即再版20次，这样就奠定了朴社的经济基础。此后《古史辨》陆续出版，直至1941年第七册均由朴社出版发行。当然《古史辨》第一册的热销，乃在于其内容所具备的话题性和可讨论性。

自1923年顾颉刚发表《与钱玄同论古史书》起，到1926年《古史辨》第一册问世，标志着古史辨学派的逐渐形成。顾颉刚《与钱玄同论古史书》一文发表后，引起史学界众多学者就相关问题持久的考辨争论，赞成顾之主张者有钱玄同、胡适、魏建功、容庚、罗根泽、童书业、杨宽等人，反对者包括刘掞藜、胡堇人、柳诒徵、张荫麟等人，王国维、傅斯年、钱穆、冯友兰等人也参与了讨论，并发表意见。以此为标志引发了中国近代史学史上著名的古史辨运动。后来这些学者关于中国上古史的争论考辨文章，从1926年到1941年的15年间，被陆续编辑成书，编成《古史辨》论丛七大册，其中一、二、三、五册为顾颉刚编著，四、六册由罗根泽编著，七册上中下三编由吕思勉、童书业编著。《古史辨》共出版七册，包罗了三百五十篇文章，共三百二十五万余字。《古史辨》之“辨”与“辩”通用，故《古史辨》之“辨”兼有“辨伪”“辩论”之意，“辨伪”指顾颉刚为代表的“辨伪书”“辨伪史”“辨伪事”等研究，“辩论”则指围绕古史辨伪的相关问题，展开讨论的文章，其中不乏反对质疑的观点，因此《古史辨》收录的文章，并非都是赞同认可顾颉刚古史辨伪观点的。因《古史辨》而得名的古史辨派，也并无明显的学派门户特点。以顾颉刚为核心，与之学术关系较为密切或学术观点相类似的学者，在古史辨伪的研究过程中，在与他人的学术争论中，不断地调整修正自己的学术观点与立场，甚至会有前后截然相反的学术发展变化。顾颉刚本人在晚年也并不认同存在一个以“疑古”为目的的学派。

由《古史辨》七大册内容所反映出的古史辨派的相关学说，涉及广泛的学术问题，包括古史重建、古籍辨伪、经史关系、古史研究的理论与方法等。1926年出版的《古史辨》第一册是顾颉刚与胡适、钱玄同、刘掞藜等讨论古史的函件和文章，以“禹”为讨论的中心问题，兼及历代的辨伪运动。书前有顾颉刚自述学术历程的六万字长序，将其如何步入古史辨伪的成长经历、学术观点由隐而显、研究思路由诲而明的过程一一道来，并自认此文是其一生写的最长最畅快的文章之一。应该说由顾颉刚提出的中国古史研究的新观点和新方法，能够引发持久广泛的热论，是经过了顾颉刚长期的思想酝酿和深思熟虑的，同时也证明古史辨时期的顾颉刚正处在学术生命的旺盛时期。因为有了第一册的热销，第二册的编著也就顺理成章了，1930 年由顾颉刚编著的承继第一册研究的《古史辨》第二册出版。该书上编讨论古史问题，中编讨论孔子和儒家的问题，下编是人们对第一册的评论。顾颉刚自认这一册编得不好，因为没有一个中心问题供大家讨论，于是由其编著的《古史辨》第三册，收录了专门研究《易经》和《诗经》的文章。《古史辨》第四册和第六册，由罗根泽主编，收录的主要是研究诸子学的文章。《古史辨》第五册仍由顾颉刚编著，上编文章主要研究汉代经学上的今古文问题，下编主要讨论阴阳五行说起源问题及其与古代帝王系统的关系问题。1941 年童书业与吕思勉编著的《古史辨》第七册出版，上编是古史传说通论，中编是三皇五帝考，下编是唐、虞、夏史考。

以《古史辨》七大册的集结为标志，古史辨运动兴起活跃于 20 世纪的 20 年代后半期，两三年之后便进入常态研究，至 40 年代，随着《古史辨》第七册的结集出版，古史辨运动遂告一段落。与之相应而生的古史辨学派，以其对中国古史研究的新论断、新方法，不仅在当时中国学术界造成轰动影响，也在某种程度上规约了此后中国史学研究的发展走向。1923 年，顾颉刚“层累地造成的中国古史”说，在当时学术界引发极大反响。钱玄同赞其“精当绝伦”，胡适谓其“已替中国史学界开辟了一个新纪元”。就连在其后与之交恶，并在学术研究上与之相对立的傅斯年也对顾颉刚的这一论断始终首肯。1926 年《古史辨》第一册出版，在一年之内再版 20 次，足见其在当时的巨大影响，顾颉刚也借此成为享誉中外的古史专家。《古史辨》出版以后，胡适评论说：“这是中国史学界一部革命的书，又是一部讨论史学方法的书。此书可以解放人的思想，可以指示做学问的途径，可以提倡那‘深澈猛烈的真实’的精神。”① 冯友兰在《古史辨》第六册序言中，将当时中国史学研究分为“疑古、释古、信古”三种趋势，在将古史辨派归为“疑古”的同时，也将其在史学研究领域中的价值归纳为对史料的审查，并将“疑古”的史料审查视作“释古”的必要前提。尽管顾颉刚本人对于“疑古”之说并不认同，在其晚年有关《古史辨》编订的自述中，顾颉刚认为其疑古的最终目的是为了建立信古的标准，所以古史辨派不完全是疑古的。当然这个解释发生在古史辨运动之后的四十年，会不可避免地受到顾颉刚此后治学旨趣发生改变的影响，但冯友兰给古史辨派贴上“疑古”的标签，无疑也代表了当时大多数人的观感。

古史辨派尤其是顾颉刚本人，对于古史辨伪和古书辨伪，做了范围广阔的考辨工作，涉及许多历史问题和各种重要典籍，积累了一批有价值的研究成果，极大推进了

① 胡适：《介绍几部新出的史学书》，顾颉刚编《古史辨》第二册，上海古籍出版社 1981 年版，第 334 页。

学术研究。多年来，许多研究《诗经》、《尚书》，研究古代礼制、民族、历史地理和古代神话、传说等问题的论文，都每每引用顾氏等人的论著，即因为这些论著具有重要学术价值。古史辨派在其研究中，推翻了传统所谓的“盘古开天地”、“三皇五帝”等概念构成的中国古史系统。古史辨派对破除长期存在的“唯古是信”的传统观念，对将经典作为历史文献来进行实事求是的科学研究等方面，起到了积极作用。古史辨派的许多研究成果，至今仍是研究中国古代史和儒家经典方面很有参考价值的学术文献。自从顾颉刚发起古史大讨论以后，再也没有人糊里糊涂地将“盘古氏，开天地”的传说作为真实的历史讲起，启发了人们审慎地将传说材料进行抉择，结合考古发现，仔细地考辨其中的“史影”，从而逐步地“重建”科学的古史体系，这是中国史学现代化的一项重要成果。

古史辨派不仅在史学认识方面，带给人们有关中国古史的新认识，同时其结合秦汉典籍对中国传统史学的质疑，也带给人们思想上的解放。此外，顾颉刚的古史辨伪方法，也为将中国史学理论纳入现代社会科学研究范畴，提供了路径。同时顾颉刚在史学研究中的“求真”精神，与其他学人展开讨论所秉持的平等的学术态度，都成为宝贵的学术财富。当然也不能否认，在古史辨派的研究中，也夹杂着一些学术上的局限和武断片面的东西。但不容置疑的是，古史辨派为当时中国的古史研究开创了新局面，同时也为继起的史学派别，奠定了进一步研究的学术基础。

二、与古史辨派相关的学人

1. 顾颉刚

古史辨运动的蔚然兴起以及古史辨派的形成出现，是在中国传统社会向现代转型的大背景下发生的。作为运动的发起开创者及学派的核心人物顾颉刚，其个人的成长经历及学术发展道路，既承载了时代发展的因缘际会，也成就了古史辨运动和古史辨派。

顾颉刚一生涉猎的学术研究领域较为广泛，著述丰厚，但无论是其边疆历史地理研究，还是民俗学研究，某种程度上都服务于他的古史辨伪研究。纵观其一生学术生涯，20世纪20至30年代初期，是其学术生命力最为旺盛时期，也是其古史研究影响最为广泛热烈时期。也正是顾颉刚的古史辨伪研究，奠定了其享誉国内外的中国古史研究专家的学术地位。

顾颉刚古史辨伪的学术观点的形成及《古史辨》的汇编成书，均与其早年置身的学术环境，胡适、钱玄同等人的影响以及其个人思想历程的发展演变有着密不可分的关联。对此，顾颉刚在1926年《古史辨》第一册自序以及晚年的《我是怎样编写〈古史辨〉的》文中，都有所论述。在《古史辨》第一册自序中，他说：“要是我不生在科举未废的时候，我的幼年就不会读经书。要是我的祖父不给我随处讲故事，也许我的历史兴味不会这样的深厚。要是我不进新式学校，我也未必会承受这一点浅近的科学观念。要是我在幼年没有书籍的嗜好，苏州又没有许多书铺供我闲游，我也不会对于古今的学术知道一点大概，储藏着许多考证的材料。要是我到北京后不看两年戏，我也不会对于民间的传说得到一个大体的领略。要是我不爱好文学、哲学和政治运动，在这种方面碰到多少次的失败，我也不会认识自己的才性，把我的精力集中于考证的学问上。要是不遇见子水和太炎先生，我就是好学，也不会发生自觉的治学的意志。要是不遇见孟真和适之先生，不逢到《新青年》的思想革命的鼓吹，我的胸中积着的许多打破传统学说的见解也不敢大胆宣布。要是北京大学中不征集歌谣，我也不会因写录歌谣而连带得到许多的风俗材料而加以注意。要是我没有亲见太炎先生对于今文家的痛恨，激动我寻求今文学著述的好奇心，我也不会搜读《孔子改制考》，引起我对于古史的不信任的观念。要是我不亲从适之先生受学，了解他的研究的方法，我也不会认识自己最近情的学问乃是史学。要是适之、玄同两先生不提起我的编集辨伪材料的兴趣，奖励我的大胆的假设，我对于研究古史的进行也不会这般的快速。要是我发表了第一篇文字之后没有刘楚贤先生等把我痛驳，我也不会定了周密的计划而预备作毕生的研究。要是我不到北京大学研究所国学门服务，没有《歌谣周刊》等刊物替我作征求的机关，我要接近民众的材料也不会这样的容易。总括一句：若是我不到北京大学来，或是孑民先生等不为学术界开风气，我的脑髓中虽已播下了辩论古史的种子，但这册书是决不会有的。”① 再从顾颉刚本人的特性来看，也与他的学术主张有着密不可分的关联。顾颉刚是一个桀骜不驯的人，不肯随便听信他人的话，受他人的管束，又是一个历史兴味极浓重的人，欢喜把一件事情考证得明明白白，看出它的来踪和去迹。同时又是一个好奇心极发达的人，会随时随处发现问题，在得不到解答的时候就会觉得烦闷的不可耐。因为有了这几项基本的性质，顾颉刚才“敢于怀疑古书古史而把它作深入的研究，敢于推倒数千年的偶像而不稍吝惜，敢于在向来不发生问题的地方发生出问题而不丧气于他人的攻击。”②

顾颉刚古史辨伪的实质性工作，早在1920年便已开始。只不过当初着手此项工作的时候，无论是顾颉刚本人还是带给他深刻影响与启发的胡适和钱玄同，在当时都未曾想到，他们由此开始的是一项蔚然成风并引发诸多讨论的学术运动。胡适在《古史辨》第一册出版当年，即1926年，在《介绍几部新出的史学书》一文中曾提到：“承顾先生的好意，把我的一封四十八个字的短信作为他的《古史辨》的第一篇。我这四

① 顾颉刚：《自序》，顾颉刚编《古史辨》第一册，上海古籍出版社1981年版，第79页。

② 顾颉刚：《自序》，顾颉刚编《古史辨》第一册，第79页。

十八个字居然能引出这三十万字的一部大书，居然把顾先生逼上了古史的终身事业的大路上去，这是我当日梦想不到的事，然而这样‘一本万利’的收获，也只有顾先生这样勤苦的农夫做得到。”① 那么，胡适写给顾颉刚的究竟是一封什么内容的短信呢？由顾颉刚主编的《古史辨》第一册开篇，收录了该信内容：“颉刚：你的《清籍考》内没有姚际恒。此人是一个狠大胆的人。我想寻求他的《九经通论》，不知此书有何版本？你若知道，请你告我。”② 其时顾颉刚任北大图书馆编目员，“是年，作《伪书疑书目》及《中国目录书目》，集得许多材料。”③ 并将自己所撰《清代著述考》稿本，送给胡适，供其参考，胡适看后很欣赏，“认为先生抓住了这三百年的学术研究的中心思想。”④ 正是在这样的学术交往中，胡适写信给顾颉刚，请其代为查找姚际恒的《九经通论》。顾颉刚随即复信做相关介绍，后胡适又叮嘱其标点姚际恒的《古今伪书考》。胡适交代这一任务，一来是因为知道这是顾颉刚的学术兴趣所在，二来是想借此让经济上并不宽裕的顾颉刚得到一点报酬。不想原本几天就可结束的标点工作，在凡事都要问个究竟的顾颉刚做来，却引发了许多问题：“有的是查不到，有的是虽是查到了，然而根上还有根，不容易追出一个究竟来。到了这时候，一本薄极的书就牵引到无数书上，不但我自己的书不够用，连北京大学图书馆的书也不够用了，我就天天上京师图书馆去。做了一二个月，注解依然没有做成，但古今来造伪和辨伪的人物事迹倒弄得很清楚了，知道在现代以前，学术界上已经断断续续地起了多少次攻击伪书的运动，只因从前人的信古的观念太强，不是置之不理，便是用了强力去压服它，因此若无其事而已。现在我们既知道辨伪的必要，正可接收了他们的遗产，就他们的脚步所终止的地方再走下去。因为这样，我便想把前人的辨伪的成绩算一个总帐［账］。我不愿意单单注释《伪书考》了，我发起编辑《辨伪丛刊》。”⑤ 随即，顾颉刚由辨伪书发展到辨伪史，并开始有了推翻古史的明确意识和清楚计划：“第一，要一件一件地去考伪史中的事实是从哪里起来的，又是怎样地变迁的。第二，要一件一件地去考伪史中的事实，这人怎样说，那人又怎样说，把他们的话条列出来，比较看着，同审官司一样，使得他们的谎话无可逃遁。第三，造伪的人虽彼此说得不同，但终有他们共同遵守的方式，正如戏中的故事虽各各不同，但戏的规律却是一致的，我们也可以寻出他们的造伪的义例来。”⑥

---

① 胡适：《介绍几部新出的史学书》，顾颉刚编《古史辨》第二册，第 335 页。

② 胡适：《询姚际恒著述书》，顾颉刚编《古史辨》第一册，第 1 页。

③ 顾潮：《顾颉刚年谱》，中国社会科学出版社 1993 年版，第 57 页。

④ 顾潮：《顾颉刚年谱》，第 57 页。

⑤ 顾颉刚：《自序》，顾颉刚编《古史辨》第一册，第 42 页。

⑥ 顾颉刚：《自序》，顾颉刚编《古史辨》第一册，第 43 页。

此后，考辨古史成为顾颉刚学术研究的明确目标。而顾颉刚“层累地造成的中国古史”的重要论断，在其1922年为商务印书馆编撰《中学本国史教科书》时，便已通过对《诗》、《书》、《论语》中有关上古传说的比较中，初步酝酿成型。这一学术论断述诸文字、公开发表并引发众多学人参与的古史论战，则是通过1923年5月发表在《读书杂志》第九期的《与钱玄同先生论古史书》一文。原本局限在顾颉刚、胡适、钱玄同三人之间的有关古史研究的学术书信往还，扩展为有魏建功、容庚、罗根泽、童书业、杨宽、刘掞藜、胡堇人、柳诒徵、张荫麟、王国维、傅斯年、钱穆、冯友兰等众多学人参与的古史论战。一时之间，反对者有之、赞同者有之、问难者有之、怀疑者有之、抨击者有之、劝告者有之，古史辨运动由是而兴，古史辨派也在《古史辨》七大册的学术书信、文章的集结中，渐次形成。1926年至1934年近十年时间里，顾颉刚先后编撰了《古史辨》第一、二、三、五册。他在这一过程中，发表了大量有关古史辨伪的文章，表述其有关古史研究的新论断、新方法，并成为众多学人讨论的焦点。至此，顾颉刚当之无愧地成为古史辨运动的发起者与古史辨派的创建者。顾颉刚编撰《古史辨》期间有关古史辨伪的创见，可概括为以下四个方面：

一、关于“禹”的演进史的考辨。反对顾颉刚的学者常常引用“禹是一条虫”这一似是而非的论断来批驳其古史观点。其实，顾颉刚是最早对“禹”进行文化人类学、考古学、历史学等多学科综合考察的学者。顾颉刚“认为禹或是九鼎上铸的一种动物，当时铸鼎象物，奇怪的形状一定很多，禹是鼎上动物的最有力者；或者有敷土的样子，所以就算他是开天辟地的人。（伯祥云，禹或即是龙，大禹治水的传说与水神祀龙王事恐相类。）流传到后来，就成了真的人王了。九鼎是夏铸的，商灭了夏搬到商，周灭了商搬到周。当时不过因为它是宝物，所以搬了来，并没有多大的意味；但经过了长时间的保存，大家对它就有了传统的观念，以为凡是兴国都应取九鼎为信物，正如后世的‘传国玺’一样。有了传统的观念，于是要追溯以前的统，知道周取自商，商取自夏，自然夏、商、周会联成一系。成了一系，于是商汤不由得不做夏桀的臣子，周文王不由得不做殷纣的臣子了。他们追溯禹出于夏鼎，就以为禹是最古的人，应做夏的始祖了。”①

二、提出“层累地造成的中国古史”观念。顾颉刚在他的《与钱玄同先生论古史》中阐述了他的这个古史观。他的基本观点是认为中国传说的古史系统，不是自古就有的，而是由不同的时代“层累式地造成的”。他把这个基本的古史观的思想内涵及历史演化归结为以下三个方面：第一，“时代愈后，传说的古史时期愈长”。例如，周代人心目中最古的圣贤是禹，到了孔子时代出现了尧舜，及至战国时代又出现了黄帝、神

---

① 顾颉刚：《与钱玄同先生论古史书》，顾颉刚编《古史辨》第一册，第63页。

农，到了秦代又出现了“三皇”，到了汉代以后则出现了“盘古”；第二，“时代愈后，传说中的中心人物愈放愈大”。例如，舜，在孔子时代只是一个“无为而治”的圣君，到了《尧典》就成了“家齐而后国治”的圣人，到了孟子时代就成了一个孝子的模范了；第三，我们对于古史，即不能知道某一件事真确的状况，但可以知道某一件事在传说中的最早的状况。例如，我们即使不能知道东周时的东周史，也至少能知道战国时的东周史；我们即使不能知道夏商时的夏商史，也至少能知道东周时的夏商史。[①]这个“层累地造成中国古史”的历史观的核心思想是：承认传说的古史并非自古皆然，而是由无到有，由简单到复杂，逐渐演化而成。

三、提出正确认识古史的四个观念：(1)“打破民族出于一元的观念”。古书中提到的民族原各有祖先，春秋后大国兼并小国，民族观念淡化，一统观念增强，各族祖先遂绕到一条线索上，所以正确认识古史，要打破民族一元观念。(2)“打破地域向来一统的观念”。中国统一始于秦朝，战国前只有种族观念，并无一统观念，所以不应该用战国或秦的地域疆界算作古代早就定好的地域。(3)“打破古史人化的观念”。古代人神不分，古史人化是后人对古史的政治附会，所以要考出一部反映古人想象和祭祀的宗教史，而不是反映后人附会的政治史。(4)“打破古代为黄金世界的观念”。“三皇五帝的黄金世界原是战国后的学者造出来给君王看样的”，春秋之前并没有“古代很快乐”的观念。

四、构建起古史辨伪的方法系统。以上诸多突破性观点的提出源自顾颉刚考辨古史的方法系统。“他的方法系统是由三大源流构成的。一是得自胡适的‘历史演进的方法’；二是此法的变种——‘故事的眼光’；三是源于康有为但经他发展的‘伪史移用法’。”[②]“历史演进的方法”即用发展进化的观念看待古史，“故事的眼光”即用“民间故事特有的性质和演变以观察并解说古史系统的演变”，“伪史移用法”是将伪史或伪籍移用做其产生时代及社会的研究资料。应该说，顾颉刚的古史研究，其最大的贡献，也在于其所提出并运用的史学研究方法。许冠三先生在《新史学九十年》一书中，将顾颉刚归入方法学派，亦是首肯其在史学研究方法上对中国新史学的突出贡献。

纵观顾颉刚的学术生涯，其治古史的要旨并不限于疑古和辨伪，通过对秦汉时期记载古史典籍的批判，去伪存真，建构信史，是其一生学术发展道路的最终目标。“他大致是1928年前重疑，三十年代尚辨，四十年代由辨伪向考信过渡，六十年代后则以考信为主。”[③]“始于疑终于信”是顾颉刚一生治史生涯的恰当概括。

2. 胡适

---

① 顾颉刚：《与钱玄同先生论古史书》，顾颉刚编《古史辨》第一册，第61—63页。

② 许冠三：《新史学九十年》，岳麓书社2003年版，第204页。

③ 许冠三：《新史学九十年》，第200页。

“五四”以后，胡适一面重提“整理国故”的口号，一面又办了《读书杂志》和《国学季刊》两个发表辨伪成果的刊物。整理国故运动不仅提出了辨伪的任务，还提供了古史考辨的阵地，促成了古史辨派思想的酝酿和产生。尽管胡适后来与顾颉刚在学术上发生分歧，但就胡适对于早期古史辨运动的影响与推动而言，他可算是古史辨派创立时期的主要成员，这也是当时学界公认的看法。钱穆先生曾说胡适、钱玄同与顾颉刚是古史辨派的“三君”：“三君者，或仰之如日星之悬中天，或畏之如洪水猛兽之泛滥纵横于四野，要之，凡识字人几乎无不知三君名。‘推倒一世豪杰，开拓万古心胸’，于三君乎见之。”① 此外，《古史辨》第一册上编收录的均为顾颉刚与胡适、钱玄同的书信，共计 35 封，其中包括胡适的书信 11 封，这也足可见胡适在早期古史辨运动中所发挥的主导作用。

胡适一生倡导“大胆的假设，小心的求证”科学实证的研究方法，也正是这样的学术主张，使得 1917 年刚刚回国任教于北京大学的胡适，能够采取与众不同的研究视角对待中国的古史。1919 年在其出版的专著《中国哲学史大纲》里，首次对没有可靠材料依据的中国古史的内容采取了拒绝的态度，这部书在叙述古代哲学史的时候破天荒地“截断众流”，撇开三皇五帝尧舜汤禹的传说，径直从孔子、老子讲起，胡适此举不但在学界产生极大影响，也一下吸引了彼时在北大哲学系听课的顾颉刚，胡适对于中国古史的态度不但与顾颉刚原本就有的“中国古史靠不住”的想法不谋而合，也让彼时在学术思想和方法上尚未构成体系与规模的顾颉刚找到了值得信服的导师。顾颉刚将历史研究作为自己一生的志业，以及由此而逐渐形成的“历史演进的方法”与“看故事的眼光”，都在很大程度上来自胡适的影响，正如顾颉刚在《古史辨》第一册的自序中所言：“那数年中，适之先生发表的论文很多，在这些论文中他时常给我以研究历史的方法，我都能深挚地了解而承受；并使我发生一种自觉心，知道最合我的性情的学问乃是史学。”“若能像适之先生考《水浒》故事一般，把这些层次寻究了出来，更加以有条不紊的贯穿，看它们是怎样地变化的，岂不是一件最有趣味的工作。同时又想起本年春间适之先生在《建设》上发表的辩论井田的文字，方法正和《水浒》的考证一样，可见研究古史也尽可以应用研究故事的方法。……我们只要用了角色的眼光去看古史中的人物，便可以明白尧、舜们和桀、纣们所以成了两极端的品性，做出两极端的行为的缘故，也就可以领略他们所受的颂誉和诋毁的积累的层次。只因我触了这一个机，所以骤然得到一种新的眼光，对于古史有了特殊的了解。”②

接下来，顾颉刚将学术研究的注意力集中于考辨“伪书”，进而下定决心推翻古

① 钱穆：《崔东壁遗书·附录·钱穆序》，顾颉刚编《崔东壁遗书》，上海古籍出版社 1983 年版，第 1046—1047 页。

② 顾颉刚：《自序》，《古史辨》第一册，第 40—41 页。

史，都是在与胡适的交往中，因受其启发影响而逐渐形成的学术计划。胡适于1921年在写给顾颉刚的信中，大致介绍了自己的古史观："现在先把古史缩短两三千年，从《诗三百篇》做起。将来等到金石学、考古学发达上了科学轨道以后，然后用地底下掘出的史料，慢慢地拉长东周以前的古史。至于东周以下的史料，亦需严密评判，'宁疑古而失之，不可信古而失之'。"① 这其中既体现了胡适对顾颉刚即将开始的"伪史考"的宏观指导，也隐含了胡适与顾颉刚日后学术分歧的线索。胡适这里表述出来的古史观，可用"缩短"与"拉长"来概括。"缩短"体现了疑古的一面，而"拉长"则体现了重建信史的一面。以"疑古"为鲜明特色的古史辨派，充分发挥了胡适"宁疑古而失之，不可信古而失之"的学术理念，而在信史重建方面，则几无建树。而顾颉刚古史辨伪所使用的主要材料均为秦汉时期的典籍，胡适"拉长"理论中提及的地下史料，很少为顾颉刚所用。所以1929年，正当古史辨运动方兴未艾之际，胡适便对顾颉刚说："现在我的思想变了，我不疑古了，要信古了！"胡适对顾颉刚的这个表述，可看作是向其公开明确彼此间的学术分歧，但其内在的学术缘由，则早在古史辨运动刚刚开始时便已隐伏。30年代以后，随着地下出土史料增多，傅斯年所领导的中央研究院历史语言研究所在信史重建方面取得很大成就，胡适也经历了由疑古到信古的转变历程，与顾颉刚之间的学术分歧也日渐明显。截至1937年《古史辨》第六册，胡适仍有文章刊于其中，这仍可视作胡适对古史辨运动的参与，只不过对已成为古史辨运动主将的顾颉刚而言，胡适后期对古史辨的言论，已不再发挥其早期的指导作用，而成为与顾颉刚诸多观点相左的另一种声音。当然，若按许冠三先生的结论，顾颉刚在40年代以后，逐渐由疑古向考信过渡，亦未尝不是早年胡适信古的潜移默化所致。

3. 钱玄同

古史辨派另一核心人物是钱玄同。顾颉刚古史辨伪方面的诸多主张均来自钱玄同疑古思想的启发和影响。毋庸置疑，钱玄同带给古史辨派最大的启发与影响当属其疑古思想。1941年《古史辨》第七册结集出版，置于书前的《纪念钱玄同先生》一文，是柳存仁为纪念1939年去世的钱玄同所写。文中回顾总结了钱玄同对古史辨运动及古史辨派的巨大贡献，称钱玄同开古史辨的风气之先，"是承袭着清代道咸间今文家的余续，而又启发了现代的用科学的治学方法来扩大辨伪运动的第一人。"②

顾颉刚与钱玄同的结识始于"辨伪"。顾颉刚在《古史辨》第一册自序中回顾自己与钱玄同结识时曾说："玄同先生，我虽在《新青年》上久读他的文字，又同处一校，

---

① 胡适：《自述古史观书》，《古史辨》第一册，第22—23页。

② 柳存仁：《纪念钱玄同先生》，吕思勉、童书业编《古史辨》第七册（上），上海古籍出版社1981年版，第2页。

可是没有认识；自与适之先生计画《辨伪丛刊》之后，始因他的表示赞同而相见面。”① 可见，二人正是在“疑古辨伪”问题上达成了一致才结交相识。1923 年 2 月，顾颉刚收到钱玄同的一封长信，再提经部辨伪之事，这令顾颉刚兴奋不已，当即将近年古史辨伪所得和盘托出，并于当年 4 月发表在胡适主编的《读书杂志》，顾颉刚这封题为《与钱玄同先生论古史书》的复信，不仅因其提出了“层累地造成的中国古史”理论，更因其引发了众多学者参与的大讨论，而成为古史辨运动开展的标志。而如此意义重大的标志性文章得自顾颉刚仅用一天时间写给钱玄同的复信，这足以证明钱玄同在顾颉刚古史辨伪理论形成中至关重要的启发引导之功。顾颉刚也一再提及钱玄同的鼓励，他在《古史辨》第一册自序中就说：“要是适之、玄同两先生不提起我的编集辨伪材料的兴趣，奖励我的大胆的假设，我对于研究古史的进行也不会这般的迅速。”② “我非常地感谢适之、玄同两先生，他们给我各方面的启发和鼓励，使我敢于把违背旧说的种种意见发表出来，引起许多同志的讨论。”③

钱玄同对顾颉刚的影响，还体现在他不断启发顾颉刚从“辨伪书”拓展到“辨伪事”，从“辨伪子”、“辨伪史”发展到“辨伪经”。钱玄同的疑古思想，最早来源于清代中叶复兴的今文经学，经过新文化的洗礼，钱玄同从基于今文学家对古文经的怀疑转向了对儒家经典的全面怀疑。1920 年，顾颉刚初做辨伪工作，专注于伪史和伪书，而钱玄同先生却屡屡向他提及经书的本身和注解中有许多应辨的地方，使得顾颉刚感到经部方面也有可以扩充的境界。但终因彼时的顾颉刚还“从来没有把经书专心研究过一种”，所以对于钱玄同所说的话终有些隔膜。在 1923 年 2 月 9 日致顾颉刚信中他又再次表示：“一年以来，我蓄志要搜集关于‘群经’之辨伪文字。我以为推倒‘群经’比疑辨‘诸子’尤为重要。因‘诸子’是向来被人目为‘异端’的，……若‘群经’则不然。……然正惟其如此，咱们所肩‘离经叛道’之责任乃愈重。”④ 从此后古史辨运动的发展趋势来看，正是钱玄同的这种观点，使顾颉刚的目标对准了以往神圣不可侵犯的儒家经典，进而使古史辨运动在思想文化领域收获了思想启蒙的功效。

此外，钱玄同还一再号召顾颉刚打破“今古文之争”的壁垒，也对顾颉刚及古史辨运动产生了重大影响。钱玄同曾师从古文家章太炎和今文家崔适，但钱玄同治学又不仅仅拘泥于家法与门派之分，而是摆脱今古文之争，力图从一个更为客观公正的角度对中国古代学术予以认识。顾颉刚在《秦汉的方士与儒生》的序言中，曾回顾说：“1920 年我在北大毕业之后才认识钱玄同先生。……他兼通今古文而又对今古文都不

---

① 顾颉刚：《自序》，《古史辨》第一册，第 49 页。

② 顾颉刚：《自序》，《古史辨》第一册，第 80 页。

③ 顾颉刚：《自序》，《古史辨》第一册，第 3 页。

④ 钱玄同：《钱玄同文集》第 4 卷，中国人民大学出版社，1999 版，第 233 页。

满意。他不止一次地对我说：'……我们今天，该用古文家的话来批评今文家，又该用今文家的话来批评古文家，把他们的假面目一齐撕破，方好显露出他们的真面目……'……我觉得这是一个极锐利、极彻底的批评，是一个击碎玉连环的解决方法。我的眼前仿佛已经打开了一座门，让我们进去对这个二千余年来学术上的一件大公案做最后的判断了。”当然，在钱玄同疑古思想影响之下，古史辨派有疑古过头之嫌，但结合当时具体的历史条件，恐怕也存在不“过正”无以“矫枉”的无奈。

4. 钱穆

钱穆的学术主张虽然与以顾颉刚为首的古史辨派不尽相同，但两人之间却有着一段论学不害交谊的学术史佳话。钱穆先生于1929年转入苏州中学（今苏州高级中学）任国文首席教师。1929年2月顾颉刚由广州中山大学辞职北上，4月回到苏州，不久至苏州中学演讲，由此与钱穆先生结识，一见如故，并力荐他到燕京大学任教，同时请他为《燕京学报》撰文。不久，钱穆就撰写了一篇《刘向歆父子年谱》寄给了顾颉刚，在伪造经书问题上完全与康有为唱反调，当时顾颉刚也是康有为的拥护者，但他接到文稿后毫不为忤，还为原稿改了更合适的篇名，此文在《燕京学报》一经发表，立刻引起轩然大波，钱穆也因此一举成名。数十年后，钱穆回忆这件事，仍然充满感激之情：“颉刚不介意，既刊余文，又特推荐余至燕京任教。此种胸怀，尤为余特所欣赏。”①

钱穆早年治古史的一些见解与顾颉刚的古史观有某些相同之处，他考订古史的方法也曾受到顾考辨方法的影响。同时，钱穆本人也是一位以记诵渊博、考订精审而名播学界的学者，他早年的著作《刘向歆父子年谱》、《先秦诸子系年》，都是中国近代学术史上的考据名作，他与顾颉刚古史辨派的同仁同样具有大胆的疑辨思想与批判精神。钱穆本人也称自己“疑《尧典》、疑《禹贡》、疑《易传》、疑《老子》出庄周后，所疑皆超于颉刚”，“余与颉刚，精神意气，仍同一线，实无大异”，“两者分辨，仅在分数上”。从这个意义上而言，钱穆研治古史的理论与方法和顾颉刚先生的古史辨派确有一些相同的见解。钱穆文章被收入《古史辨》的达22篇之多，包括《论十翼非孔子作》（第3册），《孔子年表》及附考、《荀卿考》、《墨子的生卒年代》、《许行为墨子再传弟子考》、《关于老子成书年代之一种考察》、《魏牟考》、《田骈考》、《接子考》、《慎到考》（第4册），《刘向歆父子年谱》、《评顾颉刚〈五德终始说下的政治和历史〉》、《跋顾颉刚〈跋钱穆评五德终始说下的政治和历史〉》、《〈周官著作时代考〉“论秦祠白帝有三时”节》（第5册），《先秦诸子系年考辨自序》、《诸子生卒年世先后一览表》、《惠施传略》、《惠施年表》、《公孙龙传略》、《公孙龙年表》附跋、《再论〈老子〉成书

① 钱穆：《八十忆双亲·师友杂忆》，三联书店2005年版，第145页。

年代》(第 6 册),《唐虞禅让说释疑》(第 7 册下)。钱穆更为罗根泽主编的《古史辨》第四册作序。

钱穆先生与古史辨派在治古史的某些方面虽然有共同之处，但就其总体思想而论，他们的治史主张却又是同不胜异的。在 20 至 30 年代，钱穆对古史辨史学的评价大体经历了一个由正面肯定到基本否定的过程。在钱穆参与古史辨讨论的过程中，虽然其对顾颉刚治古史的观点与方法，颇有异议，但其间仍不乏赞同之处，30 年代中期以后批评的言论转多，1935 年发表的《崔东壁遗书序》可为其代表。而对疑古派“古史层累造成说”提出全面而公开批评的，则以 1940 年出版的《国史大纲》为标志。自 40 年代特别是钱穆居港台以后，他对古史辨派批评的言论转多，几近全面否定。不过他这时否定性的批评主要是出自文化意义上，即对古史辨派否定性的评价主要是从民族文化立场着眼立论的。针对古史辨的学术观点与史学方法，钱穆与之分歧之处主要在于：

第一，对“疑”与“信”、“破”与“立”的不同理解。和以顾颉刚为首的古史辨派一样，钱穆同样也主张疑辨，认为“考信必有疑，疑古终当考”。但是，在对待疑与信、破与立的关系上，他们的看法又不尽相同。钱穆并不一般地反对疑古，他认为怀疑本身并不是目的，疑是不得已，是起于两信之不能决。他在 1933 年给《古史辨》第四册所作之序中就明确提出了“怀疑非破信，乃立信”的观点：“信亦有广有狭。疑者非破信，乃所信之广。信乎此，并信乎彼，而彼此有不能并信，于是乎生疑。若世之守信者，信其一，拒其余，是非无疑，乃信之狭。若必尊信，莫如大其信。大其信而疑生，决其疑而信定。则怀疑非破信，乃立信。”①

第二，对清末今文经学的不同看法。众所周知，顾颉刚的疑古辨伪和古史辨运动的兴起与晚清以来的今文经学关系甚巨。由于顾颉刚的古史辨伪颇受康有为今文学派观点的影响，因此他对晚清今文学家的疑辨思想和历史解释比较推崇，其著述不免用康有为等人的今文家说来为其古史观张目，并认同康有为提出的刘歆造伪说。钱穆则持不同观点，其轰动学术界的成名作《刘向歆父子年谱》，主要便是针对康有为的《新学伪经考》而作。钱穆以年谱的形式具体排列了刘向歆父子生卒及任事年月，用具体事实揭橥康有为《新学伪经考》不可通者有二十八处，凡康氏曲解史文之处，均一一“著其实事”加以说明，廓清了风靡清末民初学术界的刘歆伪造群经说。

第三，对于古史中传说神话的内容，基于古史系统为后人层累造伪的理解，古史辨派大多否定甚至抹杀文献记载中的神话传说，认为上古流传之文字，多不可信，春秋战国以前的历史，皆后人之假托。与此观点相反，钱穆认为上古流传的神话传说包

① 钱穆：《钱穆先生序》，罗根泽编：《古史辨》第四册，第 1 页。

含有许多可信的成分，是研究上古史的重要材料。既不能因传说有不可靠的成分便将之弃置不用，更不能因传说里掺杂有神话而否定传说。因为“各民族最先历史，无不从追忆而来，故其中断难脱离传说与带有神话之部分。若严格排斥传说，则古史即无从说起。”当然，传说也有许多不可靠的成分，对之不能盲目轻信，但是它与伪造、说谎却有本质的不同。

第四，关于上古史的研究理论与方法。钱穆针对顾颉刚的“古史层累造成说”提出了“古史层累遗失说”。在他看来，古史固然有层累造成的一面，同时也有层累遗失的一面，而且后者更为重要，尤需研究，不能只强调前者而忽略后者。显然，钱氏的这一看法也是建立在疑以坚信、疑以立信这一疑辨原则基础之上的。

5. 吕思勉

吕思勉史学研究涉猎广泛，在中国通史、断代史、专门史等方面都有专著发表。其治史方法注重考证，参与编著了《古史辨》第七册，独力校阅了《古史辨》第七册三分之一的内容，又将其全部讨论古史文章送入《古史辨》第七册刊出。在与之合作编著《古史辨》第七册的童书业眼中，吕思勉是史学界前辈，“在经学方面，是一位今文学的大师；在史学方面，又是刘知几的后劲；在思想方面，更是一位倾向社会主义的前进者。”① 吕思勉对待古史的观点与“古史辨派”不尽相同。在《古史辨》第七册的序言里，吕思勉提出了古史真相“逐渐地剥落”的观点，认为研究我国上古史，除了要注意“层累造成”的一面，还要注意历史真相“逐渐剥落”的一面，应采取“层累地造成”与“逐渐地剥落”相结合的观点。② 此说与钱穆观点类似。此外，在研究方法上，吕思勉主张疑古、考古和释古三者并举而不可偏废。吕思勉的古史观虽与古史辨派的看法不尽相同，但两者并不对立。或者说两者是异曲同工，相得益彰，互相补充。如果说疑古派的研究侧重于“破坏”，那么，吕思勉的研究则侧重于“重建”。其实，“破坏”、“重建”均为学术分工上的需要，就个人而言，可凭其才性“择其一而肆力焉”；就学科建设而言，“疑古、考古、释古三者必不容偏废”，而且彼此不应“互相诋排”。所以，吕思勉主张古史研究当持“不容偏废”、不“互相诋排”的态度。

6. 罗根泽

罗根泽在清华大学研究院国学门时，就读的是“诸子科”，师从梁启超，此后多年在大学任教，多以诸子学为教授科目。可以说诸子学研究贯穿罗根泽的一生学术生涯，其研究诸子学的理论与方法，也很大程度上受到梁启超的影响。正因其在诸子学研究方面的突出成就，顾颉刚邀其汇编以诸子学为内容的《古史辨》第四册、第六册。在

---

① 童书业：《自序二》，吕思勉、童书业编《古史辨》第七册，第20页。

② 吕思勉：《自序一》，吕思勉、童书业编《古史辨》第七册，第15页。

《古史辨》第四册序言中，顾颉刚对罗根泽作如是介绍与评价："罗雨亭先生（根泽）是努力研究诸子学的一人。他著有《管子探源》，《孟子评传》诸书，对于《墨子》，《老子》，《庄子》，《荀子》，《战国策》，《尹文子》，《邓析子》，《燕丹子》，《慎子》，《孔丛子》，《新书》，《新语》，《新序》，《说苑》等书又都有考证。去年一月，他把编辑的《诸子丛考》给我看：起自唐代，讫于今日，凡辨论诸子书的年代和真伪的文字都蒐罗于一集，计二百余篇。把异时异地的考辨，甚至站在两极端的主张，放在一起，读者们比较之下，当然容易获得客观的真实，于以解决旧问题，发生新问题。我见了，触动了我的宿愿，就请求他编列为《古史辨》的第四册。承他的厚意，给我以如愿的答复。"① 罗根泽在第四册自序中，也针对诸子学提出了自己系统的研究主张和计划，他将诸子学研究分为五种：（1）人的研究；（2）书的研究；（3）学说的研究；（4）佚子的研究；（5）历代人研究诸子的总成绩。1937 年，罗根泽又续编了《古史辨》第六册。连同《古史辨》第四册，罗根泽共计有 33 篇诸子学研究文章收入其中，成为诸子学研究的重要代表人物。

7. 童书业

童书业是顾颉刚的得意门生，并是古史辨派的主要代表之一。童书业早年的《礼记考》和《虞书疏证》便是沿着顾颉刚古史辨伪的思路写出，其后他的《少康中兴辨》成为与顾颉刚合写的《夏史三论》的重要组成部分。1941 年《古史辨》第七册由童书业和吕思勉历四年时间合编而成。1949 年后，在知识分子思想改造运动中，在严酷的政治压力下，童书业写了《古史辨的阶级本质》一文，与顾颉刚划清界限，此后在批判胡适的运动中，童书业再次对自己曾亲身参与的古史辨运动进行了批判。但顾颉刚在晚年重述《古史辨》汇编历程时，仍认为《古史辨》第七册是内容最详实、讨论最细致的一册书，是古史辨研究文章的大结集。这也从一个侧面表达出了顾颉刚对童书业的肯定。童书业的遗稿《春秋左传考证》和《春秋左传札记》1978 年由顾颉刚订正并推荐出版。

8. 张西堂

任教大学期间，张西堂结识了古史辨派的代表人物钱玄同、顾颉刚等著名学者，并很快成为他们中的一员。顾颉刚计划编一套"辨伪丛书"，特意请张撰写了《唐人辨伪集语》。尤显其造诣的，是他在这一时期根据自己多年的研究心得完成的学术专著《春秋六论》和《穀梁真伪考》。这两部著作和他的一批有独到见解的论文，奠定了他在学术界的地位。《古史辨》第四、第五、第六册中，收录了张西堂的五篇文章。其中，刊于第五册的《左氏春秋考证·序》是最能体现张西堂疑古观点的文章之一。

① 顾颉刚：《顾颉刚序言》，罗根泽编《古史辨》第四册，第 8 页。

《左氏春秋考证》是清代今文经学代表人物刘逢禄的著作。他指出《左传》乃西汉刘歆的伪作，不是春秋时左丘明的作品，率先对《左传》的产生年代和性质等提出怀疑。这一观点受到康有为、梁启超等人的赞扬与肯定。顾颉刚欲将历代辨伪的重要著作纳入他的“辨伪丛书”重新出版，自然少不了这部《左氏春秋考证》。而为《左氏春秋考证》重新出版的作序人，顾颉刚则选中了深谙经学和诸子学的张西堂。张不负所托，他在对《左传》作了进一步考证之后，在序中首先肯定了刘逢禄的基本观点，认为《左传》确系后出，为刘歆伪作，并赞扬《左氏春秋考证》是在继承前人考订成果基础上的最有成绩的一部辨伪作品。序文同时也指出刘著的不彻底处，用了相当篇幅对《左传》作了新的辨伪，并认为对《左传》的辨伪，到康有为的《新学伪经考》和崔适的《史书探源》问世，才最终成为定论。由于这篇序观点鲜明，论据充分，论证缜密，受到史学界的普遍赞扬，顾颉刚又约其撰文，为《古史辨》的第六册作序。

张西堂一生治学严谨，著作甚丰。已经出版的学术专著，除前文提到的外，还有《王船山学谱》、《荀子真伪考》、《公孙龙子研究》、《周秦诸子论丛》、《孙卿子考证》、《汉晋传经表》、《目录学四种》、《〈文心雕龙〉笔记》等共20部；未出版的有《经学史纲》、《学术思想论集》、《诗经选注》等。他逝世后，他的几部专著，如《唐人辨伪考》、《王船山学谱》、《尚书引论》、《颜习斋学谱》、《荀子真伪考》、《穀梁真伪考》等，均在港、台出版并多次重印。

9. 杨宽

杨宽早年所著《中国上古史导论》提出神话的分化研究说，成为顾颉刚开创的古史辨派神话学的重要后继者，后被收入《古史辨》第七册。顾颉刚在《古史辨》第七册的文章中也最为推重杨宽的《中国上古史导论》，认为“在这一册中（《古史辨》第七册），最值得注意的是杨宽的《中国上古史导论》一文。他一方面赞成我们的古史神话演变说，但一方面又反对康有为以来的‘托古改制’说和‘新学伪经’说。他认为古史传说多是古代东西二系氏族原有神话的演变和融化，它的演变多是自然的演变，而很少是人为的改造。他竭力主张神话传说分化说，认为一个神话会分化，演变成几个神话，这便是古史内容日趋复杂的主要原因。”由此可见，杨宽所提出的神话传说分化说，是对顾颉刚“层累地造成的中国古史”说的发展和补充，并得到了顾颉刚的肯定。童书业更是在《古史辨》第七册自序中将杨宽赞誉为是在顾颉刚之后，集“疑古”史学之大成的人。

10. 游国恩

游国恩毕生从事教学和学术研究，对中国古代文学，特别是对《楚辞》的研究做出了重大贡献，成为享誉中外著名的文学史家、楚辞学专家。游国恩在文学史研究中，借重了古史辨的研究方法，侧重于以古史释《楚辞》，又以《楚辞》来证古史，表现了其学术研究的严密细致学风和实事求是的治学态度。

11. 孙次舟

孙次舟在北大就读期间，服膺顾颉刚的古史辨伪理论，对其“层累地造成的中国古史”说深信不疑。抗战期间，顾颉刚南下，就任齐鲁大学国学研究院主任，聘孙次舟为专任研究员，并为其解决住处，对其古史研究文章也多有指导。孙次舟一生信守疑古辨伪理论，但因其极端疑古，且性格桀骜自负，不免流于为疑古而疑古，为批评而批评，常为民国其他学人所不满和排斥。1944 年，因其提出屈原是弄臣的主张而引起学界论战，并招致众多学人反对，这无疑是其疑古思想过头所致。孙次舟疑古之论还包括质疑老子的有无，表明其观点的文章《跋古史辨第四册并论老子之有无》收入《古史辨》第六册，此外，其尚有《许行是否为墨家的问题》、《邓析子伪书考》等多篇诸子学辨伪文章收入该书。

12. 栾调甫

栾调甫以研究墨学闻名于世，号称当代四大墨师之一，同时又精于经学、文字学、金石学、版本目录学、农学。在 20 世纪前中期与王献唐、路大荒共同高举朴素求真的“齐鲁学派”大旗，就学术成就与私人交往而言，并称为“山左三杰”。

栾调甫青年时起即潜心钻研先秦墨学和中国古文字学。1922 年，梁启超集 20 年精力写成《墨经校释》一书，栾调甫阅后却认为梁启超是“任意删改荡弃旧法，借其盛名，唱和成风”，于是提笔写下了《读梁任公〈墨经校释〉》一文予以批驳，此文后来被《哲学》杂志刊载。梁启超评价栾调甫的这篇文章“即使不是绝后，也是空前”，栾调甫由此在学界成名。鉴于他在墨学研究上的成就，1925 年，齐鲁大学聘其为文学院教授。栾调甫与梁启超之间学术往还的另一篇文章《梁任公五行说之商榷》被收入《古史辨》第五册，此外尚有《〈墨子〉书之传本源流与篇什次第》一文被收入《古史辨》第六册。

13. 王伯祥

王伯祥为顾颉刚同乡兼中学同学，两人私交甚密，顾颉刚的第二任妻子殷履安即是王伯祥介绍。1921 年 11 月，顾颉刚曾致信王伯祥，讨论《诗辨妄》。1922 年，顾颉刚到上海任商务印书馆编译所史地部专任编辑，与王伯祥合编历史教科书，因王伯祥也喜好历史，二人常常谈论古史，颇有商榷之乐。① 王伯祥在与顾颉刚的谈论中，受到启发，撰文对《诗经》中的《齐风·鸡鸣》一首诗做了重新解读，该文收入《古史辨》第三册。

---

① 顾潮：《顾颉刚年谱》，第 75 页。

14. 周予同

在北京高等师范学校学习时，因受钱玄同的深刻影响，他已趋向否定“经学”；在担任商务印书馆编辑期间，常常同顾颉刚等人讨论文史学界的问题。周予同认为，应对“经”进行历史的研究，由了解经学而否定经学。其代表作《经今古文学》对中国经学两大流派进行了系统的梳理和考察，在20世纪经学史研究领域具有开创之功。该文后被收入《古史辨》第二册。此外，《古史辨》第二册还收入其与顾颉刚的书信及《“孝”与“生殖器崇拜”》、《僵尸的出祟》等几篇文章。

15. 刘节

刘节在研究先秦古史、先秦诸子思想、史学史方面有卓著成就。为了不被古代多种传说所迷惑，他通过古代文字的钻研去发现古史的真实材料。他掌握了丰富的古文字、古金石材料，上自龟甲兽骨、殷周铜器陶器上的铭文，下至秦篆汉隶，六朝碑帖，严加辨析，考释精当。1934年应顾颉刚之约，为《古史辨》第五册写序言，该书并收录其《评〈刘向歆父子年谱〉》一文。

顾颉刚

顾颉刚（1893—1980），江苏吴县人。原名诵坤，字铭坚，著名历史学家，民俗学家，古史辨学派的创始人，也是中国历史地理学和民俗学的开创者，在中国近代学术发展史上有着重要影响。1893 年 5 月 8 日，顾颉刚出生于苏州一个读书世家，1897 年入私塾读《四书》。祖父、祖母和家仆都极能讲故事，顾颉刚从小就听了许多神话传说。1906 年入当地一所公立高等小学，1908 年转苏州第一中学堂，1913 年入北京大学预科，沉迷于戏剧，发现一个故事会因时、因地、因人而流迁变化。1915 年顾颉刚因病回家，完成《清代著述考》二十册，对清代学术有较深领会。1916 年转北大本科，读哲学。1920 年毕业于北京大学哲学部，此后历任厦门、中山、燕京、北京、云南、齐鲁、中央、复旦、兰州等大学教授，中山大学历史语言研究所主任、齐鲁大学国学研究所主任等职。1935 年，因当时民族危机深重，顾颉刚逐渐侧重边疆地理研究，并于 1936 年创立边疆研究会，同时宣传抗日。抗战期间，转入内地。1949 年后曾任中国科学院历史研究所研究员。“文革”时期，顾颉刚作为反动学术权威，被批判，每天到历史所劳动，一直持续到 70 年代初才得以解脱。1980 年 12 月 25 日，顾颉刚因病逝世。之后数年内，遗稿《〈禹贡〉中的昆仑》、《酒泉昆仑说的由来及其评论》、《〈山海经〉中的昆仑区》、《中国影戏略史及其现状》、《〈六月雪〉故事的演变》等陆续得到发表。进入 21 世纪后，其数百万字的读书笔记、日记等皆面世。

与钱玄同先生论古史书

我二年以来，蓄意要辩论中国的古史，比崔述更进一步。崔述的《考信录》确是一部极伟大又极细密的著作，我是望尘莫及的。我自知要好好的读十几年书，才可追得上他。但他的著作有两点我觉得不满意。第一点，他著书的目的是要替古圣人揭出他们的圣道王功，辨伪只是手段。他只知道战国以后的话足以乱古人的真，不知道战国以前的话亦足以乱古人的真。他只知道杨、墨的话是有意装点古人，不知道孔门的话也是有意装点古人。所以他只是儒者的辨古史，不是史家的辨古史。第二点，他要从古书上直接整理出古史迹来，也不是妥稳的办法。因为古代的文献可征的已很少，我们要否认伪史是可以比较各书而判定的，但要承认信史便没有实际的证明了。崔述相信经书即是信史，拿经书上的话做标准。合的为真，否则为伪，所以整理的结果，他承认的史迹亦颇楚楚可观。但这在我们看来，终究是立脚不住的：因为经书与传记只是时间的先后，并没有截然不同的真伪区别；假使在经书之前还有书，这些经书又要降做传记了。我们现在既没有“经书即信史”的成见，所以我们要辨明古史，看史迹的整理还轻，而看传说的经历却重。凡是一件史事，应当看它最先是怎样的，以后逐步逐步的变迁是怎样的。我们既没有实物上的证明，单从书籍上入手，只有这样做才可得一确当的整理，才可尽我们整理的责任。

我很想做一篇《层累地造成的中国古史》，把传说中的古史的经历详细一说。这有三个意思。第一，可以说明“时代愈后，传说的古史期愈长”。如这封信里说的，周代人心目中最古的人是禹，到孔子时有尧、舜，到战国时有黄帝、神农，到秦有三皇，到汉以后有盘古等。第二，可以说明“时代愈后，传说中的中心人物愈放愈大”。如舜，在孔子时只是一个“无为而治”的圣君，到了《尧典》就成了一个“家齐而后国治”的圣人，到孟子时就成了一个孝子的模范了。第三，我们在这上，即不能知道某一件事的真确的状况，但可以知道某一件事在传说中的最早的状况。我们即不能知道东周时的东周史，也至少能知道战国时的东周史；我们即不能知道夏、商时的夏、商史，也至少能知道东周时的夏、商史。

但这个题目的范围太大了，像我这般没法做专门研究的人，简直做不成功。因此，我想分了三个题目做去：一是《战国以前的古史观》，二是《战国时的古史观》，三是《战国以后的古史观》。后来又觉得这些题目的范围也广，所以想一部书一部书地做去，如《诗经中的古史》，《周书中的古史》，《论语中的古史》……我想，若一个月读一部书，一个月做一篇文，几年之后自然也渐渐地做成了。崔述的学力我固是追不到，但换了一个方法做去，也足以补他的缺陷了。

这回适之先生到上海来，因为不及做《读书杂志》的文字，嘱我赶做一篇。我当下就想做一篇《论语中的古史》，因为材料较少，容易做成。但一动笔之后，又觉得赶不及，因为单说《论语》自是容易，但若不与他书比较看来，就显不出它的地位，而与他书一比较之后，范围又大了，不是一二天内赶得出的。因此，想起我两月前曾与玄同先生一信，论起此事，固然是信笔写下，但也足以说出一点大纲。所以就把这篇信稿抄在这里，做我发表研究的起点。我自己知道既无学力，又无时间，说不上研究；

只希望因了发表这篇，引起了阅者的教导和讨论，使我可以把这事上了轨道去做，那真是快幸极了！十二，四，二十七。

玄同先生：

（上略）

先生嘱我为《国学季刊》作文，我也久有这个意思。我想做的文是《层累地造成的中国古史》。现在先对先生说一个大意，——我这些意思从来没有写出，这信恐怕写得凌乱没有条理。

我以为自西周以至春秋初年，那时人对于古代原没有悠久的推测。《商颂》说："天命玄鸟，降而生商。"《大雅》说："民之初生，自土沮、漆。"又说："厥初生民，时维姜嫄。"可见他们只是把本族形成时的人作为始祖，并没有很远的始祖存在他们的意想之中。他们只是认定一个民族有一个民族的始祖，并没有许多民族公认的始祖。

但他们在始祖之处，还有一个"禹"。《商颂·长发》说："洪水芒芒，禹敷下土方，……帝立子生商。"禹的见于载籍以此为最古。《诗》、《书》里的"帝"都是上帝。（帝尧、帝舜等不算，详见后。《尚书》里可疑的只有一个帝乙，或是殷商的后王尊他的祖，看他和上帝一样，加上的尊号，也说不定。）这诗的意思是说商的国家是上帝所立的。上帝建商，与禹有什么关系呢？看这诗的意义，似乎在洪水芒芒之中，上帝叫禹下来布土，而后建商国。然则禹是上帝派下来的神，不是人。《小旻篇》中有"旻天疾威，敷于下土"之句，可见"下土"是对"上天"而言。

《商颂》，据王静安先生的考定，是西周中叶宋人所作的（《乐诗考略·说商颂下》）。这时对于禹的观念是一个神。到鲁僖公时，禹确是人了。《閟宫》说："是生后稷，……俾民稼穑，……奄有下土，缵禹之绪。"（按：《生民篇》叙后稷事最详，但只有说他受上帝的保卫，没有说他"缵"某人的"绪"。因为照《生民》作者的意思，后稷为始事种植的人，用不着继续前人之业。到《閟宫》作者就不同了，他知道禹为最古的人，后稷应该继续他的功业。在此，可见《生民》是西周作品，在《长发》之前，还不曾有禹一个观念。）这诗的意思，禹是先"奄有下土"的人，是后稷之前的一个国王，后稷是后起的一个国王。他为什么不说后稷缵黄帝的绪，缵尧、舜的绪呢？这很明白，那时并没有黄帝、尧、舜，那时最古的人主（有天神性的）只有禹，所以说后稷缵禹之绪了。商族认禹为下凡的天神，周族认禹为最古的人王，可见他们对于禹的观念，正与现在人对于盘古的观念一样。

在这上，我们应该注意的"禹"和"夏"并没有发生了什么关系。《长发》一方面说"洪水芒芒，禹敷下土方"，一方面又说汤"韦、顾既伐，昆吾、夏桀"，若照后来人说禹是桀的祖先，如何商国对于禹既感他敷土的恩德，对于禹的子孙就会翻脸杀伐呢？按《长发》云："玄王桓拨，受小国是达，受大国是达。"又云："相土烈烈，海外有截。”是商在汤以前国势本已发达，到汤更能建一番武功，把韦、顾、昆吾、夏桀打倒罢了。禹是他们认为开天辟地的人的人，夏桀是被汤征伐的一个，他们二人漠不相关，很是明白。

至于禹从何来？禹与桀何以发生关系？我以为都是从九鼎上来的。禹，《说文》云：“虫也，从厹，象形。”厹，《说文》云：“兽足蹂地也。”以虫而有足蹂地，大约是蜥蜴之类。我以为禹或是九鼎上铸的一种动物，当时铸鼎物，奇怪的形状一定很多，禹是鼎上动物的最有力者；或者有敷土的样子，所以就算他是开天辟地的人。（伯祥云：禹或即是龙，大禹治水的传说与水神祀龙王事恐相类。）流传到后来，就成了真的人王了。九鼎是夏铸的，商灭了夏搬到商，周灭了商搬到周。当时不过因为它是宝物，所以搬了来，并没有多大的意味；但经过了长时间的保存，大家对它就有了传统的观念，以为凡是兴国都应取九鼎为信物，正如后世的“传国玺”一样。有了传统有观念，于是要追溯以前的统，知道周取自商，商取自夏，自然夏、商、周会联成一系。成了一系，于是商汤不由得不做夏桀的臣子，周文王不由得不做殷纣的臣子了。他们追溯禹出于夏鼎，就以为禹是最古的人，应做夏的始祖了。（书中最早把“夏”、“禹”二字联属成文的，我尚没有找到。）

东周的初年只有禹，是从《诗经》上可以推知的；东周的末年更有尧、舜，是从《论语》上可以看到的。（尧、舜的故事从何时起，这个问题很难解决：《左传》是战国时的著作；《尚书》中的《尧典》、《皋陶谟》也靠不住；《论语》较为可靠，所以取了它。）《论语》中二次连称尧、舜（尧、舜其犹病诸），一次连称舜、禹（巍巍乎舜、禹之有天下也），又接连赞美尧、舜、禹（大哉尧之为君——舜有臣五人而天下治——禹吾无间然矣），可见当时确以为尧、舜在禹之前。于是禹之前有更古的尧、舜了。但尧与舜、舜与禹的关系还没有提起，或者当时人的心目中以为各隔数百年的古王，如禹和汤，汤和文、武之类，亦未可知。《论语·尧曰篇》虽说明他们的传授关系，但《论语》经崔述的考定，自《季氏》至《尧曰》五篇是后人续入的。《尧曰篇》的首章，在文体上很可见出有意摹古的样子，在宗旨上很可见出秉着“王道”和“道统”两个主义，是战国时的儒家面目。

在《论语》之后，尧、舜的事迹编造得完备了，于是有《尧典》、《皋陶漠》、《禹贡》等篇出现。有了这许多篇，于是尧与舜有翁婿的关系，舜与禹有君臣的关系了。《尧典》的靠不住，如梁任公先生所举的“蛮夷猾夏”、“金作赎刑”都是。即以《诗经》证之，《閟宫》说后稷“奄有下国”，明明是做国王，它却说成舜的臣子。（后稷的“后”字原已有国王之义，《尧典》上舜对稷说“汝后稷”实为不辞。）《閟宫》说后稷“缵禹之绪”，明明是在禹后，它却说是禹的同官。又以《论语》证之，(1)《论语》上门人问孝的很多，舜既“克谐以孝”何以孔子不举他做例？(2)《论语》上说“舜有臣五人”，何以《尧典》上会有九人?《尧典》上既有九人，各司其事，不容偏废，何以孔子单单截取了五人?（3）南宫适说“禹、稷躬稼而有天下”，可见禹、稷都是有天下的，为什么《尧典》上都是臣而非君?（4）孔子说舜“无为而治”，《尧典》上说他“五载一巡守，群后四朝”，又说他“三载考绩，三考，黜陟幽明”，不相冲突吗？这些问题，都可以证明《尧典》出于《论语》之后。（我意，先有了禅让的学说而后有《尧典》、《皋陶谟》出来，当作禅让的实证，禅让之说是儒家本了尊贤的主义鼓吹出来的。）作《论语》时，对于尧、舜的观念还是空空洞沿，只推尊他们做两个道德最高、功绩最大的古王；作了《尧典》等篇，于是尧、舜的“文章”都有实事可举了。

从战国到西汉，伪史充分的创造，在尧、舜之前更加上了多少古皇帝。于是春秋初年号为最古的禹，到这时真是近之又近了。自从秦灵公于吴阳作上畤，祭黄帝（见《汉书·郊祀志》。秦国崇奉的神最杂，名目也最诡，秦文公梦了黄蛇作鄜畤，拾得了一块石头作陈宝祠，实在还是拜物教。黄帝之祀起于秦国，说不定黄帝即是“黄龙地螾”之类），经过了方士的鼓吹，于是黄帝立在尧、舜之前了。自从许行一辈人抬出了神农，于是神农又立在黄帝之前了。自从《易·系辞》抬起了庖栖氏，于是庖栖氏又立在神农之前了。自从李斯一辈人说：“有天皇，有地皇，有泰皇，泰皇最贵”，于是天皇、地皇、泰皇更立在庖栖氏之前了。自从《世本》出现，硬替古代名人造了很像样子的世系，于是没有一个人不是黄帝的子孙了。自从《春秋命历序》上说“天地开辟，至《春秋》获麟之岁，凡二百二十六万年”，于是天皇十二人各立一万八千岁了。自从汉代交通了苗族，把苗族的始祖传了过来，于是盘古成了开天辟地的人，更在天皇之前了。时代越后，知道的古史越前；文籍越无征，知道的古史越多。汲黯说：“譬如积薪，后来居上”这是造史很的比喻。看了这些胡乱伪造的史。《尧典》那得不成了信史！但看了《诗经》上稀疏的史，更那得不怀疑商以前的史呢！

这些意思如果充分的发挥，准可著成数十卷书。古代的史靠得住的有几，崔述所谓“信”的又何尝是信！即如后稷，周人自己说是他们的祖，但有无是人也不得而知。因为在《诗》、《书》上看，很可见出商的民族重游牧，周的民族重耕稼，所谓“后稷”，也不过因为他们的耕稼为生，崇德报功，追尊创始者的称号。实际上，周人的后稷和许行的神农有什么区别？这两个倡始耕稼的古王，很可见出造史的人的重复。他们造史的人为什么要重复？原来禹的上面堆积的人太多了，后稷的地位不尊重了，非得另创一个神农，许行一辈人就不足以资号召了！

（下略）

颉刚敬上

十二，二，二十五。

附启

玄同先生：

这封信发后，没有接到回复，使我记挂得很。

在《歌戈鱼虞模古读考》上，读到先生的跋。跋上说："许慎的《说文》是一部集伪古字，伪古义，伪古礼，伪古制和伪古说之大成的书。"我很希望先生有辨《说文》的文字发表。

前月把《吕刑》与《尧典》对看，又得了一个对于苗族的传说的变迁。今天不及写，下函详告。

颉刚附启

十二，四，二十八。

该文首次刊于《努力》增刊《读书杂志》第9期，1923年5月。选自顾颉刚编《古史辨》第一册，朴社1926年版。

讨论古史答刘胡二先生

得了两位先生的质问，禁不住我作答的兴致。但胸中存着的意思太多，只得分期回答。这一期登的专是辨禹，预计下一期辨《禹贡》，又下一期辨《尧典》，《皋陶谟》，又下一期辨后稷及文王之为纣臣（文王的问题为我的原文所无；因刘先生说起这事，也提起我辩论的兴致），末一期辨现在公认的古史系统。希望这文登完之后，两先生及其他读者都给我严正的批评，使得我的意思应该修正的修正，应该取消的取消，而不误的主张亦可以成立。

一、禹是否有天神性

我所以疑禹为天神，是由"洪水芒芒，禹敷下土方"而来。刘先生以为说了"下土"不即是天神，引后稷、武王作例，我也承认。我并且想到《雅》、《颂》中所以说"下土"、"下国"特多之故，是由于对上帝及祖先而言；帝与祖皆在上天，故自言为下，若对"人"言，便为"王国"、"王土"、"四方"、"四国"、"土宇"……了。我原来又以为《楚辞》上说"禹降省下土方"，自上至下为降，也有上帝派下的意思；但看了"维岳降神，生甫及申"等句，觉得还不能算做理由。故此文中把"下土"与"降"的两词搁起。

但我虽把这两词搁起，依旧以为禹是一个神。现在把《诗》、《书》中说及禹的话钞在下面一证：

《诗》——（一）信彼南山，维禹甸之。（《信南山》）

（二）丰水东注，维禹之绩。（《文王有声》）

（三）奕奕梁山，维禹甸之。（《韩奕》）

（四）是生后稷，……缵禹之绪。（《閟宫》）

（五）洪水茫茫，禹敷下土方。（《长发》）

（六）天命多辟，设都于禹之绩。（《殷武》）

《书》（除去《尧典》、《皋陶谟》、《禹贡》三篇）——

（七）鲸堙洪水，汩陈其五行。帝乃震怒，不畀洪范九畴，彝伦攸。鲧则殛死，禹乃嗣兴。天乃锡禹洪范九畤，彝伦攸叙。（《洪范》）

（八）其克诘尔戎兵以涉禹之迹，方行天下，至于海表，罔有不服。（《立政》）

（九）皇帝清问下民，鳏寡有辞于苗。……乃命三后恤功于民：伯夷降典，折民惟刑；禹平水土，主名山川；稷降播种，农殖嘉谷。三后成功，惟殷于民。（《吕刑》）

我们从这九条看来，可以归纳出周代人对于禹的四条观念：

(a) 禹平水土是受的上帝命。（七）、（九）

(b) 禹的“迹”是很广的。（一）、（二）、（三）、（六）、（八）

(c) 禹的功绩是“敷土”、“甸山”、“治水”。（一）、（二）、（三）、（五）、（九）

(d) 禹是一个耕稼的国王。（四）

以上只有（d）条最特别，我现在就先说这条。

我在上次文中说，“禹是后稷之前的一个国王，后稷是后起的一个国王”，现在想想，觉得犹不尽然。所谓“缵禹之绪”，实在是缵禹的耕稼之绪。这诗的语意正与《论语》所说相同。《论语》说：

子曰：禹，吾无间然矣！……卑宫室而尽力乎沟洫。（《泰伯》）

禹、稷躬稼，而有天下。（《宪问》）

《论语》上不说禹甸山治洪水的大功绩而只说禹“躬稼”、“尽力沟洫”，这是很奇怪的事。《论语》中所说的禹与《閟宫》的一模一样，惟此二书与他种传说立异，这是很应注意的事。按《鲁颂》与《论语》俱作于鲁国，时间距离约二百年，可见鲁国人对于禹的观念是最平常的，不似王朝与宋国人的想象中的禹那样伟大。（邹、鲁间人神权思想甚是淡薄，读《论语》、《孟子》可知。）一读《左传》、《楚辞》、《郊祀志》等，就觉得齐、晋、秦、楚诸国的神话的发达了。这个缘故须得考究。

倘使《诗》、《书》所记尽如《閟宫》和《论语》，禹确是人王，不应当再有天神的怀疑了。若有人说，禹的事实惟鲁国为得其真相，其余都是流传而失其真的，以此证明禹的为人，似乎也说得过去。但我想，禹若果是在后稷之前的一个耕稼的国王，后稷之名也就不会有了；后稷之所以为后稷，原是尊崇他倡始耕稼，加上的名号，若他只有“缵绪”，也不应独居此名了！我们再看，在西周时，古王任农事的惟有后稷；在东周的鲁国，后稷之前又有禹；到战国时，烈山氏之子柱先做后稷了，舜也“发于畎亩之中”了，但始耕稼的尊号又给神农夺去了。在西周时，原以进入农业社会不久，而耕稼的事又倡始于周民族，周民族既得了中国，要想竭力的推广它，所以有始祖后稷的尊崇，所以有“纯其艺黍稷”的告教（《酒诰》），所以有“笃公刘，匪居匪康，乃场乃疆，乃积乃仓”（《公刘》）及“文王卑服，即康功田功”（《无逸》）的称美。若果有神农、柱、舜、禹的耕稼在前，则到周初已有一二千年了，农业的发达已久了，又何必这样的郑重鼓吹呢？

（d）条既是后起之说（或是鲁国特有之说），我们再看上三条。

（a）条，《洪范》上“天”“帝”互称，可见帝即是天：殛鲧的是天，兴禹的亦是天。《吕刑》上的“皇帝”，向被说经者因《尧典》而解作帝舜。但试看上文“虐威庶戮，方告无辜于上：上帝监民，罔有馨香德”，下即接说“皇帝哀矜庶戮之不辜”，又接说“皇帝清问下民”，末又说“上帝不蠲，降咎于苗”，文义原是一贯。上下既言上帝，不容中间独言人帝。况“皇”与“上”俱为形容词，故天可称“上天”，亦可称“皇天”。“上帝”与“皇帝”为一名的互文，意义甚明。皇帝既是上帝，他所命的三后当然含有天神性。合之于“《洪范》”所言，禹的治洪水，平水土，由于上帝的命令，自无可疑。

刘先生说：“若以为禹是神，不是人，则……《商颂·玄鸟》有……‘古帝命武汤，正域彼四方’，……汤又何尝是人呢？又《大雅·文王有声》言‘文王受命，有此武功’，《皇矣》亦说‘帝谓文王，无然畔援；……帝谓文王，予怀明德，……’看上帝给命与文王，又和文王这样地对语，然则文王也是神，不是人么？”我对于这问的解答，以为“称天而治”，“替天行道”，是古代王者的惯技。他们说上帝与之接近，是为自己的声势计；故出了他们的势力范围，这种神话也就没有势力。所以玄鸟的古事不见于周人的诗，而文王受命割殷的事决不会见于商族的称说。且武汤、文王的来踪去迹甚是明白，他们有祖先，有子孙，所以虽有神话而没有神的嫌疑。至于禹，他的来踪去迹不明，在古史上的地位是独立的（父鲧子启全出于伪史，不足信）。他不是周族的祖先而亦为周族所称，不是商族的祖先而亦为商族所称，他的神话是普遍的。地位的独立，神话的普遍，惟有天神才能如此！

（b）条，禹迹之广，《立政》上说得稍详。“方行天下，至于海表”，可见禹的足迹无所不至（后来的《山海经》即本此观念而作者）。在这一条上，我们无从悬揣他是神是人，因为人迹固是迹，“兽蹄鸟迹”也是迹，汉武帝时的“大人迹”也是迹。

禹的最有天神的嫌疑的地方，我以为乃在（c）条上。（c）条所举禹的功绩是敷土、甸山、治水。这是刘先生以为最无神的气味的。但我始终不解，土是怎样的敷法？山是怎样的甸法？敷，前人解作分，以为即是分州；又解作赋，以为是分配九州的赋役。这种解法，很觉牵强；且在“洪水芒芒”中就有这般上轨道的办事也未免太早计了。我们看《诗》、《书》上“敷”字的用法不出二种；《长发》的“敷奏其勇”，《康诰》的“往敷求于殷先哲王”，为普遍义；《顾命》的“敷重篾席”，《小旻》的“旻天疾威，敷于下土”，《长发》的“敷政优优”，为铺放义。解作普遍义的，为副词或形容词；解作铺放义的，为动词。又古无轻唇音，敷与铺二字音义均同，故可通用：如《周颂》的“敷时绎思”，《左传》引作“铺时绎思”（宣十二年）；《毛诗》的“铺彼淮愤”，《韩诗》作“敷彼淮濆”（《释文》引），均可证。《长发》的“禹敷下土方”，敷是动词，当然是铺放之意。这一句的意思，即是说，“在茫茫的洪水中，禹铺放土地于下方”。《天问》言禹治水，有“洪泉极深，何以寘之”的问。寘与填同。这一句的意思，即是问“在极深的洪泉中，如何铺填着土地来”？正可与《长发》所言对照。

甸，《诗经》上除了两个“维禹甸之”以外找不到别的，无从比较。从前人讲作“治”，这不过看见《禹贡》上有“治梁及岐”的话而牵引上来，了无根据。郑玄《周礼注》云，“甸，读与‘维禹敶之’之敶同”。（《稍人》）。可见汉时《诗经》有不作甸而作敶的。甸敶同音，敶即陈，为军阵之阵的本字，乃是排列分布之意。《天问》云：“日月安属？列星安敶？”乃是问日月系属在什么地方，星宿是哪一个所陈列的。《尚书·多士》云，“乃命尔先祖成汤革夏，俊民甸四方”，这是把贤才分布到四方，正是敶意。《信南山》谓南山为禹所甸，《韩奕》又谓梁山为禹所甸，试问禹把这些山是如何排列分布的？我意，陈山正与铺土相连，土为禹所铺，山亦为禹所陈。我上次文中曾说周代人对于禹的观念正和魏、晋间人对于盘古的观念差同，此意甚觉不误。

治水的“治”字是后人加上去的。《诗经》中说“丰水东注，维禹之绩”，绩当即是迹。照了上条所说，那时人看得土是禹铺的，山是禹陈的，则水道自然也是禹所排列的了。《洪范》说他汩水的话甚不明白，似乎他一得到了上帝的九畴，洪水就自会平复似的。我们所以深信他治水之故，乃是受了《孟子》、《禹贡》等书的影响。

若禹确是人而非神，则我们看了他的事业真不免要骇昏了。人的力量怎能够铺土陈山？就说敷土是分画九州，甸山是随山刊木，加以疏瀹江河，试问这事要做多少年？在“洪水横流，禽兽逼人”的时候又应做多少年？据《孟子》说，他做这番事业只有八年，就硬用了《禹贡》的“作十有三载乃同”之句也不过十三年，试问有何神力而致此？现在导一条淮河，尚且费了许多时间无数工力还没有弄好，何况举全国的山川统干一下，而谓在几年之间可以成功，这不是梦话吗！

《广雅》说："夏禹所治四海内地，东西二万八千里，南北三万六千里。"（此本《山海经》）我们就算他单走这两条直线，八年之中一天已经要走十八里半；何况人类不能走鸟道，他又不是单单定一个四至，一定要盘互萦回，绕山转水，每天岂不要走几百里路！这个样子，除非说他专在路上飞跑总觉说不过去。但飞跑了，试问"高高下下，疏川导滞，钟水丰物，封崇九山，决汩九川，陂鄣九泽，丰殖九薮，汩越九原，宅居九隩，合通四海。"（《周语》下）等大功绩又如何做法呢？就说全国的人民全来工作，他只是监工，试问他一个人到各处查勘一周已经要费多少日子？何况《皋陶谟》明说他"予乘四载，随山刊木，……予决九川，距四海，浚畎浍，距川"，而益、稷的帮助只在"奏庶鲜食"，试问在我们的理性上能说他是一个"人"吗？若他可说为人，则六天造成世界的上帝也可以拉到人类中来了！

禹之为神，我想大家总可在此承认。至于禹的神职是什么，我以为可在《吕刑》看出。《吕刑》说："禹平水土，主名山川"，这句话一向给人看得最平淡的；他们以为禹平了水土，更去题山川的名字。但我读了《左传》，不信这是确解。《左传》道：

> 或间兹盟，司慎司盟，名山名川，群神群祀，先王先公，七姓十二国之祖，明神殛之！（襄十一年传）
>
> 名有五，……不以山川。……以山川则废主。（桓六年传）

可见所谓"名山川"是"名山名川"；"名"是形容词，不是动词。所谓"主名山川"，乃是主领名山川，为名山川之神；"主"是动词，不是副词。《汉书·郊祀志》谓始皇东游海上，行礼词名山大川及八神，八神为天主、地主等。"主名山川"为名山川之主，义甚显豁。我常疑周代以后稷配享上帝，上帝以下最尊者莫如稷，何以又禹、稷连称，若甚有关系者？（因我不信禹、稷同官，故有此疑。）一天读《鲁语》，恍然大悟。《鲁语》道：

> 昔烈山氏之有天下也，其子曰柱，能殖百谷百蔬，——夏之衰也，周弃继之，——故祀以为稷。共工氏之伯九有也，其子曰后土，能平九土，故祀以为社。

这一条虽是战国时的话，但很有注意的价值。"皇天后土"为春秋时习语，但在《周颂》中只见祀上帝，祀祖先，以后稷配上帝，不见有天地享祀并立的痕迹；照他们的意思，恐是以地属天而不是以地齐天的。不知何时始有"后土"字出现；又不知何时始以"皇天后土"并言。《小雅·甫田》有"以我齐明，与我牺羊，以社以方"之语；《大雅·云汉》又有“祈年孔夙，方社不莫”之语。社从示从土，方亦训地，其为祀地无疑。祀社之礼不知始于何时。甲骨卜辞中无“社”字。《甘誓》虽有“戮于社”之言，但《甘誓》本伪书，不足信。《论语》哀公问社，宰我答的“夏后氏以松，殷人以柏”，恐亦是无征之言。自有社祀，其后乃以“社稷”连称。社为土地，稷为民食，两者为国家根本，故春秋时以“社稷”一名为“国家”的代名词（社稷连称为《诗》、《书》中所无而《左传》中所特多）。稷之为后稷，自无疑义。战国时因古史已提高不少，故另立一柱于后稷之前，这也是他们的长技。社之为禹，《国语》虽无明文，而看其“能平九土”之语，实即是禹。又看《周语》中太子晋的话：

> 昔共工氏……失其身，欲壅防百川，坠高堙庳以害天下，皇天弗福……共工用灭。有崇伯鲧播其一心，称遂共工之过，尧用殛之于羽山。其后伯禹念前之非度，……共之从孙四岳佐之，高高下下，疏川导滞。

可见《鲁语》的共工氏乃是战国时人拿来装在禹的上面的，与柱加于稷上正同。知共工氏装于禹上，则禹之为社又得一间接的证明。禹为社，稷为稷，禹、稷之所以连称由于社稷的连称，禹、稷之所以并尊由于社稷的并尊，甚是明白。《小雅·楚茨》以下，有《信南山》、《甫田》、《大田》诸篇，皆是祀农神之诗：《信南山》赞美禹德而言“维禹甸之”；《甫田》、《大田》述祀事而言“以社以方”，“以御田祖”，“田祖有神”。田祖虽不必为禹，而禹既为土地之神，则大而敷土甸山，小而沟洫耕稼，莫非其分内之事。《閟宫》与《论语》所说，恐即由社神与田祖的传说上来。《大、小雅》皆宣王前后诗（我信西周初期的诗只有《周颂》），则禹为社神之说起于西周后期可知了。

总以上的话，可以对于禹的性质下一假定：

西周中期，禹为山川之神；后来有了社祭，又为社神（后土）。其神职全在土地上，故其神迹从全体上说，为铺地，陈列山川，治洪水；从农事上说，为治沟洫，事耕稼。耕稼与后稷的事业混淆，而在事实上必先有了土地然后可兴农事，易引起禹的耕稼先于稷的观念，故《閟宫》有后稷缵禹之绪的话。又因当时神人的界限不甚分清，禹又与周族的祖先并称，故禹的传说渐渐倾向于“人王”方面，而与神话脱离。

二、禹与夏有没有关系

上面所引《诗》《书》中言禹的九条，完全没有连及夏字。今再看《诗》《书》中言“夏”的有没有连带说禹：

《诗》——(一) 殷鉴不远；在夏后之世。(《荡》)

(二) 韦、顾既伐，昆吾、夏桀。(《长发》)

《书》——(三) 相古先民有夏，……有夏服天命(《召诰》)

(四) 有夏不适逸，……殷革夏命。(《多士》)

(五) 惟帝降格于夏，有夏诞厥逸。(《多方》)

(六) 迪惟有夏，乃有室大竞。(《立政》)

这六篇上也是全没有提起夏与禹的关系。固然像刘先生所说，“诗篇上有省文节字使句子长短整齐或音节便读底道理”，但我依然疑惑，何以《诗》、《书》中有九篇说禹，六篇说夏，乃一致的省文节字而不说出他们的关系？况《诗经》中有一个例，凡是名词只有一个字的每好凑成两字，而两字以上的名词则不删。如“鲎斯”“鹿斯”则以“斯”凑成两字，“维莠”“维鸠”则以“维”凑成两字。若“鹿鹿濯濯”“鸤鸠在杂”，则名词已有两字，便不须加衬字了。如“王命仲山甫”、“命程伯休父”，名词虽在二字以上，也不加省节了。《十月之交》云：“皇父卿士；番维司徒；家伯维宰；仲允膳夫；聚子内史，蹶维趣马，楀维师氏。”读此，很可见人名为单字的则“维”字加于人名，官名为单字的则“维”字加于官名，务使一句凑成四字。“维禹甸之”“维禹之绩”正是此例。禹若果是人王，亦应照了“后稷”、“公刘”、“王季”之例而称他为“后禹”(至少也要像《国语》和《尧典》的称他为“伯禹”)；禹若果是夏王，亦应照了“夏后”“夏桀”之例而称他为“夏禹”。何以《诗》、《书》上九处说禹，却只有一个禹字，或衬上一个维字，再没有别字联属，篇篇有省文、节字的需要呢？就说维字不为衬字而为顿重语气之用，赞美禹功必用维字以致其情，用了维字则四字已全，禹只能为单字，这无论只适用于《诗经》上的三条，尚有六条说不过去，即就这三条而论，顿重语气原不必定为四字之句，如“维仲山甫补之”，“维此王季其心则友”，仲山甫与王季的名号亦无碍其不为单字也。

《多士》、《多方》并言夏、殷，言殷则必举成汤，言夏则从不举禹。这是什么道理？我们且说这是偶然的漏略罢，试再看《立政》：

> 古之人，迪惟有夏，乃有室大竞，吁俊尊上帝，迪知忱恂于九德之行。……桀德，惟乃弗作往任，是惟暴德，罔亦越成汤，涉王厘上帝之耿命，……克用三宅三俊。……呜呼，其在受德，惟羞刑暴德之人同于厥邦！

这一段是把夏与商对举的，都是说夏、商起先的时候如何好，后来的时候如何坏。但何以在商则举出创业的成汤与亡国的受，而在夏则但举出亡国的桀而不举出创业的禹？做《立政》的人并不是不知道禹的(篇末即言“其克诘尔戎兵以陟禹之迹”)，他何以不把禹和汤并举呢？又何以在篇末却又单举了禹呢？这不是在刘先生所说的“省文节字”的范围之内的，因为在诰谟的文中原不必省，而且在对举的文中也不应省。

禹为人王，读《閟宫篇》可知在春秋时的鲁国已经确定了。但禹与夏的关系《诗》、《书》上没说，《论语》上也没说，直至战国中期方始大盛，《左传》、《墨子》、《孟子》等书即因此而有“夏禹”的记载。（依我考定，《左传》是纪元前三百年间所著，约当赧王初元。《墨子》书决是“墨分为三”之后所作。诸子著书都在战国后期，若前期则并无著书观念。此系另一问题，后当详论。）因为这种话到了战国才有，所以我不敢相信。

禹与夏没有关系，是我敢判定的；禹与夏何以发生关系，我还不敢下一断语。现在把我的推想写在下面以备商榷：

（1）周始于后稷，商始于契，是有明文的：独夏代则只知有末王而不知有首王。为称说“三代圣王”便利计，有补足的需要。《论语》中以夏、商为“二代”，又单言尧、舜、禹。以尧、舜、禹置于夏、商之上，则禹与夏最为近，故有合一的趋势。

（2）《诗》、《书》中屡言“有夏”、“时夏”，此是对四夷而言之“中国”，疆域既不大，且含有种族之义。至于“禹迹”，是无远不届的。春秋以后种族观念日微；“诸夏”的境界日事扩张，与理想中的禹迹相当，遂使“夏”与“禹”合而为一。“诸夏”之夏改指夏代言，禹遂为夏代首王。

（3）我们称禹为夏禹，正和称尧为唐尧，舜为虞舜一样的无稽。《论语》上只言尧、舜而不言唐、虞，唐、虞之号不知何自来。《左传》上所说的陶唐和有虞乃是夏代时的二国，引之于下：

> 《夏书》曰：惟被陶唐，……有此冀方。今失其行，乱其纪纲，乃灭而亡。（哀六）
>
> 昔有过浇灭夏后相，后緡方娠，……归于有仍，生少康焉。……浇使椒求，逃奔有虞，为之庖正。……虞思于是妻之以二姚。（哀元）

在《左传》上，舜没有姚姓，虞亦不言舜胤，尧没有唐号，唐亦不言尧后，或犹保存得一点唐、虞二国的本相（虽亦未始不可说为丹朱、商均之裔，但他们二人即根本不可信）。我寻求禹和夏，尧和唐，舜和虞所以发生关系之故，以为这是战国的伪史家维持信用的长技。他们觉得尧、舜、禹都是冥漠中独立的个人，非各装在一个着实的地方不足以使得他们的地位巩固，于是这些假人经由伪史家的作合，就招赘到几个真国度里做主人了！这确是很有效力的事。试看共工之类，当时的传说何尝不盛，只是没有经过伪史家的安顿，至今在古文中永是浮沈不定，随人转移，比了尧、舜、禹，相去何啻天渊，这可见没有占到地盘的苦处了！

三、禹的来源在何处

我上一文疑禹为动物，出于九鼎，这最引起两先生的反对。我于此并不抗辩，因为这原是一个假定。我只把当初立此假定之故条列于下：

(1) 我读了《左传》上王孙满对楚子的话，“昔夏之方有德也，……铸鼎象物，……魑魅罔两莫能逢之”，以为九鼎是神话的出产地。又见《说文》训“禹”为“虫”，训“禸”，为“兽足蹂地”。合此二义，颇似蜥蜴，而彝器上有“螭”正作蜥蜴之形，似禹有出于九鼎的可能。

(2)《鲁语》有“木石之怪曰夔罔两，水之怪曰龙罔象”的话，与《左传》所言可相证合。夔、龙正是《尧典》上的九官之二，而竟是九鼎上的魑魅罔两，然则与夔、龙同官的禹既有疑窦，自亦有出于九鼎的可能了。

(3) 彝器上的夔系属兽形，《吕氏春秋》又记乐正夔有一足的传说（《察传》)，《尧典》上又说他会使“百兽率舞”，夔之为兽实无可疑。推之于禹，颇觉《说文》所说近是。

(4)《左传》所记贪于饮食的缙云氏不才子饕餮，乃是彝器上阔嘴的兽。《吕刑》所记苗民中始作乱的蚩尤，乃是彝器上大耳大眼长面的兽。合之于夔螭之类，可见“古史的人”很有出于“鼎上的兽”的可能。

(5) 在传说中，鲧是先禹治水的人。《说文》云：“鲧，鱼也。”《左传》云：“尧殛鲧于羽山，其神化为黄熊，以入于羽渊。”（昭七）朱熹《楚辞注》云：“《左传》言鲧化为黄熊，《国语》作‘黄能’。按：熊，兽名。能，三足鳖也。说者曰，兽非入水之物，故是鳖也。”（《天问》）则鲧为水中动物，古代已有此说。禹既继鲧而兴，自与相类，故《淮南子》即有禹化为熊以通圜辕之道的故事。

(6)《天问》言治水事，有“鸱龟曳衔，鲧何听焉?”及“应龙何画?”之间。《山海经》本此，言“禹治水时有应龙以尾画地，即水泉流通，禹因而治之也”。可见治水的神话中水族动物极多；引禹为类，并不足奇。

(7)《左传》与《天问》均说鲧化熊，《天问》又说“伯禹腹鲧”，又说，“焉有龙虬负熊以游”，觉得“伯禹”与“龙虬”有合一的可能。龙螭同形，觉得第一条理由又得一凭藉。

以上是说明我所以有“禹为动物，出于九鼎”的假定的缘故。我现在对于这个假定的前半还以为不误，对于后半便承认有修正的必要了。

我所以要修正这条假定之故，因为九鼎不铸于夏代，禹说才起于西周的中叶，已有坚强的理由了。王孙满对楚子一段话最露破绽的是“贡金九牧”一语。九州的传说起于战国（《诗经》上“九有”“九围”，犹言“四方”“八表”，乃是四方四隅加上中央，不是画分土地为九州），九牧之说当然不可靠。贡金之说，适之先生来书云："铁固非夏朝所有，铜（bronze）恐亦非那时代所能用。发见渑池石器时代的安特森近疑商代犹是石器时代的晚期（新石器时代），我想他的假定颇近是"。本来夏代彝器从没有发见过；即学者考定的商代彝器亦并无确实出于商代的证据，不过比较了周器，把语句简单的，字体特异的归在商代罢了。商器尚如此茫昧，夏之尚未进于铜器时代自不必说，哪里能铸出九鼎！至于九鼎的来源，我以为当是成王建立东都时铸下的大宗器（或商末所铸而西周所迁），用来镇抚王室的。当时初入铜器对代，铜料丰富，铸器要求重大，也是可有的事。至于鼎上刻镂神迹，乃是古代的风气，《左传》所谓"铸鼎象物"还是可信（现在保存的彝器有物象的很多，这上的神话必有资于古史，惜考古家不注意此事）。不过禹说既是后起，他的神迹还来不及刻上九鼎罢了。

我对于禹的来历很愿意再下一个假定："禹是南方民族的神话中的人物。"我所以下此假定，有下列数项理由：

（1）《楚辞·天问》对于鲧、禹有很丰富的神话。

（2）越国自认为禹后，奉守禹祀。

（3）传说中有禹会诸侯于涂山的故事（《左传》哀公七年），又有禹娶于涂山的故事（《皋陶谟》、《天问》涂作嵞）。涂山在今安徽怀远县东南八里；周代时在淮夷与群舒之间。

（4）传说中有禹致群神于会稽的故事（《国语》），又有禹封禅于会稽的故事（《郊祀志》），又有禹道死葬会稽的故事（《墨子》）。会稽山在今浙江绍兴县东南；春秋时为越都。

（5）会稽山西北五里有大禹陵。按：有了陵墓原不足以证明真有这个人，但陵墓所在之处确很足以证明这一地是这一个神话的中心点。如黄帝是西北民族的神话人物，而他的陵在桥山（今陕西中部县西北），正在鄜畤附近。如盘古是西南民族的神话人物，而他的墓在南海，又在桂林；南海的墓延亘到三百余里（见任昉《述异记》）。可见这种陵墓乃由于神话的指实。他们在某一种神话的集中地方，指定一个高大的陵阜，算做神的陵墓；靠了这一点神迹，他们更可安顿着他们的信仰和崇拜。禹陵既在会稽，会稽自可定为禹的神话的中心点。

（6）《汉书·郊祀志》（《管子》与《封禅书》文均同；因两书有晚出之疑，故举此书）记管仲讲了十二个封禅之君——无怀氏、虙羲、神农氏、炎帝、黄帝、颛顼、帝喾、尧、舜、禹、汤、周成王——他们封的地方只有泰山一处，禅的地方只有云云、亭亭、社首、会稽四处。云云在蒙阴，亭亭在钜平，社首在博县，都是泰山附近的小山，在汉代泰山郡之内的；独有禹所禅的会稽乃远在南方。封禅的事原是战国时邹、鲁的儒者造出来的（当在辨《尧典》时详论），他们心目中只有一个泰山可为天下之望，所以非拉了百代的帝王到泰山去封禅不可。但何以他们竟肯单单让禹到会稽去禅呢？这大概因为禹在会稽的立足点太坚强了，有非依从习惯不可之势，所以如此。

（7）古代开化的民族只有中原一处，因此中原人很藐视四方半开化和未开化的民族。他们看西北方兽多，故以西北方的民族为兽种：如獯鬻、猃狁、狄……加上犬旁，见得他们是犬类。又看南方蛇多，故以南方的民族为虫种：东南之越号为闽（《说文》云“闽，东南越，蛇种”），西南岷江间号为蜀，而总名南方种族曰蛮（《说文》云“蛮，南蛮，蛇种”），《诗·采芑》云：“蠢尔蛮荆”，盖不但名荆人为蛮，且以其动作为虫之动作（《说文》云“蠢，虫动也”）。可见中原人对于南方，随处可以引起虫族的联想，故文字上以虫表南方的极多。禹名从虫，恐亦此例。越人自称为禹后，恐亦与蜀人以蚕丛为祖先是相同的。

（8）楚之古文为𣛧，可见他们是在林中建国的。楚亦名荆，当以荆棘繁多之故。看荆楚一名，草木畅茂的样子已是活现。《楚辞·天问》云：“东南何亏？”又云：“康回凭怒，地何故以东南倾？”盖当时的东南为水潦所归，故有“地不满东南”之说。积水氾滥，自是那时实事。《汉书·地理志》于楚地曰：“江南卑湿”；于粤（即越）地曰：“其君禹后，……封于会稽，文身断发，以避蛟龙之害”。可见楚、越一带因林木的繁茂，土地的卑湿，人类与龙蛇同居，饱受了损害。又可知当时吴、越人之所以断发文身，乃是起于保护生命的要求，其效用与动物的保护色相等。那时那地的人生是何等的可怖！平定水土的事是何等的需要！《孟子》上言禹治水情形的有两段话，录下：

> 当尧之时，天下犹未平，洪水横流，氾滥于天下；草木畅茂，禽兽繁殖，五谷不登，禽兽逼人，兽蹄鸟迹之道交于中国。……舜使益掌火，益列山泽而焚之，禽兽逃匿。（《滕文公》上）
>
> 当尧之时，水逆行，氾滥于中国；蛇龙居之。民无所定，下者为巢，上者为营窟。……使禹治之，禹掘地而注之海，驱蛇龙而放之菹。……险阻既远，鸟兽之害人者消，然后人得平土而居之。（《滕文公》下）

这固是孟子想象中的尧、舜时代的情形，但何以与实际上的周代时楚、越情形竟这等的相似？楚、越间因地土的卑湿，有积水的氾滥，故有宣泄积水的需要；因草木的畅茂，蛟龙的害人，故有焚山泽驱蛇龙的需要。有了这种需要，故禹、益的神话足以增大它们的价值，发展它们的传播。禹之出于南方民族，这是一个很重要的证据。孟子所说的古代“中国”的情形，实已露出受了楚、越的暗示的破绽了！

若有人驳我，说：“周代的楚、越固是过的这种生活，但上古的中原那知道不也是过的这种生活呢？那见尧、舜时代不是真的如此？”这个问题自然须请地质学家研究，非我所能解决。但我也有一点意思可供参考。第一，中国的黄土区域绵延甚广，为古代膏腴地。但别处还有山林险阻，惟河南省的东部是一个大平原，没有平水土的需要，故文化发达最盛，亦最早。（我很疑夏的国都离商不远，不在今山西安邑，理由颇多，俟后辨。）夏、商以前如中原果有文化，亦应起于此。第二，楚国经过了几百年的经营，水土平了；到战国时，这可怖的景象只留在楚国的南方了。读《楚辞》中的《招魂》和《大招》，它们所说的四方毒害东方是弱水，西方是流沙，北方是增冰，这些都是地文上的险阻，还无足深怖。独有南方，炎火千里，有蓁蓁群聚的蝮蛇，有九首的雄虺，有骞举的王虺，有伤躬的蜮，在山林险隘之中往来倏忽地吞人，可见即在楚国人——中原人号为南蛮的——的观念中，也是最怕着南方。我们看，春秋时的楚国并力开发北疆，而对于南越的用师独杳然无闻。战国时，各国竭力的辟草莱，但楚国的南境还只到着衡山。（《战国策》记苏秦说楚威王语，谓楚地“南有洞庭、苍梧。”后人据之，谓楚的南境直至今之广西梧州。但《离骚》中以苍梧与县圃、崦嵫等许多理想地名并列，为作者所欲驷虬乘鹥御风而游者，可见其甚渺茫。盖当时意想中，楚的南方有名苍梧的一地；至于究竟怎样，连楚国人也不能知道，因为往南山林险阻，过去不得，实不容知道了。）这也可证中原所以称南方为蛮之故，而南方的可怖确在水土未平与龙蛇逼人。

南方民族在这样的环境里，如何不会有无数平水土的神话出来，更如何不会有平水土的最有力量的禹出来！

（9）商代与南方民族有无关系虽不可考（《商颂·殷武》的“奋伐荆楚”，颂的是春秋时的宋桓公，非颂商王），但看殷高宗所伐的鬼方在汧、陇间（依王静安先生考定），而《商颂》所特标的服属的种族也只有氐、羌，周亦兴于岐山，所以我们可以说商代时的中原只有与西方民族发生关系。到了周代，始有召公辟国至江、汉的事（召公是世袭的，不能定说为召公奭），于是封建诸姬至于汉阳。关于当时的传说，有成王封熊绎为楚子的话（《史记》），又有熊绎服事康王的话（《左传》）。但这些话既不见于《诗》、《书》，而昭王已经“南征不复”，《采芑》并骂他们“大邦为仇”，可见楚在西周时国势已盛，常与周室对垒，受周封建之说甚不可信，即使有之，也不过周室的一种羁縻手段罢了。直到宣王时，周的武力有一定的旺盛，始有“用逖蛮方”（《抑》）及“蛮荆来威”（《采芑》）的快意之词。然而汉阳诸姬到春秋初期座尽为楚所吞灭了。南方民族与中原诸国有直接的关系的，惟有楚及淮夷、徐戎。淮、徐二国偏在江北，又它们的史迹已得不到什么，不知它们与江南民族有无联络；楚则沿江立国，因伸其势力于群舒，而与吴、越早就交通（越通中原在春秋后三年—哀公二十一，公元前四七四，——但楚与越的交通在宣公八年——公元前六〇一——早就见于《左传》了。这决不是第一次，惜以前无可考耳）。从此可知南方民族的神话从楚国传到中原是很可能的：一来是楚国为南方民族的领袖，与中原交通甚早；二来是周室封诸姬于汉阳，使周民族与楚民族日益接近；三来是周民族与楚民族常有用兵的事，有交换文化的鼓动力。

中原与南方民族发生关系由于封建，这是确切不移的事。至于封建诸姬至于汉阳，依了周室的国力和次序而言，自当在成、康以后。一部《诗经》，可信为最古的诗惟有《周颂》。《周颂》有“自彼成、康，奄有四方”之语，可见作于成、康以后，昭、穆之世。细绎《周颂》的话，它们也说山河（如“天作高山”，“及河乔岳”，“猗与漆、沮”，“堕山乔岳，允犹翕河”），但没有道出一个“禹”字。他们也说耕稼（如《思文》、《噫嘻》、《丰年》、《载芟》、《良耜》、《桓》等篇），但没有道出一个“禹”字。它们也说后稷（如“思文后稷，克配彼天；立我烝民，莫非尔极”），但又没有道出他和禹曾有过什么的关系。一比了《商》、《鲁颂》及《大》、《小雅》的对于禹的尊崇的态度，就显出《周颂》的特异了。《周颂》为什么特别的不称禹？原来做《周颂》时尚没有禹的伟大的神迹传播到周民族来；或者虽经传播而势力不广，还没有引起共同的信仰。

今按《诗》、《书》中说及禹的九篇，《閟宫》、《长发》、《殷武》作于春秋时，已无疑义。《吕刑》为穆王时所作，《韩奕》为宣王时所作，似尚可信。《洪范》、《立政》二篇文义明畅，与《大诰》、《康诰》等篇文体相差甚远，当是后世史官补作，与《无逸》、《金滕》等篇同其性质（关于这一个问题，须俟将来研究古文法再行判定。依我预测，《尚书》二十八篇中确可信为真迹的不过十二三篇；为东周时史官补作的也有十篇左右）。《信南山》及《文王有声》二篇的时代虽无考，但我疑《大》、《小雅》都是西周后期及东周初期之作，因诗中悉叹失国的甚多，合于东西周交界时的情形，而夸扬武功的亦不少，按之记载亦可信为宣王，恐“雅音”自为西周后期风行的乐调。我们看《雅》中如《文王》、《大明》等篇确是宗庙之诗，何以不入《颂》而入《雅》？再看《周颂》篇幅短少，何以雅体甚是宽展？可见《雅》《颂》之分不在奏乐的地方不同，而在时代的先后不同，音节的繁简不同。（《鲁颂》、《商颂》虽居颂名而实雅体。）在此种理由之下，《信南山》及《文王有声》自可定为西周后期所作。

《周颂》三十一篇没有“禹”的一字，那时人竟没有禹的伟大功绩的观念；一到穆王末年的《吕刑》，禹就出现了；到西周后期，社祀也举行了，《大》、《小雅》及《商》、《鲁颂》屡屡把禹提起，看得他在古史中的地位是最重要的了。这一落千丈点分别是何等的显著！且当时既与他方种族关系较轻，而适在专力开辟南疆的时候，中原民族初与南方民族接触的时候，这一个环境更是何等的重要！

总合以上的理由，可以为我所立的假定——禹是南方民族的神话中的人物——作一个概括的说明：

商、周间，南方的新民族有平水土的需要，酝酿为禹的神话。这个神话的中心点在越（会稽）；越人奉禹为祖先。自越传至群舒（涂山），自群舒传至楚，自楚传至中原。流播的地域既广，遂看得禹的平水土是极普遍的；进而至于说土地是禹铺镇的，山川是禹陈列的，对于禹有了一个“地王”的观念。

中原民族自周昭王以后，因封建交战而渐渐与南方民族交通，故穆王以来始有禹名见于《诗》、《书》，又特设后土之祀，得与周人的祖先后稷立于对等的地位。

四、尧、舜、禹的关系是如何来的？

《诗经》中有若干禹，但尧、舜不曾一见。《尚书》中除了后出的《尧典》、《皋陶谟》，有若干禹，但尧、舜也不曾一见。故尧、舜、禹的传说，禹先起，尧、舜后起，是无疑义的。后起者立于前，也是杜撰古史的成例，我们是看惯的。但他们何以发生了关系，这个问题我们应该探索一番。

玄同先生说尧为高义，舜为大义，意义相承，可见出于同时，有互相关系的可能。至于禹，我们看《洪范》，明明说是上帝殛鲧之后而继起的；看《吕刑》，也明明说是上帝降下来的；看《殷武》、《立政》，又只说禹迹而不言舜域。他只有受命于上帝，没有受命于人王。他乃是独当一切，不是服政效忠。若照后世人所说的尧、舜、禹之关系看来，则禹所画的九州原是尧、舜的天下，何以反把这两个主人撇落在一旁呢？

《诗》、《书》中言禹的九条，全没有做了尧、舜之臣的气息，不必提了，就看伪作的《禹贡》，也是说：

> 禹敷土，随山刊木，奠高山大川。
>
> 六府孔修，庶土交正，底慎财赋，咸则三壤，成赋中邦。
>
> 锡土姓。
>
> 祗台德先，不距朕行。
>
> 禹锡玄生，告厥成功。

这是何等的独断独行，称心布置！这何曾有一点儿做了他人的臣子的意味！末句所谓“禹锡玄圭，告厥成功”，乃是告成功于上帝，上帝把玄圭赏赐与他，与《洪范》的“天锡禹洪范九畴”正是一例子的事实。（《帝王世纪》和《宋书·符瑞志》有“禹治水毕，天锡玄圭”的话，正作如此解。《伪孔传》谓“尧锡玄圭以彰显之”，大谬，《禹贡》上何曾有尧来！）可见做《禹贡》的人对于禹的观念还是《诗》、《书》上的禹的观念，而不是诸子上的禹的观念。

尧、舜的传说本来与治水毫没干系，《论语》上如此，《楚辞》上也是如此。自从禹做了他们的臣子之后，于是他们不得不与治水发生关系了。但治水原是禹的大功，口碑载道，尧、舜夺不得的；没有法想，只得请尧做了一时的｛目蒙｝｛目董｝，由他任鲧治水；等到“九年，绩用弗成”，尧没有办法，就做了尧、舜交替的关键，并为舜举禹的地步。如此，禹的功绩既没有减损，而尧举了舜，舜举了禹，成就了这件事，尧、舜也很有间接的功勋，治水的事是他们三人合作的成绩了。但殛鲧的是谁呢，大家说不清楚；连一部《左传》也忽而说尧，忽而说舜（昭七年传，“尧殛鲧于羽山”；僖三十三年传，“舜之罪也殛鲧”）。这可以见出一种新传说出来时，前后顾全不得的情形。

我们既知尧、舜、禹的关系起于战国，要寻出这个关系的来源，应当先看战国时的背景。战国时，四方民族渐渐与中原民族融合为一，各民族的祖先平时不相闻问的，到这时也都胡乱搭凑而成一系。孟子说舜为“东夷之人”，若舜果为东夷的祖先，则他与南蛮的祖先禹先生关系，自在情理之内。但这决不是最重要的理由，因为尧、舜、禹的关系是有意味的，不比黄帝、少皞、颛顼之类的无端凑合。

最重要的理由乃在当时的背景。战国时，各强国的国王都有统一天下的大志，不息的战争攻伐，贵族又是说不尽的豪侈，残伤民命，暴夺民财；人民憔悴于虐政之下，真是创深痛钜。那时的学者看着人民的苦痛，对于一问题的解决方法非常要求得急切。解决方法最直截的无过革命，革命的事原有汤、武的好例在前，所以他们竭力骂桀、纣，颂汤、武。但当时人民对于国王，正和现在人民对于军阀一样，虽是疾首痛心到极点，而要自己起来铲除他们的势力终是无力的。他们在这般有心无力的境界中，只有把自己的希望构成一种根本解决的想象，做宣传的功夫。根本解决的想象是什么？乃是一的道德化。他们想象：若有一个道德最好的天子出来，舍弃了一切的权利，他的目的单是要天下安乐，自然可以“天下为公”，没有争夺的事。他们想象：倘若天子的位不是固定的，做天子的必是天下最贤的人，他必能识拔许多贤才做各项的职务；使得天下之民归心，成就最好的。这一种想象就是禅让说。《墨子》、《孟子》书中这类的话甚多，兹不备举。

但自古只有父兄传子弟的局面，而没有先圣传后圣的局面，他们鼓吹禅让说是得不到证据的。没有法子，就位了两个“无能名”的古帝——尧、舜——和一个在传说的系统上列于夏初的古王——禹——做他们鼓吹学说的凭藉。好在这几个人的事迹是没有什么确实的记载的，你要那样说就可那样说，你爱那样造就可那样造。尧、舜、禹的关系就因了禅让说的鼓吹而建筑得很坚固了。

但禅让之说起来时，禹早已做了夏后了：夏是世代相承的，故不得不使他把传贤的局面改为传子的局面。然而益相禹的传说与舜相尧，禹相舜的传说是有同等的势力的，故又不得不使他举益自代。旧史必使他传启，新兴的禅让说必使他传益，但结果又不能违背旧史，亦必使他传启，这个谎如何圆法呢？在这一点上，造伪史的人真做够了难题了！《国策》道：

> 禹授益，而以启为吏；及老而以启为不足任天下，传之益也。启与支党攻益而夺之天下。

这一说是归过于启的，然已有“禹令启自取之”的嫌疑了。《天问》道：

启代益作后。

这是禹已禅益，启更代益，间接而成传子的局面。但启何以代益，是启抢来呢，是益传与他呢，这文没有说明。《竹书纪年》道：

益干启位，启杀之。

这是禹不禅益，启即代禹，为直接的传子。但启何以代禹，是禹有意呢，是启抢来呢，这文也没有说明。以上三说足可解释，但总是禅让制的恶散场，在“比户可封”的时候不应当有这种事。于是《孟子》上有一个极巧妙的回答：

禹荐益于天；七年，禹崩。三年之丧毕，益避禹之子于箕山之阴。朝觐讼狱者不之益而之启，曰：“吾君之子也!”讴歌者不讴歌益而讴歌启，曰：“吾君之子也!

丹朱之不肖；舜之子亦不肖。舜之相尧，禹之相舜也，历年多，施泽于民久。启贤，能敬承继禹之道。益之相禹也，历年少，施泽于民未久。

这一个解释真是何等的美满！禹是肯荐益的，益是肯避启的，启又是实在得民心的，没有一个人失德，没有一个人贪有天下，然而“民意”的趋向如此，禅让制便轻轻的改到传子制子！

洪水未平，举贤治之，是禅让制之所由起。启有贤德，传子即是传贤，是禅让制之所由终。这一个起迄的时间，名为禅让时代，公推为人治最美满的时期。一班兼做伪史家的政论家竭其全力为这个时期张皇幽眇，编造了无数佳话。尧、舜与禹经过了这一番的陶铸，他们就成了拆不开的伴侣：凡是称道一个人，必定联带称道其他二人。比较《诗》、《书》中只说禹而不言尧、舜的时候，一般人对于古史的观念真是大不同了！

那时禅让之说鼓吹既盛，故战国中期即有燕王哙实行这个学说的事实出来。这是纪元前三一六—三一四年的事。尧、舜、禹禅让之说足不知起于何时，但可见在这时已经传播得普遍而确定了，所以燕国的群臣会得很信服的把这事劝燕王做，而燕王也会得很愿意做。不幸当时学者理想中的尧、舜的人格太高超了，燕哙与子之的人格不能得到当时学者的信服，所以即在极端主张禅让说的孟子，也得说：“子哙不得与人燕；子之不得受燕于子哙。”

在禅让之说未起时，也有让国的事；关于这类事的记载，有《论语》及《左传》

上的泰伯，宋公子目夷、曹子臧、吴季札（伯夷、叔齐态度不明，恐不可信）。但他们的让乃是出于良心的主张，不是由于学说的鼓动；乃是未居其位而不居，不是已居其位而忽让；乃是一家兄弟叔侄的推让，不是君对于臣的禅让。我们在这上，可见那时并没有尧、舜、禹禅让之说，故让国者全没有尧荐舜，舜荐禹的观念，而不受让的也没有舜避丹朱，禹避商均的观念。故《论语》上也只有称美泰伯的让，而没有称美尧、舜的让。到了战国中期，尧、舜禅让之说大占势力，有鼓吹的，有实行的，而泰伯等让国之说就退了下去，不见有人称引了。

在这章的终结，我可以大胆的说：禹是西周中期起来的，尧、舜是春秋后期起来的，他们本来没有关系。他们的关系是起于禅让之说上；禅让之说乃是战国学者受了时势的刺戟［激］，在想象中构成的乌托邦。

总以上四章——

（1）禹是否有天神性？

（2）禹与夏有没有关系？

（3）禹的来源在何处？

（4）尧、舜、禹的关系是如何来的？——

为下列一表，表明自西周以至战国的人对于禹的观念的转变。（《吕刑》《立政》《洪范》三篇尚不能确定其年代，故加疑号。《左传》《国语》《楚辞》三种已微有禹受舜禅的气息，但尚无明文，故入之“夏后”题下）：

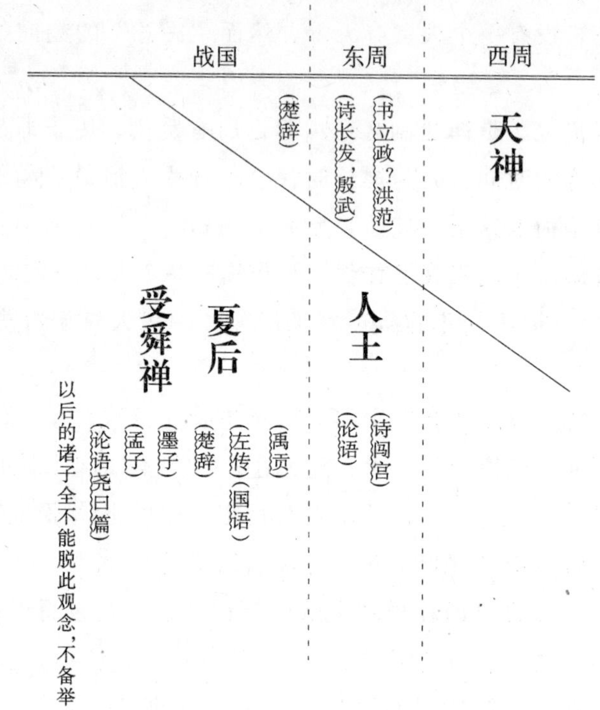

五、后稷的实在怎样?

西周人对于后稷的传说，详见于《生民》一诗。把这诗分析开来看：

(a) 厥初生民，时维姜嫄。生民如何？克禋克祀，以弗无子。履帝武敏歆，介攸介止，载震载夙，载生载育，时维后稷。

这一章是说姜嫄孕后稷的原因，见得她的这个独生子是向上帝讨来的。“履帝武敏歆”一语虽不可解，总是她的生育与上帝有关系的意思。

(b) 诞弥厥月，先生如达。不坼不副，无灾无害，以赫厥灵。上帝不宁，不康禋祀，居然生子！

这一章是说姜嫄产生后稷时的顺利，和上帝的关心后稷产生的样子。

(c) 诞置之隘巷，牛羊腓字之。诞置之平林，会伐平林。诞置之寒冰，鸟覆翼之。鸟乃去矣，后稷呱矣。实覃实訏，厥声载路。

这一章是说后稷生下后的神迹。从前人说后稷名弃，说后稷是给姜嫄弃去的，弃去之故是为了无人道而生子。但我觉得这说很涉附会。姜嫄这个儿子是她自己去求来的，生产的时候又是这般顺利，为什么要弃去？弃名始见于《左传》、《国语》，乃是战国时人已立了烈山氏之子做了后稷以前的后稷，所以不得不别立一名以示区别。至于这章的本身，我以为它不过要表示后稷幼时的神迹，为“以赫厥灵”的证据，不必求其理由。

(d) 诞实匍匐，克岐克嶷，以就口食。蓺之荏菽，荏菽旆旆；禾役穟穟；麻麦幪幪；瓜瓞唪唪。

诞后稷之穑，有相之道。茀厥丰草，种之黄茂。实方实苞，实种实褎，实发实秀，实坚实好，实颖实栗。……

这二章都是说后稷的种植上的功绩；说他幼年时如何就好种植，一生的种植的成绩如何美满。

(e) 即有邰家室。

这句说他的根据地在有邰。

(f) 诞降嘉种，维秬维秠，维穈维芑，……以归肇祀。

这章的意思很模糊：是后稷降嘉种于人民，他就国而肇祀呢？还是后稷在天之灵降嘉种于下民，下民得到了很好的收获而祀他呢？还是天降嘉种与后稷，如《閟宫》所谓“是生后稷，降之百福，黍稷重穋，稙稚菽麦”呢？这很不容易解答。好在此章无关重要，可以勿论。

在此很可注意的，后稷只是后稷，他没有做帝喾的儿子，没有做禹的辅佐，没有做舜的臣子，也没有做契的同官。我前次因了《閟宫》说后稷“缵禹之绪”而《生民篇》不言，《尧典》上乃以禹、稷为同官，是一个破绽。胡堇人先生驳我说：

《生民篇》是郊祀的乐歌。古人神权最重，若在迎神侑乐时对着所祀的神说他的功劳系缵述别人的余绪，未免得罪神灵。所以这诗不说缵谁的绪大概因此。不比《閟宫》颂祷当代国君，带叙上代的事，尽可尽情畅说。

我以为说了“缵绪”如要得罪神灵，则说了比《生民》更好的功绩当然可使神灵更为快乐；但若藏去了他的第一等功绩而只说他的第二等功绩，也当然使得神灵更为恼怒。《尧典》云：

黎民阻饥，汝后稷，播时百谷。

在黎民阻饥的时候去播百谷，是何等重要的事！何以《生民》与《閟宫》都只说他自己的种植而不说当时黎民阻饥的样子呢？《皋陶谟》云：

暨稷播奏庶艰食鲜食，懋迁有无化居，烝民乃粒，万邦作乂。

因“播奏庶艰食鲜食”而连带做“懋迁有无化居”，因“烝民乃粒”而其效至于“万邦作乂”，这更是何等的大事！《生民篇》竟不拿来称颂后稷，神灵听了应该何等的不乐，说“我的‘懋迁有无化居’及‘万邦作乂’的功绩竟都给子孙抑没了！”我们再想，舜命九官是古代极盛的，是中国最有光荣的历史，后世如秦起于西戎，尚且把伯翳（一说即益）拉作祖先，夸张他佐禹之功，像后稷这般在九官中坐了第二位，辅助舜、禹成就大业，这是应该何等称道的事；而他的子孙倒一切不理会，只说他产生时的神迹和自幼及壮种植的成绩，岂不是举其细而忘其大吗？想来做郊祀乐歌的人不会得如此糊涂罢？

刘掞藜先生驳我，说：

禹是尽力乎沟洫的；后稷是从事于种植的。禹把沟洫都治好了，使后稷得以种植：这种缵绪并不须在几十年后，或几百年后。若使不必在几十年几百年后，则在舜几十年长底朝廷里何以不得同官？

但我读到《閟宫篇》，觉得"是生后稷，……缵禹之绪"与下面"至于文、武，缵大王之绪"的文义是一致的。大王的绪为翦商，文、武缵了他的绪，自然更去翦商；后稷的绪为稼穑，他所由缵绪的禹自然也是稼穑。所以我在上面说，《閟宫》对于禹的态度和《论语》是一致的，它们看得禹是在后稷之前的一个耕稼的人王，对于治水方面反甚轻忽。照刘先生所说，《閟宫》的话乃是说禹、稷在虞代分功作事；这比较了下文的"至于文、武，缵大王之绪"，很觉讲不过去。且诗中明明言他"奄有下土"而"缵禹之绪"，并不是"受舜不命，待禹成功"而"缵禹之绪"。刘先生一定要把《尧典》和《閟宫》并为一谈，似乎弥缝的痕迹太显露了！至说"奄有下土"即是"封于有邰"，后稷之为国君由于舜之所命，则连《尧典》尚无此等话，更不必说《诗经》了。

后稷的名为弃，是后世人所公认的。《诗经》上只称他为后稷而没有提到弃字，还可以说是子孙尊崇先祖（虽已有了公亶父、公刘的例）。至于《尧典》、《皋陶谟》本说是虞廷的记载，后稷为舜的臣子，史官自应直记其名，何以有"禹拜稽首，让于稷、契暨皋陶"，及"暨益奏庶鲜食，……暨稷播奏庶艰食鲜食"的记载，惟稷称官，而禹、益、契、皋陶乃皆称名？况舜未说"汝后稷"之前，弃尚未正式做后稷的官，何以在命禹的时候，禹已说"让于稷、契"而不言"让于弃、契"？这无非后稷二字在人心目中的印象太深了，弃是后出的名字，不甚占势力，作者一时竟改不过来，或者竟忘！

"后稷"二字在《尧典》上看，自然是官名。但《尧典》的作者误看"后稷"为官名，正和汉朝人误看《尧典》的"汝作朕虞"而解"朕虞"为官名是同样的可笑。(《尧典》上，舜对益说的"汝作朕虞"，是说"你做我的虞官"，"虞"是官名，"朕"是第一身所有格的代名词，意义很明。汉人如司马迁、班固等都把"朕虞"二字联作一个官名，王莽时又有"予虞"的官，岂不可笑!）后稷的后字本是国王之义；周人因为推他做古代的国王，所以称他为后稷。至于在虞廷上，他乃是天子之臣，那能复称为后！"群后"之称指四方的国君是讲得通的，至于朝廷上的职官以后为名是讲不通的。若说为了后稷是有国之君，故官名定为后稷，则他去职之后使没有封地的人接任，这"后"字是否摘去？若说为了尊重天子之官，看他们与群后一例，则禹何不称后司空，契何少我后司徒，皋陶何不称后士，益何不称后虞？他们也是天子之官，也是有国之君（依刘先生说"禹封于有夏，契封于商"诸语），又何以都不称后，单单称稷官为后？这实是一个很大的漏洞。推他们所以有这个漏洞之故，也无非“后稷”二字在传说中连接［联系］得太密切了，作者听得烂熟，以致改不过来，或者竟忘怀了！

因了《尧典》、《皋陶谟》称名的惑乱，叙述的与《生民》、《閟宫》相去太远。所以我敢断定它们是晚出的书，后稷在虞廷作官是晚出的故事。

现在我再进一步而讨论《生民》、《閟宫》中的后稷。我在上次的文中说道：“即如后稷，周人自己说是他们的祖宗，但有无是人也不得而知。……所谓后稷，也不过因为他们的耕稼而生，崇德报功，追尊创始者的尊号。”刘先生驳我道：“顾君已承认后稷为创始者了，何以又说‘有无是人也不得而知？’”我对于这个质问的解答，可分为下列三层：

(1) 周人称其祖先，公亶父、公刘、王季是名上加一阶位；太王、文王、武王是阶位上加一谥法。后稷的“后”字是阶位，而“稷”字则既非名，又非谥，乃是他所做的事业。自公亶父以至文、武（公亶父在公刘之前，说见下章），各有开辟疆土建立国家的事，而后稷则只有耕稼的事。可见周人所崇拜后稷的只有耕稼。

(2) 古代记载阔略，所谓史官只会记君主的起居，绝不注意于社会，事物的创始者即在同时亦不能知道。何况民族始基之时，本无史官，只有传说，创始者的真相又哪里可以知道。到了后世，有了崇德报功的观念，要一一立出事物的创始者，又是为人类惟帝王为最聪明，于是有庖栖、神农、有巢、燧人等许多古帝出来，而黄帝一身甚至包办了好几十件东西。如黄帝般，是先有了人帝的传说而后把物件堆上去的，且不论，如庖栖、神农，……则为了要举起这一个创始者而因事所立之名，甚是可见。造史的人想着太古的人专事渔猎，必有创始渔猎的，故有庖栖氏；想到太古的人一定茹毛饮血，必有创始火食的，故有燧人氏。……其实这种事情是从不知不觉中来，不知道经过了若干年代的酝酿推移，谁也不能做创始的人。犹之人类之为人类，不知经过了多少变化，决不能指定那一年是始有人类之年，那一人是人类的第一人。但在古人的想象中必以为人类是突然生出来的，因此苗族有盘古的传说，犹太族有亚当、夏娃的传说。传说虽流行，我们决不能承认盘古、亚当等真是人类的始祖，这是无可疑的。后稷之名，很可看出是周人耕稼为生，崇德报功，因事立出的，与庖栖、燧人……有同等的性质。没有庖栖氏出来，难道人类就不会渔猎吗？没有燧人氏出来，难道人类就不会火食吗？没有后稷出来，难道周民族就不会进于耕稼社会吗？我们信周民族先进于耕稼社会，但不能信后稷为创始者，正和我们信古代曾有渔猎社会，但不能信后稷为创始者，正和我们信古代曾有渔猎社会，但不能信庖栖氏为创始者一样。所以我对于刘先生的回答，是：后人意想中的创始者是一件事，实际上有无是人又是一件事，决不能因为后人意想中有了这一个创始者就说实际上必有此人。

(3)《周颂·思文》云：“思文后稷，克配彼天；立我烝民，莫非尔极。贻我来牟，帝命率育。”《鲁颂·閟宫》云：“皇皇后帝，皇祖后稷，享以骍牺，是飨是宜。”《大雅·云汉》云：“旱既太甚，蕴龙虫虫，不殄禋祀，自郊徂宫；上下尊瘗，磨神不宗。后稷不克，上帝不临。”读此，可见后稷是配飨上帝的，虽也是先祖，但比了别的先祖，他的任务特别大：“贻我来牟”是他的“率育”，“蕴龙虫虫”是他的“不克”。周民族所祀之神，自上帝之外，最尊的没有过于他了。《生民》与《閟宫》上，除了说他耕稼的成绩之外，只有“奄有下国”与“即有邰家室”二语为一上的事实；但这二语却实在空洞得很。有邰即是周民族的根据地，“奄有下国”乃是同民族势力的发展。这二语虽是说的一人，实不啻说的一民族。他的本身在一上究竟做了些什么，依然毫无所知。可见他的周人的想象中，为农神的分数多，为人王的分数少。我们既知道周民族是特得耕稼的，又知道耕稼的事是不会由一个人突然发明而且骤得到无数种类的极美满的成绩的，又知道后人想象中的创始者是不必真有其人的，故我们可以怀疑后稷本是周民族所奉的耕稼之神，拉做他们的始祖，而未必真是创始耕稼的古王，也未必真是周民族的始祖。

六、文王是纣臣吗？

刘先生说：“如以为后稷‘奄有下国’是做了国君，不当说成舜的臣子，然则王季‘奄有四方’，文王为‘万邦之方，下民之王’，遂可说王季、文王不是商纣的臣子吗？他们两个何尝不是明明做国王咧？”我对一过问的回答，是：后稷非舜臣，王季、文王亦非纣臣。并且可以推到商民族上去，说：契亦非舜臣，汤亦非桀臣。这一个公案本是最容易明白的，不知道许多人为什么还要很情愿的上伪史的当？

读古史的人每易有一个成见，以为中国自黄帝“方制万里，划野分州”以来，永远是一统的；地域的区划，秦以前是封建，秦以后是郡县。因为有了这一个成见，所以觉得唐、虞、三代的天子威严与秦、汉是没有差异的，唐、虞、夏、商的纲领与周代是没有差异的。因为没有差异，所以君臣之义无所逃于天地之间，商汤不得不做夏桀的臣子，周文王不得不做商纣的臣子。

他们不知道，中国在战国以前是不曾统一过，在周代行封建制以前还是满地的立着许多部落的国家。（即在行封建制以后，除了所封之国，依然还是部落的国家。试看《左传》上，齐、鲁、晋、卫的境上莫不有戎狄；只要疆场无主，就立刻生豺狼之心。我们试想，未有封建时应该怎样？）商之所以为商，周之所以为周，自有他们民族成立的历史。商之所以灭夏，周之所以灭商，也本合于他们民族发展的程度。汤和文王不过是继了他们的先人的事业而努力，他们恰恰生于他们的民族的极盛时期，故得成就了最光荣的功绩。这班战胜民族的领袖对于战败民族的领袖，本所欲得而甘心，一旦遭逢时会，达到愿望，是何等的快乐！他们强弱之争还来不及，那有什么君臣之谊呢！

他们欢欣鼓舞还说不尽，又那有什么“惭德”呢！

他们的实在情形，《商颂·长发》和《鲁颂·閟宫》说得都明白，不过读者一向疏忽着。《长发》道：

濬哲维商，长发其祥。……外大国是疆，幅陨既长，有娀方将，帝立子生商。

玄王桓拨，受小国是达，受大国是达。率履不越，遂视既发。相土烈烈，海外有截。

帝命不违，至于汤齐。汤降不迟，圣敬日跻。……帝命式于九围。

受小球大球，为下国缀旒。何天之休，……百禄是遒。……

武王（汤）载旆，有虔秉钺。如火烈烈，则莫我敢曷。苞有三蘖，莫遂莫达。九有有截。韦、顾既伐，昆吾、夏桀。

这诗说的是：商民族是上帝建立的（“有娀方将，帝立子生商”一语义甚明白，帝是上帝，他借了有娀之女而立自己之子，与姜嫄的“履帝武敏歆”是同样的意思。朱子为《尧典》所误，谓“契于是时始为舜司徒，掌布五教于四方，而商之受命实基于此”，真是附会之辞）；建立之后，在玄王时如何兴盛，在相土时又如何兴盛；直到汤时，商族盛极了，汤又是最能干的人，所以会得受了上帝的命，像火一般的旺烈，把韦、顾、昆吾与夏桀一起打倒了。他和夏桀有什么君臣名分上的关系？他的祖玄王和虞舜也有什么君臣名分上的关系？

《閟宫》写得更显明了，它道：

赫赫姜嫄，……是生后稷。降之百福，……奄有下国，俾民稼穑。

后稷之孙，实维大王，居岐之阳，实始翦商。至于文、武，缵大王之绪，致天之届，于牧之野。“无贰无虞，上帝临女！”敦商之旅，克咸厥功。

这篇诗说太王是周民族中蓄志翦商的第一人，文王、武王是继续太王的事业而翦商的人，本事直言，没有一点拘牵和隐讳，因为这事本是自己民族的光荣，用不到拘牵和隐讳的。在这上，我们可以知道称王自太王已经称了，翦商自太王已经翦了。我们又可以知道，文王只有受命而“割殷”（《书·多士》），没有受命而称王；只有“昭事上帝”（《诗·文王》），没有服事殷纣；只有“缵太王之绪”而翦商，更没有缵太王之绪而事商！我们再看《大雅·荡篇》：

文王曰咨，咨女殷商！女炰烋于中国，敛怨以为德。不明尔德，时无背无侧。尔德不明，以无陪无卿。

文王曰咨，咨女殷商！天不湎尔以酒，不义从式。既愆尔止，靡明靡晦。式号式呼，俾昼作夜。

文王曰咨，咨女殷商！如蜩如螗，如沸如羹，小大近丧，人尚乎由行。内奰于中国，覃及鬼方。

这简直是文王伐商的誓师辞了。这篇中充满着挞伐的口气和对垒的神情，哪里有一点君臣名分的气息！（此诗固非文王自作，但西周时的作者代他立言，也应为他设身处地。若文王实为商纣的臣子，而且终身恭谨的服事他的，作者也不会如此无端诬蔑。）

一面做国君，一面做天子的臣子，这是周代封建制度之下所有的事。所以能够如此之故，只因所封的国君本是王朝的臣子，这个名分是立得起来的。至于不经封建的国家，异族对于中原，小国对于大国，原只有强弱的区别，并无天泽的定分。小国为保全自己的生存计，所以瞻依趋附着强者；最强的国家给它保护及征服的小国就最多。《长发》中所谓“受小球大球，为下国缀旒”，即此之谓。这种情形，在《左传》中屡屡看见，随便举出几条如下：

徐即诸夏；楚人伐徐。（僖十五年）

任、宿、须句、颛臾，风姓也，……服事诸夏。（僖二十一年）

六人叛楚，即东夷。（文五年）

蛮夷属于楚者，吴尽取之，是以始大。（成七年）

我很疑心夏、商间所谓“王”，实即春秋时所谓“霸”。春秋时，一个霸主出来，便有许多服属的小国。如郑、卫、陈、蔡、许、曹诸国，永远依违于几个大国之间。说它服属，确是服属；说服属的是臣，所服属的是君，那就大误。所以齐桓、晋文假使生于夏、商，未必不为王者；只因齐、晋为周王所封建，不便取而代之，所以不做到“王”的地步罢了。更想周之与商，正似楚之与周：周强则“蛮荆来威”，周衰则“观兵问鼎”。这完全势力的关系，有什么名分在内！春秋时，东周尚是诸夏的共主，但楚也称王，尽力拓地，自定制度。试问王朝有什么力量可以裁制它？所以看了周代时的楚国，举一反三，周本是商代时的强国，它对于商的关系也可知了。《尚书》上说：

天休于宁王，兴我小邦周。（《大诰》）

皇天上帝改厥元子，兹大国殷之命。（《召诰》）

天既遐终大邦殷之命（同上）

可见周人称殷为大邦，自称为小邦；看殷为兄长（元子），自居于弟辈。他们的伐商，只是想把弟辈的地位改到兄长的地位，把小邦的地位改到大邦的地位罢了，有什么“臣弑其君”的嫌疑，更何必做什么“闻诛一夫纣矣，未闻弑君也”的曲解！

商民族发展的情形，记载缺略，仅有《长发》一诗，不足以知其详。但我们读了“玄王桓拨”，“相土烈烈”诸语，很可知道汤以七十里成王业的话是不足信的。周民族的发展，幸有《大雅》和《周》、《鲁颂》保存了一点史料，可以作一个系统的叙述。今试拟如下：

（一）周民族并没有很久的历史，大约它的成立还是在商代。（《史记》记周世系，自后稷至文王不过十四代，而商则自汤至纣已有二十九代。这十四代还是有一大半全无事迹可指的，不知道有无其人。自从秦、汉间人把后稷拉做了尧的胞弟，于是就觉得周民族立国甚早，而这十四代人物个个要在耄耋中生子。其实《国语》尚以周弃为在夏衰时——《鲁语》云：“夏之衰也，周弃继之”，——《左传》亦谓商以来祀弃为稷——昭二十九年《传》——战国时人尚不敢把他放在尧时呢。）

（二）在公亶父的时候，周民族还穴居在漆、沮一带。公亶父向西寻去，到了岐山之下的胥，那地是一块很肥美的平原——周原，——他们就在那儿住下。（据《大雅·绵篇》前三章。“古公亶父”的“古”字系诗人加上的形容词，非称号，从崔述说。“聿来胥宇”的“胥”字，把《公刘篇》的“于胥斯原”，“于京斯依”，“于豳斯馆”等句比较看来，是一个地名，从适之先生说。公亶父这人，自孟子以来都说是太王；我觉得不对。公亶父在《绵篇》上看，是一个“筚路蓝缕以启山林”的国君；太王是文王的祖，已在周民族很盛的时候：他们的时会是不同的。况且太王既已称王谥太，何以于《绵篇》又称公呼名？《雅》、《颂》同为西周时作，不应当把称号乱用如此。推其所以至误之故，一由于公亶父“至于岐下”而太王亦“居岐之阳”，二由于公亶父娶的是姜女而文王之母亦“思媚周姜”。但我以为周国始终不曾离开过岐山，“至岐”只有始迁的第一代，“居岐”尽不妨沿着多少代，这二者不能强合为一事。周与姜本系老亲，看后稷母名姜嫄可知，不能说太王娶的周姜即是《绵篇》上的姜女，而合太王于公亶父，使他们并作一人。又看《绵篇》以“绵绵瓜瓞”发端，而首章言“民之初生，自土沮、漆”，末章言“文王蹶蹶生”，其为原始要终之诗，言周民族自微而盛，自开国以至成大业，此意甚明。公亶父乃是初定国基之君，故详言其始至之状；若在太王时，便不容有这等事了。自从孟子言太王避狄，硬拉公亶父觅地的事做证据，又言太王好色，硬引《绵篇》“爰及姜女”的话做证据，于是公亶父与太王合而为一，反在公刘之后，有似乎中衰，而《绵篇》纪始的本义就失去了。）

（三）公亶父之后有公刘。公刘时，周民族开拓的地域广了，除了原有的胥以外，又有京和豳，渭水、芮水一带地都是他们的领土了。公刘很勤于农业，又奖励武事，

故周国益臻富强。(据《大雅·公刘篇》)

(四)太王承公刘之后，势力向东方发展，始致力于翦商。(据《鲁颂·閟宫篇》。前人谓太王、王季、文王是武王克商后所追王，这句话我不敢相信。《诗》、《书》中全没有追王的迹象。况且那时本不必做了统一的君主才可称王，只要有称王的实力就不妨自己加上这个名号：看春秋时楚国并周称王，甚可明白。周国在公刘时既已富强，到太王时进而称王，也是很平常的事。《皇矣》说王季"王此大邦"，又说文王为"下民之王"，王季、文王非商纣臣，非追称王，于此皆可见。刘先生谓据此足以取消后稷非舜臣之说，我以为这几句话非但不能取消这说，实足以建立王季、文王非商臣之说。试问王季、文王为商臣有何证据？太王、王季、文王的追王除秦、汉间人所作的《中庸》外有何证据？而太王、王季、文王在《诗》、《书》上直称为王何以反不信?)

(五)王季是一个德行很好的君主，但似乎没有什么大功绩。他的妻太任是在殷商娶来的。(据《大雅·大明》、《皇矣》两篇。)

(六)文王是有大干才的人，又有许多的好辅佐。他事上帝很谨慎；四方之国归附他的很多。他驱了混夷(串夷)，平夷了岐山的道路，判断了虞、芮的质成，伐灭了密、崇二国，东作邑于丰，自谓受了上帝的命而伐商。(据《大雅·大明》、《绵》、《皇矣》、《文王有声》四篇，《周颂·天作篇》。)

(七)文王伐商的功绩没有做成，就死了。他的长子武王继起，顺天命以伐商，和商国的兵旅在牧野开战，勇将师尚父奋力战斗，遂把商国灭了。(据《大雅·大明篇》。)

以上从《诗经》里抽出周初的史迹，自公亶父立国，至武王灭商，次序井然。试问"三分天下有其二以服事殷"(《论语》)，"文王以百里"(《孟子》)，"文王帅殷之叛国以事纣"(《左传》)"纣赐之弓矢斧钺，使西伯得征伐"(《史记》)这一类传记中的话如何插得进去?

推原所以有文王为纣臣之说的缘故，实由于春秋后期以至战国初期的时局的引导。春秋之末，世卿已极专横。到了战国，小国的卿就成了小国之君(如鲁之季氏)，大国的卿就成了大国之君(如晋之韩、魏、赵三家，齐之田氏)。他们起初都是诸侯的臣子，只有很小的采邑；以巧占豪夺的结果，渐渐的"奉邑侔于诸侯"；更进一步，就分占故主之国而代之。但他们虽是自己成了国君，对于故主的君臣名分上总不免有些挂绊，对于被欺凌和被推倒的故主身上总不免有些"惭德"。在这惭德之下的自解，惟有以汤、武革命为理由。他们以为以臣灭君是古来一例的，他们为故主之臣，正与汤和文、武为桀、纣之臣一样：故主不振作，该得由大臣来"易位"。汤和文、武灭了故主，无损其为圣王；然则他们自己正有相当的地位可占，初不必没脸见人。这一种心理，一半是有意的造作，一半是无意的误会。有意的造作，只为自己装面子，可以弗论。无意的误会，则实由于当时人历史常识的太缺乏。凡是没有历史常识的人，就不会有历史观念，只觉得当前的事物无一非古来生成的，无一非万世不易的。现在乡下人看辫子是盘古以来束发的老法子，现在无智识的妇女看缠足是周公所定的礼制，这类见解没有不是从这个“古来如此”的观念之下所生出来的。古代民神的杂糅，祖先的模糊，史籍的稀少，都是那时历史观念缺乏的表征。新兴的国君生出这一种的误会，那是当然之事。我们看曹丕受了汉献帝之禅而云“舜、禹之事，吾知之矣”，反映过来，岂不是这一班灭公室的权门正作着“汤、武之事，吾知之矣”的口吻吗？所以在这个时期之中，可以断说汤和文、武的故事一定造出了许多有意的谎话和说出了无数误会的谎话。又一方面，那时的学者（政客）为了游说人主，鼓动风气，都有待于取证，而取证务必以适合于当世情形的为动听，故不管古代事实如何，定要说成与现代同一的状况，使得所说的在古可征，在今可用，而后足以尽其能事，所以又发生了许多有意的谎话。例如他们要劝一个国君行王道，这个国君的国小，就说“地方百里而可以王，文王也是百里起的，汤还不过七十里”；这个国君的国大，就要换句话说，“文王之囿方七十里，民犹以为小”了。究竟文王实有多少地，他实有多么大的一个园子，他的园子是否实有汤的一国大，他们说话是不负正确的责任的。所以战国学者口中的历史，只能注意他的立说的意义，切不可看作真实的历史，因为他们原没有考实自己的说话的观念。

该文首次刊于《读书杂志》第12期至第16期，1923年8月至12月。选自顾颉刚编《古史辨》第一册，朴社1926年版。

从《诗经》中整理出歌谣的意见

《诗经》三百零五篇中，到底有几篇歌谣，这是很难说定的。在这个问题上，大家都说《风》《雅》《颂》的分类即是歌谣与非歌谣的分类，所以《风》是歌谣，《雅》《颂》不是歌谣。这就大体上看固然不错，但我们应该牢牢記住的，这句话只是一个粗粗的分析而不是确当的解释。

我们看《国风》中固然有不少的歌谣，但非歌谣的部分也实在不少。如《召南》的《何彼秾矣》，与《大雅》的《韩奕》的性质是相同的，—— 它们都是祝颂结婚的诗。《鄘风》的《定之方中》，如放在《雅》里豈不是《斯干》；如放在《颂》里豈不是《閟宫》？——它们都是建国家，聚生息的诗。至于《采蘩》，《采蘋》，更和《雅》中的《楚茨》，《凫鹥》没有分别了——它们都是祭祀的诗。《樛木》，《螽斯》，更和《雅》中的《天保》,《蓼萧》没有分别了——它们都是祝颂的诗。这一类的诗，虽是在《国风》里，我们也不能认为歌谣，因为这是为应用做的。

反看《小雅》中，非歌谣的部分固然多，但歌谣也是不少。如《采薇》《出车》，不是与《豳风》的《东山》相同吗？——它们都是征夫怀归的诗。如《苕之华》，不是与《桧风》的《隰有苌楚》相同吗？它们都是不愿有生的诗。如《蓼莪》，不是与《唐风》的《鸨羽》相同吗？——它们都是哀念父母的诗。如《何草不黄》，不是与《豳风》的《破斧》相同吗？——它们都是怨恨出兵的诗。如《黄鸟》，不是与《魏风》的《硕鼠》相同吗？——它们都是欲弃去一地而他适的诗。如《我行其野》，不是与《邶风》的《谷风》相同吗？——它们都是弃妇的诗。说到了《邶风》的《谷风》，更想起《小雅》的《谷风》：它们的意义是一致的（始厚而终弃之），怨恨是一致的（一云“将恐将惧，维予与汝；将安将乐，汝转弃予”！一云，“昔育恐育鞫，及尔颠覆；既生既育，比予于毒”!），即起兴也是一致的（一云，“习习谷风，以阴以雨”；一云“习习谷风，维风及雨”)。《小雅》《谷风》之为歌谣，是很显明的了。所以这一类的诗，虽是在《小雅》里，我们不得不认为歌谣，因为这都是平民的心底里的话。

《大雅》和《颂》，可以说没有歌谣。(《国风》与《小雅》的界限分不清，《小雅》与《大雅》的界限分不清，《大雅》和《颂》的界限分不清，而《国风》与《大雅》和《颂》的界限是易分清的，这待以后细论，今不举。）其故，大约因为乐声的迟重不适于谱歌谣，奏乐地方的尊严不适于用歌谣。《小雅》的乐声，可以奏非歌谣，也可奏歌谣，故二者都占到了一部分。这是我的假定。

我始终以为《诗》的分为《风》《雅》《颂》是声音上的关系，态度上的关系，而不是意义上关系。声音上的关系，如《左传》所记的“颂琴”，章太炎先生说的“雅”同“乌”,“雅声”即“呜呜之声”。态度上的关系，如阮元说的“颂”即容貌之“容”，以形容表所歌之义，有类今之戏剧。音乐表演的分类不能即认为意义的分类，所以在从《诗经》中整理出歌谣来，应就意义看：一首诗含有歌谣的成分的，我们就可说他是歌谣，《风》《雅》的界限可以不管；否则就在《国风》里也应得剔出。

再有一个意思，我以为《诗经》里的歌谣都是已经成为乐章的歌谣，不是歌谣的本相。凡是歌谣，只要唱完就算，无取乎往复重沓。惟乐章则因奏乐的关系，太短了觉得无味，一定要往复重沓的好几遍。《诗经》中的诗，往往一篇中有好几章都是意义一样的，章数的不同只是换去了几个字。我们在这里，可以假定其中的一章是原来的歌谣，其他数章是乐师申述的乐章。如：

月出皎兮。佼人僚兮。舒窈纠兮，劳心悄兮。

月出皓兮。佼人懰兮。舒忧受兮，劳心慅兮。

月出照兮。佼人燎兮。舒夭绍兮；劳心惨兮。

这里的“皎，皓，照”，“僚，懰，燎”，“窈纠，忧受，夭绍”，“悄，慅，惨”，完全是声音的不同，借来多做出几章，并没有意义上的关系（文义上即有不同，亦非谱曲者所重）。在这篇诗中，任何一章都可独立成为一首歌谣。但联合了三章则便是乐章的面目而不是歌谣的面目了。

我们在这里，要从乐章中指实某一章是原始的歌谣，固是不可能，但要知道那一篇乐章是把歌谣作底子的，这便不妨从意义上着眼而加以推测，虽则有了歌谣的成分的未必即为歌谣，也许是乐师模仿歌谣而做出来的，但我们的研究之力所可到的境界是止于此了，我们只可以尽这一点的职责了。

我对于从《诗经》中整理出歌谣的意见是如此，乞读者教正，手头无书，且无闲暇，待以后更为详论。

该文首次刊于《歌谣周刊》第39号，1923年12月。选自顾颉刚编《古史辨》第三册，朴社1931年版。

宋王偃的绍述先德

宋王偃是惟一的“宋王”。他以前的宋君只称为公，到他立了十一年而自升做王，立了六十一年（《史记》云四十七年，今依梁玉绳考定）而为齐湣王所灭。亡国后，他逃出去死了。他的臣子私自上他的谥法，或作康王（《战国策》及《吕氏春秋》），或作献王（《荀子》）。褚少孙《补龟策列传》又称为宋元王。

纣是商的末一代，他是宋的末一代，宋即是商的后裔，所以他受的淫昏暴虐的遗传性非常充足，很能恪守典型地照演一番。

纣是酗酒的；他也是“淫于酒”（《史记·宋世家》）。

纣是拒谏饰非的，囚杀过许多谏臣；他也是“骂国老之谏者”（《战国策》），“群臣谏者辄射之”（《宋世家》）。

纣是很富于好奇心的，所以要“戮涉者胫而视其髓，剖孕妇而观其化”（吕氏春秋）。他也是“剖偃者之背，斮朝涉之胫”（贾谊《新书》及刘向《新序》。“斮朝涉之胫”一语，后来《伪古文尚书》简直不客气，放在《泰誓》下篇，当作武王誓師之辞了）。

纣是很勇的，会得“倒曳九牛，扶梁易柱”（《帝王·世纪》）；他虽未必有这般的勇力，但也会“为无头之棺以示有勇”（《战国策》及《新序》。《庄子·列禦寇篇》亦云，“宋王之猛，非直骊龙也”）。

纣是对待诸侯很暴虐的，曾经“作梏数千，梏诸侯之不附已者”（贾谊《新书》）；他虽没有这般的权力，但也要“铸诸侯之象，使侍屏匽（厕所），展其臂，弹其鼻”（《战国策》）。

纣是不畏天的，“天火烧其宫，鬼哭，山鸣”（《帝王·世纪》），一切都不怕；他竟是彻底的慢神了，“射天，笞地，斩社稷而焚之，曰，‘威严伏天地鬼神’”（《战国策》及《新序》）。

最奇怪的，他和纣不但行事一致，而且所得的“瑞应”亦是一律。这一律的瑞应即在刘向一人所著的书上。《说苑·敬慎篇》道，“昔者殷王帝辛之时，爵生乌于城之隅。工人占之，曰，‘凡小以生巨，国家必祉，王名必倍’。”《新序杂事篇（四）》道，“宋康王时，有爵生鹯于城之陬。使史占之，曰‘小而生巨，必霸天下’。”

他们得到了这般的瑞应之后怎么样呢？《说苑》道，“帝辛喜爵之德，不治国家，亢暴无极，外寇乃至，遂亡殷国”。《新序》道，“康王大喜，于是灭滕伐薛，取淮北之地。乃愈自信，欲霸之亟成，故射天，笞地，……国人大骇。齐闻而伐之，民散，城不守。王乃逃皃侯之馆，遂得病而死”。这同是不识祥瑞的抬举，以致“祥反为祸”。

宋王偃所绍述的祖德，不但他的二十六世从祖纣而已，更有他的二十九世祖武乙。

武乙的事，翻开《殷本纪》来看，只有一件事，这一件事是他所以受“暴雷震死”的天刑的缘故。

这事的上半段说，“帝武乙无道，为偶人，谓之天神；与之博，令人为行。天神不胜，乃僇辱之”。做了“偶人”来出气，他们祖孙二人确是一致的，看上面说的铸了诸侯的像使他们侍于厕所可知。只此一端，大足以激起神人的愤怒：神的愤怒是雷震，人的愤怒是攻伐。所以《史记·苏秦传》道，“秦以宋委于齐，曰，‘宋王无道，为木人以为寡人，射其面’。”（《燕策》同。）

下半段更像了。武乙“为革囊，盛血，卬而射之，名‘射天’。”而宋王偃也丝毫不变地“盛血以韦囊，悬而射之，命曰‘射天’”（《宋世家》）。其实“封天”的名目早已给武乙制定了，何必再由他去“命”呢？

因为他和他的先德这般地相同，所以《宋世家》记道，“于是诸侯皆曰‘桀宋！宋其复为纣所为，不可不诛’！告齐伐宋……齐湣王与魏楚伐宋，殺王偃，遂灭宋而三分其地”。

究竟诸侯是不是因为他复了祖先之德而告齐伐他呢？齐湣王是不是结合了魏楚而把他攻灭呢？

《史记·田完世家》道：“王（齐湣王）为东帝，秦昭王为西帝。苏代自燕来入齐，……齐王曰‘嘻，善，子来！秦使魏冉致帝，子以为如’？对曰，‘……秦称之，天下恶之，王因勿称以收天下，此大资也。且天下立两帝，王以天下为尊齐乎？尊秦乎'？王曰，'尊秦'。曰，'释帝，天下爱齐乎？爱秦乎'？曰，'爱齐而憎秦'。曰，'两帝立约伐赵，孰与桀宋之利'？王曰，'伐桀宋利'。对曰，'……故愿王明释帝以收天下，……而王以其间举宋，……天下莫敢不听，此汤武之举也……'！于是齐去帝，……伐宋……。宋王出亡，死于温。齐南割楚之淮北，西侵三晋，欲以并周室，为天子。泗上诸侯邹鲁之君皆称臣，诸侯恐惧"。（《齐策》四略同。）这是说齐湣王灭宋为的是自己想做太子。

《孟子·滕文公下篇》又道："宋，小国也；今将行王政，齐、楚恶而伐之"。这是说宋的被灭，为的是想行王政。宋行王政而受他国的嫉忌，齐要自为天子而灭宋，以战国的情势观察起来，似有确实的可能。《宋世家》所谓"于是诸侯皆曰'宋其复为纣所为，不可不诛'，告齐伐宋"，恐怕是齐王一方面的宣传之辞吧？（灭宋而三分其地，有梁玉绳的辨，见《史记志疑》卷二十一。）

如果诸侯告齐伐宋为宣传之辞，那么，宋王偃的种种绍述先德的故事，或商代先王的种种遗传与宋王偃的性质的故事，恐怕也有若干宣传的成分在内内吧？《荀子》上有两段话，颇可以启发我们。他道："桀纣……身死国亡，为天下大僇，后世言恶则必稽焉。"（《非相篇》）"齐湣宋献……身死国亡，为天下大僇，后世言恶则必稽焉。"（《王霸篇》。）

我们读这两段话时，更须记着：宋献是纣的后裔。

该文首次刊于《语丝》第6期，1924年12月。选自顾颉刚编《古史辨》第二册，朴社1930年版。

《古史辨》自序

……二年以来，我对于古史研究的进行可以分了三方面作叙述。

其一，是考古学方面。十二年秋间，我到北京来，地质调查所的陈列室已经开放；我进去参观，始见石器时代的遗物，使我知道古代的玉器和铜器原是由石器时代的东西演化而成的：圭和璋就是石刀的变相，璧和瑗就是石环的变相，铜鼎和铜鬲也就是陶鼎和陶鬲的变相。那时河南仰韶村新石器时代的遗物发见不久；灿然陈列，更使我对于周代以前的中国文化作了许多冥想。

就在这年八月，河南新郑县发见大批古物，江苏教育厅委托我和陈万里先生前往调查。我们在开封见到出土古物的全份。器物的丰富，雕镂的精工，使我看了十分惊诧，心想掘到一个古墓就有这许多，若能再发见若干，从器物的铭文里漏出古代的事迹，从器物的图画里漏出古人的想象，在古史的研究上真不知道可以获得多少的裨益。我们又顺道游洛阳，到魏故城（通称金墉城）中，随便用脚踢着，就可以拾得古代的瓦当。心想自周代建了东都以后，累代宅京于此，如果能作大规模的发掘，当可分出清楚的层次，发见整批的古物。去年，万里游敦煌归来，说起陕西、甘肃一带有许多整个埋在地下的古城，正待我们去发掘，使我更为神往。

近数年来，国立学校经费愈窘；研究所中考古学会在十分困难里勉强进行，时有创获，孟津出土的车饰数百种尤为巨观。我虽没有余力加入研究，但向往之情是极热烈的，倘使在五六年前见了，我一定要沈溺在里边了。现在既深感研究学问的困难，又甚悲人生寿命的短促，知道自己在研究古史上原有专门的一小部分工作——辨伪史——可做，不该把范围屡屡放宽，以致一无所成。至于许多实物，自当有人作全力的研究，我只希望从他们的研究的结果里得到些常识而已。在研究古代实物的人，我也希望他们肯涉猎到辨伪方面。例如章演群先生（鸿钊）所著的《石雅》，不愧为近年的一部大著作，但里边对于伪书伪史不加别择，实是一个大缺点。他据了《拾遗记》的"神农采峻瓔之铜以为器"，《史记》的"黄帝采首山铜铸鼎"，说中国在神农、黄帝时已入铜器时代；又据了《禹贡》的"厥贡璆铁银镂"，《山海经》的禹曰："出铁之山三千六百九十"，说三代之初已知用铁。这种见解，很能妨碍真确的史实的领受。若能知道神农、黄帝不过是想象中的人物，《禹贡》和《山海经》都是战国时的著作，那么，在实证上就可以剔出许多伪妄的证据，不使它选乱了真确的史实的地位了。

其二，是辨证伪古史方面。这二年中，除了承受崔述的辨证以外，这方面的工作做得很少，就发表的说，曾经考了商王纣和宋王偃的故事，略见积毁之下的恶人模样和诋毁恶人的方式；又用了白话翻译了几篇《尚书》，使人把商、周间的圣君照相的真面目瞧一下，知道后世儒者想象中的古圣贤原不是那一回事。没有发表的，就笔记上归并起来，有以下许多题目：

春秋、战国时的神祇和宗教活动（如郊祀、祈望、封禅等）。

古代的智识阶级（如巫、史、士大夫）的实况。

秦、汉以后的知识阶级的古史（承认的古代传说）和非知识阶级的古史（民间自由发展的传说）。

春秋、战国间的人才（如圣贤、游侠、说客、儒生等）和因了这班人才而生来的古史。

春秋、战国、秦、汉间的中心问题（如王霸、帝王、五行、德化等）和因了这种中心问题而生出来的古史。

春秋、战国、秦、汉间的制度（如尊号、官名、正朔、服色、宗法、阶级等）和因了这种制度而生出来的古史。

春秋时各民族的祖先的传说和战国以后归并为一系的记载。

春秋、战国、秦、汉人想象中的太古（如开辟、洪水及各种神话）。

战国、秦、汉时开拓的疆土和想象的地域（如昆仑、弱水及《山海经》所记）。

战国、秦、汉人造伪的供状。

汉代人为了“整齐故事”而造出的古史。

春秋、战国时的书籍（著作、典藏、传布、格式等）。

汉初的经书和经师。

《尚书》各篇的著作时代和著作背景。

孔子何以成为圣人和何以不成为神人。

古史中人物的张扬的等次。

古史与故事的比较。

以上许多题目，有的是已经聚集了许多材料，有的还不过刚立起几条假设。如果让我从容地做去，想来平均每个题目经过半年的研究总可以得到一些结果。我对于这项研究有一个清楚的自觉，就是：我们要辨明伪古史必须先认识真古史。我的目的既在辨论东周、秦、汉间发生的伪史，所以对于东周、秦、汉间的时势、思想、制度、史迹等等急要研究出一个真相来。前年作的《研究古文的计划》要在这六年中细读《左传》、《史记》、《两汉书》等，就为了这个原因。但是很可悲的，荏苒两载，《左传》还没有好好地点读过一页，虽则为了作文的参考每星期总要翻上几回。这种不切实的读书，我一想着便心痛！我很知道，以前开首发表主张的时候尽不妨大刀阔斧，作粗疏的裁断；但一层一层地迈进去时，便不得不作细针密缕的工作，写一个字也应该想几遍了。为我自己的学问计，为对于学问界作真实的贡献计，最好暂时只读书，不作文；等到将来读出了结果之后，再“水到渠成”般写出来。但这个境界哪里许我踏到呢，社会上正要把我使用得筋疲力尽咧！

前年作的《计划》，大致的意思，是一方面增进常识，一方面从事研究。在研究上，要先弄明白了古代的史实，然后再考各种书籍的时代和地域，考明之后便在里面抽出那时那地的传说中的古史，加以系统的整理；更研究了考古学去审定实物，研究了民俗学去认识传说中的古史的意义。这确是一条最切实的道路，必须把这条道路按部就班地走完了之后，始可把我的研究古史的责任脱卸。但我一来感于境遇的不如意，觉得以有涯之生长日飘荡于牵掣的生活中，希望作严守秩序的研究终是做不到的事情，二来又是感于学问领域的广漠和个人力量的渺小，知道要由我一个人把一种学问作全部的整理是无望的，所以不由得不把当时的野心一步一步地收缩了下来。去年春问答李玄伯先生时，说自己愿意担任的工作有两项：一是用故事的眼光解释古史的构成的原因，二是把古今的神话与传说作为系统的叙述。这自然是在研究所中多接近民俗学方面的材料之故，但我收缩范围的苦心亦已可见。在以上所列的题目中，如神祇，神话，巫史，宗教活动，非知识阶级的古史，故事与古史的比较等题，都是进行这方面的研究的。所苦的，研究学问不能孤立，如果得不到研究他种学问的人的帮助，自己着手的一部分必然研究不好。在现在这般的民穷兵乱的国家之中，许多有希望的人都逼向浅薄浮嚣中讨生活，研究学问的事又如何提倡得起来。我虽在这困苦的境界中竭尽挣扎之力，也不过发出数声孤寂的呻吟，留几滴眼泪在昏黄大漠中而已！所以我即使把研究的范围损之又损，损到只研究一个问题，也怕未必能达到我的愿望。何况我的心中原有无数问题，总想把一种学问研究得好好的，那么，恐怕我的一生只有在愤悱怅惘之中度尽了！

这二年中继续搜得的材料颇发见我前半文中的讹误，但也颇增加我前半文中的证据。试举禹为社神的一例。我前因《尚书·吕刑》说禹“主名山川”，疑禹是穆王时的山川之神。又因《小雅·甫田》与《大雅·云汉》皆言祀社，《大、小雅》为宣王前后时诗，疑社祀是西周后期起来的。《鲁语》说“后土能平九土；故祀以为社”，禹绩正与之同，疑禹是社神。综合以上三说，下一假设云：“西周中期，禹为山川之神；后来有了社祭，又为社神。”这句话在去年发见了错误了。《召诰》云：

越翼日乙卯，周公朝至于洛，则达观于新邑营。越三日丁巳，用牲于郊，牛二。越翼日戊午，乃社于新邑，牛一，羊一，豕一。

如果我不能发见《召诰》在时代上的疑窦，则社祀起于西周后期之说当然由我自己推翻。至禹为社神之说，当时因古书中常以“禹、稷”连称，疑与“设计”的连称有关系；又《周语》把共工氏放在伯禹的上面，和《鲁语》把烈山氏放在周弃的上面正同，那么《鲁语》说后土是共工氏之子，后土当即是禹。刘楚贤先生看了，斥为“少见多怪而臆测的牵强附会”。但近来收得的几条新证据则颇足以助成我的主张：

今世之祭井、灶、门、户、箕、帚、臼、杵者，非以其神为能飨之也，恃赖其德烦苦之无已也。是以时见其德，所以不忘其功也。……故炎帝于火而死为灶，禹劳天下而死为社，后稷作稼穑而死为稷，并除天下之害而死为宗布。此鬼神之所以立。（《淮南子·泛论训》）

自禹兴而修社祀，后稷稼穑故有稷祠，郊社所从来尚矣（《史记·封禅书》）。

圣汉兴，礼仪稍定，已有官社，未立官稷；遂于官社后立官稷。以夏禹配食官社；后稷配食官稷。（《汉书·郊祀志》引王莽奏文）

汉初，除秦社稷，立汉社稷。其后又立官社，配以夏禹。（《三辅黄图》卷五）

上面所举，前二条明白说禹为社，后二条又说禹配食官社，可见汉代人确以禹为社神。读者不要以为这些话全是后起之说，须知越是配享越见得是先前的正祀。《左传》上不说吗：

共工氏有子曰勾龙，为后土；……后土为社。……周弃……为稷。（昭二十九年）

可是到了后来就不然了：

后魏天兴二年，置太社、太稷；……勾龙配社，周弃配税。（《通典》卷四十五）

仲春仲秋上戊，祀太社、太稷，配以后土勾龙氏、后稷氏，以祈报。（《大清会典》卷五十三）

太社、太稷姓甚名谁，没有人能回答；但以前正任社稷的勾龙和周弃却退而为配享了，这是很显著的。所以如此之故，只四日说旧祀到没有权威的时候自然大家忘怀了，一个新朝起来，就随顺了民众的新偶像而建立国家的新祀典；可是旧说旧祀在书本上还瞧得见，于是只得屈抑已倒的偶像作为配享。这种"新鬼大而故鬼小"的现象，实亦适用古史系统的成例，是积薪般层累起来的。禹既在汉配社，当然是汉以前的正社神（说不定即是勾龙）。推其他是社神，所以土地所在就是他的权力所在：南山、梁山是他所甸，丰水是他所注，洪水是他所湮，宋国人说下土是他所敷，秦国人说宅居所在是他的迹，鲁国人说后稷奄有下土是缵它的绪，齐国人说成汤咸有九州是处在他的堵，王朝人说方行天下至于海表都是涉他的迹。

刘先生在文中说："纵或祀禹为社，亦是后人尊功报德之举，加之之名，岂为神职?"近日冯芝生先生（友兰）在《大人物之分析》一文中也说："大人物到了最大的时候，一般人把许多与他本无直接关系的事也归附于他，于是此大人物即成一个神秘，成为一串事物的象征。如大禹之于治水，释迦之于佛教等皆是。有人疑释迦之果否有其人；顾颉刚先生疑大禹之果否有其人。我以为此等人诚已变为一串事物的象征，但未可因此即谓其人之不存在。近来中山亦渐成中国革命之象征，但中山之人之存在固吾人之所知也。"（《现代评论》三卷六十七期）类于这样的批评，我听见得很多，大致都以为禹的历史上的地位不当因其神化而便推翻。我觉得他们对于我的态度颇有误解，现在趁此简略地一辨。禹之是否实有其人，我们已无从知道。就现存的最早的材料看，禹确是一个富于神性的人物，他的故事也因各地的崇奉而传布得很远。至于我们现在所以知道他是一个历史上的人物，乃是由于他的神话性的故事经过了一番历史的安排以后的种种记载而来。我们只要把《诗》、《书》和彝器铭辞的话放在一边，把战国诸子和史书的话放在另一边，比较看着，自可明白这些历史性质的故事乃是后起的。所以我说禹由神变人，是顺着传说的次序说的；刘、冯诸先生说禹由人变神，乃是先承认了后起的传说而更把它解释以前的传说的。再有一层，在实际上无论禹是人是神，但在那时人的心目中则他确是一个神性的人物。例如现在民间大都把关帝和灶神，我们固然知道灶神是纯粹的神，关帝是由人变神的，但在这一祀的人的心目中原没有这个分别。他们只觉得神是全知全能具有人格的（玉皇也姓着张呢）！神如要下凡做人也随着他的。

因为神人不分，所以神人可以互变。我们知道，关羽、华佗、包拯、张三丰、卜将军是由人变神的。我们又知道，文昌本是北斗旁的星，但到后来变成了晋将蜀人张恶子了；湘君、湘夫人本是湘水的神，但后来也变成了尧的二女了。可见从神变人和从人变神是同样的通行，我们不能取了人的一方面就丢了神的一方面，我们只能就当时人的心目中的观念断说他的地位而已。禹尽可以是一个历史上的人物，但从春秋上溯到西周，就所见的材料而论，他确是一个神性的人物。更古的材料，我们大家见不到，如何可以断说他的究竟。至于春秋以下的材料，我早已说过，他确是人了。

这数年中，又有人批评我，说我所做的文字不过像从前人的翻案文章一样，翻来覆去总是这几句书。这个责备自然是该有的：我的学力既不充足，发表的文字也不曾把见到的理由完全写出，而且没有得到实物上的帮助，要拿出证据确只有书上的几句。但我所以敢于这样做，自有我的坚定的立足点——在客观上真实认识的古史，——并不是仅仅要做翻案文章，这是我敢作诚信的自白的。我的惟一的宗旨，是要依据了各时代的时势来解释各时代的传说中的古史。上边写的题目，如疆域、信仰、学派、人才、时代的中心问题等，都是解决那时候的古史观念的最好的工具。举一个例罢。譬如伯夷，他的人究竟如何，是否孤竹君的儿子，我们已无从知道。但我们知道春秋时人是欢喜讲修养的，人格的陶冶以君子为标的，所以《论语》中讲到他，便说不念旧恶，不肯降志辱身。我们又知道战国时的君相是专讲养士的，士人都是汲汲皇皇地寻求主人而为之用，所以《孟子》上说他听得文王有了势力，就兴起道："盍归乎来，吾闻西伯善养老者！"我们又知道自秦皇一统之后，君臣之义无所逃于天地之间，忠君的观念大盛，所以《史记》上也就说他叩马谏武王，义不食周粟，饿死于首阳山了。汉以后，向来流动的故事因书籍的普及而凝固了，他的人格才没有因时势的迁流而改变。（上面举的《尚书》上的苗，也是这样的一例。）所以我们对于那时的古史应当和现在的故事同等看待，因为这些东西都是在口耳之间流传的。我们在这上，不但可以理出那时人的古史观念，并且可以用了那时人的古史观念去看出它的背景——那时的社会制度和思想潮流。这样的研究有两种用处，一是推翻伪史，二是帮助明了真史。至于我在上面所说的《伪史源》、《伪史例》、《伪史对鞫》三种书如果都能著成，大家自会明白认识我的主张，不致笑为翻案文章了。

总之，我在辨证伪古史上，有很清楚的自觉心，有极坚强的自信力，我的眼底有许多可走的道路，我的心中常悬着许多待解的问题；我深信这一方面如能容我发展，我自能餍人之心而不但胜人之口。至于现在这一点已发表的东西，本来不算什么。画家作画，自有见不得人的“粉本”。“良工不示人以朴”，也是一句可以玩味的古语。我现在在学力未充足时发表这种新创的主张，有许多错误浅薄的地方乃是当然的，只要读者用了粉本的眼光看而不用名画的眼光看，用了朴的眼光看而不用精品的眼光看，就可以见出这本书的实际。至于将来能否使它成为名画或精品，这是全赖于我自己的努力和社会上给与我的帮助，现在是不能预断的。

其三，是民俗学方面。以前我爱听戏，又曾搜集过歌谣，又曾从戏剧和歌谣中得到研究古史的方法，这都已在上面说过了。但我原来单想用了民俗学的材料去印证古史，并不希望即向这一方面着手研究。事有出于意料之外的，十年冬间，我辑集郑樵的《诗》说，在《通志·乐略》中读到他论《琴操》的一段话：

> 《琴操》所言者何尝有是事！琴之始也，有声无辞，但善音之人欲写其幽怀隐思而无所凭依，故取古之人悲忧不遇之事而以命操：或有其人而无其事，或有其事而非其人，或得古人之影响从而滋蔓之。君子之所取者但取其声而已。……又如稗官之流，其理只在唇舌间，而其事亦有记载。虞舜之父，杞梁之妻，于经传所言者不过数十言耳，彼则演成万千言……

杞梁之妻即孟姜女，孟姜女有送寒衣和哭长城的故事，这是我一向听得的，但没有想到从经传的数十言中会得演成了稗官的万千言。我读了这一段，使我对于她的故事起了一回注意。过了一年多，点读姚际恒的《诗经通论》，在《郑风·有女同车》篇下见到他的一段注释：

> 《序》……谓“孟姜”为文姜。文姜淫乱杀夫，几亡鲁国，何以赞其“德音不忘”乎！……诗人之辞有相同者，如《采唐》曰“美孟姜矣”，岂亦文姜乎！是必当时齐国有长女美而贤，故诗人多以“孟姜”称之耳。

这几句话又给与我一个暗示，就在简端批道：“今又有哭长城之孟姜。”经了这一回的提醒，使我知道在未有杞梁之妻的故事时，孟姜一名早已成为美女的通名了。我惊讶其历年的久远，引动了搜辑这件故事的好奇心。事情真奇怪，我一动了这个念头，许多材料便历落地奔赴到我的眼前来。我把这些材料略略整理，很自然地排出了一个变迁的线索。十三年冬间，研究所中歌谣研究会出版的《歌谣周刊》要出歌谣和故事的研究文字的专号，嘱我撰文。我就选定了《孟姜女故事的转变》一题；费了三天工夫，写成一万二千字，一期的《周刊》撑满了，但故事还只叙述到南宋的初叶。我正因事务的忙冗未得续做下去时，许多同志投寄来的唱本、宝卷、小说、传说、戏剧、歌谣、诗文，……已接叠而至，使我目迷耳乱，感到世界的大，就是一件故事也不是我一个人的力量所能穷其涯际的，于是我把作成一篇完整文字的勇气打消了。我愿意先把一个一个的小问题作上研究，等到这许多小问题都研究完了时再整理出一篇大论文来。（以下本将二年来搜集到的孟姜女故事分时分地开一篇总帐，为研究古史方法举一旁证的例，但材料太多了，竭力节缩，终有三万余言。文成，自己觉得仿佛犯了腹蛊之疾，把前后文隔断了；只因费了两星期的工夫所整理，不忍删芟。后来陈通伯先生（源）看了，力劝我删去，我听了他的劝告，便把这一部分独立为一文。）

研究孟姜女故事的结果，使我亲切知道一件故事虽是微小，但一样地随顺了文化中心而迁流，承受了各地的时势和风俗而改变，凭借了民众的情感和想象而发展。又使我亲切知道，它变成的各种不同的面目，有的是单纯地随着说者的意念的，有的是随着说者的解释故事节目的要求的。更就这件故事的意义上看去，又使我明了它的背景和替它立出主张的各种社会。

上面一段话，没有举出证据，说得太空洞了。现在我试把这件故事比拟传说中的古史。江、浙人说孟姜女生在葫芦、冬瓜或南瓜中，这不像伊尹的生于空桑中吗？广西唱本说范杞郎是火德星转世，死后归复仙班，这不像傅说的“乘东维骑箕尾而比于列星”吗？厦门唱本说孟姜女升天后把秦始皇骂得两脚浮浮，落在东海里做春牛，这不像“尧殛鲧于羽山，其神化为黄熊以入于羽渊；实为夏郊”吗？厦门唱本说范杞郎死后化为凤凰，这也不像女娃溺死而化为精卫（帝女雀）吗？广西唱本说孟姜女寻夫经过饿虎、毒蛇、雨雪诸村，这也不像《山海经》上有食人的契窳的少咸之山，有攫人的孰湖的崦嵫之山，冬夏有雪的申首之山吗？（用《楚辞》中的《招魂》和《大招》看更像。）读者不要疑惑我专就神话方面说，以为古史中原没有神话的意味，神话乃是小说不经之言；须知现在没有神话意味的古史却是从神话的古史中筛滤出来的。我们试退让一百步，把流行于民众间的孟姜女故事的唱本小说等抛开，只就士人的著述中看这件故事的情状：

> 杞梁之妻……就其夫之尸于城下而哭之。内諴感人，道路过者莫不为之陨涕。十日而城为之崩（汉刘向《列女传》）。

良已死，并筑城中。仲姿既知，悲咽而往，向城号哭，其城当面一时崩倒。死人白骨交横，莫知孰是。仲姿乃刺指血以滴白骨，云："若是杞良骨者，血可流入！"……果至良骸，血径流入。（唐人《雕玉集》引《同贤记》）

姜女……归三日而范郎赴长城之役；其后赍寒衣至城所，寻问范郎，已埋版筑中矣。女乃绕城哭，城隅为隳。隳所，范郎见像；女即其处求骸，……遂负之归。……夫长白其事，主将命追之。女至宜君山同官界所，登山，渴甚，痛哭，地涌甘泉；今其地名曰哭泉。时女倦甚，不能奔，而追将及，忽山峰转移，若无径然；追者乃返。（明马理《姜女诗序》）

以上数则，神话的意味何等丰富。但试看清刘开的《广列女传》：

杞植之妻孟姜。植婚三日，即被调至长城；久役而死。姜往哭之，城为之崩。遂负骨归葬而死。

这不但把民间的种种有趣味的传说删去了，就是刘向、马理一班士大夫承认的一小部分神话性的故事也删去了，剩下来的只有一个无关痛痒的轮廓，除了"崩城"——这件故事的中心——之外确是毫没有神话的意味了。更进一步，就是崩城的神话也何尝不可作为非神话的解释，有如王充所云"或时城适自崩，杞梁妻适哭下"（《论衡·感虚》涪）呢。所以若把《广列女传》叙述的看作孟姜的真事实，把唱本、小说、戏本……中所说的看作怪诞不经之谈，固然是去伪存真的一团好意，但在实际上却本末倒置了。我们若能了解这一个意思，就可历历看出传说中的古史的真相，而不至再为学者们编定的古史所迷误。

我很想俟孟姜女故事考明之后，再着手考舜的故事。这一件故事是战国时的最大的故事（战国以前以禹的故事为最大，可惜材料很少，无从详考），许多古史上的故事都以它为中心而联结起来了。后世儒者把其中的神话部分删去，把人事部分保存，就成了极盛的唐、虞之治。这件故事又是古代最有趣味的故事。宋芜子先生（育仁）在《虞初小说序例》上说：

帝舜之贤，则行为大孝，德为圣人；帝舜之才，则自耕稼陶渔，所在成都成邑。其初遭遇之厄，则不得于亲，至于捐阶掩井；其后遭遇之隆，则先得于君，至于登庸在位。妃匹之爱，则二妃皆帝女；风云之会，则五臣皆圣贤。成治水之大功；狩苍梧而仙去。实古今中外环球五洲空前绝后所绝无仅有，说部家所穷思极想而万难虚构者，乃于命之实事得之！

他虽不知道帝舜的故事所以能成为"古今中外环球五洲空前绝后所绝无仅有"的故事原由于"说部家所穷思极想"的"虚构"，但他对于它发生惊怖之情确是不错。这件故事如果能研究明白，一方面必可对于故事的性质更得许多了解，一方面也可以对于伪古史作一个大体的整理。本书第二册中的《虞初小说回目考释》一篇，就是想把它作一回鸟瞰的。

民俗学方面，除了故事以外，这二年中着手的工作又有三事：神道、社会和歌谣。我在《研究古史的计划》中，把民俗学的研究放在最后，—希望先辩明了外表，然后再去探求内部的意义。现在我的环境是适于研究民俗学的，我只得先从此好了。

研究神道的兴趣，是给东岳庙引起的。我游了苏州和北京两处的东岳庙，见到许多不同的神名，知道各地方的神道虽同属于道教之下，但并没有统一。从这种不统一的神道上，可以窥见各地方的民众的信仰。更看道教里受进的佛教的影响，以至佛教自身所受的影响，也可以明白宗教的激荡的势力。例如东岳，本来是齐国的上帝（《汉书·郊祀志》云："八神，或云太公以来作之齐"，又云："天主祀天齐"），只因齐国的文化发达，声望甚高，没有被别国的上帝压倒；汉以后，他的势力依旧存在，掌管生杀之权。自佛教侵入，它自有一个东岳——阎罗王。因为中国人并不抵抗佛教，所以东岳大帝与阎罗王可以并存，死人受着二重的管束。寖假而道教的东岳庙中也雕塑十殿阎罗，把他们压做了岳帝的属吏。便阎罗王也不是印度所固有，乃是受的埃及的影响。阎罗王大约即是尼罗河（Nile）之神乌悉立斯（Osiris）。看"阎罗"与"尼罗"的声音相合，甚为可信。埃及人承认一个人死了之后，须受尼罗河神的裁判，随着生前行事的善恶判定赏罚，坏人就罚变为畜类，愈坏的便变得愈低下，等到罚尽之后再变做人。这些原则到了中国阎罗王法典《玉历钞传》里还没有变。我们如果能搜集许多材料作研究，一定可以得着许多想不到的创见。（一部《道藏》，用实用的眼光看固然十之八九都是荒谬话，但若拿它作研究时，便是一个无尽的宝藏；我们如果要知道我们民族的信仰与思想，这种书比了儒学正统的《十三经》重要得多。）

我对于这方面研究的步骤，拟先从《楚辞》、《国语》（包《左传》）、《山海经》、《汉书·郊祀志》等书入手，认识道教未起时的各地的神道。更把佛教的神和道教的神作比较，将受了佛教影响而成立的道教的神道认识了。再把各地的神道互相比较，认识在不统一的道教之下的各种地方性的神道。这种事情，不说出时似乎没有问题，但一加思考之后它们变迁的情形便很显著。例如碧霞元君为北方的女神，她的势力由于泰山的分化。天妃为南方的女神，她的势力由于海神的结合：这是含有地方性的。道教中本来只应崇奉玉帝（即《诗》、《书》中的上帝）为最高无上的主宰，但因佛教中有三世佛，所以又摹拟了它而建立三清天尊，他们的地位与玉帝不相上下：这是承受佛教的影响的。古代的神有生有死，有嗜欲，有攻伐（看《山海经》等书可知），和希腊的神话差不多。那时的女神几乎全为爱情颠倒，所以《楚辞·九歌》对于湘夫人等所致之辞多是相思惆怅之言，《高唐》、《神女》两赋又说巫山神女荐枕席，《洛神赋》

写宓妃又极绸缪缱绻之致。固然这些都是文人的托言，但至少在当时民众的意想之中是许得如此的。（试问现在谁会对于碧霞元君作荐枕之想?）自从佛教流入，看神道成了超绝的人格，一切的嗜欲都染不到，生死更说不上，爱情变成了猥亵，于是女神和男神就同具了严正的性格，风流艳冶之事全付与狐精花怪们了!（看《聊斋志异》等书可知。）这是道教未成立时的神道和后世的神道的不同的样子。我深信这一方面的研究如可有些结果，必能使古史的考证得到许多的便利。只是这一方面研究必须亲到各处搜集材料，不能单靠书籍：像我这样的拮据，调查考察的事业又从何说起？二年来，我到过的庙宇只有东岳庙、白云观、财神庙、碧霞元君庙等处。

社会的研究，是论禹为社神引起的。社会（祀社神之集会）的旧仪，现在差不多已经停止；但实际上，乡村祭神的结会，迎神送祟的赛会，朝顶进香的香会，都是社会的变相。我见到了这一层，所以很想领略现在的社会的风味，希望在里边得到一世古代的社祀的暗示。北京城西北八十里的妙峰山是一个北方的有名的香主，每年阴历四月初一至十五为进香之期。去年会期中，我就和研究所风俗调查会同人前往调查了三天，对于香会的情形知道了一个大概。他们都是就一种职业或一处居住的地方联络结会，除了祀神之外更布施一切用具食物，如茶、盐、面、粥、馒头、路灯、拜垫、掸帚、茶瓢、膏药等；或尽了自己的技能去娱乐神灵，帮助香客，如五虎棍、自行车、杠子、秧歌、音乐、舞狮、戏剧、修路、补碗、缝绽等。到了那里，一切有人招呼，仿佛进了另一个世界，崎岖的山岭便化成了理想的乐国了。这些香会的经费，在乡下的是按亩抽捐，同皇粮一般的缴纳；在城里的是就本业捐输，或向人募化。这些会名，我只就刊有会启（进香时的招贴）的抄，已抄到了九十余个，其余没有会启的恐还不止四五百呢。他们的香会的组织是极有秩序的：先设立了会所，议定了会规，排好了守晚、起程、上山、朝顶、回香的日期，又分配了引善、催粮、请驾、钱粮、司库、哨子、车把、厨房、茶房等都管，所以人数虽多而不致劳乱。进香的人诚心极了，有的是一步一拜的，有的是提着臂炉的，听说还有跳涧的（他们以为只要诚心便可由神灵护送回家，成其心愿，其实只有活活地跌死）。到了这种地方，迷眼的是香烟，震耳的是鼓乐，身受的是款待，只觉得神秘、壮健、亲善的可爱，却忘记了他们所崇奉的乃是一种浅薄的宗教。这使我对于春秋时的“祈望”，战园后的“封禅”得到一种了解。我很愿意把各地方的社会的仪式和目的弄明白了，把春秋以来的社祀的历史也弄清楚了，使得二者可以衔接起来。

社是土地之神。从天子到庶民立有各等的社。但看春秋、战国间人的称述，社神的权力甚大；大水大旱不用说，日食亦用牲于社，决狱和处罚亦在社，祈求年谷和年寿也都在社，军旅中又有军社，似乎社是宗庙以外的一个总庙。后来总务与土地分开了：总务方面有道观和佛寺，它们也可以做祈雨祈年的法事；土地方面有社坛、城隍庙和土地堂。社坛所祭没有指实的神人。城隍神有省、府、县之别，有指实姓名的，也有不指实的。土地神或一村落一个，或一城市多少个，指实与否也与城隍神同。这些神人就很可以研究一下；例如我在清代是江苏省苏州府元和县人，江苏省城隍和苏州府城隍我都不知道是谁，听说是三年一任、由龙虎山天师府札委的。元和县城隍我知道是张老爷，不知其名，听说是永远不换的；看他的封号是“敕封显应王北极驱邪司”，又号“武安君”。我家在苏州的东城，依道士所定的地名唤作道义乡；这一乡的土地是任大明王，说是梁朝的任昉，也是永远不换的。任昉既非苏州人，又未做过苏州的官（他做过义兴太守，义兴即今江苏宜兴），不知道为什么会得做苏州东城的土地神。苏州城中约有三十余个土地神，道士们也记不清楚，因为东城的道士观只做东城的生意，西城的又专做西城，并无完全知道的必要。据我所知，尚有凤凰乡的春申君、大云乡的安齐王、永定乡的茅亭司等。这些神是如何成立的，是否由于天师的委派，还是由于民众的拥戴，实在很有研究的价值。倘使由于天师的委派，这不过是道士们的弄鬼，只要寻到了他们的簿册便可完事。若出于民众们的拥戴，那么，这里边自有复杂的因缘，不是可以急遽了解的了。依我的推想，似乎后说合理，因为听说山东、湖北等省的土地神统统是韩愈，与江苏的办法不同，如果由天师委派，这制度料想不致如此参差。或者江苏的文化发达，民众要求奉招的神复杂了，所以一城中就有许多名人做土地神。我很愿意把城隆神和土地神的人物历史弄明白，上接春秋以来有功而祀的人物，并看出民众的信仰的旨趣。

歌谣方面，因《歌谣周刊》的撰稿的要求，研究《诗经》的比较的需要，以及搜集孟姜女故事的联带关系，曾发表了多少篇文字。七八年前笔受的苏州歌谣，也先写定了一百首，如上了注释，编成，《吴歌甲集》一种。只因校中经费支细，至今尚未出版。我很感谢玄同先生和魏建功先生，他们为了这一本歌谣集，用精密的方法整理出苏州方音［言］的声韵的部类，在方音的研究上开了一个新纪元。

老实说，我对于歌谣的本身并没有多大的兴趣，我的研究歌谣是有所为而为的：我将借此窥见民歌和儿歌的真相，知道历史上所谓童谣的性质究竟是怎样的，《诗经》上所载的诗篇是否有一部分确为民间流行的徒歌。关于下一问题，我已于《论诗经所录全为乐歌》一文中作一个约略的解答，就歌词的复沓，方面的铺张，乐曲的采集，民歌的保存上说明《诗经》所录悉为乐曲；又从典礼所用与非典礼所用的歌曲上证明程大昌和顾炎武依据了《仪礼》所载的乐章而定诸国诗为徒歌的谬误。关于上一问题，我们可以知道历史上所谓应验的童谣一半是有意的造作，一半是无意的误会。所谓有意的造作，如宋明帝疑忌王景文和张水，自造谣言道：“一士不可亲，弓长射杀人”（《宋书·王景文传》）。唐董昌称帝越州时，山阴老人献谣道：“欲识圣人姓，千里草青青；欲知天子名，日从日上生”（《新唐书·董昌传》）。从这种种伪造的童谣上可以反映出许多不曾破露的号称应验的童谣。《左传》所记，如“丙之晨，龙尾伏辰，均服振振，取虢之旗；鹑之贲贲，天策焞焞，火中成军，虢公其奔”等童谣，无论史官所记不可靠，就使所记确有其事，这童谣的来历也还可疑。所谓无意的误会，如王莽末天水童谣云：“出吴门，望经群，见一蹇人，言欲上天；今天可上，地上安得民!”（《续汉书·五行志》）吴天纪中童谣云：“阿童复阿童，衔刀游渡江，不畏岸上兽，但畏水中龙”（《晋书·五行志》）。晋太宁初童谣云：“侧侧力力，放马山侧；大马死，小马饿；高山崩，石自破”（《晋书·五行志》）。这些歌词都是很单纯的民歌或是无意义的儿歌。但给深信童谣为有关休咎的人听得了，便解释“蹇人”是隗嚣，“欲上天”是欲为天子；“大马小马”是司马氏，“高山”是苏峻，“石”是苏硕，苏峻逼成帝，死后其弟硕被杀；甚至因王濬小字阿童，晋武帝特加为龙骏将军，以符“水中龙”的谶语。这都是庸人的自欺。若要附会，哪里不可附会；正如求签测字，无论何人得到一签或一字，详签测字的人总可以从他的身分遭际上解释得相像。我很想就用了这个方法，将现在流行的儿歌和民歌解释各时各种的不同的事实，打破这种历史上的迷信。

因为我在歌谣方面发表的文字较多，所以知道我研究歌谣的人也最多，常有人称我为歌谣专家。这种不期之誉我很不愿承受。我的搜集歌谣的动机是由于养病的消遣，其后作了些研究是为了读《诗经》的比较；至于我搜集苏州歌谣而编刊出来，乃是正要供给歌谣专家以研究的材料，并不是公布我的研究歌谣的结果。数年以来，北京大学的歌谣研究会收到了各地的歌谣、谚语、谜语等二万余首，真是一个民众文艺的宝库；可是我诸事乱忙，也没有翻览过多少。我自己知道，我的研究文学的兴味远不及我的研究历史的兴味来得浓厚；我也不能在文学上有所主张，使得歌谣在文学的领土里占得它应有的地位：我只想把歌谣作我的历史的研究的辅助。这个态度，希望大家能够了解，不要敦促我做非分的工作。

我这几年中的工作范围和将来的进行计划，大致如此。……

该文节录自顾颉刚编《古史辨》第一册，朴社1926年版。

自述整理中国历史意见书

伯祥兄：

我日来在家里做《辨伪丛刊》的事情。这是《国故丛书》的一部分。本来适之先生嘱我标点《古今伪书考》，但我的性情太喜欢完备，觉得随便一标点不但对不起原作者，并对不住自己，所以我想把他引用的话都把原书校雠一番；引的人名和书籍都注明他的生卒、里籍及版本、卷数之类。这件事却不易做，因为中国很少参考书，像辞典一类东西，史志又不完备，检查上极感困难。但因为找原本书，却发见许多辨伪的文字。起初只发见几种，后来再把这几种所引的书寻到根上去，辗转攀引，所得愈多了。现在已觅得三四十种辨伪书，我意可以顺了年代次序出版，好让读者兴起进化的历史观念。但这件事又有困难，因为依时编集后，恐怕将来更有发见，插不进去；而且要把同时的书籍翻看一遍，也非容易。好在既名《丛刊》，不妨随得随编。适之先生也这样劝我。所苦的，各书在在连带，一书漏遗则他书的注释也不能满意。大约这在初版时是决不能十分惬心的。

这《辨伪丛刊》分做两类：一是辨伪事，二是辨伪书。每一册里只集一类，以后出版完时再编一个总索引。我们的意思，要把中国的史重新整理一下，现在先把从前人的怀疑文字聚集、排比，做我们的先导。辨伪事的固是直接整理历史，辨伪书的也是间接整理。因为伪书上的事实自是全伪，只要把书的伪迹考定，便使根据了伪书而成立的历史也全部失其立足之点。照我们现在的观察，东周以上只好说无史。现在所谓很灿烂的古史，所谓很有荣誉的四千年的历史，自三皇以至夏、商，整整齐齐的统系和年岁，精密的考来，都是伪书的结晶。我极愿意在《辨伪丛刊》的第一集上做一篇很长的序，将他的大致说一说。只要我的身子支持得下，谅可如志。

《辨伪丛刊》只是集前人的文字，将来我自己想做三种书：（1）《伪史源》；（2）《伪史例》；（3）《伪史对鞫》。所谓源者，其始不过一人倡之，要在这时辨来，自是很易；不幸十人和之，辗转应用，不知其所自始，甚至愈放愈胖，说来更像，遂至信为真史。现在要考哪一个人是第一个说的，哪许多人是学舌的，看他渐渐的迁变之迹。所谓例者，做伪史的总有一色的心理，记一事必写到怎样的程度，遂至言过其实，不可遮掩。现在要拿这般的心理归纳起来，教人晓得伪史总是欢喜向那方面走的，也可处处防范。所谓对鞫者，大家说假话，不能无抵牾，我们要把他们抵牾的话集录下来，比较看着，教他们不能作遁辞。这三种书自是终身之业，现在只是收集材料。

我们这样做，必可使中国历史界起一大革命。我自知于哲学、文学都是不近情的，我也不想做社会改造运动家，我只愿一生读书，做一个科学的史学者。所恨我的环境尚不能尽我用功，我的身体又是不能任受过分的勤劳，我将来能否达到我的愿望尚不可知，我只能向着这一方面尽力进行罢了。

我这一个欢喜记录的天性，无论何时都抑不下去。去年拟了几张表，送与图书委员会，只因需费较巨（须七八十元），校中经费窘迫，搁了几月；风潮起后，更无法了。但我既已打了这个样，便是学校不刻，终必自己去刻。我等到这种表格刻就后，想把《二十二史》读一遍，一方面既可随时记录，立一个规模，一方面又可使我对于中国史事立一个确实的骨干。我所记录的，不仅是表，也想同时记录史料，预备重编国史。我从前只想做学术史，现在则想并做社会史，因为学术是社会的一部分，不知当时的社会状况亦无从作学术史，况且单作学术史也太干燥无味。

以上是我对于整理中国历史的见解；括以一言，则审定旧史书（辨伪）与记录新史料。我自知这是一大事，必非我一人一生所能就绪，但我以为正不妨让后人接续下去，不必在我的手里完工。况且有史学的嗜好的，像你及绍虞等，总可以帮助我做去。将来我们有机会时，最好集合在一块。

弟颉刚。十，六，九。

选自顾颉刚编《古史辨》第一册，朴社1926年版。

论《诗经》经历及《老子》与道家书

玄同先生：

前旬接到来书，读悉一切。

先生说我的《诗》说好，使我很惭愧。我极希望对于《诗经》用力研究一番，无如找不到这个机会。到上海后，振铎要我做一篇关于《诗经》的论文，我就拟定了《诗经》的厄运与幸运的题目，预备把《诗经》的经历详细一说。

所谓厄运，是：

（1）战国时诗失其乐，大家没有历史的知识，而强要把《诗经》乱讲到历史上去，使得《诗经》的外部蒙着一部不自然的历史。

（2）删《诗》之说起，使《诗经》与孔子发生了关系，成了圣道王化的偶像。

（3）汉人把《三百五篇》当谏书，看得《诗经》完全为美刺而作。

（4）宋人谓淫诗宜删，许多好诗险些儿失传—此说若在汉代起了，一定发生效力。

所谓幸运，是：

（1）诗篇有了一个结集，不致随许多逸诗一齐亡了。

（2）汉人不当它寻常的诗歌看，所以《汉书·艺文志》中许多歌诗完全亡失，而此巍然仅存。

（3）宋代欧、郑、朱、王辈肯求它的真相，不为传统的解释所拘；虽然蒙蔽之处还是很多，到底漏了一线曙光。

（4）到现在，可以一点没有拘束，赤裸裸地把它的真相表现出来了。

我起初想，这些意思可以一次说完，不料做了半个月，只说得第一项的厄运。这篇计分五节：

（1）传说中的诗人与诗本事 把《尚书》《左传》《国语》中所记的诗人与诗本事集了起来，分别它们的可信不可信；并指出它们互相牴牾之虑，证明诗人与诗本事在汉以前已不能明了。何况汉儒作序。

（2）周代人的用诗 说明《诗经》中一部分诗是贵族为应用而做的，又一部分诗是平民的歌谣，给乐工采取入乐的。当时的用诗有四种：一是典礼，二是讽谏，三是赋诗，四是言语。典礼与讽谏是它本身固有的应用，赋诗与言语是引伸出来的应用。凡是引伸出来的应用，只要达出用诗的人的意思，并不希望印合于作诗的人的意思，所以可以随便乱用。他们虽是乱用，却不预备在诗上推考古人的历史，又不希望推作诗的人的事实，所以不会伤损《诗经》的真相。（这一义很关重要。从前说《诗》的人把用诗的人的意思就算做作诗人的意思，所以引起了无数纠纷。他们全不理会“断章取义”，以为古人既这么用就不会错。《野有蔓草》与《霓裳》原来都是情诗，但因给赵孟、韩宣子称赞了，就决不算是情诗了。）

（3）孔子对于诗乐的态度 孔子对于《诗》上，完全是传统思想，要劝人去用。在乐上，因为他遭值的时势正是新旧绝续之交，他是酷好雅乐的人，所以对于时势痛下针砭。那时的音乐潮流在《论语》上可以看出有三个趋向：一是僭越，二是新声的流行，三是雅乐的败坏。雅乐到了孔子时决不能维持原来的地位了，所以孔子的正乐与社会上毫无关系。

（4）战国时的诗乐 战国时，诗的形式变了，有长篇的“骚”，有不歌而诵的“赋”，有佹诗之类不规则的诗。乐也不同了：春秋时乐调简单，乐与歌诗合一，战国时乐调复杂了离得开歌诗了，所以那时器乐重于歌乐，甚至齐宣王有三百人吹竽而不必有歌诗。《诗经》到这时候，几乎与社会上断绝关系了。几个服膺孔子之道的人拼命鼓吹礼乐，但自己何尝懂得古乐诗。既然不懂而又要硬去讲它，于是只得在历史上胡乱揣测了。

（5）孟子说诗 孟子会说“知人论世”，“以意逆志”，但他自己是最不会“论世”和“逆志”的。一部《诗经》，大部分是东周的诗，他却说“王者之迹熄而《诗》亡”。“戎狄是膺，荆舒是懲”，明明是颂僖公的诗，他却说成周公的事。倘使他自己标明和春秋时人一例的用诗，他爱怎么说就怎么说！原也没有什么妨碍。现在他已经标明了“论世”和“逆志”，是已有了历史的态度了。有了历史的态度还是这般乱讲，流毒所至，遂开汉人信口开河与割裂时代的先声，这是决不可对他轻易谅恕的。

这些意思，请先生批评。我自恨空有求学之志而无求学之力，胸中的问题愈聚愈多，总没有法子找到闲暇去解决它们。这一篇文字自谓解决了几个问题，但匆忙的集材恐怕是免不了错误的。

先生嘱我为《国学季刊》作文，我也久有这个意思。我想做的文是《层累地造成的中国古史》（下见本册中编《与钱玄同先生论古史书》）。此后，我想做的是《孔子与六经的关系》及《老子与道家》。

我以为孔子只与《诗经》有关系，但也只劝人学诗，并没有自己删《诗》。至于《易》《书》《礼》《春秋》，可以说是与他没有关系；即使有关系，也在“用”上不在“作”上，例如看报不即为主笔，听戏不即为伶人。

《老子》决当如梁任公先生说，是战国末年的书。于梁举的证据外，我又得两个证据：

其一，战国后期，因为游学之风极盛，诵习简编，要求简练易记，所以大家作“经”：墨家有《墨经》，《荀子》上引有《道经》，《韩非子》上有《内外储说》之经。《老子》之文与此同类，当为好言道妙之士所作之经。若战国前期，则尚不会有此类著作。

其二，老子痛恨圣智，与《庄子·胠箧》，《韩非子·五蠹》，显学虽归宿不同，而出发点则一。实在因为到战国后期，社会上所受的游士的损害重极了，不由得不做一致的呼声。这种思想在春秋末年及战国初期也是不会有的。至于“道家”二字，我好久疑惑，觉得这个名词起于汉代，非战国所有。战国时结群成派的只有儒、墨二家，此外则人自为说，虽收徒弟，没有很大的势力（如许行等）；或者原没有一定的主义，做什么事就说什么话（如苏秦、张仪等）。汉代所谓“道家”，都是要把自己的心意越出于现实世界之外的；这种人贵于悠游自得，决不能聚徒成党，与儒墨分席。所以我做这一篇，要证明的，是老子非孔子之师，道家非战国所立（《老子》也决不在《庄子》之前）。

以上所说的许多意思，拉杂极了，统请先生与适之先生诸位指正。

颉刚敬上。十二，二，二十五。

选自顾颉刚编《古史辨》第一册，朴社1926年版。

我的研究古史的计划

我在《读书杂志》第十七期上，曾经声明在这两个月内无暇作文，待《努力月刊》出版时当继续讨论。但现在这个约言竟不能如期实践了，其故，因上海亚东图书馆要我标点《东壁遗书》，旧籍的标点很不容易，加以各种事物的牵制也赶不快，预料非到半年之后不能完工；倘使再把作文的事加了进去，势必将此事无期的迁延下去。所以我现在立定计划：本年八月以前尽力用在《东壁遗书》上，九月到年底尽力将去年辨论古史的未完之稿作完；从明年起，更把古史彻底研究一番。彻底的研究当然不是容易的事，预算须经廿余年工夫。这是我一生惟一的事业，也是惟一的愿望，所以做成这篇与同志讨论。

我是一个喜欢定计划的人。从前和傅孟真先生同舍时，他曾笑我，“你老是规划终身的大计，我决［觉］得（定）你一件也做不成的!”他的话真不错，这六七年来我所预定的计划无往而不失败，激起的烦闷一天重似一天。假使我没有这种计划，就无所谓失败，也就不会激起烦闷。这真所谓“徒自苦”了！但我终是一个热烈的人，无论如何受挫折，总不会使我灰心。我终觉得计划是应当定的，一个人必须有了计划才可使生活有意味。至于计划的不能实现，乃是由于外界的牵制，并不是我自己的过失。倘使社会上能原谅我，肯供给我一个可以发展才性的境界，我自信所定的计划是不会成虚愿的。所以我现在还是把终身的大计继续的规划。

我的生活为外界所逼迫，脱出轨道已有七年了。此七年中，无时不想把生活回复到轨道上，但至今没有做到。这一次到北京，我立下一个大愿：尽本年作预备，使明年的生活上得轨道。在这一年中，勉力将未了的事作一结束，新发生的事再也不要过问，写信和看书（指随手翻阅的）也竭力求其减少。至于希望中的轨道的生活，是：把一天二十四小时分为六个单位，每一单位计四小时，以二单位供睡眠，一单位供生活上的消耗与休息，一单位供办事及交际，一单位供读常识书，一单位供研究古史；星期日则完全供休息与游览；一年中更作一二度的长途旅行。如此，研究古史和读常识书两项每年各可有一千小时左右。这固然明知不能如愿——因为我不是一个富人，生活可由自己支配的，——但总希望这两项各能保持每年六百小时的数目，在无可奈何的境界中，我也肯以义命自安了。倘使碰着的机会好些，竟能稍稍超过这个数目，我就要以为自己是一个很有幸福的人了。

读常识书一项，种数甚多，如（1）世界史，（2）中国史及各种旧籍，（3）各种专史，（4）数学，（5）天文学，（6）年代学，（7）地理学，（8）地质学，（9）生物学，（10）人类学，（11）言语学，（12）宗教学，（13）社会学，（14）政治学，（15）法律学，（16）经济学，（17）统计学……都是。这一个名单粗看似乎太多，但我原想尽着一生的时间去读，并且不希望深造；我的愿望，只要使得凡它们可以辅助我的研究的地方我能够明了：在技术上（如历日的推算及地圆统计表的制绘等）会得使用，在理论上会得提出问题，请专门家作答了。所以我还觉得这是可能的事。

研究古史的计划，是把全体分作六个学程，费廿一年的工夫做去。计划如下：

第一学程——从民国十四年至十九年，读魏晋以前史书。

这六年内，我希望把我的研究古史的根基打好。主要的古史书有两部，一是《左传》，一是《史记》；我都想费一年的工夫，把它细细地读过。第三年至第六年，读《汉书》及《后汉书》。这两部书为什么要读四年呢？因为古学与古书均至汉时始从流质变成固体，在它凝结的时候，加入汉人的分子不少。这些加入的分子，有的与周秦的原质混合，有的竟是化合了。魏晋以下的伪书伪史，现在要辨明它是很容易的，因为涂附在汉时定形的外面，很可不费力地拂拭而去；两汉的伪书伪史便须经过一番化学的分析工夫了。分析之后，汉归汉，周秦归周秦，然后古史始可有切实的整理。所以当读两《汉书》的时候，必将汉人的经注经说和其他著作统读一过，指出他们的作伪和传误的种种事实，并把今古文的黑幕一齐揭破，划绝汉学捣鬼的根芽。

第二学程——从民国二十年至二十二年，作春秋、战国、秦汉经籍考。

汉人的附会拔去了，各种古书始可显出它们的本相，考证之事方才有所凭藉。所以第二步接做这事，把古书的时代与地域统考一过。固然材料既少，羼杂又多，这个工作要做得完满是不可能的，但我们总可以得到一个大概情形。

第三学程——民国二十三年，依据考定的经籍的时代和地域抽出古史料，排比起来，以见一时代或一地域对于古代的观念，并说明其承前启后的关系。

第四学程——民国二十四年至二十六年，研究古器物学。

古器物学的常识是前几年早应备的；到这时，书籍方面既经整理好，实物方面就更当着力研究。我觉得中国的古器物学虽已研究甚久，但所定的器物的时代还不可靠。例如商器，通常都将文字特异的，日干纪名的归入；其实文字在秦以前原未统一过，不妨有特异的字体，而日干的纪名在周代还是行用（如齐之丁公、乙公）。所以我很想在研究的时候，把传世的古器的时代厘正一过，使得它们与经籍相印证时可以减少许多错误。

第五学程——从民国二十七年至二十九年，研究民俗学。

经籍器物上的整理，只是形式上的整理；至于要研究古史的内部，要解释古代的各种史话的意义，便须应用民俗学了。老实说，我所以敢大胆怀疑古史，实因从前看了二年戏，聚了一年歌谣，得到一点民俗学的意味的缘故。我们看，古人的善恶这般的截然分殊（如桀、纣、尧、舜），古人的能力这般的无穷伟大（如禹、黄帝），古人的境遇这般的十分奇特（如后稷、舜）：我们是相信它呢？还是不相信它呢？我想，我们对付它们的态度逃不出三种：一是信，一是驳，一是用自己的理性去做解释，譬如《大雅·生民篇》中说姜嫄生后稷由于“履帝武”，这原是一段神话，很可能且极平常，但自古至今终不曾给它一个适当的地位。相信它的人老实在史书上写着“姜嫄出野见巨人跡，心忻然悦，践之，而身动如孕者”（《史记》）。不相信它的人便驳道，“不交而孕是不可能的事；或者姜嫄那时适有孕，恰巧踏了大人迹就引起了误会；况且姜嫄是帝王之妃，何为适草野”！（王充与崔述。）用自己的理性去做解释的人说，“这个‘帝’不是上帝，是她的丈夫帝喾高辛氏：他们一同去祀郊禖，姜嫄走在后头，步步踏了帝喾的脚印”（《毛传》与《欧阳修》等）。近人有了一种新观念了，于是他们的解释也换了一种话头，说道，“那时原是母系时代，故只知有母”；或者说“姜嫄原是自由恋爱，故不能说出其夫”。话虽说了许多，但是都不对的。我对于这三种态度下一个总评，是：信它的是愚，驳它的是废话，解释它的也无非是锻炼。我们若用了民俗学的眼光去看，就可见这种故事正和现在上海戏园子里闹翻的《关公出世》《包公出世》《薛仁贵出世》一类戏一样。这些戏中的伟人，或是黑虎星下降，或是文曲星临凡；到母腹中时，或是观音送来，或是仙人引到。这种故事，在事实上是必不确的，但在民众的想像里是确有这回事的：他们总以为大人物的来历与普通人不同，该有这类奇迹。因为它在事实上必不确，所以信它的是愚。因为它在民众的想像里确有这回事，所以驳它的也成了废话。因为它在民众的想像里原是这么一回事，原不能勉强它与我们的理性相合，所以用了自己的理性去做解释的总离不掉锻炼。我希望自己做这项工作时，能处处顺了故事的本有的性质去研究，发见它们在当时传说中的真相。

我做这项研究时，再有一个希望。古人心中有无史实与神话的区别；到汉以后始分了开来。因为历来学者不注意神话，所以史实至今有系统的记载，而神话在记载上就斩然中绝（在实际上，当然自古至今没有间断过，如现在的玄穹高上帝及东岳大帝之类皆周秦之所留遗）。我希望做这项工作时，更把汉以后民众心中的古史钩稽出来，直到现在家家悬挂的“神轴”为止，看出它们继续发展的次序。这个研究如能得到一个结果，古史在古代的地位更可确定了。

第六学程——从民国三十年至三十四年，把以前十六年中所得的古史材料重新整理，著成专书。

这一部专书的组织，应将下列诸问题作为系统的说明：

（1）某时代的古史观念如何？

（2）这个古史观念是从何时、何地、或因何事来的？为什么要求？

（3）这个古史观念在当时及后来发生了什么影响？

以上三条，为当时的古史观念。

（4）这时的史事可以考实的有多少？

（5）这时的实物留遗至今的有多少？

（6）对于这时的民族和文化的大概情形的想像是怎样？

以上三条，为当时的史事。

到第六学程做完，我的古史研究可以告一结束了。我今年三十一岁，若绝不停滞，准期完功，已须五十二岁；若以研究的困难，人事的牵制，稍一停留，六十岁是很容易到的。像我这般不结实的身体，即使善为保养尚不知能到六十岁否。社会上如果根我摇动人们的信仰，给我以种种挫折，那末，我的賚志而没自是应有之事。若以为天地间不妨有此一人，或进而说是应当做的，那末，请大家给我一点帮助。帮助的方法有二种：积极的是供给我一个适于研究的境地，消极的是无论什么事情都不要责望我做。我并不是不识抬举，专想规避社会上的责任，实在我只有这一点精力，我愿意做的这件事情已经够消耗我的全部的精力了。我前作《郑樵传》，说他在《献皇帝书》里说的“使臣得展尽底蕴，然后鹤归蕙帐，狐正首丘，庶几……不孤为陛下之一民也”为他的发挥学问的哀音。我自知学力浅薄，还说不上发挥，但是求智识的欲望在我的心中已经震荡得非常剧烈了，仿佛渴骥奔泉，再不能加以羁勒，勉强抑止，这一段哀苦之情原与郑樵无异。相知的师友们，请你们仁惠地收受我这一个恳切的请求罢！

十三，三，廿六。

选自顾颉刚编《古史辨》第一册，朴社1926年版。

秦汉统一的由来和战国人对于世界的想像

我们往往有种误解，以为中国汉族所居的十八省从古以来就是这样一统的，这实在是误用了秦汉以后的眼光来定秦汉以前的疆域。我这一次讲话，要说明的意思，就是：秦汉以前的中国只是没有统一的许多小国；他们争战并吞的结果，从小国变成了大国，才激起统一的意志；在这个意志之下，才有秦始皇的建立四十郡的事业。

夏朝的史，我们知道的没有多少。从《尚书》上看起来，它是商朝以前的一朝：但我们与其称它为一朝，还不如称它为一国。《诗经》的《商颂》里说商在玄王时已经很兴盛了，到相土时更兴盛了，到汤时，国势像火一般的旺烈，伐灭了韦顾二国之后，再打昆吾和夏桀。可见商在汤以前本是一个很大的国，和夏国是并立的。后来人说汤是桀的臣子，以臣伐君，这不过是用了后世的事实推想古代罢了，在那时的许多国中，或者夏国的文化程度特别高，所以后来就把“夏”字当作高贵的人种讲，用来别于蛮夷的劣等人种。

夏国建都的地方，以前都说在山西南部的安邑县。但我们没有发见过那时的东西，所以现在还不能断定。商国的都城，说是在河南东部的商丘县，中部的偃师县，北部的淇县。光绪二十五年（公历一八九九），淇县北面的安阳县发见了商末的甲骨卜辞，在这上面，我们可以知道他们的国土是河南的中部，北部和山东的西部，近來考古学家从出土的铜器上研究，知道他们已经游牧到直隶的保定了。《孟子》上说，“夏后，殷，周之盛，地未有过千里者也”，《商颂》上说，“邦畿千里，惟民所止”，可见他们的国土都是不大的。其余的小国，非常散乱。他们对于大国，只须表示一种名义上的服从便行，所以《商颂》上说，“昔有成汤，自彼氐，羌，莫敢不来享，莫敢不来王”。商国原不想夺他们的十地，成统一的事业呢。

周国是在陕西中部兴起来的，大约就是氐羌中的一种，《国语》里说，“我先王不窋自窜于戎狄之间”，可见周人并不讳言自己的民族是戎狄。周是姬姓，他们和姓姜的常结为婚姻。《诗经》里面纪周人的祖先，后稷的母是姜嫄，公亶父的妻是姜女，太王的妻又是周姜，帮周武王打天下的又是姜人太公。姜，即是羌。《尚书》中的《牧誓》也说周武王带丁羌人伐商。可见他们实在算不得“诸夏”，不过后来进了中原，自以为诸夏罢了。他们沿了黄河，往东发展；把商国打灭后，就在河南洛阳建立了一个东都。我们若用现在十八省的眼光来看，洛阳原在中央，如何可以看作东部呢！这可见他们要求得到的土地并不很多，他们的欲望是容易满足的。但是，他们有一件发展势力的特别方法，就是封建。

他们把自己的家族和姻亲封到王畿以外做国君，小的占着几十里地，大的一百里地。这样一来，他们的势力就分散到各处了。例如山东有齐和鲁，直隶有燕，山西有晋和霍，河南有卫和蔡。可是他们的势力依然在黄河两岸，还不到长江，他们何尝不想发展到南方呢，只因当时南方的楚民族势力正強，发展不出来。周昭王南征没有回国，恐怕便是战死的。周也试封了几个诸侯到河南的南部和湖北的北部去，但到春秋时就都给楚國灭掉了。所以论其实在，周朝时候的中国，只有陕西，河南，山东三省和山西，直隶两省的南部。

但即在这几省中，蛮夷戎狄还是很多的。陕西是周民族的地，但犬戎强盛了，就把他们赶出陕西了。洛阳是周的京城，但春秋时又给扬拒、泉皋之戎打进去了。卫国在懿公时，也是给狄人打灭的。一部《左传》，其中差不多有半部是“楚国北侵史”。齐桓公、晋文公一班霸主所以给人称赞，原为他们能率领了诸夏而抵抗蛮夷的侵陵之故。在那个时候，大家但有种族观念而没有世界观念，只觉得最高的功业是“尊王攘夷”，最不幸的事情是“蛮夷猾夏”，最好的社会教育是“用夏变夷”。

那时中国的国家情形实在是很简陋的。在《左传》上看，最小的城周围不过一百丈；卫国给狄人灭掉之后，遗民迁国，男女共只有七百三十人。可见这时的国家仿佛是现在的村庄。只因他们有文化比一班士人（蛮夷）高，所以他们的势力会得逐渐发展，开辟了许多地，融化了许多异族。

当初封建时，各国的土地原是很小的；后来他们自己着力开拓，大国就有了几百里或几千里地。像春秋的郑，战国的韩魏，虽也强盛过一时，但因处在腹地，四面都有别的强国挡住他们的路，所以不能有多大的发展。只有齐国可在海边上开拓，燕国和晋国可向北边开拓，秦国可向西方开拓，楚国可向南方开拓，所以到了战国，就成了几个极大的大国，比夏商周一概大了。因为他们的国大了，富饶得很；又因彼此争竞，食客，游士，学者天天绞脑汁，想出许多新鲜的议论，做出许多新奇的事业，将士又出力打仗，打通了许多道路，所以那时的文化非常发达，而且灌输得很普遍。在这种状态之下，自然把种族渐渐地淡了下去，无形中把“中国”一个名词放得很大，凡是七国的疆土都变成了中国了。以前《商颂》里说，“邦畿千里，肇域彼四海”，看四海仅仅千里，那时的天下是何等的小。春秋时，齐桓公去打楚国，楚王派人对他说，“君处北海，寡人处南海，不虞君之涉吾地也”。齐国在山东，齐桓公到的楚国境还是在河南的中部，然而已经有南海、北海之别了，这天下也是何等的小。到了战国，孟子就说“今四海之内方千里者九”，这战国时的四海比了春秋时的四海真远得多了。因为那时的四海以内有九个方千里的地，所以就有了九州之说。

《禹贡》上九州，一般人都认为夏朝的制度，其实夏国地盘只占得黄河的一角，哪能有这样伟大的计划。九州乃是战国的时势引起的区划土地的一种假设，这种假设是成立于统一的意志上的。因为是假设，所以各人所说的不必一样，我们在古书上，已经找得四种不同九州了。《吕氏春秋》上明白说道，“河汉之间为豫州，周也。两河之间为冀州，晋也。河济之间为兖州，卫也。东方为青州，齐也。泗上为徐州，鲁也。东南为扬州，越也。南方为荆州，楚也。西方为雍州，秦也。北方为幽州，燕也”。这样清楚的话倒没有一个人肯信。他们总以为九州之名是禹定出来的，各种不同的九州是商周时改的制度。

他们这样的没有历史智识，把战国的疆域认做了夏，商，周的疆域，在我们看来实在觉得可笑。但我们且不要笑他们，我们须知道，中国的能够统一就靠在这个荒谬的历史见解上。因为必须有了这个“向来统一”的观念，才可把种族的成见消融，把中国的土地作成一个有组织的联合，向来中国人看吴越人的纹身雕题，听楚国人的鴃舌之音，总羞与他们为伍，自从有了九州之说，大家以为我们和他们本是一家人，不过住得远了，大家生疏罢了。这一来，诸夏和蛮夷就有了先天的感情了。加以各国的祖先都联串到一条线上，使得人人都成了黄帝的子孙，彼此间的情谊便更亲密了。现在号称“五族共和”，但总不能引起汉族人对于满、蒙、回、藏等族的情谊，只因汉族人一向知道他们是“番邦”，胸中便梗着不能亲善的见解之故。倘使现在汉族人也和古人一样地缺乏常识，听了伪造历史的人的说话，相信满、蒙等地方都是黄帝尧舜的天下，相信那边的人也都时黄帝尧舜的子孫，那么，他们看满蒙的眼光就会同十八省一样，五族就真可以共和了。

古人能有这种统一的观念，实在是很不容易的，因为他们为了统一的工作已经受尽了苦痛了。一部《左传》，人家说它记述的全是战争，应当唤作“相斫书”。但春秋时的战争原是很小的，看《左传》所记，差不多打了一半天就决定了胜负了。到了战国，方有许多大战。我们在《史记》上看，可以见到一坑便是数十万人，一班热心救世的人看得难过极了，要想抑制國君的欲望，就痛骂“以力服人”，推崇“以德服人”，于是尧舜禹汤一班古人就成了道德的模范，儒家的理想就都成了尧舜禹汤早已行过的“王政”。孟子就是这样的一个好例。他到处劝国君行王政，说行了王政百姓自然会得“襁负其子而至”。他痛骂一班战将和开辟土地的人，说他们是“民贼”，是“率兽而食人”，“罪不容于死”的。但在这个强权世界之中，哪一个国君能听他的话呢！

因为那时的疆域日益大大，人民的见闻日益丰富，便在他们的思想中激起了世界的观念，大家高兴把宇宙猜上一猜，《庄子》上说：“计四海之在天地之间也，不似罍空之在大泽乎？计中国之在海内，不似稊米之在太仓乎？”这是充其量的猜想，把四海与中国想得小极了。

庄子的话还是很空泛的，邹衍说的才是具体的解答。邹衍是齐国人，大约生于耶稣纪元前三世纪。齐国人因为住在海边，所以很能说“海话”。《庄子·逍遥游篇》说的大鹏，就是引的“齐谐”。齐谐说，鹏飞往天池时，它在水面上一拍就是三千里，它在云中盘旋一下就是九万里，一飞就要六个月歇一歇。这真是孟子上所说的“齐东野语了”邹衍的著述，《史记》上说有十余方言，可惜都失传了，只有在《史记》上的一篇小传里还保存得一点。传里说他是喜欢从小物推到极大的，仿佛看见了一杯水，就可把它放大，放大，放成了一个海。他会从当世推到极古，从中国推到极远。从当世推到极古的一项，《史记》上没有说出是怎样的，但看纬书所载（纬书中杂有邹衍一派人的思想），说从天地开辟到春秋西狩获麟之年（公历前四八一），共计二百二十七万六千年，分作九头，五龙，攝提，合雒等十个纪。这种思想很富于历史的想像力，可惜不会作正式的研究。

从中国推到极远的一项，《史记》上记载了一点。他说中国做赤县神州，是全世界八十一分中的一分。禹的九州只是在赤县神州内再分划的，不得称州。像赤县神州这样大的九个，方是九州，合为一大州；有裨海环绕着。这样的大州共九个，大瀛海环绕其外，始是“天地之际”。照他所说，我们可以拟出一个图，

如下图：

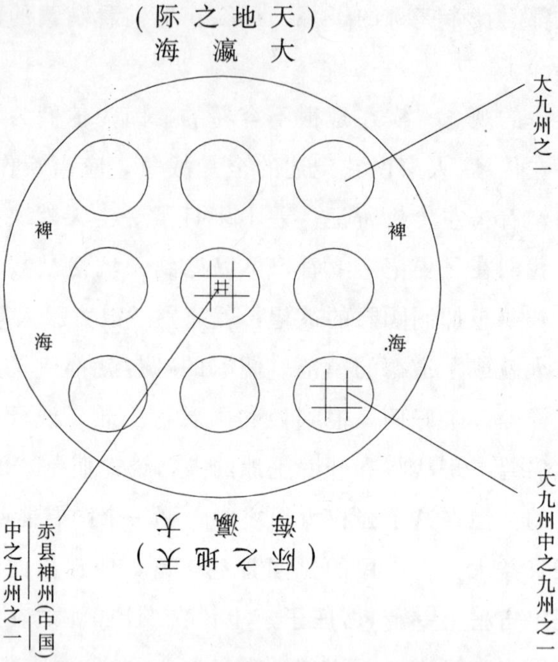

赤县神州在大九州中之何方，书上没有说，今姑置在中央。

这是很分明的从禹贡的九州推了两次推出来的。照这样说，禹贡里的一州仅仅占着全世界的七百二十九份之一了。

因为齐国人有了这种想像，所以他们就有航海觅地的事业。他们航海的题目是求神仙。纪元前四世纪，齐国的威王宣王，燕国的昭王，听了方士的话，派他们到海中求三神山。方士说，三神山名蓬莱，方丈，瀛洲，上面全是用金银建造的宫殿，藏着不死之药，仙人住在里面。船没有到岸时，望去像云一般的灿烂，但快要靠岸时，船就给风吹去了。因为上面有不死之药，所以国王总肯派人去寻。因为去的船总给神风吹开，所以不死之药永远得不到。秦始皇一统之后，又派徐福去寻。徐福说，要带了童男童女去方可寻到，他就发了童男童女三千人予他。现在日本有徐福的坟墓，或者他航海到了日本，就令童男童女自相婚配了。这种航海求仙的事情，到汉武帝时还有。可惜中国的史书向来不注意这种事实，所以很难得看见。正如南洋群岛，福建广东人去的极多，也极早，但历史的记载是很不容易找到的。

《山海经》也是那时的作品，它是含着记载和想像的一部地理书。山经方面，分为《南》，《西》，《北》，《东》，《中》五经。《中山经》里的山在今山西，河南，陕西，湖北，湖南，四川等省，可见作者指定的中央原是很大的，南、西、北、东四方面推得很远，有许多山简直不知道在什么地方，书中记的奇怪的鸟兽和草木很多，又有许多神灵，神的形状，或是鸟身而龙首，或是龙身而鸟首，或是马身而人面，虎文而鸟翼。这些神出现时，或要有风雨，或要有兵灾，或要使国家受损失，总之这些神都是怪物一类的东西，不像后世的神以保民护国为职务的，《海经》上面更奇怪了，有贯胸国、羽民国、交胫国、岐舌国、三首国、三身国、一臂国、无肠国、大人国和小人国等。这都可以看出他们对于世界的想像：世界是怎样的神秘而新奇啊！以前这书是有图画的，并且有整幅的画画在墙壁上的，可惜后来都失传了，现在小孩子讲神仙鬼怪的故事，还说是“讲《山海经》”，可见这书极受民众的欢迎。

那时的人敢于放胆思想，所以常有很聪明的话。《尚书纬·考灵曜》说：“地恒动不止而人不知，譬如人在大舟中，闭牖而坐，舟行而人不觉也。”这似乎已经承认地是一个行星了。

这一方面的材料，以前人只以为是些空想，不屑去研究，所以不曾整理过，我们要知道它很不容易，现在且回说到中国的统一上。

秦始皇灭了六国，又略取广东广西等地方，分全国为四十郡。到汉武帝时，北伐匈奴，两通西域，东平朝鲜，南开西南夷，地方比秦始皇时更大了。汉族的武功，要算那时为极盛。但何以后来武功就低落，疆土就不能再开拓了呢？这里边自有许多复杂的原因。我敢说，在思想上至少有一项原因是很重要的，就是为了尊重儒家，给德化之说征服了。这只要看《汉书》上贾捐之议弃珠崖的一段便可明白。

汉武帝平了南越，在广东琼州岛立珠崖郡。珠崖人不服，屡次造反，朝廷上许多人都主张举兵攻打，贾捐之不赞成，他道：“以尧舜禹三圣之德，地方不过数千里，但是臣民何等的快乐。秦始皇专要开辟土地，天下就反叛了。汉武帝用兵的时候，四方起来的盗贼也很多。现在把兵丁赶到海中去打仗，那边的气候是很潮湿的，又有许多毒草和虫蛇，恐怕珠崖未平，我们的战士倒先死了。这种地方，本不是衣冠文物之邦，《禹贡》和《春秋》也都没有提到，弃了不足惜，不打也不会损失我们的威望的”。汉元帝听了他，就把珠崖丢了。

这种宽洪的度量，战国的国王和秦始皇、汉武帝一辈人都是不会有的，但儒家却是要竭力学到的。《淮南子》中说舜命禹攻打有苗，打不下，禹便班师回朝，劝舜修德感化他们。舜听了他的话，在两阶上舞着干羽。过了七十天，有苗就自己来投顺了。(《伪尚书》《大禹谟》本之。)《论语》中说季氏要伐颛顼，孔子不以为然，说道“远人不服，则修文德以来之”。这些不都是弃珠崖的事实所根据的学说吗？总之，儒家的学说是劝人节缩欲望的，他们只要使得百姓安宁，不希望地方占得大。从此以后，汉族便常为他种民族所征服，至多不过是恢复九州，再不想［扩］张领土了。

该文首次刊于《孔德旬刊》第 34 期，1926 年 6 月。选自顾颉刚编《古史辨》第二册，朴社 1930 年版。

瞎子断扁的一例——静女

崔述在《考信录提要》中曾经举了一个老笑话来说明他所以要做考信的工作的缘故。原文道：

> 有二人皆患近视而各矜其目力不相下。适村中富人将以明日悬扁于门，乃约于次日同至其门，读扁上字以验之。然皆自恐弗见，甲先于暮夜使人刺得其字，乙并刺得其旁小字。暨至门，甲先以手指门上曰，“大字某某。”乙亦用手指门上曰“小字某某。”甲不信乙之能见小字也，延主人出，指而问之曰，“所言字误否?”主人曰，“误则不误，但扁尚未悬，门上虚无物，不知两君所指者何也?”嗟乎，数尺之扁，有无不能知也，况于数分之字，安能知之！闻人言为云云而遂云云，乃其所以为大误也。《史记·乐毅传》云：“毅留狗齐五岁，下齐七十余城，唯独莒即墨未服”，是毅自燕王归国以后，日攻齐城，积渐克之，五载之中共下七十余城，唯此两城尚未下也。此本常事，无足异者。而夏侯太初乃谓毅下七十余城之后，辍兵五年不攻，欲以仁义服之：以此为毅之贤。苏子瞻则又谓毅不当以仁义服齐，辍兵五年不攻，以致前功尽弃：以此为毅之罪。至方正学则又以二子所论皆非是，毅初未尝欲以仁义服齐，乃下七十余城之后恃胜而骄，是以顿兵两城之下，五年而不拔耳。凡其所论，皆似有理，然而毅初无此事也。是何异门上并无一物，而指之曰“大字某某，小字某某”者哉！大抵文人学士多好议论古人得失而不考其事之虚实。余独谓虚实明而后得失或可不爽。故今为《考信录》，专以辨其虚实为先务，而论得失者次之，亦正本清源之意也。

他这一番话确是很有趣，可惜这个譬喻还未能密合他所要证明的事实。两个近视眼固然空指着没有上扁的门楣，但他们毕竟是请人先去刺探过的，所指的地位也没有错，只要扁掛上去时，他们所说的话原是很正确的。至于夏侯太初们批评乐毅的话，简直是逞臆的瞎说。他们并未请人刺探过，也未指准上扁的门，只以为我的想像如此，事实便非如此不可。这比了近视眼的笑话还要胡闹；要把这种情形加上一个题目，可以叫作“瞎子断扁”。(断，读如包公断案之断 。)

这种的例非常多，我现在试举一个。

《诗经·邶风》中有一首诗，唤做《静女》，很明白的是一首情是。它的原文是：

静女其姝，俟我于城隅。
爱而不见，搔首踟蹰。

静女其恋，贻我彤管。
彤管有炜，说怿女美。

自牧归荑，洵美且异。
匪女之为美，美人之贻！

这几句诗并不算得古奥。所难懂的，只是“彤管”和“荑”两件东西，因为这是古人日用的东西，时代变了，不容易明白他们的用处了。我们现在可以加上说明的，彤是丹漆，所以《左传》上有“彤弓一，彤矢百”的话，而宋城者讥笑华元的弃甲亦曰“丹漆若何”。弓矢甲都用丹漆，可见“彤”并不是很贵重的漆色。“牧”是郊野，从郊野里拿来的荑，是一种植物。《硕人》诗中有“手如柔荑”的话，可见荑是柔软可爱的。这个静女把丹漆的管子送给所爱，又把柔软的荑送与他，原是一件很寻常的事。

如果读者看了以上的话还不十分明了这诗的意义，我再把它试译成白话（惭愧我没有诗才，不能译得像一首诗：）

幽静的女子美好呵，她在城角里等候着我。
我爱她，但见不到（或寻不见）她，使得我搔着头，好没主意。

幽静的女子柔婉呵，她送给我硃漆的管子。
这个硃漆的管子好光亮，我真是欢喜你（指管）的美丽。

从野里带回来的荑草，实在的好看而且特别。
但这原不是你（指荑）的好呵，好只好在是美人送给我的。

这种的翻译固然是徒劳无功，但竟还算得文从字顺。我说出这一句话来，并不是要自夸，实在二千多年中的经学家太可怜了！

汉朝的经师不知道为什么会得这样的异想天开！《毛诗故训传》对于这诗下的注解是：

“静”，贞静也。女德贞静而有法度，乃可说也。“姝”，美色也。“俟”，待也。“城隅”，以言高而不可踰。“爱而不见，搔首踟蹰”，言志往而行止。

"静女其娈，贻我彤管"，言既有静德，又有美色，又能遗我以古人之法，可以配人君也。古者后夫人必有女史彤管之法。史不记过，其罪杀之。后妃群妾以礼御于君所，女史书其日月，授之以环，以进退之。生子月辰，则以金环退之。当御者，以银环进之，著于左手；既御，著于右手。事无大小，记以成法。"炜"，赤貌。"彤管"，以赤心正人也。"牧"，田官也。"荑"，茅之始生也。本之于荑，取其有始有终。"匪女之为美，美人之贻"，言非为徒说美色而已，美其人能遗我法则。（依段玉裁《毛诗故训传定本》）

讲得巧呵，讲得妙呵，一首儿女的情诗竟讲到宫庭的仪式，古人的法度上去了！我若是依了他的说话来翻译这诗，便成了下列的数行：

贞静而有法度的女子这等美色，她等候我在高而不可踰的城隅。

我爱她。我想去见她，但是我的脚步却停住了，这使得我搔首踯躅呢。

贞静而有法度的女子这等美色，她送给我赤心正人的女史的彤管，这是可以匹配人君的古人的法度。（古时宫中有女史，她是管着后妃群妾在君王那边住宿的事。她把银环套在那些后妃群妾的左手上，她们便可住到君王那边去，由她记着日子；住过了，便把银环改套在右手。她们有了孕了，就换套金环。这唤做女史彤管之法。无论什么事，她都应依了老例写。倘是她失职，她就犯了死罪。）

彤管的颜色很红，……（"说怿女美"句他没有释。）

从田官那里拿来的始生的茅，是取它的有始有终，……

我不是单欢喜你的美色呵，实在是欢喜那人送给我的古人的法则。

我翻译完了之后，自己看着也是莫名其妙。这位女子既然有贞静之德与古人的法度，为什么要去等待男子呢？（或许我误解了，《毛传》既没有说明她所等待的是男子，那知道不是她的同性？只因他也没有说明是同性，所以我仍作男子解。）她等待男子也罢，为什么偏要等待在高而不可踰的地方呢？诗中的"我"，他既经爱而"志往"了，为什么又要"行止"呢？行止，既经冤了这位静女的等待，那你自己也不必怨得搔首踟蹰了。女史的彤管，匹配人君的古人的法度，送给所等待的男子作什么用呢？难道是教他看看样子，也记着"进御"和"月辰"的日子吗？始生的荑，如何又成了有始有终的象征呢？这个问题，使得我奇怪，使得我疑惑。

这是西汉时的说法。到了东汉之初，有一位卫宏出来做《毛诗序》，他是把"正"

“变”来分别诗篇的，正的必好，变的必坏。《邶风》是派在“变风”中的，所以他认定这是生活于恶君主下的人民的呼声。他做《静女》的序道：

《静女》，刺时也，卫君无道，夫人无德。

这更使人摸不着头路了。一首情诗，它若好得成为匹配人君的法则固然可怪，但也何至于成为君夫人的无道无德的刺诗呢？

东汉末年出了一位郑玄，他是解经最有名的，一千七百年来的读经的人们谁不崇拜他。从前有一句学术界的谚语，叫做“宁言周孔误，讳说服郑非。”这就是说批评周公与孔子还不要紧，但服虔与郑玄是决不能错的。我们只要看经师的别号，不是郑斋，便是郑龛，再不然便是师郑，就可见得他的偶像是怎样伟大了。他做《毛诗笺》时，先替卫宏的序加上注解道：

以君及夫人无道德，故陈静女遗我以彤管之法。德如是，可以易之为人君之配。

这就是说，卫国的诗人忧心国家，要这位无道的君主回心转意，所以陈说了静女的许多好处，盼望他寻得了她，换去了原来的无德的夫人。倘使有这一天，这位静女可以用了她的擅长的彤管之法来辅佐卫君，这位无道之君岂不就变成了有道的吗？（以上的话都本于唐孔颖达《毛诗》疏的释《笺》的话，不是我的深文周纳。）

他又为《毛传》作笺道：

女德“贞静”，然后可畜；“美色”，然后可安；又能服从，待礼而动，自防如“城隅”，故可爱也。“志往”，谓踟蹰。“行止”，谓爱之而不往见。“彤管”，笔赤管也。“说怿”，当作说释。赤管炜炜然，女史以之说释妃妾之德，美之。“洵”，信也。“荑”，洁白之物也。自牧田归荑，其信美而异者可以共祭祀，犹贞女在窈窕之处，媒氏达之，可以配人君。“遗我”者，遗我以贤妃也。

照他这样说法，这首白话诗又得改过了：

静德和美色兼备的女子，她正等候着媒妁聘好之礼而后行动，她自己防守得像城隅一般的高峻。我虽是心中想去，以至于搔首踟蹰，但我爱她这样可爱的自防，我终究不去。

静德和美色兼备的女子，她送给我女史用的笔赤管。

这个赤管光彩很好，它给女史用了登记妃妾们进御退御的日月，又做了书说来解释它，可以成就妃妾们的美德。（此句兼用《疏》说）

从牧田里带回来的洁白的茅荑，其中特别美好的可以供祭祀的用处。（这仿佛贞女在深邃之处，只要媒人能够把她表现出来，她就可以做人君的匹配。）

咦，我哪里是称赞这个女子呢，我只称赞这个把贤妃送给我的人！

啊哟哟，我写到末句才知道，原来这首诗是人君自己做的（或者诗人代人君立言的），他本来希望别人送给他一个贤妃，所以开出的条件：

（1）要自防如城隅的贞女，

（2）要等着媒妁聘好之礼而后行的贤女。

这首诗乃是人君的凤求凰曲呢！

写到这里，我实在没有勇气再写下去了。可怜，可怜，我们有了理性，只是不能对着他们用！

我熬不住有一句话要正告读者们：我们现在抨击汉代的经学，并不是要自命不凡，标新立异，也不是为时势所趋，“疑经蔑古，即成通人”；实因我们有眼睛而他们没有眼睛，我们有理性而他们没有理性，所以他们可以盲目盲心的随意乱断，而我们不能如此。

但是，我们是宅心平恕的，我们不愿意尽量地责斥他们，我们深知道他们所处的时代是“通经致用”的时代，是“以《三百篇》当谏书”的时代，所以他们的说《诗》的宗旨总要委曲宛转地说到君主的身上，所以有了“彤管”就是女史，有了“静女”就是贤妃，有了“城隅”就是自防，有了“牧荑”就是祭礼。他们说经的大目的，只是给君主们以警诫劝导。我们现在骂他们穿凿附会，他们九原有知，亦当首肯；然而这原是他们的苦心呵！

但是我们虽可原谅汉代的经师，却不能原谅汉代以后的经师。汉代以后，时势变了，学问不专为君主致用了，这个附会的桎梏是可以自己除去了。拔清前人的曲解，回复经书的真面目，乃是当然应有的事情。欧阳修、郑樵、朱熹们起来改变旧说，原是他们的理性逼迫着他们担负的责任。然而八百年来，他们的理性依然受着汉人曲说的压抑，在学术界中永远站在下风的地位。这实在是很使人抱不平的。即如“彤管”一名，朱熹在《诗集传》中说，“未详何物，盖相赠以结殷勤之意耳”，原是极谨慎极确当的说法。但是当时陈傅良就用《毛诗》义的大帽子來压他道，“以千七百年女史之彤管为淫奔之具，窃有所未安”。这句话一向为经学家所乐道，直到前数年章太炎先生在上海演讲时还引用（见《国学概论》）。这种事看来似小，其实关系却大。因为这是把信古的成见压服自己的固有的理性；有了这种成见，古代学术界的毒焰便永远留存，纯粹的科学研究是提倡不起来的了。

该文首次刊于《现代评论》第63期，1926年2月第3卷。选自顾颉刚编《古史辨》第三册，朴社1931年版。

中国上古史研究课第二学期讲义序目

二六　《世经》

二七《月令》等（五帝五神）

以上为刘歆的历史系统。

二八　谶纬

以上为谶纬的历史系统。

二九　《白虎通德论》（三皇五帝）

三〇　《风俗通义》（三皇五帝）

三一　《孔氏尚书传序》等（三皇五帝）

三二　《孔子家语五帝篇》

三三　后期的三统说

三四　《潜夫论》（《五德志》，《志氏姓》）

以上为有了《世经》和谶纬的系统之后，一般学者受了它们的影响，而又想调和各方面的冲突，各以己意整理出来的历史系统。

这一学期所讲的，乃是我们的古史中的一个最大的症结。这个症结自从发生以来，大家莫名其妙地在信奉：就是对它怀疑的人想要攻击它，也因各方面的材料都给弄乱了，寻不到一个头绪，无法下手。攻击既不可能，于是编起古史来，虽明知它是荒谬，也不得不依声学舌，照钞一遍。

一方面，又因帝统即是道统，而道统是国性国本之所系，所以这一个系统就成了国家的功令，伦理的中心，有不信的就是杂经畔道，该在诛灭之列。因此，即使有人能想出方法去解开这个症结，但在专制时代也是不敢做的。

因为有这两个原因，所以从王莽时代直到清代，这一千八百年之中，这个破绽甚多的系统欲能安稳地维持下去，统一所有的历史书。

不幸清代是一个整理古文籍的时代，什么古书都要研究，把它们的本子问题弄得一天比一天清楚。这样一来，许多为书及真书中窜为的部分就露出马脚来了。书籍的著作时代既成了学术界中的重大问题，则书籍里边记载的古代史事自然联带生了问题。到了十八世纪之末，崔东壁先生（述）便把战国以上的书和战国以下的书分成两组，作比较的研究。结果，他指出战国以下的书里所述的古代史事的无数误谬，说明它们自觉地或不自觉地造伪的方式。他做了一部《考信录》，对于古史作澈底的考究，去其妄而存其真。他的考信的工具是孔子的经，因为这些书出得早，保存的原来样子多。凡不合于经的，既为百家杂说，不该信它。但是经中所记的古史本不很多，如何能把百家杂说一一量度了呢？所以他又收取了次一等的材料进去，既是解释经书的传记和羽翼经书的诸子。他这个工作做了四十年，把东周以上的历史完全审查过了。这是一次大清理，自从有了这个症结之后，所不曾有过的清理。

可是，我们在这半年中所讲的症结，是经学极昌盛的时代所发生的，故这些延在百家杂说里的远不及其蔓延在经和传记里的多。崔先生是信经的，经以外是信传记的，所以这个系统虽被他打了几拳，但没有中着要害，仍无碍其生存。

又过了一百年，到十九世纪之末，康长素先生（有为）起来，大胆作《新学伪经考》，把经传中的一部分也排除出去。这才鞭辟入里，打碎了这个系统。这固然是他的成功，但若没有他以前的一班汉学家和今文学家专力把汉代经学的派别一一理清，把久已忘记了的今古文问题重新提起，则他也不能获得这个大发见。原来汉代的经学因发生时代的先后，及其发生时代的社会需要，分为今文和古文两大宗。今文方面，本来没有统一过。古文一派，则在刘歆的学术和王莽的政治的指导之下，自成为一个系统以与原有的经学为敌；这原有的经学就被名为今文。古文一派为适应时势的需要及攻击今文家起见，不但自有其经说，亦且自有其经书。这些经书比了今文家的，除了文字异同之外，又往往有所增益，这就是他们的伪作品。康先生既特写一书，阐明此义，于是往常看一切经传同在孔子的意旨下的，到这时便发生了大问题。而崔先生所谓“考信于六艺”的《考信录》中所收的材料是否为真正的信史，自然也发生了问题了。

康先生告诉我们，在今文家的历史里，五帝只是黄帝、颛顼、帝喾、尧、舜，没有少皞。在古文家的历史里，颛顼之上添出了一个少皞，又把伏羲、神农一起收入，使得这个系统里有八个人，可以分作三皇五帝，来证实古文家的伪经《周礼》里的“三皇五帝”这个假设，虽由我们看来还有不尽然的地方，但已足以制《世经》和《月令》的死命了。

康先生奔走政治，对于“新学伪经”的研究工作没有做下去。于是又有另一个崔先生——崔觯甫先生（适）出来，根据了他的学说作精密的研究，著成了一部《春秋复始》和一部《史记探源》。

《春秋复始》的宗旨，是在撇去古文的春秋学（《谷梁传》，《左传》）而回复到原始的春秋学（《公羊传》）。他的建设的部分是否得到孔子作春秋的本意，我们不必讨论，但他的破坏的部分，把《左传》中少皞的记载，社稷五祀的记载，以及汉为尧后的记载，都以新莽时代的需要把它解释明白，实在足使后来研究古史的人对于这些古史的来源有较深澈的了解。

《史记探源》的作意也和上书一样，是要探求《史记》未被窜乱时的原始面目的。原来《史记》是一部"厥协六经异传，整齐百家杂语"的书，古代的书籍差不多都包括在里边；它又是作在未有古文学派之时，保存今文经说最多。古文家既造了许多伪书，又出了许多新主张，当然与《史记》所载的不合，所以他们连《史记》也要改动。崔先生这一部书，分析出《史记》中含有今文义的及古文义的材料，以今文义的为其原始的文字，古文义的为其增窜的文字。他在全书之前，作了一卷序证，立了几个分析的标准。标准中的一个是"终始五德"。他说，这是刘歆欲明新之代汉，迫于皇天威命，非人力所能辞让，所以造出来的。他把《世经》的系统排给我们看，说：如果不插入少皞，则汉不能为火德的尧的后代，新不能为土德的舜的后代，而汉新也不便重演尧舜的禅让。这个解释实在比了康先生的增入少皞为要补足三皇五帝之说精密多了，因为从伏羲到舜为三皇五帝，这是后人的解释，刘歆方且以伏羲至颛顼为五帝呢。但崔先生说终始五德之说为刘歆所造，托之邹衍，我也不以为然。如果五德说为向来所无，则新创此说之时必不能骤然博得多数民众的信仰，且亦不当有许多冲突的五德的历史记载。现在王莽以前的五德记载既这样多，而王莽时的五德系统和邹衍的五德系统又根本不同，可见这是冒牌的而不是创作的。

他们这些著作，都是在历史界里起革命的，论理应当使通俗的历史大大地改 观。何以这三位先生倡导了一百余年，我们的历史系统还是王莽的历史系统，不但通俗的历史书未改，既学者们也不大理会呢？说是社会上不知道吧，《新学伪经考》已刻了七次版子，《考信录》也有五种版子，《史记探源》也有两种版子，其铅印的一种已三版：这种书实在是很普及的了；《伪经考》且因焚禁三次之故而使人更注意了。说是他们的学说不足信吧，却也没有人起来作大规模的反攻，除了钱宾四先生（穆）新近作了一篇《刘向歆父子年谱》之外（此文刊入《燕京学报》第七期，将出版）。

那么，这是什么缘故呢？依我猜想，可分为三种原因。

其一，这几十年中，我国内忧外患，纷至沓来，人民憔悴，失其有生之乐，又为生活压迫，只有乱忙，学问的事简直谈不到。所以这种很可以有为的历史问题，虽经先辈鼓吹，但大家为环境所限，只能知道他们有这一回事而已，不能自己起来继续努力。（这是一切学问所公有的苦痛，古史学当然不能成为例外。）

其二，他们提出的问题，几乎牵涉全部的经学和史学。假使我们不能知道这些经史上的问题在当时如何一点一滴地积成，到后来如何一点一滴地拆散的历史，则我们对于他们的结论将无法明瞭。不幸他们的书既不能通俗化，又不甚能系统化。而今古文的问题又太复杂，使得初学的人摸不着一个头路。大家看着他们的书，只知道他们在创立一种新学说，他们要如何如何而已。实际上不易得到很深的刺戟［激］，引起跟着他们工作的兴趣。

其三，他们的治学，究竟不能脱离旧观念，既要昌明孔学，又要通经致用。《考信录》一书固然不少客观的研究，但也不少主观甚重的卫道议论。凡是关于圣人的记载，说圣人坏的大都认为伪，反之则大都认为真，这不够淆乱事实吗？古文今的经文固然是伪，但他们的经说出在今文家之后，当然有胜过今文家的地方。而且从我们看来，今文经说不过是西汉前期的经师所说的话而已，与孔子不见得能发生密切的关系。但康、崔诸先生则先已认定自己是今文家，凡今古文经义有不合的，必扬今而抑古。甚而至于春秋时的历史，凡《左传》与《公羊传》违异的，亦以《公羊》为信史而以《左氏》为谬说。其实他们既说《国语》为《左传》的前身，则《左传》的记事出于古文家之前，原不当因它为古文家改编之故，使它蒙了古文之名与今文对垒。在这种地方，很可使人怀疑为门户之争而非真理之争。又康先生是作政治运动、鼓吹变法的人，所以人家看他的书往往以为是他当作运动的工具用的；现在变法运动既停，就成了过时货了。

然而这三种原因，在我们大致都可避免。

第一，在这终年战争的国家之中，我们还能不罹锋镝，不受冻馁，在学校里 研究历史，真可算得天之悻民。如果我们不起来继续努力，还有什么人干？

第二，我们固然程度不彀，不能在短时间内有超越他们的成绩，但把他们的 学说通俗化，系统化，使得后来研究历史的人容易摸出一个头路来，这是可以的。我们且得做了这步工夫再说。

第三，从前人治学的最大希望是为承接道统，古文家所以造伪经者为此，清 代的今文家所以排斥伪经者也为此。但时至今日，孔子的势力已远不如前了，我们可以打破这种“求正统”的观念而易以“求真实”的观念了。

因为这个缘故，所以我在这半年中编了这一份讲义。

想起我自己对于这方面的研究的经过，也值得一说。当民国五年，崔觯甫崔先生初到北京大学时，我即上他的《春秋公羊学》一课。那时大学里不行选科制，所以这一课在必修。我先前已受了章太炎先生（炳麟）的影响，深信古文家得经学之真，今文家多妖妄之说。后来购读了《新学伪经考》，虽也知道今文家自有其立足点，古文家亦有不可信处，只因先入为主，仍不能改变我的薄今文而重古文的观念。至上了崔先生的课，他把《春秋复始》和《史记探源》一张张发给我们，我才领会了一个大概，因为今文学的代表著作是《公羊传》及《春秋繁露》，故我开始点读。不幸读的结果，这些汉人的迂谬的见解已非我们的头脑所能容受了，看了只有头痛，故对于崔先生的课并无好感。那时的见解，似乎以为我既不想作今文家，就不必理会这些。

在大学毕业之后，始见钱玄同先生。他屡屡提起今古文问题，并以为古文是

假的，今文是口说流传而失其真的。他以为今文家与古文家的说话，都是一半对，一半不对；不对的是他们自己的创造，对的是他们对于敌方的攻击。所以我们要 用了今文家的话来看古文家，用了古文家的话来看今文家。如此，他们的真相就 会给我们弄明白。我听了这番话后，眼前一亮，知道倘使不用了信仰的态度去看 而用了研究的态度去看，则这种迂谬的和伪造的东西，我们正可利用了它们而认 识它们的时代背景。

我虽有如此存想，但今古文的问题究竟太复杂了，单看几部近于目录学的书，如《今古学考》，《新学伪经考》等，是不会对于这个问题有澈底的暸解的。但是要一部经，一部经去研究，又苦于没有这个功夫。

向从在厦门和广州的两个大学里担任了《尚书》和《春秋》两课，聚集了许多材料，我方才对于今古文问题有较深的认识。我知道我们一讲到古代学术，既离不了汉学，因为现在所有的古书都是经过汉代人的笔削的；而一研究汉学，今古文就是一个最大的关键，因为古文学发生时曾把所有的学问从头整理一过，如果我们不把今古文的材料分清，则未有不以古文学家整理的结果认作当初的原状的，于是就受了他们的欺骗了。

在广州时，又曾任上古史一课，我始把上古史的材料作系统的收集。（以前，我虽有志研究古史，但只希望作小问题的研究，并不曾想建立一个大系统而把所有的材料收来，作为帮助此系统之用）。我便把康先生辨少皞的话钞了出来，以崔先生论终始五德的话校之，更以其它的古史系统证之，始确知《世经》和《月令》的古史系统只是王莽的古史系统，这个系统是为他受禅的张本的。它的原理在五德说；而五德说从《史记·封禅书》和《汉书·郊祀志》看，则其在秦汉间的变迁之迹历历可按。我有意彻底的研究五德说了，可是时间不能许我。

自从去年秋后到了本校，始得却去数年来的无聊生活而一意研究上古史。去年既讲完了“子学时代”的材料，今年将接讲“经学时代”了，即想对于王莽时的五德说下些工夫。本讲义《世经》一章，即是在寒假中写的。开学之后，一方面接写《月令》诸章，一方面为《清华学报》作《五德终始说下的政治和历史》一文，即把讲义之文放大。自开学起到现在，已近四个月，这篇论文只写得一半，但已把《清华学报》占了三分之二，不得不停止了。我非常的欣幸，这半年中竟给我专心研究这一个古史的中心的题目！

讲义编在前，论文作在后，讲义所说，当然发见了许多错误之处。待论文出版时，再给诸君订正吧。

这一学期的讲义，我也知道太沉闷，太单调，不及去年讲诸子时的有趣味。可是，汉的时代根本是个沉闷单调的时代呵！我们如果要把现在成为常识的古史的来历弄明白，那么，这种讨厌的东西实在有亲手去检视一次的必要。

曾有一位同学对我说：

> 有了科学，就不该有迷信，研究科学，就不必研究迷信，因为它是无根据的妄诞的一件东西，我们枉费了精力去研究它干吗！就如《世经》，完全是迷信的一个代表，它的主要点是依据着什么五德五行，相胜相生的把戏而出的。我们要去研究它，证实它，批驳它，的确是一桩徒劳而无益的事情！经过我们研究以后的它，早已被我们证实出假来了；更经过许多名人，如崔述，崔适，康有为等，驳得刘歆走头不是路了！可是他们的结果是零加一等于一，零乘一等于一，怕的是零减一而得出负来了呢！那本来是无关重要的。

这位同学的意思是很好，可惜他对于常识和学问的分别没有想清楚。凡是科学家所考定的真的事实，一般人应当都明白的，唤做常识。无论什么好的坏的，真的假的，对于这一大堆材料，认定了一个目标，画出了一范围，而加以研究的，唤做学问。中国的上古史，有那些是真的，我们应当信它，这是常识范围内的事。

中国的上古史，究竟有多少真的，有多少假的，又有多少真假未分清的，我们应当研究它，这是学问范围内的事。所以“有了科学，就不该有迷信”，这就常识而言，很说得通；“研究科学，就不必研究迷信”，这就学问而言，则很说不通。为什么？迷信是一件东西，也是在科学家应当研究的范围之内的。所以扶乩，巫祝，卜筮，星相，虽应由政府下令禁止，但心理学家还要收集了这种材料去研究变态心理学。上古时代的各种生活仪式，在文明种族间早失去了，但社会学家还要到野蛮民族中去搜求了而研究古代社会。难道他们有嗜痂之癖，干这种不值得干事吗？不，这正因学问的目的在求知，与常识的目的在致用的有别，我们在学问上本来只当问然不然，不当问善不善呵！

而且，《世经》的基础建筑于迷信上，这是我们的话，一般人正以为这是真历史呢。试看去年商务印书馆的《中学本国史教科书》因不载三皇五帝而被禁，北平某文化机关图书馆，主其事者不许购入《崔东壁遗书》，可见这种迷信的势力还是很大。我们就是退一百步，说我们研究学问的目的不在求知而在致用，试问我们还是一声不响，让人家去迷信《世经》的历史系统好呢？还是继续了崔、康诸先生的脚步而前进，使得一般人的常识因此而改变，不去迷信《世经》的系统好呢？如果说是后者好，那么，研究的事怎可说是徒劳无益。

并且，这种五德五行，相胜相生的把戏，对于上古史固然是假，对于汉代的史还是真的。汉代的社会是一个以阴阳五行为中心的思想的社会，这种把戏就是那个社会的真实产物。试问我们要研究汉代思想及其在上古史上所发生的影响，我们能不理会这套把戏吗？这正如卜筮星相者所讲的话固然是假话，但他们自己 的生活却是真的生活，他们的假话就是他们的真生活的反映（如何可以骗得人相信，如何可以多骗取金钱，如何可以安度他自己的生活……）。他们也是社会上的一部分，我们如果作社会调查，对于这种真生活不当去调查清楚吗？

至于零加一得一，零减一得负，这种方式也不适用于伪古史的研究上。为什么呢？因为古史若是本来真有的，给伪史弄糊涂了，这就成为一正一负，照代数的方式，正负相加，应当得负：现在我们把这些伪史清了出去，就恢复了原有的正数了。如其古史本来没有，伪史凭空结构，这本是负数；我们把它驳倒了，照代数的方式，两负既为一正了。荀子说，“信信，信也；疑疑，亦信也”，就是这个道理。

以上的话，不是但与这位同学责善，也是希望消除一般人的误解，因为在这科学落伍的中国，做研究工作的人太少，一般人得不到观感，这种误解是最容易发生的。

顾颉刚。十九，六，五，于燕京大学。

选自顾颉刚编《古史辨》第五册，朴社 1935 年版。

九州之戎与戎禹

禹与九州，自来即有不可分离之关系。长发之诗曰，“洪水芒芒，禹敷下土方”虽未明言分州，而《海内经》则为补足之曰，“洪水滔天，……禹卒布土以定九州”。禹贡一篇，以“禹敷土”始，以“九州攸同”终，更畅演海内经未尽之意，齐侯钟，春秋齐灵公时器也，亦以“咸有九州，处虽之堵”颂汤之德。信乎此一观念深入古人之心目中也！

今进而溯其由来，提出一问题曰：禹与九州何以发生关系？此虽现存之材料不多，不足以资解决，然尚有可以作猜想者；科学不避臆说，许人假定，敢为断之曰：是殆与戎族之移徙有因缘。试申论之：

春秋时，戎族分布于中国内地：在东方者，有鲁西之戎；在北方者，有居今河北山东山西三省间之北戎，山戎，及无终氏之戎；在西方者，有居今陕西省之犬戎，骊戎等；至于居今河南省者，最早则有伊雒之戎。《左氏》僖十一年传云：

扬拒，泉皋，伊，雒之戎同伐京师，入王城，焚东门，王子带召之也。秦晋伐戎以救周。秋，晋侯平戎于王。

杜预注云：

扬拒泉皋皆戎邑，及诸杂戎居伊水雒水之间者。

由此一事，知东周王室邻近之戎颇为强暴，非赖秦晋勤王之师，则骊山之祸固已重演，而春秋之世亦必以尊王攘夷之业不成，使霸主失去其依据，而另换一番局面矣。为戎之挚悍而难御也，故越十一年，秦晋即迁陆浑之戎于伊川，盖以藩卫王室为名，用蛮夷以制蛮夷（顾栋高说，见《春秋大事表》卷三十九）。《左氏》僖二十二年传云：

初，平王之东迁也，辛有适伊川，见被发而祭于野者，曰，“不及百年，此其血乎？其礼先亡矣”！秋，秦晋迁陆浑之戎于伊川。

陆浑之戎何自来乎？杜预云：

允姓之戎居陆浑，在秦晋西北之地，二国诱而徙之伊川，遂徙戎号，至今为陆浑县也。

据杜氏说，是陆浑本为秦西北之地，允姓之戎自秦晋西北而迁于伊川，乃将此地名挟以俱来。然则陆浑旧地在何处乎？赖“允姓”一词，可于《左氏》昭九年传中窥见之：

周甘人与晋阎嘉争阎田，晋梁丙张趯率阴戎伐颍。王使詹桓伯辞于晋曰，“……先王居梼杌于四裔以御魑魅，故允姓之奸居于瓜州。伯父惠公归自秦而诱以来，使逼我诸姬，入我郊甸，则戎焉取之？……”

其所举迁戎事实与僖二十二年传同，知陆浑旧地在瓜州。然不沿其旧称“陆浑之戎”而名之曰“阴戎”者，又何也？则以所迁之地在“阴地”故也。阴地者何？杜预注云：

阴地，河南山北，自上雒以东至陆浑。（哀四年）

是则自今陕西商县至河南嵩县一带地，伊雒二水之流域，皆称为阴地：所谓“山”

者，今之秦岭山脉也。水南曰阴，山北亦曰阴，陆浑之戎居于河南山北两阴之地，故时人易其名曰阴戎也。

陆浑之戎为旧称，而阴戎为新称，名称之变由其居地之异。阴地之名既得其实，然则其所由迁之瓜州为今何地乎？杜预注云：

瓜州，今敦煌。

杜预此注盖有所本，《汉书·地理志》敦煌县下云：

杜林以为古瓜州，地生美瓜。

《水经·禹贡·山水泽地篇注》亦云：

杜林云，敦煌，古瓜州也。州之贡物，地出好瓜，民因氏之。瓜州之戎，并于月氏者也。

杜林为东汉初人，少游西州，知敦煌出瓜，因立此说。顾此说可信乎？欲究此问题又须合《左氏》襄十四年传之文而共论之：

（晋）将执逸子驹支，范宣子亲数诸朝，曰，“来，姜戎氏！昔秦人迫逐乃祖吾离于瓜州，乃祖吾离被苫盖，蒙荆棘，以来归我先君。我先君惠公有不腆之田，与女剖分而食之。今诸侯之事我寡君不如昔者，盖言语漏泄，则职女之由。诘朝之事，尔无与焉；与将执女”！对曰，“昔秦人负恃其众，贪于土地，逐我诸戎，惠公蠲其大德，谓我诸是四岳之裔胄也，毋是翦弃，赐我南鄙之田，狐狸所居，豺狼所嗥，我诸戎除翦其荆棘，驱其狐狸豺狼，以为先君不侵不叛之臣，至于今不贰。……”

按此传所陈事实大足补僖二十二年传之缺遗。当时秦人逐戎，晋人诱戎，乃得除剪荆棘而居于历郊与晋鄙。然范宣子所数之戎不曰“允姓”而为“姜戎”，何以陆浑之戎既姓允又姓姜乎？杜预知其不易解，乃强为之说曰：

四岳之后皆姓姜，又别为允姓。

彼以允姓为姜姓之别支，姜与允盖同为一族。此种想象之辞，未必符合事实。按《后汉书·西羌传》用《古本竹书纪年》语，周宣王时，“戎人灭姜侯之邑”，或瓜州本姜戎所居，允姓之戎灭之，因相杂处乎？姜与允明分两姓，于诸戎中自为二族；且被迁之后，姜戎居于晋之南鄙，允姓则居于王之郊甸（伊川在晋惠公时尚未属置），亦为二地也。姜与允之纠纷既明，斯可进而论瓜州。

案两杜氏之所以定瓜州于敦煌者，原未尝有确据，只以詹桓伯之言，“先王居檮杌于四裔以御螭魅”，谅四裔为四方极远之地，而周秦西北极远之地在汉以来之中国境者无逾于敦煌（今甘肃敦煌县），乃即以瓜州当敦煌耳。若云地出美瓜，则出美瓜之地多矣，晋有瓜衍之县，何尝不可取以为说？夫秦都于雍，即今陕西凤翔，离敦煌三千余里，所谓“风马牛不相及”者，秦以何种需要而劳师迫逐之？且其间杂居戎族至多（《史记·匈奴列传》云，“自坠以西有绵诸，绲戎，翟獂之戎”）秦又安得越界而迫逐之？果有越界迫逐之举，则秦自凤翔抵敦煌，大军东来，姜戎亦当西窜今哈密等地，何以反东向秦都而逃遁，入于战胜者之复地，乃从容为晋惠公所“诱以来”耶？窃意瓜州当在今凤翔之东，实居秦晋之间，故秦人得而迫之，晋人得而诱之耳。

又有一事足以补证瓜州之必不甚远者，《左氏》庄二十八年传云：

> 晋献公……娶二女于戎：大戎狐姬生重耳，小戎子生夷吾。

此二戎女，左氏一着其姓曰姬，一则未著。杜预注云：

> 小戎，允姓之戎；子，女也。

苟杜氏此注确有所据，则是时秦人尚未逐戎，而瓜州诚在敦煌则离晋四千余里，晋献公安得娶妻若是其远。

且如杜氏说，晋惠公既为允姓之戎所出，则当因其外家为秦所逼，故迁其民而保护之；爱屋及乌，遂并迁姜氏之戎也。即此一端，亦足证瓜州之不在秦西而在晋西，故得通婚媾于晋，与献公之伐骊戎而纳骊姬，其道路为略同也。

此外戎族居今河南省者，尚有所谓蛮氏，盖在今临汝县之地，汝水流域之戎也。《左氏》成六年传云：

> 晋伯宗，夏阳说，卫孙良夫，甯相，郑人，伊雒之戎，陆浑蛮氏侵宋。

颇疑此蛮氏属陆浑种，故冠“陆浑”于“蛮氏”之上，而亦为晋人之力所左右也。蛮氏又称戎蛮子，《左氏》昭十六年传云：

> 楚子闻蛮氏之乱也，与蛮子之无质也，使然丹诱戎蛮子嘉杀之，遂取蛮氏，既而复立其子焉。

“蛮氏”称“戎”，其为陆浑之种更得一证矣。

河南山北之间，先有扬拒泉皋伊雒之戎，其后晋惠公迁戎，乃有陆浑允姓之戎，有姜有戎，有蛮氏，种类甚复杂矣，然其名号之杂出犹未已也。《左氏》昭二十二年传云：

晋籍谈荀铄帅九州之戎及焦瑕温原之师以纳王于王城。

又哀四年传云：

楚人既克夷虎，乃谋北方，……单浮余围蛮氏，蛮氏溃，蛮子赤奔晋阴地。司马起丰析与狄戎以临上雒，……使谓阴地之命大夫士蔑曰，“晋楚有盟，好恶同之！……”士蔑乃致九州之戎，将裂田以与蛮子而城之，且将为之卜。蛮子听卜，遂执之，……以畀楚师于三户。

此两处“九州之戎”乃为后起之名，杜预注云：

九州戎，陆浑戎。（昭二十二年）

九州戎，在晋阴地陆浑者。（哀四年）

九州戎为晋之阴地大夫所统属，说为陆浑自合。且楚人围蛮，而蛮子奔晋阴地，盖即图种之戎相结合以自卫也。

九州之戎，其名何自来乎？何以称之为“九州”乎？吾人不当不一稽考之。按通常皆以九州为天下或中国之异称，然推溯其初，则实为一固定之区域。此区域之广袤，可于《左氏》昭四年传中见之：

楚使……椒举如晋求诸侯。……晋侯欲勿许，司马侯曰，“不可！……”公曰，“晋有三不殆，其何敌之有！国险而多马，……”对曰，“四岳，三涂，阳城，大室，荆山，中南，九州之险也，是不一姓。冀之北土，马之所生，无兴国焉。恃险与马，不可以为固也，从古以然。……”

晋侯恃险与马欲不许楚子之求，司马侯谏之曰：以九州之多险，然而今已不一其姓矣；以冀北之多马，然而未尝有兴国焉：是皆不可恃也。此所称九州，即九州之戎之所在地。在此区域中，有四岳，三涂，阳城，大室，荆山，中南诸险。险之地望定，则九州区域之广袤亦可定矣。

按此诸险中，三涂在今河南嵩县，阳城太室俱在今河南登封县，中南在陕西武功县，自来无甚异说；独四岳与荆山则为说颇殊。荆山，《禹贡》有二：云“荆及衡阳惟荆州”及“导嶓冢至于荆山”者，南条荆山也，其地在今湖北保康县；云“荆岐既旅”及“导岍及岐至于荆山”者，北条荆山也，其地在今陕西富平县。舍此二者之外，尚别有一荆山。《史记·封禅书》云：

黄帝采首山铜，铸鼎于荆山下。鼎既成，有龙垂胡髯下迎黄帝。……后世因名其处曰鼎湖。

此荆山之所在，《水经注·河水篇》曾说明之，曰：

湖水又北经湖县东而北流入于河。魏土地记曰，“弘农湖县有轩辕黄帝登仙处”。

汉之湖县为今河南阌乡县，与在今山西永济县之首山相隔一水，故传说中之黄帝可以采铜于彼而铸鼎于此。以予观之，上述三荆山以湖县之山为最近于司马侯所言，以其在河南山北，当三涂中南之中道，且为九州之戎所居地也。

四岳一名，杜预注谓：

东岳，岱；西岳，华；南岳，衡；北岳，恒。

此但以汉武宣以来所定之五岳中去中岳而言之耳，古代无是说也。古代之四岳乃为一个种族之所出，上引戎子驹支之言“谓我诸戎是四岳之裔胄”，是其一证。驹支，姜戎氏也，则四岳为姜戎之祖先，亦即姜姓一族所共有之祖先。故《国语·周语下》云：

昔共工氏弃此道也，……欲壅防百川，堕高堙庳，……皇天弗福，……共工用灭。……其后伯禹念前之非度，厘改制量；……从孙四岳佐之，高高下下，疏川导滞。……皇天嘉之，……祚四岳国，命以侯伯，赐姓曰姜，氏曰有吕。……申吕虽衰，齐许犹在。

在此段文中，可见四岳为共工之从孙，佐禹治水，其姓曰姜，其氏曰吕，申吕齐许皆为其后。称其人曰四岳者，当以其封国包有四岳之地之故。姜戎虽未完全华化，与齐许诸国异，而其为四岳之裔胄，则与齐许诸国同。然则申吕齐许者，戎之进于中国者也；姜戎者，停滞于戎之原始状态者也。抑申吕齐许者，于西周之世东迁者也；姜戎者，于东周之世东迁者也：由其入居中国之先后，遂有华戎之判别，是则后迁者之不幸耳。

四岳又称为“太岳”，《左传》中有两处道及之：

夫许，太岳之胤也。（隐十一年）

姜，太岳之后也，山岳则配天。（庄二十二年）

既读《周语》之文，即知太岳与四岳是一非二。何以有此异称，则无证以明之，或四岳其全称而太岳其偏称乎？

四岳何以称四？由《山海经》观之，则当时盖有东，西，南，北四岳。然欲明此事，必先屏除汉以下五岳分布全国五方之成见，乃得其实。按《海内经》云：

北海之内，……伯夸（夷）父生西岳，西岳生先龙，先龙是始生氐羌。

此西岳自是四岳之一。以《国语·郑语》之文证之：

姜，伯夷之后也。

诚所谓斠若画一。姜之与羌，其字出于同源，彼族盖以羊为其图腾，故在姓为图腾，在种为羌。傅孟真先生（斯年）于所作《姜原》（国立中央研究院历史语言研究所集刊第二本第一分）中谓“羌，姜”与鬼方之“鬼”在殷虚文字从“人”或从“女”者相同，其说是也。又《大荒西经》云：

南岳娶州山女，名曰女虔。

此以后世之眼光视之，自必定为衡霍。然南岳何以不列于南经而反列于西经，则知其仍为西方之山也。犹有可以助证者，《楚辞·天问》云：

吴获迄古，南岳是止。

此中所道故事今虽已不可知，而南蛮有关则可知。吴者何？吴岳也，亦即岍山也，《周官》与《尔雅》谓之岳山者也（说详下）。又《北山经》云：

又北二百里，曰北岳之山。

此似即恒山矣，然细按之则又不然。据《北山经》文，屡道其水“西流注于坳泽”（杠水，匠韩之水，敦薨之水），且于敦薨之山说明之云，“出于昆仑之东北隅，实惟河原”。按《西次三经》云，“坳泽，河水所潜，其源浑浑泡泡”，笺注之家俱定为盐泽，即今新疆罗布淖尔。则《北山经》之水，必由甘肃以入新疆无疑，安得东敷于汾浍西河间乎！又北岳之山之北五百十里，有北鲜之山，云：

北鲜之山，是多马，鲜水出焉，而西北流注于涂吾之水。

证以《括地志》(《史记·夏本纪·正义》引)云：

合黎水一名羌谷水，一名鲜水。

及《汉书·武帝纪》云：

(元狩)二年……夏，马出余吾水中。(应劭注“在朔方北也”。)

是则鲜水在今宁夏界内，涂吾水在今绥远河套内，虽方向容有误记，而取以证在其南之北岳实居秦陇间，不属太行，则优足判明。是知北岳与南岳西岳，盖峯峦相望者。观《海内经》记西岳而云在“北海之内”，可知矣。

由《山海经》与《楚辞》之提示，知最早之四岳乃西方之四山，虽以年代久远，记载缺乏，甚难确指其地，要必萃于一方，非若汉武五岳之辽隔也。然其后以四岳裔胄之远迁，此“岳”名亦逐渐被于他山。齐，姜姓也，而居东海之滨，故即以“太”之名名“泰山”，而又称之曰“东岳”。《山经》，西北之人所作，茫昧于东南，故于《东山经》云：

又南三百里曰岳山，……泺水出焉。

又南三百里(岳山之南九百里)曰泰山。

误析岳山与泰山为二，而即此可知彼时“泰”与“岳”二名盖俱行者，是即姜姓之族挟旧习之名以冠其新居。《左襄》二十九年传云：

庆封……入伐内宫，弗克，反陈于岳。

杜注以岳为里名，是亦齐人念念不能忘庐之一证也。

《书禹贡》云：

冀州，……既修太原，至于岳阳。

导岍及坐，至于荆山，逾于河；壶口雷首，至于太岳。

此“岳”与“太岳”在河东，今名霍太山，在山西南部，其地当殷周间亦戎之区域也。《后汉书·西羌传》注引《竹书纪年》云：

太丁二年，周人伐燕京之戎，周师大败。

燕京之戎何在乎？《淮南子·队形》云：

汾山燕京。

高诱注：

燕京山，山名也，在太原汾阳。

《水经》汾水注云：

汾水出太原汾阳县北管涔山。……《十三州志》曰，出武州之燕京山，亦管涔之异名也。

《西羌传注》又引《竹书纪年》云：

太丁四年，周人伐余无之戎，克之。周王季命为殷牧师。

徐文靖《竹书统笺》以为余无之戎即余吾及无皋二戎之合称，云：

《左传》闵二年：晋申生伐东山皋落氏。《上党记》：东山在壶关县城东南，今名无皋。成元年：刘康公败绩于徐吾氏。《上党记》：纯留县有余吾城，在县西北四十里。

洵如诸家之说，是燕京之戎居于太岳之北，余无之戎居于太岳之东。此“太岳”之名即齐默诸国所自出之“太岳”也，然则种种之戎虽史书未留其姓，而其为姜戎一大族中之分支，从可知矣。

唐叔受封，“疆以戎索”（《左》定四年传），其日与戎族相周旋可知。至于西周之末，“晋人败北戎于汾隰”（《西羌传注》引《纪年》）。至于春秋，诸戎渐同化于晋矣，而成元年尚有“王师败绩于茅戎”之事。《左传》纪其事云：

单襄公如晋拜成，刘康公徼戎，……遂伐茅戎。三月癸未，败绩于徐吾氏。

由此可见彼时河东之戎尚不弱。“太岳”之名之移植，盖与齐之岳山不甚先后；然其后以未受方士儒生之鼓吹，亡也忽焉，反不若太室之得称为中岳，斯亦遭际之有幸有不幸矣。

上述齐晋二岳出于四岳之分化，其所以分化由于戎族之移徙，此为题外之文。今回复于四岳问题，问四岳在今之何地乎？则可按《周官》《尔雅》以作答。《周官·职方氏》云：

> 正西曰雍州：其山镇曰岳山。

《尔雅·释山》云：

> 河西，岳。

郑玄《周官注》及郭璞《尔雅注》并释岳为吴岳。吴岳者何？《史记·封禅书》云：

> 自华以西名山七，……曰：华山，薄山，……岳山，岐山，吴岳，鸿冢，渎山。

此七山中，有岳山，又有吴岳。《汉书·郊祀志》同记此事，而“吴岳”作“吴山”。依其次第，岳山在岐山之东，吴山在岐山之西，故徐广云“武功县有……岳山”（《史记·封禅书·集解》引），而郑玄云：“吴岳在汧”。武功固有太白山，然不闻其名岳，盖徐广望文臆测之辞。汧者，《禹贡》云“导岍及岐”，字作“岍”，是《职方》之岳即《禹贡》之岍。故《汉书·地理志》云：

> 右扶风汧：吴山在西，古文以为汧山，雍州山。

汉之汧县故城在今陕西西部之陇县南三里，旧属凤翔府；今陇县西四十里有岳山，亦作汧山。其地在今甘肃六盘山之东南，黄河西道之东。据此以读《北山经》，则篇中嚣水，伊水，鱼水，泚水俱言“西流注于河”，其方向为不误，益知《北山经》之北岳之亦必为岍山也。

岳山之地望可略识矣，顾《史记》既出吴岳，又有岳山，何也？《史记·夏本纪·正义》引《括地志》云：

> 汧山……东邻岐岫，西接陇冈。

足证其延绵甚广，不以一山限也。胡渭《禹贡锥指》亦论之曰：

吴岳，班、郦皆谓即古之山。然《史记·封禅书》……又析吴岳与岳山而二；……《陇州志》则以州西四十里之吴山为岍山，州南八十里之岳山为吴岳。诸说互异，未知孰是。愚窃谓吴山，《汉志》虽云在县西，而冈峦绵亘，延及其南，与岳山只是一山。自周尊岍山曰岳山，俗又谓之吴山，或又合称吴岳，《史记》遂析岳山与吴岳为二山，而岍山之名遂隐。其实此二山者，《周礼》总谓之岳山，《禹贡》总谓之岍山，当以《汉志》为正。（卷十一上）

胡氏所以谓“周尊岍山为岳山”者，实非确有据，盖彼既信《禹贡》为夏时书，《职方》为周时书，斯《禹贡》有岍无岳，知夏不名岳，《职方》有岳无岍，遂忖度为周尊岍为岳耳。自今日视之，则《禹贡》《职方》同出于战国秦汉之际，与夏周无与，而四岳之名起源甚早，《禹贡》特未用之耳，非著作《禹贡》之时代尚未有其名也。至于胡氏谓吴山岳山，冈峦绵亘，只是一山，借以说明四岳为相近之四山，固甚惬合。

四岳与荆山之地望定，斯可进而推测当时九州之区域。其地盖始自今陕西之极西部，或今甘肃之东南部，北由陇山（四岳），南抵秦岭（中南）；及逾潼关，则北暨崤函（荆山），南及熊耳之东（三涂），以迄于今河南中部之嵩山（阳城，太室），包有渭，雒，伊，汝诸水之流域。安得如杜林设想，以瓜州为在敦煌哉！此九州者，自潼关以西为陆浑戎之旧居，其东曰阴地，则为晋人迁陆浑戎之新居，而亦即扬拒泉皋伊雒之戎之旧居。此等地既皆包罗于九州一名之下，则九州者其本为戎之区域，而与诸夏相荡相摩于是者乎？故戎之名称，以九州戎为最广，合全部而言之；次则阴戎，单举置属；又次则陆浑戎，著其旧居；又次则姜戎，著其一姓。司马侯谓“九州……不一姓”，观是而可知矣。又九州是否为九个州，抑但为多数之称而非固定之序，今已不可知；所可知者，则瓜州当为九州中州名之仅存者也。

阴地为九州之一部，故《墨子·尚贤上篇》云：

禹举丛于阴方之中，授之政，九州成。

前人以未尝推考此问题，故视九州为天下之异名，而阴方卒不详其所在。自今观之，则阴方者阴地之异名，而九州即今河南之西部及陕西之中部。虽《墨子》著作时代容已转变其意义，而溯其传说所由来，则必当如是也。

岂特阴方之与九州有不可分离之关系，即禹与九州亦复若是。按禹之由来虽不可详，而有兴于西羌之说。《史记·六国表》云：

禹兴于西羌。

《吴越春秋・越王无余外传》云：

鲧娶于有莘氏之女，名曰女嬉，……产高密（禹），家于西羌，曰石纽。

《后汉书・戴良传》云：

大禹出西羌。

《新语・术事篇》云：

大禹出于西羌。

《史记集解》引皇甫谧云：

孟子称禹生石纽，西夷人也。传曰，“禹生自西羌”。

甚疑禹本为羌族传说中之人物。羌为西戎，是以古有“戎禹”之称。《太平御览》八十二引《尚书纬・帝命验》云：

修纪……生姒戎文命禹。

其注云：

姒，禹氏。禹生戎地，一名文命。

《潜夫论・五德志》亦云：

修纪……生白帝文命戎禹。

此固皆汉人之文，其可信据之程度甚低下；然任何一传说皆非无因而来，禹与戎族之关系必有可资探讨者。试更就《诗》《书》之文而推论之：

《诗・商颂・长发篇》云：

濬哲维商，长发其祥。洪水芒芒，禹敷下土方，外大国是疆，幅陨既长，有娀方将，帝立子生商。

夫“禹敷下土”而“有娀方将”，按以鬼方称魏之例，娀即戎也，此亦禹与戎有关之一证。简狄者，受玄鸟之贻而生商者也，以其出于有娀，故亦谓之“娀简”（见《尚书·中候》，《潜夫论·五德志》，及《礼记·月令郑注》)。娀简一名，正与戎禹绝相似。

《书·吕刑》一篇为吕国之遗文，吕为姜姓，故其所道之苗民故事足以保存姜姓之族之神话。文曰：

> 王曰："若古有训：蚩尤惟始作乱，延及于平民，罔不寇贼，鸱义奸宄，夺攘矫虔。苗民弗用灵，制以刑，惟作五虐之刑曰'法'，杀戮无辜，爰始淫为劓刵椓黥，越兹丽刑并制，罔差有辞。民兴胥渐，泯泯棼棼，罔中于信，以覆诅盟。虐威庶戮方告无辜于上，上帝监民罔有馨香德，刑发闻惟腥。
>
> 皇帝哀矜庶戮之不辜，报虐以威，遏绝苗民，无世在下。乃命重黎绝地天通，罔有降格。
>
> 皇帝清问下民，鳏寡有辞于苗：'群后之逮在下，明明棐常，鳏寡无盖(自"群后"至"无盖"，今本《吕刑》在"皇帝清问下民"语上，今据《墨子》引文移正)，德威惟畏，德明惟明'。乃命三后恤功于民：伯夷降典，折民惟刑；禹平水土，主名山川；稷降播种，农殖嘉谷；三后成功，惟殷于民。……"

在此吕王（吕侯称王，彝器铭文中其证甚多）之一篇演说辞中，畅言苗民制作刑法以乱世，鳏寡吁求上帝降神以恤民，上帝允之，乃降伯夷，禹，稷三后于下以成其地平天成之大业。伯夷者何?《郑语》固言之矣，曰，"姜，伯夷之后也"，是姜姓之族之宗神也。稷者何，周人之始祖，姜嫄之所生，姬姓之族之宗神也。苗者何? 即被窜于三危之三苗，《禹贡》纪其事于雍州之域，曰，"三危既宅，三苗丕叙"，三危者雍州西部黑水之所经也。作乱之民定居西方，恤功之后亦降西方，述其事者又出于西方之族之王者，则此整篇故事必全以西方为其背景可知也。禹在此故事中占有重要之地位，证以禹出西羌之说，其为戎族之先人审矣。

何况禹者征苗之主帅也，《吕刑》虽未言而《墨子》则道之，《非功下篇》云：

> 昔者三苗大乱，天命殛之，……高阳乃命禹于玄宫，禹亲把天之瑞令以征有苗。……禹既已克有三苗，焉历为山川，别物上下，乡制四极，而神民不违，天下乃静。

禹之受天命而殛苗，犹其受天命而恤民。殛苗之后，遂平水土而有天下。墨家之传说由于姜姓之族所传播，读此可知，——盖"禹……历为山川，……神民不违"亦即《商颂》所谓"禹敷下土方，……有娀方将"之义也。

三苗原据之疆域，依钱宾四先生（穆）《古三苗疆域考》（载《燕京学报》第十二期）所说，有如下之结论：

古者三苗疆域，盖在今河南鲁山嵩县卢氏一带山脉之北，今山西南部诸山，自蒲坂安邑以至析城王屋一带山脉之南，夹黄河为居，西起蒲潼，东达荥郑，不出今河南北部山西南部广运数百里间也。

三苗既为禹克之后，古籍皆谓已远窜三危，然则信已全窜乎？抑尚有留居中原者乎？钱先生续论之曰：

近人章炳麟《检论·序种姓》谓今之苗古之髳也，与三苗异。然余考春秋河东有茅戎，“茅”“髳”同字，则茅亦在北方。又有陆浑蛮氏，亦称戎蛮子，杜云：河南新城县东南有蛮城。“蛮”“茅”一音之转，蛮即茅，亦即苗也。楚人筚路蓝缕以启荆蛮，此所谓蛮者，亦在河南汝水上流一带山中，……自属古者三苗遗裔。而髳与三苗，亦未见其必为二也。《尚书·吕刑》言及苗民制刑，亦以吕国河南南阳，其先本苗土，故引以为诫。

此说甚是，从可知苗族与驱苗之族皆杂居于河东河南一带。司马侯曰，“九州之险，是不一姓”，固不但陆浑之戎中有允姓姜姓之异，而征服者与被征服者亦同蒙于“戎”之一大名下也。至于范晔，于《后汉书》中作《西羌传》，乃云：

西羌之本，出自三苗，姜姓之别也。

且以三苗为姜姓矣。于以知种族之混同必由杂居来，而征伐者杂居之先导也。

又有一事可连类而及之者，则嵩山之称为中岳及其与鲧禹之发生关系是也。《诗·大雅·崧高》云：

崧高维岳，骏极于天。维岳降神，生甫及申。

此所谓甫，即吕也（古吕甫同音，故《书》《吕刑》《礼记》《表记》引作甫刑）。既读《周语》之文，即知此为“祚四岳国，氏曰有吕”之故事。申与吕皆姜姓之国，故尹吉甫于周宣王封申伯于南土之际，作《崧高》之诗以送之，推其源而颂之：曰“崧高维岳”者，形容岳山之奇伟也；曰“维岳降神”者，称扬其先人四岳之灵异也。崧者，山大而高，见《毛诗故训传》及《尔雅·释山》。其后以陆浑戎之被迁于伊川，此四岳之故事亦遂接踵而至，于是太室被称为中岳，又别称为嵩高。此未见于春秋时书，而初见于汉武帝之诏。《汉书·武帝纪》云：

元封元年……春正月，行幸缑氏，诏曰，“朕用事华山，至于中岳，……见夏后启母石，……翌日亲登嵩高。……其令祠官加增太室祠，……以山下户三百为之奉邑，名曰崇高。”

自是以后，九州中之太室遂正其名曰嵩高，而推厥由来则在尹吉甫之诗，但将形容词易为名词耳。此则最后出之岳也。“嵩高”，《汉书·地理志》作“崈高”。此“崧”“嵩”“崇”“崈”诸名，其异同为何如乎？王念孙论之曰：

“以山下户三百为之奉邑，名曰崇高”，师古曰，“谓之崇者，示尊崇之”。又《郊祀志》“以山下户凡三百封崈高，为之奉邑”，师古曰，“崈，古崇字耳。以崇奉嵩高之山，故谓之崈高之山，故谓崈高奉邑”。念孙案，“崇高”，即“嵩高”。师古分“崇”“嵩”为二字，非也。诏曰，“翌日亲登崇高”，志曰，“以山下户凡三百封崈高”，则崇高本是山名而因以为邑名，非以崇奉中岳而名之也。古无“嵩”字，以“崇”为之，故《说文》有“崇”无“嵩”。经传或作“嵩”或作“崧”，皆是“崇”之异文。《地理志》颍川郡崈高下云，“古文崈高为外方山”，《周语》，“融降于崇山”，韦注，“崇，崇高山也”，是嵩高之“嵩”本作“崇”也。……后世小学不明，遂以“崇”为泛称，“嵩”为中岳。（《读书杂志》四之一）

知崇山之即为嵩山，则知鲧与禹自春秋以下皆与此四岳传说之新根据地发生关系。《周诗》云：

有崇伯鲧播其淫心。

是鲧为崇伯也。《逸周书·世俘》云：

乙卯，籥人奏《崇禹生开》，三终，王定。

《崇禹生开》，即乐章之名而可见故事之一斑。“开”即启，启生于嵩山，故汉武至中岳而见夏后启母石（应劭注：启生而母化为石）；禹称“崇禹”，则谓彼继鲧而为崇伯矣。至于“禹辟舜之子于阳城”（《孟子·万章》）及“禹都阳城”（《汉书·地理志》颍川郡阳翟下臣瓒注引《纪年》）诸说，由是以观之，疑皆迁戎之所孕育者也。

由戎居之九州，演化而为天下之代称之九州，更演化而为尧之十二州。由戎之先人所居之四岳，演化而为平分四方之四岳，更演化而为汉武帝之五岳。由戎之宗神禹，演化而为全土共戴之神禹，更演化而为三代之首君。州与岳随民族之疆域之扩大而扩大，“禹迹”又随州与岳之扩大而扩大：此皆向所视为纯粹之华文化者，而一经探讨，乃胥出于戎文化。且姬、姜者向所视为华族中心者也，禹、稷、伯夷者向所视为创造华族文化者也，今日讨探之结果乃无一不出于戎，是则古代戎族文化固自有其粲然可观者在，岂得牢守春秋时人之成见，蔑视其人为颛蒙檮昧之流乎？夫戎与华本出一家，以其握有中原之政权与否乃析分为二；秦汉以来，此界限早泯矣，凡前此所谓戎族俱混合于华族中矣。不幸春秋时人之言垂为经典，后学承风，长施鄙薄，遂使古史真相沈霾百世。爰就九州之戎一事寻索禹之来源，深愿后之考论华戎毋再牵缠于不平等之眼光也。

四年前，曾作《州与岳的演变》一文，载于燕京大学《史学年报》第一卷第五期。此数年中，时有新获，欲增入前文，而事务苦烦，未能如志。兹值童丕绳先生编本刊《古代地理专号》，在其所集得之文中颇有讨论夏与禹者，不禁见猎心喜，爰就“九州之戎”一题先草此篇，籍供鄙见于诸方家。至于《州与岳》全文，问题既复杂材料尤多而且乱，非短时间所能整理就绪，将来有暇必当重撰，俾古史中地理区画一门可勉强求得的一约略之定论也。

廿六年五月廿五日，劼刚附记。

该文首次刊于《禹贡半月刊》1937 年第 6 卷第六七合期。选自吕思勉、童书业编《古史辨》第七册下编，上海开明书店 1941 年版。

鲧禹的传说

夏代的历史，我们在最早的文籍金文《诗》《书》(《商》《周书》)里只知道有桀王暴虐，被商汤征灭的一件事。在周代人的心目中，夏初的历史已是很渺茫的了，如他们说：

相古先民有夏，天迪从子保，面稽天若，今时既坠厥命。

有夏服天命，惟有历年；……惟不敬厥德，乃早坠厥命。

我受天命，丕若有夏历年。(《召诰》)

古之人迪惟有夏，乃有室大竞，吁俊尊上帝，迪知沈恂于九德之行，乃敢告教厥后曰，“拜手稽首，后矣”！曰，“宅乃事，宅乃牧，宅乃准，兹惟后矣”！谋面用丕训德，则乃宅人，兹乃三宅无义民。桀德惟乃弗作往任，是惟

暴德罔后。(《立政》)

他们只知道有夏的初年是怎样的好，后来怎样变坏；又知道有夏的国祚是很长的。除此以外，只知道一个夏桀，至于桀以前的君主是谁，实际的事迹又是怎样，周代人似乎全不知道。他们虽说到禹，但并未把他和夏发生关系。在《诗》《书》中，禹的地位是独立的，事迹是神化的；禹是禹，夏是夏，两者间毫无交涉。一直到战国以后的文籍里，我们才发现禹是夏代的第一世君主。《国语·郑语》说：

夏禹能单平水土，以品处庶类者也。

这是“夏禹”一名的始见（《随巢子》也说，“天命夏禹于玄宫”。）虽然在《墨子》中我们早已看出禹是夏代的王了。

鲧的名字出现较晚，直到《墨子》里才见（《洪范》是《墨子》以后的书）。他与禹本来有没有关系，很是问题，因为《墨子》说鲧是上帝的元子，被上帝所刑，上帝又曾任命过禹；但《墨子》是反对“杀其父而赏其子”的办法的，《鲁问篇》说：

鲁阳文君语子墨子曰，“楚之南有啖人之国者桥，其国之长子生，则鲜而食之，谓之宜弟；美则以遗其君，君喜则赏其父，岂不恶俗哉”！子墨子曰，“虽中国之俗亦犹是也。杀其父而赏其子，何以异食其子而赏其父者哉？苟不用仁义，何以非夷人食其子也”。

“杀其父而赏其子”是夷道，墨子总不敢说上帝或尧舜用夷道罢？所以我们怀疑墨子是不以鲧禹为父子的。不过《山海经》和《天问》等记载原始神话的书里已经把鲧禹说成父子，或许只是墨家的传说特异，或许竟是我们神经过敏，均未可知。

鲧与夏发生关系也始于《国语》和《左传》，但“夏鲧”一名则是最早出现于《吕氏春秋》的，《君守篇》说：

夏鲧作城。

自从鲧禹与夏代发生了关系，夏代史的首页方才写得成。夏代的上面是虞代，虞代的代表者是尧舜（尧舜本都是虞帝，“唐”的代号是后起的，另有考证；请参看本编书业所著《帝尧陶唐氏名号溯源》一文），因种种关系，鲧禹又与尧舜渐有了交涉；自从尧舜禹禅让说产生，三代以前的上古史又粲然可稽了。

为解剖鲧禹传说的来源，本相与其演变，我们分了以下的五个题目来详细说明。

一、鲧禹的天神性传说

原始的鲧禹究竟是人是神，我们现在已经不得而知。——这不是我们不想知道，实在是现存的材料太少，没法知道了。——但是鲧禹在古代，确有天神性的传说，这是不容否认的事。我们且先看看保存原始神话最丰富的《山海经》。《海内经》说：

> 禹鲧是始布土，均定九州。……洪水滔天，鲧窃帝之息壤以堙洪水，不待帝命；帝令祝融杀鲧于羽郊。鲧復（腹）生禹，帝乃命禹卒布土以定九州。

凡《山海经》，《楚辞》，《淮南子》等书里单称“帝”的多指上帝。这是说鲧偷了上帝的法宝“息壤”，（郭《注》“息壤者，言土自长息无限，故可以塞洪水也”），去堙塞那滔天的洪水，只因不曾得着上帝的同意，上帝就派人把他杀了。鲧死后，在他的肚里忽然生出一个禹来（郭《注》，“《开筮》曰，‘鲧死三岁不腐，剖之以吴刀，化为黄龙也。’”《初学记》二十二引《归藏》，“大副之吴刀，是用出禹”。可证“復”即“腹”字），上帝就派禹去完成鲧的事业，——“布土以定九州”。

鲧会偷上帝的东西，死后又会生儿子；禹会受上帝的任命去布土；他们自然都是神性的人物了。我们再读《墨子》，又知道他们都是上帝的亲属。《尚贤中篇》说：

> 虽天亦不辩贫富贵贱远迩亲疏，贤者举而尚之，不肖者抑而废之。……然则亲而不善以得其罚者谁也？曰，若昔者伯鲧，帝之元子，废帝之德庸，既乃刑之于羽之郊，乃热照无有及也，帝亦不爱。
>
> ……然则天之所使能者谁也？曰，若昔者禹稷皋陶是也。

原来鲧是上帝的大儿子，只因他废了上帝的功德，上帝就把他刑了；这可见上天对于亲而不善的人的处罚。禹是鲧的儿子，便是上帝的孙子，只因他比他的父亲能干，上帝便任用了他；这可见上天对于贤能的人的信用。鲧禹既是上帝的儿孙，他们自然更不是凡人了。《洪范》也说：

> 鲧堙洪水，汩陈其五行，帝乃震怒，不畀洪范九畴，彝伦攸斁。鲧则殛死，禹乃嗣兴，天乃锡禹洪范九畴，彝伦攸叙。

这与《墨子》的话相互证。不过鲧的罪状自此以后变成“堙洪水，汩陈其五行”罢了。“洪范九畴”当是“九州”传说之变。

与《山海经》相互证的是《楚辞》和《淮南子》。我们先看《楚辞·天问》说：

鸱龟曳衔，鲧何听焉？顺欲成功，帝何刑焉？永遏在羽山，夫何三年不施？伯禹腹鲧，夫何以变化？纂就前绪，遂成考功；何续初继业而厥谋不同？洪泉极深，何以寘之？地方九则，何以坟之？应龙何画？河海何历？鲧何所营？禹何所成？……九州安错？川谷何洿？东流不溢，孰知其故？东西南北，其修孰多？南北顺椭，其衍几何？昆仑县圃，其居安在？增城九重，其高几里？四方之门，其谁从焉？西北辟启，何气通焉？……

这是整段的鲧禹的故事：鲧听了鸱龟的指示去治水，将要成功反被上帝所刑，在羽山的地方拘禁了三年（“遏”，止也，拘禁之意），伯禹便从鲧的肚里变化出来。他继续鲧的功业，把极深的洪泉填平了（王《注》，“言洪水渊泉极深，大禹何用寘塞而平之乎?”）“寘”即“填”字，把“方九则”的地弄高了（“坟”字训“高”。朱《注》“九州之域，何以出其土而高之乎；”）又有应龙助着他治水；他放稳九州，掘成川谷，计算了东西南北的广长度数，又安置了天帝的下都昆仑山。从此宇宙便得平定。《淮南子·墬形训》说：

禹乃使太章步自东极至于西极，二亿三万三千五百里七十五步；使竖亥步自北极至于南极，二亿三万三千五百里七十五步。凡鸿水渊薮自三百仞以上二亿三万三千五百五十（里）有九（渊）（“里”“渊”二字据王念孙校删）。禹乃以息土填洪水，以为名山。掘昆仑虚以下地；中有增城九重，其高万一千里百一十四步二尺六寸；……旁有四百四十门；……旁有九井；玉横维其西北之隅；北门开以内不周之风。倾宫，旋室，县圃，凉风，樊桐在昆仑阊阖之中……

这是《天问》的具体解答：禹派个叫太章的从东极步行到西极，丈量得两面的距离共有二亿三万三千五百里七十五步；又派个叫竖亥的从北极步行到南极，丈量得两面的距离也是二亿三万三千五百里七十五步（《海外东经》，“帝命竖亥步自东极至于西极，……一曰‘禹令竖亥。’”可见禹与上帝是有同等本领的人物）在这里共有三百仞以上的鸿水渊薮二亿三万三千五百五十九个，禹便用息土（即息壤）把洪水填平，造成了名山。又把天上的昆仑虚掘下地来，其中有九重的层城，高共一万一千里一百一十四步二尺六寸；旁边有四百四十个门，北门开着纳进不周之风。倾宫，旋室，县圃等等都在昆仑的阊阖门（注，“阊阖，昆仑虚门名也”）之中。

读了上面的叙述，我们知道洪水是鲧禹用息土填平的，九州岛是鲧禹放置的，川谷名山也是他们造成的。禹又会派人丈量东西南北四极的度数，又会从天上掘下昆仑虚，这除了帝子天孙真是谁也办不到，其实他们的本领还不止此，《淮南子·天文训》

又说：

日出于旸谷，……入于虞渊之汜，睹于蒙谷之浦，行九州岛七舍有五亿万七千三百九里；禹以为朝昼昏夜。

禹的本领大到能驱使太阳，制定朝昼昏夜，直是上帝的化身了。

读了《山海经》，《墨子》，《天问》，《淮南子》等书，再回头来看金文《诗》《书》，便懂得鲧禹传说早期的情况了。《齐侯钟铭》说：

成唐（汤），有严在帝所，专受天命，……咸有九州，处（禹）之堵。

这是说成汤受了天命，就享有了九州，住在禹的土地上。土地如何会是禹的呢？只因它是禹用上帝的“息壤”造成的。所以《秦公铭》也说：

不（丕）显朕皇且（祖）受天命，宅禹赍，十又二公在帝之坏。

“赍”读为“迹”（详下），“禹迹”便是“禹堵”。因为土地是禹造成的，所以遍天下都是禹的迹。“帝坏”与“禹赍”为互文，禹的迹便是帝的坏，这是因为禹平水土是受的上帝的命令。“宅禹赍”《秦公钟铭》作“有下国”，“下国”是对上天而言的。“在帝之坏”《钟铭》作“不在下”，可证“下国”便是“帝坏”，也便是“禹赍”。禹与帝的关系密切如此！

“禹迹”又见于《诗》《书》，《书·立政》说：

其克诘尔戎兵以陟禹之迹，方行天下，至于海表，罔有不服。

“陟禹之迹”与“宅禹赍”文义相近，“方行天下，至于海表”都是禹的迹，禹迹之广可知。《左传》襄公四年也说：

芒芒禹迹，画为九州，经启九道。……

“禹迹”画为九州，“九州”是当时天下的异名，这与《齐侯钟铭》“咸有九州，处之堵”的话又相印证了。

“禹迹”又作“禹绩”，《诗·大雅·文王有声篇》说：

丰水东注，维禹之绩。

《商颂·殷武篇》说：

天命多辟，设都于禹之绩。

《逸周书·商誓篇》（这是《逸周书》中较古的一篇）也说：

在昔后稷，惟上帝之言克播百谷，登禹之绩。

“登禹之绩”自是“陟禹之迹”的异文，这可确证“禹绩”便是“禹迹”（蹟）了。（《左传》哀公元年说少康，“復禹之绩”，此“绩”字亦即“迹”字，犹言疆土也。）

据《淮南子》说名山（“名”字可训为“大”，“名山”犹言“大山”）是禹造成的，所以《诗经》也说：

信彼南山，维禹甸之。（《小雅·信南山》）

奕奕梁山，维禹甸之。（《大雅·韩奕》）

“甸”字究为何解，现在姑且阙疑。即依旧解训“治”，“治”字所包之义也很广阔，如“为山”（淮南子）的“为”可以训“治”，“陈山”的“陈”也可训“治”（郑玄《周礼注》引“甸”作“”，“”即“陈”），“奠山”（《禹贡》）的“奠”也可以训“治”。我们觉得《禹贡》“奠高山大川”一语实是神话的遗迹，请问山川怎样“奠”法？“甸”“奠”音近，“甸”或即“奠”字。无论如何，遍治四方名山一事，在禹的时代决计不是人力所能的！

据《山海经》《淮南子》等书说洪水是禹奉了上帝的命用息土填平的，所以《诗经》也说：

洪水芒芒，禹敷下土方（《商颂·长发》）。

在“洪水芒芒”的当儿，禹从天上降下地来敷土。“敷”训为“布”，《海内经》说，“洪水滔天，帝乃命禹卒布土”，可证。土地原来是禹布成的。《楚辞·天问》也说：

禹之力献功，降省下土四方。

“降省下土四方”一语就是“敷下土方”的训诂，可见禹是从上降下来的。所谓禹献功乃是说他向天献功：《禹贡》说，“禹锡玄圭，告厥成功”，据《帝王世纪》和《宋书·符瑞志》，禹的玄圭是上天所赐；禹告成功，也是向天告功，与尧舜无关。《书·

吕刑》又说：

皇帝清问下民，……乃命三后，恤功于民，……禹平水土，主名山川。

这里的“皇帝”即是上帝，《师铭》“肆皇帝亡，临保我氒周四方”，可为明证。禹是上帝所命“恤民”的三后之一，禹平水土是受的上帝的命，并不是受的尧舜的命。——这确是一件很显明的事实！

在古代的传说里，神与兽往往是不分的，鲧禹既有天神性的传说，所以他们也有变兽的故事。如《天问》说：

化为黄熊，巫何活焉？咸播秬黍，莆雚是营，何由并投而鲧疾修盈？

在这里有“鲧疾修盈，化为黄熊”的故事。《天问》的话不容易懂，我们应参看《国语》和《左传》。《晋语八》说：

昔者鲧违帝命，殛之于羽山，化为黄熊以入于羽渊。

《左传》昭公七年也说：

昔尧殛鲧于羽山，其神化为黄熊以入于羽渊。

它们说鲧被殛后，他的神灵变成一头黄熊跳入了羽渊（“熊”一作“能”，能，三足鳖也)。《山海经注》引《开筮》又说鲧化为黄龙，这都是古代的《白蛇传》式的故事。因为鲧会变熊，所以他的儿子禹也会得变熊。《绎史》卷十二引《随巢子》说：

禹娶涂山，治鸿水，通轩辕山，化为熊。

鲧治洪水不成而变熊，禹也因治洪水而变熊。我们知道人是不会变化的，除非是神！又《吕氏春秋·行论篇》说：

尧以天下让舜，鲧为诸侯，怒于尧曰，“得天之道者为帝，得地之道者为三公，今我得地之道，而不以我为三公”。以尧为失论。欲得三公，怒甚猛兽，欲以为乱；比兽之角能以为城，举其尾能以为旌；召之不来，仿佯于野以患帝，舜于是殛之于羽山，副之以吴刀。

鲧想得三公的位子成了失心疯，疯得比一头猛兽还凶。他能“比兽之角以为城”。(案，此殆即“夏鲧作城”等传说所从出)，“举其尾以为旌”，真像一个兽的头领。舜因为他如兽一般“仿徉于野”足以为患，便把他殛死，并用吴刀把他的身体剖开。我们读《山海经注》知道鲧被吴刀所剖之后便化为一条黄龙，请问这些不是神话又是什么？

二、禹的神职

鲧禹既都是天神（或许是人变成的）那末他们的神职也不能不一讨论。关于鲧的神职，因为没有材料，只好暂时阙疑。至于禹，我们知道他是主领名山川的社神。《书·吕刑》说：

> 禹平水土，主名山川。

“名山川”是一词：《淮南子·墬形训》，“禹乃以息土填洪水，以为名山”，《庄子·天下篇》，“昔者禹之湮洪水，……名川（原作“山”，从俞樾校改）三百”，可以为证（此外证据尚多，姑不备举）。“主”是主领的意思。《国语·鲁语下》说：

> 昔禹致群神于会稽之山，防风氏后至，禹杀而戮之，其骨节专车。

禹是名山川的主神，所以能够“致群神”，好像天子能召会诸侯一般，所以又有“禹合诸侯于涂山，执玉帛者万国”（《左传》哀七年）的传说；涂山即是会稽山（《说文》，“嵞，会稽山也，”“嵞”即“涂”字）。《韩非子》更明说，“禹朝诸侯之君会稽之上，防风之君后至而禹斩之”（《饰邪》）这都是神话的人化。但是所谓“群神”究竟是些什么神呢？《鲁语》下文说明道：

> 山川之灵，足以纪纲天下者，其守为神。

韦《注》，“山川之守，主为山川设者也。足以纪纲天下，谓名山大川，能兴云致雨，以利天下也”。可见这些神都是名山川的神了。禹是名山川之神的首领，这就是所谓“主名山川”。

说到这里，一定有人反驳道，“《鲁语》所谓‘神’实在是人，这些‘神’和那为社稷之守的公侯一般，其名为‘神’，并不是真正的天神啊”！不知道这正是经过粉饰的观念：战国人理智发达，他们最喜欢把原有的神话用人情去解释，例如夔兽一只脚，他们会解做“夔（人名）一个就够了”（见《吕氏春秋》）；天神黄帝一个脖子上长着四张脸，他们会解做“黄帝（人王）派四人分治四方”（见《尸子》）；所以“禹致群神”他们也就解做“禹合诸侯”了。但是我们要请问的是：世界上真有“骨节专车”的人类吗？《礼记·祭法》说，“山林川谷丘陵能出云，为风雨，见怪物，皆曰神，”如防风氏之类正是所谓“怪物”。何况禹为名山川群神之主，我们还有《墨子》等书可作旁证。《墨子·明鬼下篇》说：

《商书》曰，“呜呼！古者有夏方未有祸之时，百兽贞虫，允及飞鸟，莫不比方，矧隹人面，胡敢异心。山川鬼神亦莫敢不宁，若能共允。隹天下之合，下土之葆”。察山川鬼神之所以莫敢不宁者，以佐谋禹也。

山川鬼神都是禹的佐谋，禹不是山川鬼神之主又是什么呢？——人话里面又保存了一些神话的遗迹。《大戴礼记·五帝德》说：

禹……为神主，……左准绳，右规矩，履四时，据四海，平九州，戴九天。

这不是活画出一幅禹的神像吗？禹为神主，即是禹为名山川神之主，《史记·夏本纪》说：

禹……为山川神主。

可作明证。这些都是汉人书里所保存禹的神话的遗迹。虽然他们之所谓“主”乃是祭主的主，如《诗经》所谓“百神尔主矣”（《大雅·卷阿》）的“主”。但是我们抽绎先秦其它的书，知道这“主”字原有领主的意义，如《左传》桓公六年，申繻曰，“名有五，……以山川则废主”，这个“主”字便是山川之神了。《史记·封禅书》称始皇行礼祠名山大川及八神，八神为“天主”“地主”等，并可证“主”字之义。

“名山川群神之主”，这是一个什么职务呢？我们以为这便是社神。社或称“主”，《说文》“社，地主也”（注意这“地主”二字）。《论语》“哀公问社于宰我”，《鲁论》“社”作“主”；郑玄云，“主，田主；谓社主”。因为山川都是附属于土地上的，而社神即是土神，所以为山川神之主。卜辞中有祭土的记载，据考证，“土”即是“社”。《诗·大雅·绵篇》，“乃立冢土”，《毛传》，“冢土，大社也”。《逸周书·世俘解》，“用小牲羊犬豕于百神，水土，于誓社”，并可证百神与水土社的关系。而且禹为社神在古书上是有明证的，《淮南子·氾论训》说：

禹劳（力）天下而死为社，后稷作稼穑而死为稷。

《史记·封禅书》也说：

自禹兴而修社祀，后稷稼穑故有稷祠。

因为“社稷”连称，所以“禹稷”也连称了。

其实禹为社神就是在后人公认为先秦的书上也有明证的。《国语·鲁语》上说：

> 昔烈（《礼记·祭法》“烈”作“厉”）山氏之有天下也，其子曰柱（《祭法》“柱”作“农”），能殖百穀百蔬；夏之兴（《祭法》“兴”作“衰”）也，周弃继之，故祀以为稷。共工氏之伯九有（“九有”及下“九土”《祭法》均作“九州”也），其子曰后土，能平九土，故祀以为社。

《左传》昭公二十九年也说：

> 土正曰后土；……共工氏有子曰句龙，为后土，……后土为社。稷，田正也；有烈山氏之子曰柱，为稷，自夏以上祀之；周弃亦为稷，自商以来祀之。（案，周弃之名是后起的，原名只有“稷”字。另有考证。）

这两段话拿《淮南子》和《史记》来对照，知道后土句龙即是禹。禹字古或从“土”:《齐侯钟铭》“禹”作“[illegible]”；“后土”犹言“后稷”，本是职名。“句龙”即是“禹”字形义的引伸。“禹”是有足的虫类，据近人考证，确是龙螭之属，“句龙”的“句”字又与“禹”字的一部相似。则句龙即禹自很可能。《天问》“焉有虬龙负熊以游?”鲧“化为黄熊”，又有“腹生禹”的故事；“腹”“负”音近；则“虬龙”也颇有是禹的可能。“虬龙”和“句龙”或是一音之变。又《开筮》说鲧“化为黄龙”，禹是鲧子，自然也会变龙了。《左传》文公十八年称，“舜臣尧，举八恺，使主后土，以揆百事，莫不时序，地平天成”。“八恺”据杜预等说，有禹在内，是禹曾主后土。又《尧典》说舜命禹“宅百揆”，也与《左传》“以揆百事”相证。又《海内经》说，“禹鲧是始布土，均定九州岛”，可见禹鲧就是开始平水土的人，在他们以前，那里再有什么“能平九土”的后土句龙呢?

后土句龙即禹，烈山氏之子柱也即是稷的化身。烈山氏后人说为姜姓（《国语》韦《注》，“烈山氏，炎帝之号也”，炎帝姜姓），而后稷为姜嫄所生。《汉书·律历志》载张寿王言，“郦山女亦为天子，在殷周间，”“郦山”与“烈山”一音之变。《国语·周语下》载太子晋言，“自后稷之始基靖民，十五王而文始平之”；《史记》所列周的世系从后稷到文王也只有十五代，较之殷自成汤到纣共有二十九世的还要短上一半；则姜嫄当殷周之间自亦可能。《史记·秦本纪》，“申侯乃言孝王曰，‘昔我先郦山之女，为戎胥轩妻，生中潏’，以亲故归周。”郦山女为申侯之先，申为姜姓之国；她的后裔又与周有亲；这不是那“其德不回”的“赫赫姜嫄”又是谁呢？柱与稷名也音近（“柱”名或由“田主”之“主”来，“田主”与“后土”正相封），又同“能殖百穀百蔬”，同为稷神，自更有一人分化的可能了。（“柱”《祭法》作“农”，神农也为姜姓，或许神农与柱，稷均是一人传说的分化，所以都为始作稼穑者。又《管子·形势解》，《淮南子·原道训》等都以禹与神农并举，与禹稷并举一般。）

不但后土句龙就是禹，柱就是稷，烈山氏就是姜嫄，连共工氏也就是鲧：“共工”二字是“鲧”字的缓声，“鲧”字是“共工”二字的急音。共工氏“伯九有”，鲧“始均定九州”（《海内经》），为“有崇伯”（《周语下》）。共工氏有子后土句龙“能平九土（州）”，为社神；鲧也有子禹能“平水土”（《吕刑》）“定九州”（《海内经》），为社神。天下有这样奇巧的事吗？再看：《周语》说鲧与共工的罪状一样（“有崇伯鲧称遂共工之过。”）共工“壅防百川，堕高堙庳”（《周语下》，下同）鲧也是“陻障洪水”（《海内经》，《洪范》，《鲁语》等）；共工“皇天弗福”，鲧也是“帝乃震怒，不畀洪范九畴”（《洪范》，下同）；共工“庶民弗助，祸乱并兴”，鲧也是“彝伦攸斁”；共工“用灭”，鲧也是“殛死”；两人的事迹又相同到如此！又《墨子》说鲧“废帝之德庸”，《尧典》说共工“静言庸违”（《左传》作“靖谮庸回，”）二语略近。《墨子》说鲧被刑的地方“乃热照无有及也”，《庄子》等书说共工被流在幽都（《孟子》《尧典》等书作“幽州”，“州”“都”一音之转，）《楚辞·招魂》，“魂兮归来，君无下此幽都些”；王《注》：“幽都，地下，……地下幽冥，故称幽都”。两人被罚的地方也相似。又《淮南子》说共工“潜于渊，宗族残灭”（《原道训》），《国语》和《左传》也说鲧“入于羽渊”，《尧典》也说鲧“方命圮族”，二人的事更极相似。再《韩非子·外储说右上篇》记尧欲传天下于舜，鲧和共工都因进谏不听而被诛，两人的谏语完全相同，可证是一个传说的分化。案，《吕氏春秋·行论篇》记鲧怒尧传天下于舜一事，当是这个传说的本始；所以《楚辞·离骚》说，“鲧婞直以亡身兮”，《九章》也说，“婞直而不豫兮，鲧功用而不就”，可见“婞直不豫”原是鲧的恶德；但《逸周书·史记解》又说，“昔有共自贤，……唐伐之，共工以亡”。共工“自贤”与鲧“自以为得地之道，可为三公”正同。此外，还有一事：《左传》《国语》记晋平公梦见黄熊入于寝门而有病，请问子产，子产说是鲧作祟，祭鲧而愈；《路史后纪二注》引《汲冢琐语》同记此事，惟“黄熊”作“朱熊”，“鲧”作“共工之卿浮游”，祭共工而痊；这也足证鲧与共工的关系。其它共工即鲧的证据还多，这里不能详举，我们将另有“鲧与共工”一文论之。（即如《史记·楚世家》言，“重黎为帝喾高辛居火正，……帝喾命曰“祝融”。共工氏作乱，帝喾使重黎诛之而不尽。……亦即《海内经》“帝令祝融杀鲧”及《天问》鲧死复活——诛之不尽——等传说之变。）

在古代还有一种奇异的传说，便是禹为一个耕稼的国王。《诗·鲁颂·閟宫篇》说：

赫赫姜嫄，……是生后稷；降之百福，黍稷重穋，植穉菽麦；奄有下国，俾民稼穑；有稷有黍，有稻有秬，奄有下土，缵禹之绪。

后稷“俾民稼穑”“奄有下土”而是缵禹之绪的，可见禹也是一个“俾民稼穑”的国王；所以《天问》说：

何后益作革而禹播降？

王《注》，“播，种也；降，下也”。案，《吕刑》“稷降播种”，可见禹稷是同功的。《论语》也说：

禹稷躬稼而有天下。(《宪问篇》)

“躬稼”便是“俾民稼穑”，“有天下”便是“奄有下土”，这可见后稷“缵禹之绪”之实了。《泰伯篇》又说，禹“卑宫室而尽力乎沟洫”，并足见禹有“躬稼”的事。又《皋陶谟》说禹“暨稷播奏庶艰食鲜食”，也是这种传说的孑遗。

禹既是社神，怎么又去侵犯稷神的职务呢？要明白这个，须先知道水土百穀原是相因的物事。《诗·小雅·甫田篇》道：

以我齐明，与我牺羊，以社以方。我田既臧，农夫之庆。

郑《笺》，“以絜齐丰盛与我纯色之羊秋祭社与四方，为五穀成熟，报其功也”。是祭社为报成谷之功。《大雅·云汉篇》道：

祈年孔夙，方社不莫。

《笺》，“我祈丰年甚早，祭四方与社又不晚，……我何由当遭此灾也”！是祈年与祭方社并举。考《周官大司徒之职》：“设其社稷之壝而树之田主。……”郑《注》，“田主，田神；后土田正之所依也。诗人谓之‘田祖’”（案，《诗·大雅·甫田》，“琴瑟击鼓，以御田祖”；《大田》“田祖有神。”）是社与稷共一田神之主。郑《论语注》也说，“主，田主，谓社主”；可见“田主”就是“社主”。《国语·鲁语上》也说，“土发而社，助时也”。韦《注》，“土发，春分也”；《周语》曰，“土乃脉发”；“社者，助时祈福为农始也”。祭社为助农时，又可见社神与农事的关系。汉武帝为了河水泛溢去祭后土，祭过之后，有鼎出于后土祠旁，武帝曾对群臣说：

间者河溢，岁数不登，故巡祭后土，祈为百姓育穀。（《史记·封禅书·孝武本纪》文同。）

后土能为“百姓育穀”，所以社神就也有“俾民稼穑”的传说了。

三、鲧禹治水传说的本相与其演变

明白了鲧禹都有从天神变成伟人的可能，便能知道他们治水传说的本相了。从前的人都以为鲧禹父子是失败和成功的两个不同的人物，他俩结果的不同是由于他俩方法的不同：鲧用堙的方法去治水以致失败，禹改用疏的方法便得到了成功。这种观念笼罩了二千年来的人心，大家都认为无问题的事实了。但是据我们的探究，则颇有和这种观念相反的说法。说来话长，请读下文：

《诗经》和《周书》里提到禹，只说他“甸山”，“敷土”，“平水土”，而不曾明白地说出山是怎样的“甸”法，土是怎样的“敷”法，水土又是怎样的“平”法。但我们看《山海经》和《天问》《淮南子》等书，便知道禹所用的治水的方法和鲧一样满是“堙”和“填”，——这种方法原不是凡人所能行的。《海内经》说：

> 禹鲧是始布土，均定九州。……洪水滔天，鲧窃帝之息壤以堙洪水，不待帝命，帝令祝融杀鲧于羽郊。鲧復（腹）生禹，帝乃命禹卒布土以九州。

“堙”字训“塞”。鲧治洪水的方法是用息壤去堙塞，这便是所谓“布土”（“敷土”）。鲧开始布土，禹完成鲧的功，从此九州就安定了。在这里，经所以失败的原因乃是“不待帝命”，而并不是“堙洪水”。《大荒北经》说：

> 共工臣名相繇（《海外北经》作“相柳”、九首蛇身自环，食于九土（《海外北经》作“九山”），其所歍所尼，即为原泽（《海外北经》作“泽谿”），不辛乃苦，百兽莫能处。禹湮洪水，杀相繇，其血腥臭，不可生穀；其地多水，不可居也；禹湮之（《海外北经》作“轰厥之”，郭《注》，“掘塞之”，）三仞三沮，（郭《注》，“言禹以土塞之之地陷壤也”）乃以为池。群帝是因以为台。（《海外北经》文略同）

共工的臣相繇是个长着九个脑袋，蛇的身体的怪物，无论什么地方给他一喷（郭《注》，“歍呕，犹喷吒”）一碰，便成了水泽。禹堙塞了洪水，杀死相繇，它的血流到地方腥臭得长不出穀来，它所在的地方也是多水不能居人，禹便掘塞了这块地，造成一个池。群帝（上帝）就在这所在筑起台来，以镇压妖魔。在这里明白地说出“禹湮洪水”，可见“湮”原是治洪水的正当方法。《天问》也说：

> 不任汩鸿，师何以尚之？佥曰“何忧”，何不课行之？鸱龟曳衔，鲧何听焉？顺欲成功，帝何刑焉？伯禹腹鲧，夫何以变化？纂就前绪，遂成考功；

何续初继业而厥谋不同？洪泉极深，何以寘之？地方九则，何以坟之？……

鲧何所营？禹何所成？

“汩”字训“没”，与“湮”同意。（“湮”即“堙”，塞没之意。）鲧的才不胜汩洪水的任，却偏要去汩，所以没有好结果。他的儿子伯禹比他有才，能填平洪水，坟高土地（这便是所谓“平水土”），便成就了鲧的功绩。

《天问》的作者问：“虽既是续初继业，为什么又说他父子俩厥谋不同呢？”这是《天问》作者对于矛盾的传说的怀疑。但他是相信前一说（旧说）的，所以又说“鲧何所营？禹何所成？”可见禹不过是成鲧所营的功而已。《淮南子·墬形训》说：

禹乃以息土填洪水，以为名山。

禹用息土填塞洪水，遂造成了名山，这便是所谓“敷土”，“平水土”和“甸山”。

“禹堙洪水”之说岂特记载神话之书《山海经》等言之邪，虽儒家《六艺》经传之文即亦犹是也。《汉书·沟洫志》引《夏书》：

禹堙洪水十三年。（《史记·河渠书》“堙”作“抑”，《索隐》，“抑者，遏也。……堙，抑，皆塞也”。）

《国语·鲁语》上：

鲧障洪水而殛死（“障洪水”，即“陻洪水”之变）。禹能以德修鲧之功，……故……夏后氏……郊鲧而宗禹。

《孟子·滕文公篇》：

昔者禹抑鸿水而天下平。

《荀子·成相篇》：

禹有功，抑下鸿，辟除民害逐共工。

禹堙洪水，禹修鲧之功，亦堙洪水，所以夏后氏要郊鲧而宗禹了。——于此可证鲧禹父子的同道。

“禹堙洪水”之说岂特儒家之书言之，虽墨家之说即亦犹是也。《庄子·天下篇》记墨子称道曰：

昔者禹之湮洪水，决江河而通四夷九州也。

案，儒墨两家都称道禹疏水之说，特于无意中留下“湮”之旧迹。察二家之原意，或是以为洪水非“堙”“抑”不可，但江河又必须“疏”之耳（《史记·司马相如列传》，“昔者鸿水浮出，……夏后氏戚之，乃湮鸿水，决江疏河，……而天下永宁。”“堙”“疏”并举，与儒墨等说同）。——其实疏江河即堙鸿水传说之演进也。“堙洪水”的方法岂特鲧禹用之，虽女娲即亦犹是也。《淮南子·览冥训》：

往古之时，四极废，九州裂；天不兼覆，地不周载；火爁炎而不灭，水浩洋而不息；猛兽食颛民，鸷鸟攫老弱。于是女娲錬五色石以补苍天，断鳌足以立四极，杀黑龙以济冀州，积芦灰以止淫水；苍天补，四极正；淫水涸，冀州平；狡虫死，颛民生；背方州，抱圆天。

女娲的“积芦灰以止淫水”也即是鲧禹父子的“以息土填洪水”的方法。

禹疏水之说开始盛倡于《墨子》。《兼爱中篇》说：

古者禹治天下，西为西河渔窦，以泄渠孙皇之水；北为防原泒，注后之邸，滹池之窦，洒为底柱，凿为龙门，以利燕代胡貉与西河之民。东方漏之陆防，孟诸之泽，洒为九浍，以楗东土之水，以利冀州（齐州）之民。南为江汉淮汝，东流之注五湖之处，以利荆楚干越与南夷之民。

这里所谓“泄”，“注”，“洒”“凿”，“漏”，“流”等等都是“疏”的方法。禹的治水方法既变，于是鲧的治水方法也就不得不变了。《国语·周语下》记：

灵王二十二年，穀洛斗，将毁王宫，王欲壅之。太子晋谏曰：“不可！晋闻古之长民者，不堕山，不崇薮，不防川，不窦泽。……昔共工弃此道也，虞于湛乐，淫失其身，欲壅防百川，堕高堙庳，以害天下，皇天弗福，庶民弗助，祸乱并兴，共工用灭。其在有虞，有崇伯鲧播其淫心。称遂共工之过，尧用殛之于羽山。其后伯禹念前之非度，厘改制量，象物天地，比类百则，仪之于民而度之于群生。共之从孙四岳佐之，高高下下，疏川导滞，钟水丰物，封崇九山，决汩九川，陂障九泽，丰殖九穀，汩越九原，宅居九隩，合通四海。故天无伏阴，地无散阳，水无沈气，火无灾燀，神无间行，民无淫心，时无逆数，物无害生；帅象禹之功，度之于轨仪，莫非嘉绩，克厌帝心。皇天嘉之，祚以天下，赐姓曰‘姒’，氏曰‘有夏’，谓其能以嘉祉殷富生物也。祚四岳国，命以侯伯，赐姓曰‘姜’，氏曰‘有吕’，谓其能为禹股肱心膂，以养物丰民人也。……”

从此以后，鲧治水的方法便渐渐由“堙”而改成了“防”。鲧防洪水而失败，禹疏洪水而成功，便又成了不移的史实了。

我们追原鲧禹治水传说的所以改变，实由于战国的时势。在战国的时候，交通四辟，水利大兴，人们为防止水患，就盛行了筑堤的办法；为利便交通，振兴农业，又盛行了疏水灌溉的办法。但是筑堤的害处多而利益少，疏水灌溉则是有利而无弊的事，所以防洪的典故便渐归了上帝所殛的万恶的鲧，而疏洪水的典故就归了天所兴的万能的禹了。我们且看看西汉贾让的奏疏：

> 古者……大川无防，小川得入陂障，卑下以为汙泽。……盖隄防之作，近起战国，雍防百川，各以自利：齐与赵魏以河为竟，赵魏濒山，齐地卑下，作隄去河二十五里。河水东抵齐隄，则西泛赵魏；赵魏亦为隄去二十五里。虽非其正，水尚有所游荡，时至而去，则填淤肥美，民耕田之。或久无害，稍筑室宅，遂成聚落；大水时至漂没，则更起隄防以自救；稍去其城郭，排水泽而居之，湛溺自其宜也。……（《汉书·沟洫志》）

“隄防之作近起战国”这话虽未必完全可靠，但是战国以前即有隄防之制也必不盛，因为在战国以前的书上不大看见有筑隄的事。自从战国的君主“壅防百川，各以自利”，“以邻国为壑”（《孟子·告子》），于是春秋时的齐桓公的盟誓里也有了“毋壅泉”（《谷梁传》等书）的口号，太古时的共工和鲧都成了“壅泉”的罪魁了。《汉书·沟洫志》又说：

> 自是之后（指三代之后），荥阳下引河东南为鸿沟，以通宋，郑，陈，蔡，曹，卫，与济，汝，淮，泗会。于楚，西方则通渠汉水云梦之际；东方则通沟江淮之间。于吴，则通渠三江，五湖。于齐，则通淄济之间。于蜀，则蜀守李冰凿离，避沫水之害，穿二江成都中。此渠皆可行舟，有余则用溉，百姓飨其利。至于它，往往行其水用溉田；沟渠甚多，然莫足数也。……史起为邺令，遂引漳水溉邺，以富魏之河内。……其后韩闻秦之好兴事，欲罢之，无令东伐，迺使水工郑国间说秦，令凿泾水，自中山西邸瓠口为渠，并北山东注洛，三百余里，欲以溉田。……渠成而用溉，注填阏之水，溉舄卤之地四万余顷，收皆亩一钟；于是关中为沃野，无凶年。（《史记·河渠书》文略同）

可见战国确也是个“疏川导滞，合通四海”的时代。禹疏水之说即是这个时代潮流的护符啊！

鲧禹治水传说演变的原因既略探明，以下再略叙演变后的治水传说：

《庄子·天下篇》记墨子称道曰：

昔者禹之湮洪水，决江河，而通四夷九州也，名川三百，支川三千，小者无数。禹亲自操橐耜而九（鸠）杂天下之川，腓无胈，胫无毛，沐甚风，栉甚雨，置万国。禹大圣也，而形劳天下如此！

禹的神力已被“讬古改制”家忘记，他们只记得禹的伟大的功绩（“微禹，吾其鱼乎”），于是就把禹忙得“腓无胈，胫无毛”了。

《孟子·滕文公篇》说：

当尧之时，水逆行，泛滥于中国，蛇龙居之，民无所定，下者为巢，上者为营窟。《书》曰，“洚水警予”，洚水者，洪水也。使禹治之，禹掘地而注之海，驱蛇龙而放之菹，水由地中行，江淮河汉是也；险阻既远，鸟兽之害人者消，然后人得平土而居之。

又说：

当尧之时，天下犹未平，洪水横流，泛滥于天下，草木畅茂，禽兽繁殖，五穀不登，禽兽逼人，兽蹄鸟迹之道交于中国。尧独忧之，举舜而敷治焉。舜使益掌火，益烈山泽而焚之，禽兽逃匿。禹疏九河，瀹济漯而注诸海，决汝汉，排淮泗而注之江；然后中国可得而食也。

孟子是东方人，所以他的眼光里的禹功首先是疏九河，瀹济漯；至于汝汉淮泗，他便弄不甚明白了：他以为这些水都是入江的，其实除汉以外并不如此。但是这个错误并不能怪他，我们看倒要怪吴王夫差和战国的君主：吴王夫差“城邗，沟通江淮”（哀九年《左传》），战国的君王“为鸿沟，以通宋，郑，陈，蔡，曹，卫，与济，汝，淮，泗会。于楚，西方则通渠汉水云梦之际，东方则通沟江淮之间”；经他们这样一弄，于是通古而不知今的孟子就误认这些都是禹功，而把地理讲错了。

《荀子·成相篇》说：

禹有功，抑下鸿，辟除民害逐共工。北决九河，通十二渚（十二州?），疏三江。禹傅土，平天下，躬亲为民行劳苦；得益，皋陶，横革，直成为辅。

《周语》说四岳佐禹治水，这里又说禹“得益，皋陶，横革，直成为辅”，或许这四人就是所谓“四岳”（?）（近人章太炎先生以为皋陶即许由，明陈霆以为许由即四岳）；但《周语》以四岳为共工的从孙，这里却说“禹逐共工”，禹能上及共工（许多共工其实只是一个），下及四岳，还不算奇；四岳竟做了逐他们从祖的仇人的辅佐了。

《韩非子·五蠹篇》说：

> 中古之世，天下大水，而鲧禹决渎。

因为“疏决”在战国时被认为治水的正当方法，所以“堙障洪水”的鲧也居然会有“决渎”之功。晚出的《吴语》也说：

> 今王既变鲧禹之功，而高高下下，以罢民于姑苏。

可怜吴王夫差不过筑了一所台，他竟代鲧而受“罢民”之过了。

《吕氏春秋》中载禹治水的传说最多，略录重要的两则如下：

> 昔上古龙门未开，吕梁未发，河出孟门，大溢逆流，无有丘陵沃衍平原高阜，尽皆灭之，名曰“鸿水”。禹于是疏河决江，为彭蠡之障，乾东土，所活者千八百国。（《爱类篇》）

在这段文字里，可注意的是鸿水之来是由于龙门吕梁未曾开发，所以河水“大溢逆流”，成了洪水。——这是神话的人话解释。

> 禹东至榑木之地，日出九津青羌之野，攒树之所，揢天之山，鸟谷青丘之乡，黑齿之国。南至交阯，孙朴续樠之国，丹粟漆树，沸水漂漂，九阳之山，羽人裸民之处，不死之乡。西至三危之国，巫山之下，饮露吸气之民，积金之山，其（奇）肱一臂三面之乡。北至人正之国，夏海之穷，衡山之上，犬戎之国，夸父之野，禺强之所，积水积石之山。不有懈堕，忧其黔首；颜色黧黑，窍藏不通，步不相过，以求贤人，欲尽地利，至劳也。得陶，化益，真窥，横革之交五人佐禹，故功绩铭乎金石，著于盘盂。（《求人篇》）

在这段文字里，可注意的是《山海经》里的地点几乎都变成禹治水足迹所至的区域。这是后来禹作《山海经》的传说所由来（《知度篇》也说，“禹曰，‘若何而治青北，（丘），化九阳奇怪之所际’”）。又禹佐四人到这里又添了一人，故事的内容更丰富了。至于“功绩铭乎金石，著于盘盂”等话，恐是当时的彝器上刻有禹治水的神话的证据。

《淮南子》里禹治水的传说也极多，现在也录重要的两则：

> 舜之时，共工振滔洪水，以薄空桑。龙门未开，吕梁未发，江淮通流，四海溟涬，民皆上丘陵，赴树木。舜乃使禹疏三江，五湖：辟伊阙，导廛涧：平通沟陆，流注东海。鸿水漏，九州乾，万民皆宁其性。（《本经训》）

在这段文字里，可注意的是洪水的来原乃由于共工的“振滔”。共工的罪名更增重了。又江淮通流原来是鸿水发作时的情形，并不是禹把它们沟通的。

> 古者沟防不脩，水为民害。禹凿龙门，辟伊阙，平治水土，使民得陆处。（《人间训》）

这又说洪水之来是由于“古者沟防不脩”，故事更人话化了。（《齐俗训》又说，“禹之时天下大雨，禹令民聚土积薪，择丘陵而处之”。这又把洪水的由来推到“大雨”的头上去了）。

《春秋繁露》里也记着一则禹遭水灾的奇说，它道：

> 禹水汤旱，非常经也；适遭世气之变而阴阳失平。尧视民如子，民亲尧如父母；《尚书》曰，“二十有八载，放勋乃殂落，百姓如丧考妣，四海之内阏密八音三年”。三年阳气厌于阴，阴气大兴，此禹所以有水名也。（《暖燠孰多篇》）

董仲舒以为有如舜禹的圣王在上，天本不该降水灾的，只因尧死后，全天下的百姓都为他服丧三年，丧是阴事，丧事过盛，就弄得阴气大兴，压了阳气，阴气兴盛的表现，就造成了禹时的水灾。阴阳五行家的见解高明如此！

今本的《尧典》和《皋陶谟》乃是《西汉》初年的作品，里面详载着鲧禹治水的始末。《尧典》说：

> 帝曰，“畴咨若予采”？驩兜曰，“都，共工方鸠僝功”。帝曰，“吁，静言庸违，象恭滔天。”

帝尧向臣下询问管理工程的人，有个叫驩兜的举了共工，说他正在办理工程的事务。尧很不以共工为然。结果他果然造成了洪水之灾。于是尧又向四岳询问：

> “咨，四岳！汤汤洪水方割，荡荡怀山襄陵，浩浩滔天，下民其咨，有能俾乂？”佥曰，“于，鲧哉”！

帝曰，“吁，咈哉！方命圮族”。岳曰，“异哉！试可乃已”。帝曰，“往，钦哉”！九载，绩用弗成。

尧忧愁那“怀山襄陵”甚至“滔天”的洪水，需要平治水土的人，四岳公举了鲧，尧又不赞同，四岳请试用一遭，尧就派鲧去治洪水，一治治了九年，丝毫没有成绩（《天问》），“不任汩鸿，师何以尚之？佥曰何忧，何不课而行之”？是神话里杂着的人话，为《尧典》所本。于是到舜摄了位，便：

流共工于幽洲，放驩兜于崇山，窜三苗于三危，殛鲧于羽山，四罪而天下咸服。

到了尧崩，舜即真位时，又向四岳询问能“宅百揆”的人，四岳答道：

“伯禹作司空”。帝曰，“俞，咨禹，汝平水土，惟时懋哉”！禹拜稽首，让于稷契暨皋陶，帝曰，“俞，汝往哉”！

四岳又公举作司空的伯禹去宅百揆，舜以为然，就任命了。

在《尧典》里，禹平水的功绩记得还简单，这有《皋陶谟》的记载可作补充：

禹曰，“洪水滔天，浩浩怀山里陵，下民昏垫。予乘四载，随山刊木，暨益奏庶鲜食。予决九川，距四海；濬畎浍，距川；暨稷播奏庶艰食鲜食。懋迁有无化居。烝民乃粒，万邦作乂”。

禹在洪水滔天的当儿，坐着四载（《伪孔传》，“水乘舟，陆乘车，泥乘楯，山乘樏”，）随山刊木；疏决九川通到四海，疏濬畎浍通到大川，同着益稷筹画民食，振兴商业，达到了“烝民乃粒，万邦作乂”的目的。

《尧典》和《皋陶谟》出世最晚，它们整齐了旧有的各种传说，使它简洁化，合理化。从此以后，鲧禹的神话的痕迹便几乎完全湮没了。但在这两篇书前，还有一篇《禹贡》，集禹治水传说的大成，尤为《尧典》《皋陶谟》的先驱。

《禹贡》的记载大略是这样的：禹分治九州的水，制定九州的贡赋，从冀州起，经过兖，青，徐，扬，荆，豫，梁七州，到雍州止；把田赋制为九等。分州定赋之际，导山：分为三条：北条从岍岐起至碣石止，中条从西倾朱圉乌鼠起至陪尾止，南条从嶓冢起至敷浅原止。导水：大略分为：（一）弱水，（二）黑水，（三）河水，（四）漾水，（五）江水，（六）沇水，（七）淮水，（八）渭水，（九）雒水。导山导水之功既竟，于是“九州攸同，四隩既宅，九山刊旅，九川滌源，九泽既陂，四海会同，六府孔修，庶土交正，成赋中邦”。禹于治水定贡之后，又錫土姓，作五服，终于“东渐于海，西被于流沙，朔南暨，声教讫于四海”，大告成功。

我们知道分州的传说起源甚早，金文及《山海经》等书里已见了。制贡的传说似是来自孟子的“夏后氏五十而贡”（《滕文公》）一句话。九等田赋制或出于洪范所谓“九畴”（“畴”字训“等”）。“导山”乃是“甸山”之变（这实在仍是一种神话，“导山”两字很是不辞）。导水的传说自墨子以后也已有了。“九州攸同”以下诸语来自《周语》等书。“六府”来自《左传》的“水，火，金，木，土，穀，谓之六府”（文七年）等话。“锡土姓”的话来自“禹置万国”（见《庄子》等书）等传说。只有禹作五服之说或是《禹贡》作者的特创（五服之名则来自《周书》《周语》等书）。后来的《皋陶谟》也说：

> 予（禹）……惟荒度土功。弼成五服，至于五千。州十有二师；外薄四海，咸建五长；各迪有功。

它说禹的五服四方相距有五千里之大，（从普通说）正与《禹贡》：

> 五百里甸服……五百里侯服……五百里绥服……五百里要服……五百里荒服。

之数略等。至于“州十有二师”，及“咸建五长”，则大约又是《皋陶谟》作者所创造的禹的新制了。

不但禹治水的情形传说分歧无定，就是禹时水患和治水的年数，说法也不一律，如：

> 禹七年水。（《墨子・七患篇》引《夏书》）
>
> 故禹十年水。（《荀子・富国篇》）
>
> 禹之时，十年九潦。（《庄子・秋水篇》。案，贾谊《新书》云，“禹有十年之蓄，故免九年之水”。）
>
> 禹五年水。（《管子・山权数篇》）

禹时水患的年数，有七年，十年，九年，五年的四说。

> 禹八年于外，三过其门而不入。（《孟子・滕文公篇》）
>
> 禹……居外十三年，过家门不敢入。（《史记・夏本纪》。案，《禹贡》兖州，“作十有三载，乃同”，《河渠书》引《夏书》，“禹抑洪水十三年”。）

禹……疏河决江，十年不窥其家。（《山海经注》等引《尸子》）

禹治水的年数，又有八年，十三年，十年的三说。

像这类纷纷之说，既无确定的证据，也只能存而不论了。

四、鲧禹的来源在何处

鲧禹的传说虽然遍布于周代的全天下，但是那时的中国民族并不止一种，凡特殊的神话是都有民族种姓做它的背景的，杂处的各民族所共戴的伟人，往往是由一个民族的神话人物所放大。那末鲧禹的传说是以那种民族做它的背景的呢？据我们最近的探究，鲧禹的传说大概是起于西方的戎族。

原来当春秋的时候，现在河南省的嵩山以西有一种戎族居住着，他们叫做“九州之戎”。这个“九州”并不是遍布全中国的“九州”，乃是中国西北部的一个大地名。它的区域大抵西从今陕甘二省交界处起，北由陇山，南抵秦岭；出潼关，北暨崤函，南及熊耳之东；东到今河南中部的嵩山为止。这个区域地势险峻，自古为戎族和诸夏的杂居地。（关于这个结论，欲知其详，请参看颉刚近著“九州之戎与戎禹”，见本编。又“州与岳的演变”，燕京大学《史学年报》第一卷第五期。）

九州之戎放大起来，实可以说是西方戎族的总名。西方戎族中以姜戎一族为最盛。姜戎姓姜，他们自称是四岳之后；在他们之中，有已经华化的，有仍停滞在戎的原始状态中的。华化的姜戎，便是齐，许，申，吕等国，其中尤以吕国为姜姓的大宗，《国语·周语下》说：

祚四岳国，……赐姓曰“姜”，氏曰“有吕”，……申吕虽衰，齐许犹在。

四岳的氏是“有吕”，这便是吕为姜姓民族大宗的证据。吕国在西周时颇是强盛，铜器中有“吕王鬲”，足证他是称过王的。《国语·郑语》也说：

申吕方彊。

现在的《周书》中的《吕刑》便是吕国的遗书（从傅孟真先生说），这是一篇极重要的文献。

它里面说：

王（吕王）曰，“若古有训：蚩尤惟始作乱，延及于平民，罔不寇贼，鸱义奸宄，夺攘矫虔。苗民弗用灵，制以刑，惟作五虐之刑曰‘法’，杀戮无辜；爰始淫为劓，刵，椓，黥，越兹丽刑并制，罔差有辞。民与胥渐，泯泯棼棼，罔中于信，以覆诅盟。虐威庶戮方告无辜于上，上帝监民罔有馨香德，刑发闻惟腥。”

“皇帝哀矜庶戮之不辜，报虐以威，遏绝苗民”，无世在下。乃命重黎绝地天通，罔有降格。

“皇帝清问下民，鳏寡有辞于苗：‘群后之逮在下，明明棐常，鳏寡无盖（上三语移此从《墨子》）。德威惟畏（威），德明惟明’。乃命三后，恤功于民：伯夷降典，折民惟刑；禹平水土，主名山川；稷降播种，农殖嘉榖；三后成功，惟殷于民。……”

这篇吕王的演说词大意是说：太古的时候有个叫蚩尤的开始作乱，引得平民（他的部下）个个做了盗贼。他们不怕上帝的威灵，制造刑法，杀戮无辜。被杀无辜的人到上帝面前去诉苦，上帝大怒，降下了威严来，把苗民（蚩尤和他的部下）绝了种。又派个叫重黎（“重黎”当是一人，非二人，另有辨）的隔绝了天地的通路，使神人不得往来。一面上帝又垂询下民的痛苦，鳏寡们报告了苗民的罪恶，并请上帝简派宣扬威德的群后。上帝答应了他们的请求，就派三后下凡来体恤下民：伯夷降下刑典，禹平定水土，稷播种嘉榖，使下民得到正当的管理，有住的地方，有吃的东西；所以三后成功，对于下民是很殷厚的！在这段苗民作乱的故事里，最可注意的是苗民和庶戮的对立：苗民是统治阶级，庶戮是被压迫阶级；结果上帝老官帮了庶戮打倒苗民。这似是一个民族斗争的神话。大约所谓“庶戮”“下民”就是姜姓民族的祖先，他们不堪统治阶级苗民的压迫，起来反抗，得到胜利，于是产生了上帝“遏绝苗民”的神话（三苗的疆域据钱宾四先生的考定，略与古九州的东部相当，这正是姜戎的区域。春秋时陆浑蛮氏的“蛮”即是“苗”，蛮也与姜戎杂处。又周武王伐殷，所率西戎八国中有羌和髳，“羌”即“姜”，“髳”即“苗”，也足证姜苗二族的始终杂处。）结束这神话的人物是“三后”，他们在苗乱之后，“降典”的降典，“平水土”的平水土，“播种”的播种，当然都是姜姓民族的救主了。这“三后”都是何等样的人物呢？我们知道伯夷是姜姓民族传说里的祖先。《国语·郑语》说：

姜，伯夷之后也

《海内经》也说：

伯夷父生西岳，西岳生先龙，先龙是始生氐羌。

“羌”即是“姜”（章太炎等说），西岳当是四岳之一，可见伯夷是姜姓民族的太祖了。稷是周人传说里的祖先，《诗·大雅·生民篇》说：

厥初生民，时维姜嫄，……履帝武敏歆，……载生载育，时维后稷。

《鲁颂·閟宫篇》也说：

赫赫姜嫄，其德不回，上帝是依，……是生后稷。……奄有下土，缵禹之绪。后稷之孙，实惟大王。……

稷也是姜姓民族的女子姜嫄踏了上帝的脚步而产生的。他继承禹的统绪，产生出一个周民族来。于此可见稷与姜姓民族和禹的关系了。其实禹也是姜姓民族传说中的宗神，关于这点，证据很多，如《史记·六国表》说：

禹兴于西羌。

《吴越春秋·越王无余外传》也说：

鲧娶于有莘氏之女，……产高密（禹），家于西羌。

《后汉书·戴良传》也说：

大禹出西羌。

《新语·术事篇》并说：

大禹出于西羌。

《皇甫谧》更说得明白：

孟子称“禹生石纽，西夷人也”。传曰，“禹生自西羌”是也。（《史记·六国表集解》引）

禹兴于西羌，即是禹传说出于姜姓民族的铁证。因为禹兴于西羌，所以后来又有“戎禹”之称。《太平御览》八十二引《尚书纬·帝命验》说：

修纪……生姒戎文命禹。

《注》云，“姒，禹氏；禹生戎地，一名文命”。《潜夫论·五德志》也说：

修纪……生白帝文命戎禹。

禹与戎族有关的证据更见于六艺之文的《诗经·商颂·长发篇》说：

洪水芒芒，禹敷下土方，外大国是疆，幅陨既长，有娀方将，帝立子生商。

“禹敷下土”而“有娀方将”（“娀”即“戎”，如鬼方称“媿”，羌戎称“姜”之例，）可见戎族是因禹而兴的了。

又《荀子·大略篇》说：

禹学于西王国。（《韩诗外传》卷五文略同。《新序》等书亦有同样文字。）

杨《注》，“或曰，‘大禹生于西羌；西王国，西羌之贤人也。’”禹生于西羌，家于西羌，学于西羌，称为“戎禹”，则禹为西方民族传说中的人物，岂不明甚！（《艺文类聚》六引《随巢子》说，“禹产于石”，“石”当是昆仑山之石，昆仑山也是西方的地名。）

禹与姜姓民族有关，尚有他证。如《周语下》说：

伯禹念前之非度，……共之从孙四岳佐之，高高下下，疏川导滞。

是禹平水土以姜姓民族的祖先四岳为辅佐，可见他们的关系了。再看《墨子·非攻下篇》：

昔者有三苗大乱，天命殛之。……高阳乃命禹于玄宫，禹亲把天之瑞令以征有苗，……苗师大乱，后乃遂几（几，微也）。禹既已克有三苗，焉历为山川，别物上下，乡制四极，而神民不违，天下乃静。

《墨子》中的“高阳”就是天帝（详下），三苗大乱，天帝命禹去征伐，把苗人征灭。禹克了三苗，就“历为山川，别物上下”，成就他的“地平天成”的大功。这大足以补充《吕刑》的记载，可见禹真是姜姓民族创世的恩主了 。（《史记·殷本纪》引《汤诰》说，“古禹皋陶——皋陶即伯夷，我等别有考——，久劳于外，其有功乎民，民乃有安。东为江，北为济，西为河，南为淮，四渎已修，万民乃有居。后稷降播，农殖百穀。三公咸有功于民，故后有立。昔蚩尤与其大夫作乱百姓，帝乃弗予。有状，先王言不可不勉”！案，此即《吕刑》之别本。在此文中，禹事更居重要的地位。）

禹与西方戎族有关，尚有一个铁证：我们知道西方戎族的大支叫做“九州之戎”，而禹与“九州”更有不可分解的关系，“禹定九州”，是谁都知道的传说，其实所定的“九州”就是由西方的“古九州”扩充而成的（后来邹衍的“大九州”又由禹的“九州”扩充而成）。如《墨子·尚贤上篇》说：

禹举益于阴方之中，授之政，九州成。

案，九州戎又称阴戎（见《左传》），《左传》哀公四年说，“蛮子赤奔晋阴地，……士蔑乃致九州之戎，将裂田以与蛮子而城之。……”《墨子的》“阴方”便是《左传》的“阴地”，“九州”也便是九州之戎的“九州”，这是一件很显明的事实！又据我们近来的研究，分布天下的“五岳”实由姜姓民族的祖先“四岳”所演成（参看“九州之戎与戎禹”），则分布天下的“九州”也由姜姓民族根据地的“九州”所演成，自是极可能的事了。

不但禹的传说起于西方的戎族。就是鲧的传说也是如此。《海内经》说：

黄帝生骆明，骆明生白马，白马是为鲧。

是鲧为黄帝之后。而《大荒北经》则说：

黄帝生苗龙，苗龙生融吾，融吾生弄明，弄明生白犬，白犬有牝牡，是为犬戎。

是犬戎也是黄帝之后。鲧与犬戎同出西方传说中人物之黄帝。他们的父亲或为骆明或为弄明，又像是一人。他们的本名上又各有一个“白”字，又同以兽类为名。则说他们出于一源，自近事实。《大荒北经》叙犬戎世系之后，又说道：

有赤兽，马状无首，名曰“戎宣王尸”

鲧是一头“白马”，戎宣王尸也是“马状”；鲧被“殛死”，戎宣王尸也是“无首”；鲧尸化为黄熊，戎宣王尸也是一头赤兽，黄赤色近（《汲冢琐语》又记晋平公梦见赤熊窥屏，即《左传》《国语》所记梦见鲧事，则鲧亦为赤色，与戎宣王同）；是鲧即戎宣王也颇可能。《大荒北经》又说：

有鲧攻程州之山。

“程州”或即“文王卒于毕郢”的“毕郢”；《周书》称“周王宅程”（《大匡解》），《史记·正义》引《周书》，“程”作“郢”，可证。此说如然，则程州地在西方，或是古九州之一（又今河南洛阳有古程国，程州或在此，其地亦近戎区）。鲧与九州戎族有关，此亦一证。又《中山经》说：

青要之山，实维帝之密都。北望河曲，是多驾鸟；南望墠渚，禹父之所化。

案，《水经·伊水注》，“墠渚水，水上承陆浑县东墠堵；……即《山海经》所谓，‘南望墠堵，父之所化’”。是鲧所化之处正在陆浑之戎区域之中。陆浑戎即九州戎的一支，见于《左传》。

又鲧为有崇伯，见《周语》（《路史注》引《连山易》也说“鲧封于崇”）；崇山即嵩山，详王念孙《读书杂志》四之二；嵩山也近九州之戎的区域。至鲧即共工，共工为九州伯（鲧与九州的关系，无待详说），见《鲁语》《左传》；为姜姓民族之祖，见《周语》。又禹称“崇禹”，见《逸周书·世俘解》；都阳城，见古本《竹书纪年》及《世本》（《汉书·地理志注》引）；《孟子》也称“禹避舜之子于阳城”（《万章篇》）；《汉书·地理志》又称阳翟为夏禹国；阳城阳翟并在嵩山附近。禹又即后土句龙，句龙为共工之子，姜姓之祖，能平九州。据上种种证据，鲧禹传说出于九州之戎，殆无可疑了！（又禹治鸿水的传说中以“凿龙门，辟伊阙”二事为最著，龙门伊阙亦在古九州区域中。）

五、鲧禹与尧舜的关系是如何来的

在金文《诗经》《周书》和《山海经》等书里提到鲧禹，只把他们同上帝说在一起，而没有把他们同尧舜发生关系过。尧舜这两个人，在金文《诗》《书》里甚至于不曾露过面，他们是怎样来的，我们不能详知（近人钱玄同，郭沫若，杨宽正诸先生都以为尧舜就是上帝，我们也相当的赞同）。但到了战国时代，尧舜的传说已经大盛，于是那上帝部的鲧禹便也渐渐变成尧舜的部属了。

最先将禹与尧舜发生关系的书是《论语》。《泰伯篇》说：

子曰，“巍巍乎舜禹之有天下也而不与焉”。

《尧曰篇》说：

舜亦以命禹。

“不与”的“与”当解为“尧以天下与舜，舜以天下与禹”的“与”（旧解以“不与”为“不与求天下”，非是）。《论语》这两章都是禅让传说下的产品，而禅让传说乃是墨子以后才盛行的（参看颉刚所著《禅让传说起于墨家考》，见本编）。所以这两章必是墨子以后的文字。据近人的探究，《论语》这书到《汉代》才被编定（友人赵贞信先生持此说最坚，将有大部作品发表），里面有晚出的材料，自是可能。关于《尧曰篇》的《尧曰章》，崔述已经勇猛地怀疑过，据我们的考定，这章也是战国秦汉间的产品（说详《禅让传说起于墨家考》），所以"舜亦以命禹"一语决不是春秋时的孔子所能说的。至于《泰伯篇》末几章称道尧舜禹的，近世中外学者也常常加以怀疑，他们的见解也是不错的！据《孟子·滕文公篇》：

> 以天下与人易，为天下得人难。孔子曰，"……君哉舜也，巍巍乎有天下而不与焉"。

所引孔子的话与《论语》同，而有舜无禹，可见这章文字在战国时的本相。

其实禹与尧舜在墨家的原始传说里还不曾发生关系。《墨子书尚贤上篇》说：

> 古者尧举舜于服泽之阳，授之政，天下平；禹举益于阴方之中，授之政，九州成。

它提出了尧舜和禹益的关系，却不曾提出舜禹的关系来。我们知道墨家是主张尚贤说和禅让说的，他们如知道有舜举禹的故事，焉有不提的道理？再看《论语·颜渊篇》说：

> 舜有天下，选于众，举皋陶，不仁者远矣。（案，这章也是墨家的话，但增入《论语》中似乎较早。）

可见舜所特举的人是皋陶，并不是禹。如当时已有舜举禹的传说，他们也决没有舍禹而言皋陶之理！《孟子》便说，"尧以不得舜为己忧，舜以不得禹皋陶为己忧"。在皋陶之上添出了禹了。

然则禹是谁举的呢？据墨家说是天举的。《尚贤中篇》说：

> 然则天之所使能者谁也？曰，若昔者禹稷皋陶是也。何以知其然也？先王之书《吕刑》道之曰"……"

可见早期的墨家还承袭着《吕刑》上帝命三后的传说。

天怎样的举禹呢？墨家说：

昔者有三苗大乱，天命殛之。……高阳乃命禹于玄宫，禹亲把天之瑞令以征有苗。……禹既已克有三苗，焉历为山川，别物上下，乡制四极，而神民不违，天下乃静。(《非攻下》)

昔三苗大乱，天命殛之。天命夏禹于玄宫，……四方归之。禹乃克三苗，而神民不违，辟土以王。(《太平御览》等书引《随巢子》)

两文互勘，知道是天帝命禹去征伐有苗，禹打平了三苗，就平治水土，自立为天子了。这是禹的受命说，也是渊源于《吕刑》的。

因为禹征有苗是奉的天帝的命，而不是奉的尧舜的命，所以他的誓师词是这样：

禹曰，"济济有众，咸听朕言：非惟小子敢行称乱，蠢兹有苗，用天之罚。若予既率尔群封诸君以征有苗"。(《兼爱下》引《禹誓》)

看他这样的独断独行，称天而治，与汤武伐桀纣的口气完全一样，哪里有一毫人臣的气息?

因为禹的有天下也是受的上帝的命，而不是受的舜的禅让，所以墨家又说：

昔者禹征有苗，汤伐桀，武王伐纣，此皆立为圣王。(《非攻下》)

可见禹是"征有苗"而"立为圣王"的，与汤伐桀而有天下，武王伐纣而有天下的程序一模一样。因之他们又说：

昔者三代之圣王：禹，汤，文，武，百里之诸侯也，说忠行义取天下。(《鲁问篇》)

禹和汤文武一样都是以"百里诸侯"起家而取天下的。

尧舜相代与舜禹相代的程序不同，就是汉人的书里也有明证的。《大戴礼记·少间篇》说：

昔虞舜以天德嗣尧。……舜崩，有禹代兴；禹卒受命，乃迁邑姚姓于陈。……禹崩，十有七世，乃有末孙桀即位；桀不率先王之明德，……乃有商履代兴，……成汤卒受天命。……乃迁姒姓于杞。……

我们看：舜是嗣尧的，禹是在舜崩后代舜而兴的，两者的措辞不同。禹迁姚姓于陈，汤迁姒姓于杞，舜却不曾迁尧后于什么地方。可见禹的代舜与汤的代夏略同，和舜的继尧的程序不合。这正与墨家的话相应（本篇上文又说，“昔尧取人以状，舜取人以色，禹取人以言，汤取人以声，文王取人以度，此四代五王之取人以治天下如此”。以尧舜禹汤文王为四代五王，可见《少间篇》的作者乃以尧舜为一代，而以禹汤文王分属三代，此亦可证舜之继尧与禹之代舜不同）。《孔子三朝记》（《少间篇》是《孔子三朝记》中的一篇）中多有墨家的话，陈澧《东塾读书记》已论之，此亦一证。《三朝记》的另一篇《诰志》也说：

> 文王治以俟时，汤治以伐乱，禹治以移众，众服以立天下；尧贵以乐治，时举舜；舜治以德，使力在国。……

这里也提到尧举舜，而不曾提舜举禹的事。禹乃是因“众服”而“立天下”的。——这也正与墨家的话相应。

舜禹不曾发生直接的关系，这实在是较早的观念，试看儒家记载古史的书《国语》也是这样说：

> 伯禹念前之非度，厘改制量，象物天地。……帅象禹之功度之于轨仪，莫非嘉绩，克厌帝心。皇天嘉之，祚以天下，赐姓曰“姒”，氏曰“有夏”，谓其能以嘉祉殷富生物也。（《周语下》）

它也以伯禹的为天子是因为他的功“克厌帝（上帝）心”，所以“皇天嘉之”，便“祚以天下”了。可见禹确不曾受舜的禅。这也正与墨家和《吕刑》的话相应。《周语》下文又说：

> 王……无亦鉴于黎苗之王，下及夏商之季。

可见黎苗之王与夏商之季君是同等的人物。汤武伐夏商而有天下，禹征有苗而有天下，三代的开创正是先后一律的！

今本《墨子》里固然也说：

> 昔者尧有舜，舜有禹，禹有皋陶。……

把舜禹和禹皋陶发生了君臣的关系，与后代的话相近。但这话只见于《尚贤下篇》，《墨子》中凡有上中下篇的文字，中下篇都较上中篇晚出：下篇的文字常较中篇为详，中篇的文字又常较上篇为详（偶有中下篇较上中篇文字简略的，乃出于脱文缺简之故），其附益的痕迹显然，这点前人已有说过的了。何况这篇的下文又说：

日月之所照，舟车之所及，雨露之所渐，粒食之所养，得此莫不劝誉。

这类话正和秦始皇帝《琅琊刻石》《大戴礼记·五帝德》，《小戴礼记·中庸篇》等语句一律，自出秦后了!（今本《今文虞书》也是很晚出的书，但里面还只有禹为舜臣的传说而没有舜禹禅让的故事，可见舜禹的关系确是逐渐添加成的。）

在墨家的原始传说里，非但禹与尧舜不曾发生关系，就是鲧与尧舜也是风马牛不相及的。《墨子·尚贤中篇》说：

昔者伯鲧，帝之元子，废帝之德庸，既乃刑之于羽之郊，乃热照无有及也，帝亦不爱。

这里的"帝"也是上帝。据《世本》《帝系》等书，鲧是颛顼的儿子，颛顼号"高阳"，而高阳在《墨子》中正是天帝（见上）。鲧是天帝的儿子，废天帝的德庸，被天帝所刑，他与尧舜有什么关系?（友人杨宽正先生以为颛顼即尧，我们也相当的赞同，此处所云，不可拘泥文字看。）

鲧禹与尧舜的发生交涉是由于尚贤说和禅让说的发展。尚贤说和禅让说本是墨家因要适合时势而提出的，并不是古代固有的思想和事实。但墨家虽主张尚贤禅让，他们却只知道有尧舜禅让说，并不知道另有舜禹禅让的故事。等到禅让说流传既久，人们觉得单是尧舜禅让还不足资鼓吹，非使舜禹也发生传位的关系，不见古先圣王的心心相传；于是舜禹禅让说便又应运而起了。

孟子是战国中晚期的儒家大师，他深得墨家的三昧，善于创造古史；恰巧他有一个学生叫做万章，偏偏专会怀疑古史，他常常想出了难题去窘难他的老师，有一次他又问他的老师道：

人有言：至于禹而德衰，不传于贤而传于子，有诸?

因为汤武征诛说阻住了禅让说的发展，逼得禹不能传贤非传于子不可，于是人们起了"禹德衰"的怀疑。万章拿这个去质问孟子，确是一个难题；只因在儒家的观念中，尧舜禹的道德是均等的，怎能使圣王的禹有"德衰"的嫌疑呢?这非解释不可。幸亏孟子有本领，他立刻辩护道：

否，不然也!天与贤则与贤，天与子则与子：昔者舜荐禹于天，十有七年，舜崩，三年之丧毕，禹避舜之子于阳城，天下之民从之，若尧崩之后，不从尧之子而从舜也。禹荐益于天，七年，禹崩，三年之丧毕，益避禹之子于箕山之阴，朝觐讼狱者不之益而之启，曰"吾君之子也"；讴歌者不讴歌益而讴歌启，曰，“吾君之子也”。丹朱之不肖，舜之子亦不肖；舜之相尧，禹之相舜也，历年多，施泽于民久；启贤，能敬承继禹之道；益之相禹也，历年少，施泽于民未久；舜禹益相去久远，其子之贤不肖，皆天也，非人之所能为也。……匹夫而有天下者，德必若舜禹，而又有天子荐之者。……孔子曰，“唐虞禅，夏后殷周继，其义一也”。（《万章篇》）

“传贤”和“传子”满是天意，不是人力所能改变的。只因舜相尧，禹相舜的年岁长，对于百姓的关系深，而益相禹的年岁短，对于百姓的关系也浅；加之尧舜的儿子都不肖，不足继承天下；而禹的儿子偏偏贤能，足以继禹；所以舜禹能受尧舜的禅让，而益没分受禹的天下。这个回答是何等的巧妙！在这段话里就出现了“舜荐禹于天”和“禹避舜之子”等故事；于是以“百里诸侯”起家，受天命征有苗而有天下的禹也就轻轻的改成了匹夫受天子的荐而有天下的禹了。（《战国策》等书也说，“禹无百人之聚以王诸侯”，禹非但失却了百里的根据地，便连“百人之聚”的实力也不许他有了。）

自从禹与舜发生关系，于是鲧也就与舜打起交道来。《国语·晋语五》说：

舜之刑也殛鲧，其举也兴禹。（《左传》僖公三十三年文同，“刑”作“罪”。）

舜刑了有罪的鲧，却举了鲧的贤能的儿子禹，这是何等的大公无私（舜殛鲧兴禹，又见于《孟子》《尧典》等书）。但是就在《国语》和《左传》的本书里又有异说：

其在有虞，有崇伯鲧播其淫心，称遂共工之过，尧用殛之于羽山。（《周语下》）

昔尧殛鲧于羽山。（《左传》昭公七年）

它们又说鲧是尧殛的（尧殛鲧用禹又见于《吕氏春秋》等书）。鲧一个人如何会被尧舜两人所殛呢？太史公又替他们圆谎道：

驩兜进言共工……共工果淫辟；四岳举鲧治鸿水，……试之而无功；……三苗在江淮荆州数为乱，于是舜归而言于帝（尧），请流共工于幽陵，以变北狄；放驩兜于崇山，以变南蛮；迁三苗于三危，以变西戎；殛鲧于羽山，以变东夷。四罪而天下咸服。（《史记·五帝本纪》）

原来四凶都是舜言于尧而放殛的，这就调和了乖异的传说，汉人的整齐古史的本领巧妙如此！

《荀子·成相篇》说：

> 尧舜尚贤身辞让。……舜授禹以天下，尚得（德）推贤不失序，外不避仇，内不阿亲，贤者予。禹劳心力尧有德，干戈不用三苗服。

“外不避仇”便是指的殛鲧而兴禹；“内不阿亲”便是指的舜不传天下于商均而传禹。在这里虽又变成尧臣；“殛三苗”变成了“三苗服”，“征有苗”也变成了“干戈不用”了。（《吕氏春秋》等书均记舜格三苗的故事，《孟子》《尧典》等书又记“舜窜三苗”，《战国策》等书又记“舜伐三苗”；到了《伪大禹谟》出世，“禹征有苗”的故事竟由一举成功而变成暂时失败了。）

自从有了舜禹禅让说，立刻便风靡一世，如《庄子》，《吕氏春秋》，《韩非子》，《战国策》等书均称道舜禹禅让不绝。但《韩非子》中又有一种异说：

> 舜逼尧，禹逼舜，汤放桀，武王伐纣，此四王者，人臣弑其君者也；而天下誉之。（《说疑篇》）

禹曾“逼舜”“弑君”，又是一个新发现。这与《汲冢古文》等书所记“舜放尧”“囚尧”和“禹黜舜”等说，都是出于禅让说的反应。

最后，还有一事，应得附带讨论，便是洪水和治水的传说与尧舜的发生关系。尧舜传说最初的出现与洪水和治水的故事了无关涉；如《墨子》《论语》等书所记，尧舜只有“尚贤”一事最见称道，因尧舜传说本是以禅让故事为其核心的，与鲧禹传说本以洪水和治水的故事为其核心一般；两者间原不相涉；故《墨子》引《夏书》道：

> 禹七年水。（《七患篇》）

可见洪水原是禹为天子后的事，与尧舜无关。墨家又说：

> 古者禹治天下，西为西河渔窦，以泄渠孙皇之水，……此言禹之事，吾今行兼矣。（《兼爱上》）

可见治水也原是“禹治天下”时的事，也与尧舜无关。墨家又记禹克了三苗之后，“焉历为山川，别物上下，乡制四极，而神民不违，天下乃静”（《非攻下》）。“历为山川”等语便是指治水的事，可见这等事确是发生于禹有天下之后的。

洪水和治水的事发生于禹为天子以后，还有许多记载可作旁证，如：

故禹十年水。(《荀子·富国篇》)

禹立，勤劳天下，……通大川，决壅塞。(《吕氏春秋·古乐篇》)

禹之王天下也，身执耒臿，以为民先。(《韩非子·五蠹篇》)

禹之时，十年九潦。(《庄子·秋水篇》)

禹五年水。(《管子·山权数篇》)

夏人之王，……疏三江，凿五湖。(同上《轻重戊篇》)

禹之时天下大雨。……禹遭洪水之患，陂塘之事，故朝死而暮葬。(《淮南子·齐俗训》)

禹之时天下大雨。……故节财薄葬闲服生焉。(同上《要略篇》)

这些话都与《墨子书》相证。此外如《禹贡》全篇详载禹治水的事而不提尧舜只字；末云，"禹锡玄圭，告厥成功"，也是说禹向天帝告成功，天帝赐给禹玄圭；即可见洪水和治水的故事，尧舜原本无分，只因鲧禹与他们发生了关系，所以洪水等传说也便不得不与他们发生不可解的因缘了。

据上面的叙述，可得结论如下：

(一)鲧禹颇有从天神变成伟人的可能。

(二)禹的神职是主领名山川的社神。

(三)鲧禹治水传说的本相是填塞洪水，布放土地，造成山川；后来因战国时势的激荡，变成筑堤，疏导和随山刊木等等。

(四)鲧禹传说的来源地是西方九州之戎的区域。

(五)鲧禹本都是独立的人物，因墨家的尚贤和禅让说的媒介，才与尧舜等人发生关系。

以上五条结论，除第四条外，仍与《古史辨》第一册颉刚所著各文的结论大致相合；这并不是我们故意护前，实在是在现存的材料之下，用考证的方法去整理，不能不得到这样的结果。

本章撰成以后，还有许多余剩的材料，因较为片段，没法写成专节，只得拣重要的补叙于下：

(一)禹娶涂山女生启的故事(涂山据钱宾四先生的意见，即古九州区域中的三涂山)。《楚辞·天问》说：

禹之力献功，降省下土四方，焉得彼嵞山女而通之于台桑？闵妃匹合，厥身是继，胡为嗜不同味而快鼌饱？

这是说禹治水时得到了一位涂山女，在台桑的地方结成夫妇。《吕氏春秋·音初篇》也说：

> 禹行功，见涂山之女，禹未之遇而巡省南土；涂山氏之女乃令其妾候禹于涂山之阳。女乃作歌，歌曰，“候人兮猗”！实始作为“南音”。周公及召公取风焉，以为《周南·召南》。

禹因行功（治水）之便，去见涂山女，不曾“遇”着，便去巡省南土。涂山氏之女也很想“遇”禹，就派她的妾到涂山之阳去等候禹，并作歌以见意，想引诱了禹来。这首歌便是“南音”之始。“南音”又是《周南·召南》的娘家。足见“关雎乐而不淫”原来是涂山氏的遗德。《吴越春秋》记：

> 禹三十未娶，行到涂山，恐时之暮，失其度制，乃辞云，“吾娶也，必有应矣”！乃有白狐九尾造于禹。禹曰，“白者，吾之服也；其九尾者，王之证也”。涂山之歌曰，“绥绥白狐，九尾庬庬，我家嘉夷，来宾为王，成家成室，我造彼昌，天人之际，于兹则行，明矣哉”！禹因娶涂山，谓之女娇。（《越王无余外传》）

禹行到涂山，因年已长，心想娶妻，便有一头九尾白狐来到他的面前，禹认是自己的当王之征，就娶了一位涂山氏女为妻。这个故事当是东方民族的神话，考《山海经》载：

> 青丘国在其（朝阳）北，其狐四足九尾。一曰在朝阳北。（《海外东经》）
>
> 有青丘之国，有狐九尾。（《大荒东经》）

是九尾狐产生于东方的青丘国。案《吕氏春秋·求人篇》云，“禹东至鸟谷青丘之乡”。则青丘确是东方的国。《逸周书·王会解》亦云，“青丘狐九尾”，《注》，“青丘，东海地名”。（《山海经·南山经》亦云：“又东三百里，曰青丘之山……有兽焉，其状如狐而九尾”。郭《注》，“即九尾狐”。此青丘仍在东方也）。又案《诗·齐风·南山篇》云：

> 南山崔崔，雄狐绥绥，鲁道有荡，齐子由归，既曰归止，曷又怀止。

郑玄《笺》，“雄狐行求匹耦于南山之上，形貌绥绥然”。这也可证男女匹合的事东方人当以狐兽作比。至于东方的神话怎会混入西方传说中人物禹的故事中呢？关于这点，我们以为是越祖杼的故事的传讹。考《海外东经注》引《汲郡竹书》云：

伯杼子征于东海及三寿，得一狐九尾。

禹遇九尾白狐的故事既见于记载吴越神话的书，越祖杼又有得九尾狐的传说，则我们的假定似还可以成立。《吴越春秋》记禹娶涂山女后又载：

取辛壬癸甲，禹行。十月，女娇生子启；启生不见父，昼夕呱呱啼泣。

案，《皋陶谟》称，“（禹）娶于涂山，辛壬癸甲，启呱呱而泣，予（禹）弗子”。盖即《吴越春秋》所本。这个故事之详已不甚可知了。《逸周书·世俘解》载：

籥人奏《崇禹生开》，三终，王定。

“开”即是“启”，“崇禹生里”既成了乐名，定是古代的一件大故事。考《绎史》十二引《随巢子》载禹娶了涂山女之后，有一次因：

治鸿水，通轘辕山，化为熊。涂山氏见之，惭而去，至嵩高山下，化为石。禹曰，“归我子”！石破北方而生启。

禹因治鸿水想打通轘辕山，摇身一变，化成了一头熊。不巧恰被他的太太涂山氏看见，她惭愧得赶快逃走，到了嵩高山下，也摇身一变，化成了一块石头。禹追上去向她要儿子，石头忽然自己破裂了北方，从里面掉出一个启来，这就是所谓“启生于石”的故事。后来汉武帝行到嵩山，也曾亲眼看见夏后启母石。案《淮南子·脩务训》称：

禹生于石。

《注》云，“禹母脩己感石而生禹，折胸而出”。禹启父子之生都与石发生关系，真也是一件奇巧的事：这大约本是社神的传说罢（据近人考究，古以石为社?）（关于涂山女的故事，请参看“《路史》里的夏史”一章）。

（二）禹铸九鼎的故事。这件故事始见于《史记·封禅书》记汉武帝得了宝鼎之后，有司议道：

闻昔泰帝兴神鼎一，一者壹统；天地万物所系终也。黄帝作宝鼎三，象天，地，人。禹收九牧之金，铸九鼎。皆尝亨鬺上帝鬼神。遭圣则兴。（《孝武本纪》文同。）

泰帝造了一个鼎，黄帝造了三个，禹又铸了九个，他们三倍三倍的增加。但是禹铸九鼎的传说不见于先秦书：我们看《左传》，只知道九鼎是夏方有德时造的（宣三年），没有作者的主名。看《墨子》，又知道九鼎是启造的（《贵义篇》），则先秦时似无禹铸鼎之说。考《孟子·尽心篇》记：

高子曰，“禹之声，尚文王之声”。孟子曰，“何以言之”？曰，“以追蠡”。曰，“是奚足哉！城门之轨，两马之力与？”

赵岐《注》，“禹时钟在者追蠡也。追，钟钮也；……蠡，欲绝之貌也。文王之钟不然，以禹为尚乐也。”据此战国时有传说的禹的乐器存在。《管子·山权数篇》记：

禹五年水，……禹以历山之金铸币，而赎民之无卖子者。

据此，禹曾取历山的铜铸造货币。在先秦时的传说（虽然《管子书》时代或许更晚），禹有钟有币，就是没有鼎。

此外如尧舜禹的道统说，以及禹的“节用”“薄葬”等等美德，都出于儒墨等学派的宣传。儒墨们的主张怎样，禹也便怎样。这类传说既多且碎，一时不胜考据，我们只得留俟研究儒墨等学说时再讨论了。

又本章所述鲧禹的传说，大致都是《史记》以前的材料，除随文提及者外，其余晚出的材料都归“伪《古文尚书》里的夏史”及“《路史》里的夏史”等章中讨论之。

该文首次刊于《夏史考》第四章，1937 年。选自吕思勉、童书业编《古史辨》第七册下编，上海开明书店 1941 年版。

胡　适

胡适（1891—1962），原名嗣糜，学名洪骍，字希疆，后改名胡适，字适之，乃取自当时盛行的达尔文学说“物竞天择，适者生存”一语。笔名天风、藏晖等，安徽绩溪上庄村人，现代著名学者。胡适因提倡文学革命而成为新文化运动的领袖之一。他兴趣广泛，在文学、哲学、史学、考据学、教育学、伦理学、红学等诸多领域都有杰出贡献。胡适还是中国自由主义的先驱。民国时期历任北京大学教授、北京大学文学院院长、中华民国驻美利坚合众国特命全权大使、美国国会图书馆东方部名誉顾问、北京大学校长、中央研究院院士，1949 年寄居美国，曾任普林斯顿大学教授，后去台湾，任台湾“中央研究院”院长等职。其一生被国内外 30 多所大学授予名誉博士。1962 年，在台湾的一个酒会上突发心脏病去世。

诸子不出于王官论

今之治诸子学者，自章太炎先生以下，皆主九流出于王官之说。此说关于诸子学说之根据，不可以不辨也。此说始见《汉书·艺文志》，盖本于刘歆《七略》，其说曰：

> 儒家者流，盖出于司徒之官。……
>
> 道家者流，盖出于史官。……
>
> 阴阳家者流，盖出于羲和之官。……
>
> 法家者流，盖出于理官。……
>
> 名家者流，盖出于礼官。……
>
> 墨家者流，盖出于清庙之守。……
>
> 纵横家者流，盖出于行人之官。……
>
> 杂家者流，盖出于议官。……
>
> 农家者流，盖出于农稷之官。……

小说家者流，盖出于稗官。……（本十家，原文有“其可观者九家而已”之语，故但言九流。）

此所说诸家所自出，皆属汉儒附会揣测是之辞，其言全无凭据；而后之学者乃奉为师法，以为九流果皆出于王官。甚矣先人之言之足以蔽人聪明也。夫言诸家之学说，间有近于王官之所守，如阴阳家之近于占候之官，此犹可说也。即谓古者学在官府，非吏无所得师，亦犹可说也。至谓王官为诸子所自出，甚至以墨家为出于清庙之守，以法家为出于理官，则不独言之无所依据，亦大悖于学术思想兴衰之迹矣。今试论此说之谬，分四端言之：

第一，刘歆以前之论周末诸子学派者，皆无此说也。

甲，《庄子·天下篇》。

乙，《荀子·非十二子篇》。

丙，司马谈《论六家要旨》。

丁，《淮南子·要略》。

古之论诸子学说者，莫备于此四书，而此四书皆无出于王官之说。《淮南要略》（自“文王之时，纣为天子”以下）专论诸家学说所自出，以为诸子之学皆起于救世之弊，应时而兴。故有殷周之争，而太公之阴谋生；有周公之遗风，而儒者之学兴；有儒学之敝，礼文之烦扰，而后墨者之教起；有齐国之地势，桓公之霸业，而后管子之书作；有战国之兵祸，而后纵横修短之术出；有韩国之法令“新故相反，前后相缪”，而后申子刑名之书生；有秦孝公之图治，而后商鞅之法兴焉。此所论列，虽间有考之未精；然其大旨以为学术之兴皆本于世变之所急，其说最近理。即此一说，已足摧破九流出于王官之陋说矣。

第二，九流无出于王官之理也。周官司徒掌邦教，儒家以六经设教，而论者遂谓儒家为出于司徒之官。不知儒家之六籍，多非司徒之官之所能梦见。此所施教，固非彼所谓教也。此其说已不能成立。其最谬者，莫如以墨家为出于清庙之守。夫以“墨”名家，其为创说更何待言？墨者之学，仪态万方，岂清庙小官所能产生？《七略》之言曰：

茅屋采椽，是以贵俭；养三老五更，是以兼爱；选士大射，是以上贤；宗祀严父，是以右鬼；顺四时而行，是以非命；以孝视天下，是以上同。

此其所言，无一语不谬。墨家贵俭，与茅屋采椽何关？茹毛饮血，穴居野处，不更俭耶？又何不谓墨家为出于洪荒之世乎？养三老五更，尤不足以尽兼爱。墨家兼爱，本之其所谓“天志”；其意欲兼而爱人，兼而利人，与陋儒之养老异矣。选士大射，岂属清庙之守，其说已为离本；至谓“宗祀严父，是以右鬼，以孝视天下，是以上同”，则更荒谬矣！墨家爱无差等，何得宗祀严父？其上同之说，谓一同天下之义，与儒家之以孝治天下，全无关系也。墨家非命之说，要在使人知祸福由于自召，丰歉有待耕耘，正攻儒家“死生有命，富贵在天”之说；若“顺四时而行”，适成有命之说，更何“非命”之可言？

凡此诸端，皆足徵墨家之不出于王官。举此一家，可例其他。如云纵横之术出于行人之官，不知行人自是行人，纵横自是纵横；一是官守，一为政术，二者岂相为渊源耶？《周礼》尝有掌皮之官矣，岂可谓今日制革之术为出于此耶？

第三，《艺文志》所分九流，乃汉儒陋说，未得诸家派别之实也。古无九流之目，《艺文志》强为之分别，其说多支离无据。如晏子岂可在儒家，管子岂可在道家？管子既在道家，韩非又安可属法家？至于《伊尹》，《太公》，《孔甲盘盂》，种种伪书，皆一律收录，其为昏谬，更不待言。其最谬者，莫如论名家。古无名家之名也；凡一家之学，无不有其为学之方术，此方术即是“逻辑”。是以老子有无名之说，孔子有正名之论，墨子有三表之法，别墨有《墨辩》之书（即今《墨子书》中之《经》上下、《经说》上下、《大取》、《小取》诸篇），荀子有《正名》之篇，公孙龙有名实之论，尹文子有刑名之论，庄周有齐物之篇，皆其“名学”也。古无“名学”之家，故“名家”不成为一家之言。（此说吾于所著《先秦名学史》中详论之，非数言所能尽也。）惠施，公孙龙，皆墨者也，观《列子·仲尼篇》所称公孙龙之说七事，《庄子·天下篇》所称二十一事，及今所传“《公孙龙子》”书中《坚白》，《通变》，《名实》诸篇，无一不尝见于《墨经》，（晋人如张湛、鲁胜之徒，颇知此理。至于惠施主兼爱万物，公孙龙主偃兵，尤易见。）皆其证也。其后学术散失，汉儒固陋，但知掇拾诸家之伦理政治学说，而不明诸家为学之方术，于是凡“苛察缴绕”（《司马谈》话）之言，概谓之“名家”。名家之目立，而先秦学术之方法沦亡矣。刘歆、班固承其谬说，列名家为九流之一，而不知其非也。先秦显学，本只有儒、墨、道三家，后世所称法家如韩非，“管子”，（管仲本无书。今所传《管子》，乃伪书耳。）皆自属道家任法，任术，任势以为治，皆“道”也。其他如《吕览》之类，皆杂糅不成一家之言。知汉人所立“九流”之名之无徵，则其九流出于王官之说不攻而自破矣。

第四，章太炎先生之说，亦不能成立。近人说诸子出于王官者，惟太炎先生为最详。（其说见《诸子学略说》，此篇今不列于《章氏丛书》）。然其言亦颇破碎不完。如引《艺文志》之说而以为“此诸子出于王官之证”，此如《惠施》所云以弹说弹（见《说苑》），不成论证也。其称老聃为柱下史，为徵藏史，以为道家固出于史官。然则孔丘尝为乘田矣，尝为委吏矣，岂可遂谓孔氏之学固出于此耶？又云“墨家先有史佚，为成王师，其后墨翟亦受学于史角。”史佚之书，今无所考，其名但见《艺文志》，其书之在墨家，亦犹晏子之在儒家与伊尹、太公之在道家耳。若以墨翟之学于史角，为诸子出于王官之证，则孔子所帅事者尤众矣。况史佚、史角既非清庙之官，则《艺文志》墨家出于清庙之说亦不能成立。又云，“其他虽无徵验，而大抵出于王官”。然则太炎先生亦知其为无徵验矣。

太炎先生又曰：“古之学者多出王官，世卿用事之时，百姓当家则务农商畜牧，无所谓学问也；其欲学者，不得不给事官府，为之胥徒，或乃供洒扫为仆役焉。故《曲礼》云，‘宦学事师’。学字本或作御。所谓宦者，谓为其宦寺也。”（适按此说似未必然。《郑注》云，宦，仕也。《正义》引《左传》宣二年服虔《注》云，宦，学也，谓学仕官之事。其说似近是。）所谓御者，谓为其仆御也。（适按原作学本可通。《正义》谓学习六艺是也。即作御，亦是六艺之一。古者车战之世，射御并重，孔子亦有吾执御矣之言，未必是仆役之贱职也。）……《说文》云，“仕，学也”。仕何以得训为学，所谓官于大夫，犹今之学习行走耳；是故非仕无学，非学无仕”（《诸子学略说》）。又曰：“不仕则无所受书”（《订孔上》）。适按此言古代书册司于官府，故教育之权柄于王官，非仕无所受书，非吏无所得师。此或实有其事亦未可知；然此另是一问题。古者学在王官是一事；诸子之学是否出于王官又是一事。吾意以为即令此说而信，亦不足证诸子出于王官。盖古代之王官定无学术可言，《周礼》伪书本不足据；（无论如何，《周礼》决非周公时之制度。）即以《周礼》所言“十有二教”及“乡三物”观之，皆不足以言学术。徒以古代为学皆以求仕；故智能之士或多萃于官府。此如欧洲中世教会柄世政，才秀之士多为祭司神甫，而书籍亦多聚于寺院。以故，其时求学者，皆以祭司为师。故谓教会为握欧洲中古教育之柄可也；然岂可遂谓近世之学术皆出于教会耶？吾意我国古代，或亦如此？当周室盛时，教育之权或尽操于王官。然其所谓教，必不外乎祀典卜筮之文，礼乐射御之末，其所谓“师儒”，亦如近世“训导”“教授”之类耳；其视诸子之学术，正如天地之悬绝。诸子之学不但决不能出于王官；果使能与王官并世，亦定不为所容而必为所焚烧坑杀耳。此如欧洲教会尝操中古教育之权，及文艺复兴之后，私家学术隆起，而教会以其不利于己，乃出其全力以抑阻之。哲人如卜鲁诺（Bruno）乃遭焚杀之惨。其时科学哲学之书多遭禁毁，笛卡儿至自毁其已着未刊之《天地论》。使教会当时竟得行其志，则欧洲今世之学术文化尚有兴起之望耶？是故教会之失败，欧洲学术之大幸也；王官之废绝，保氏之失守，先秦学术之大幸也，而世之学者，乃更拘守刘歆之谬说，谓诸子之学皆出于王官，亦大昧于学术隆替之迹已。

太炎先生《国故论衡》之论诸子学，其精辟远过其《诸子学略说》矣；然终不废九流出于王官之说。（其说又散见他书，如《孝经用夏法说》、《订孔上》诸篇。）其言曰："是故九流皆出王官，及其发舒，王官所不能与；官人守要，而九流究宣其义，是以滋长"（《原学》）。此亦无徵验之言。其言"官人守要而九流究宣其义"，大足贻误后学。夫义之未宣，便何要之能守？学术之兴，由简而繁，由易而赜；其简其易，皆属草创不完之际，非谓其要义已尽具于是也。吾意以为诸子自老聃孔丘至于韩非，皆忧世之乱而思有以拯济之；故其学皆应时而生，与王官无涉。诸家既群起，乃交相为影响，虽明相攻击，而冥冥之中已受所攻击者之熏化。是故孔子攻"报怨以德"之言，而其言无为之治则老聃之影响也。墨子非儒，而其言曰，"义者，正也，必从上之正下，无从下之正上"，则同于"政者正也"之说矣。又言必称尧舜古圣王，则亦儒家之流毒也。孟子非墨家功利之说，而其言政无一非功利之事。又非兼爱，而盛称禹稷之行，与不忍人之政，则亦庄生所谓"名实未亏而喜怒为用"者耳。荀子非墨，而其论正名，实大受墨者之影响。诸如此类，不可悉数。其间交互影响之迹，宛然可寻，而皆与王官无涉也。故诸子之学，皆春秋战国之时势世变所产生。其一家之兴，无非应时而起；及时变事异，则向之应世之学翻成无用之文，于是后起之哲人乃张新帜而起。新者已兴而旧存未踣，其是非攻难之力，往往亦能使旧者更新。儒家之有孟荀，墨家之有"别墨"。（别墨之名，始见《庄子·天下篇》。）其造诣远过孔墨之旧矣。有时一家之言蔽于一曲，坐使妙理晦塞，而其间接之影响，乃更成新学之新基。如庄周之言天地万物进化之理，本为绝世妙论，惜其"蔽于天而不知人"（荀卿之语），遂沦为任天安命达观之说。（此说流毒中国最深。《庄子》书中如《大宗师》诸篇，皆极有弊。）然荀卿韩非受其进化论，而救之以人治胜天之说，遂变出世主义而为救世主义，变乘化待尽之说而为戡天之论，变"法先王"之儒家而为"法后王"之儒家法家。学术之发生兴替，其道固非一端也。明于先秦诸子兴废沿革之迹，乃可以寻知诸家学说意旨所在；知其命意所指，然后可与论其得失之理也。若谓九流皆出于王官，则成周小吏之圣知，定远过于孔丘墨翟，此与谓素王作《春秋》为汉朝立法者，其信古之陋何以异耶？

民国六年四月草于赫贞江上寓楼

该文首次刊于《太平洋》1917 年第 1 卷第 7 号。选自罗根泽编《古史辨》第四册，朴社 1933 年版。

钱玄同

钱玄同（1887—1939），湖州鲍山人，原名夏，字中季，少号德潜，后更为掇献，又号疑古、逸谷，笔名浑然，五四运动以前改名玄同。常效古法将号缀于名字之前，称为疑古玄同。1906年，入日本早稻田大学，次年参加中国同盟会。在此期间，又师从章太炎学习声韵训诂。1910年春回国后，先后任嘉兴中学、海宁中学、湖州中学教员。辛亥革命后，在杭州教育专署任科员、视学。1913年秋，在北京高师附中任教，1916年任北京大学、北京高等师范教授，主授音韵学。1917年兼任《新青年》编辑，提倡文学改革，积极推动新文化运动。1928年任北师大国文系主任，教育部国语统一筹备会常委。抗日战争爆发后，因病不能随校撤离，留居北平，曾多次坚拒日伪聘请。1939年1月17日病故。

答顾颉刚先生书

颉刚先生：

先生所说“层累地造成的中国古史”一个意见，真是精当绝伦。举尧、舜、禹、稷，及三皇、五帝三代相承的传说为证，我看了之后，惟有欢喜赞叹，希望先生用这方法，常常考查多多发明，廓清云雾，斩尽葛藤，使后来学子不致再被一切伪史所蒙。我从前以为尧舜二人一定是“无是公”，“乌有先生”。尧，高也；舜，借为“俊”，大也（《山海经》的《大荒东经》作“帝俊”）。“尧”“舜”的意义，就和“圣人”“贤人”“英雄”“豪杰”一样，只是理想的人格之名称而已。中国的历史应该从禹说起。各教都有“洪水”的传说，想来是实有其事的，大概洪水以前便全无历史可稽了。尧舜这两个人，是周人想像洪水以前的情形而造出来的；大约起初是民间的传说，后来那班学者便利用这两个假人来“托古改制”。这类把戏，其实早被韩非戳破了，只因秦汉以后的学者太无见识，糊里糊涂地相信这是真人真史，直到康有为作《孔子改制考》，才把它弄明白了。今读先生之论，证以《长发》和《閟宫》两诗，方知连禹这个人也是很可疑的了。王静安说《商颂》是西周中叶宋国人的作品，此说我不以为然。王氏不信卫宏《序》以《商颂》为商诗之说，固然不错；以“景山”及人名、地名、用语、名称等等证明它是宋诗，尤为卓识。但王氏所举与《商颂》“语句相袭”的《苌楚》，《隰桑》，《石鼓文》，《云汉》，《烝民》，《常武》，《江汉》，《采芑》诸周诗，虽旧说以为宣幽时代的作品，然我却不敢贸然相信；况王氏又说，“其为《商颂》袭《风》《雅》，抑《风》《雅》袭《商颂》，或二者均不相袭而同用当时之成语，皆不可知”，则王氏本未尝以此等词句相像为《商颂》是西周时诗之证。但王氏又说，“《鲁颂》之袭《商颂》，则灼然事实。夫鲁之于周，亲则同姓，尊则王朝，乃其作颂不摹《周颂》而摹《商颂》，盖以与宋同为列国，同用天子之礼乐，且《商颂》之作，时代较近，易于摹拟故也”：因此断定“《商颂》盖宗周中叶宋人所作以祀其先王，正考父献之于周太师，而太师次之于《周颂》之后，逮《鲁颂》既作，又次之于《鲁》后”。他这种证据是不能成立的。他说《鲁颂》袭《商颂》之为“灼然事实”，大概是根据《法言》“公子奚斯尝睎正考甫矣”一语，所以他断定《鲁颂》“徂徕之松，新甫之柏”是拟《商颂》“陟彼景山，松柏丸丸”。但杨雄这种话实在没有做证据的价值。其他什么“同为列国”，什么“同用天子之礼乐”，什么“时代较近”，更是臆测无据之谈。盖王氏虽不信卫《序》，但极信《国语》“正考甫校（至王氏读为‘效’，解为‘献也’）《商颂》于周太师”之说。我却以为《国语》这句话也不可轻信；因为用了“太师”和“校”这些字样，很有汉朝人的色彩。据我看，还是《史记》说《商颂》是宋襄公时的诗的话比较地近情。因为《商颂》中夸大之语甚多，极与《鲁颂》相像。魏源《诗古微》因《鲁颂》《閟宫》有“荆舒是懲”及《商颂》《殷武》有“奋伐荆楚”之语，说“召陵之师，为中夏攘楚第一举，故鲁僖宋襄归侈厥绩，各作颂诗，荐之宗庙”，其说似乎有理。还有一层，《商颂》文笔非常之畅达，实在不像东周以前的作品。我这意思，虽与王氏不同，然对于先生“商族认禹为下凡的天神，周族认禹为最古的人王（有天神性的）”这个意见并无冲突；而且我这种讲法，与先生所说“可见《生民》是西周作品，在《长发》之前，还不曾有禹一个观念”的话尤觉契合。

伯祥兄说禹或是龙，此可备一说。先生据《说文》云“从”，而想到“禸”训“兽足蹂地”，以为大约是蜥蜴之类，窃谓不然。《说文》中从“禸”的字，甲文金文中均不从“禸”，（如“禽”“万”“兽”“獸”诸字。）那“象形，九声”而义为“兽足蹂地”之“禸”字，殆汉人据讹文而杜撰的字。

我很喜欢研究所谓“经”也者，但我是很“惑经”的。我在十二年前看了康有为的《伪经考》和崔觯甫师的《史记探源》，知道所谓“古文经”是刘歆这班人伪造的。后来看了康有为的《孔子改制考》，知道经中所记的事实，十有八九是儒家的“托古”，没有信史的价值。近来看叶适的《习学记言》，万斯同的《群书疑辨》，姚际恒的《诗经通论》和《礼记通论》（在杭世骏的《续礼记集说》中），崔述的《考信录》等书，和其他书籍中关于“惑经”的种种议论，乃恍然大悟：知道“六经”固非姬旦的政典，亦非孔子丘的“托古”的著作（但其中有后来的儒者“托古”的部分；《论语》中道及尧、舜、文王、周公，这才是孔丘的“托古”，）“六经”的大部分固无信史的价值，亦无哲理和政论的价值。我现在以为——

（1）孔丘无删述或制作“六经”之事。

（2）《诗》《书》《礼》《易》《春秋》，本是各不相干的五部书。（“乐经”本无此书。）

（3）把各不相干的五部书配成一部而名为“六经”的缘故，我以为是这样的：因为《论语》有“子所雅言、诗、书执礼”和“兴于诗，立于礼，成于乐”两节，于是生出“孔子以诗、书、礼、乐教”（《史记·孔子世家》）之说，又因此而造出“乐正崇四术，立四教，顺先王诗、书、礼、乐以造士，春秋教以礼乐，冬夏教以诗书”（《礼记·王制》）之说。这一来，便把《诗经》《尚书》《仪礼》三部书配在一起了。因为“乐之原在《诗》三百篇之中，乐之用在《礼》十七篇之中”（邵懿辰《礼经通论说》），故实虽三部，名则四部。又因为孟轲有“孔子作《春秋》”之说，于是又把《春秋》配上。惟何以配入《易经》，我现在还没有明白。先生如其知道，请告诵我。

（4）“六经”的配成，当在战国之末。“六经”之名，最初见于《庄子·天运篇》。又《庄子·天下篇》先说“诗、书、礼、乐，邹鲁之士搢绅先生多能明之”，下又胪举“诗”“书”“礼”“乐”“易”“春秋”六个名目而不云“六经”。案，《庄子》中可信为庄周自作者，惟“内篇”七篇而已。《天运》在“外篇”，《天下》在“杂篇”，皆非庄周自作，当出于战国之末。

（5）自从“六经”之名成立，于是《荀子·儒效篇》，《商君书·农战篇》，《礼记经解》，《春秋繁露·玉杯篇》，《史记》（甚多），《汉书·艺文志》，《白虎通》等，每一道及，总是六者并举；而且还要瞎扯了什么“五常”“五行”等等话头来比附了！（到了刘歆等“古文家”出来，又在那五部书外加上一部《周礼》。至于《春秋三传》，《小戴礼记》，以及《论语》，《孝经》，《尔雅》，《孟子》等书，自来皆认为“传记”，故流俗所谓“七经”“九经”“十一经”“十三经”也者，都可用“六经”之名赅之。）

我们要考孔丘的学说和事迹，我以为只有《论语》比较的最可信据。我现在把《论语》之中与所谓“六经”有关的话分别记出如下：

关于《诗》的有十八则：

A　《诗》云，“如切如磋，如琢如磨”。（《学而》）

B　子曰，《诗》三百，一言以蔽之曰，“思无邪”。（《为政》）

C “相维辟公，天子穆穆”。（《八佾》）

D “巧笑倩兮；美目盼兮，素以为绚兮”。（《八佾》）

E 子曰《关雎》，乐而不淫，哀而不伤。（《八佾》）

F 子所雅言：诗、书、执礼，皆雅言也。（《述而》）

G 《诗》云，“战战兢兢，如临深渊，如履薄冰”。（《泰伯》）

H 子曰，兴于诗，立于礼，成于乐。（《泰伯》）

I 子曰，师挚之始，《关雎》之乱，洋洋乎，盈耳哉！（《泰伯》）

J 子曰，吾自卫反鲁，然后乐正，《雅》《颂》各得其所。（《子罕》）

K “不忮不求，何用不臧”？（《子罕》）

L “唐棣之华，偏其反而。岂不尔思？室是远而”。（《子罕》）

M 南容三復“白圭”。……（《先进》）

N “诚不以富，亦只以异”。（《颜渊》）

O 子曰，诵《诗》三百，……（《子路》）

P ……鲤趋而过庭，曰，学《诗》乎？……（《季氏》）

Q 子曰，小子！何莫学夫诗？（《阳货》）

R 子谓伯鱼曰，汝为《周南》，《召南》矣乎？……（《阳货》）

关于《书》的有四则：

A 《书》云，“孝乎惟孝，友于兄弟”。（《为政》）

B 子所雅言：《诗》，《书》，执礼，皆雅言也。（《述而》）

C 武王曰，“予有乱臣十人”。（《泰伯》）

D 《书》云，“高宗谅阴，三年不言”。（《宪问》）

关于《乐》的有六则：

A 子语鲁太师乐，……（《八佾》）

B 子谓《韶》，……谓《武》，……（《八佾》）

C 子在齐闻《韶》……（《述而》）

D 子曰，兴于诗，立于礼，成于乐。（《泰伯》）

E 子曰，师挚之始，《关雎》之乱，洋洋乎，盈耳哉！（《秦伯》）

F 子曰，吾自卫反鲁，然后乐正，《雅》《颂》各得其所。（《子罕》）

关于《易》的有三则：

A 子曰，加我数年，五十以学《易》，可以无大过矣。(《述而》)

B “不恒其德，或承之羞”。(《子路》)

C 曾子曰，君子思不出其位。(《宪问》)

总说的有三则：

A 子所雅言：《诗》，《书》，执礼，皆雅言也。(《述而》)

B 子曰，兴于诗，立于礼，成于乐。(《泰伯》)

C 曰，学《诗》乎？……曰，学礼乎？……(季氏)

关于礼的话，《论语》中虽然很多，但大都是论礼意的，和《仪礼》全不相干。(“射不主皮”，“揖让而升，下而饮”等语，后人虽可引《仪礼》来附会，但不能说这是孔丘引《仪礼》的证据。)

关于《春秋》的话，简直一句也没有。“答子张问十世”和“答颜渊问为邦”两节，今文家最喜征引，说这是关于《春秋》的微言大义，但我们仔细读这两节话，觉得真是平淡无奇．一点也看不出是什么“非常异义可怪之论”；而且《春秋经》，《公羊传》，《春秋繁露》中也并没有和这两节相同或相近的话。这样一件大事业，《论语》中找不出一点材料来，不是极可疑的吗！

《论语》中说到《诗》的最多。其中P或不足信（崔述说），G远在孔丘之后，将这两则除开不算外，还有十六则之多。这十六则之中，找不出一点删《诗》的材料来。ABCEIKMNR所引的诗句或篇名，都在今本《诗经》之中，仅D与L为“逸诗”（D为逸诗，说见后），则孔丘所见的《诗》，实与今本相差不远（若说完全一样，则亦决无此理；即使数目相当，而经二千余年的写刻，内容的亡逸和增窜是必不能免的）。再看B与O，则孔丘所见的《诗》，原来只有三百篇，并非删存三百篇，这是以前已经有好多人说过的了。只有J中有“乐正，《雅》《颂》得所”的话，但这话是论乐，不是论《诗》；就算是论《诗》，至多也不过说他编定诗篇次序，决不能作为删《诗》的证据。我想孔丘如果曾经删《诗》，则《郑风》必在被删之列，因为他是主张“放《郑》声”的（前人有谓“声”是“乐”，不是“诗”，这是要想曲为弥缝而又強作解人的议论）；而且若照秦汉以来的儒者那样用“圣道”“王化”来论《诗》，则王柏、阎若璩、万斯同的话真是一点不错，因为必须将《诗经》如此删改，然后可以免于邪僻淫乱而合于圣道王化也。

关于《书》的四则，也找不出一点删《书》的材料来。除B以外，都是引《书》。但很古怪：三次引《书》，都不在二十八篇之内。照此看来，现在这二十八篇“今文《尚书》”恐怕与孔丘所见的《书》很不相同。

乐无经，则关于乐的六则似乎不必去讨论它了。但就 F 看来，倒是这个没有经的乐是经过孔丘的整理的。

关于《易》的虽有三则，但这三则不特不足以证明孔丘曾经赞《易》，而且反足以证明孔丘与《易》无关。A 的文句，《鲁论》与《古论》大异。今本出于郑玄，郑于此节从《古论》读。若《鲁论》，则作“五十以学，亦可以无大过矣”（见《经典释文》）。汉高彪碑，“恬虚守约，五十以学”，即从《鲁论》。我以为《论语》原文实是“亦”字，因秦汉以来有“孔子赞《易》”的话，故汉人改“亦”为“易”以图附合。《古论》是刘歆伪造的壁中经，固不足信，但此字之改却并非始于《古论》，因为《史记·孔子世家》已经作了“易”了。大概汉人初则改“亦”为“易”；继则将《论语》此节改成《史记》的“孔子晚而喜《易》《序》《彖》《系》《象》《说卦》《文言》；读《易》，韦编三绝，曰，‘假我数年，若是，我于《易》则彬彬矣。’”这种改变，原意殆想将《论语》此节作为赞《易》之证。不料偶不经心，留下一个大漏洞：他们说孔丘暮年归鲁以后删訂“六经”，其时他已在七十岁左右，于是《论语》中“五十”两字便讲不通了，什么“或五年或十年”，什么“用五用十”，或改作“卒”，或改作“吾”，讲来讲去，终难圆谎！B 只引《恒卦》的爻辞，也与赞《易》无涉。至于 C 的曾参语，在《易》为《艮卦》的《大象》，但多了一个“以”字，作“君子以思不出其位”，这明明是作《大象》者袭曾参语而加一“以”字，使与别卦《大象》的词例一律；崔述曾据此以为《象传》出于孔丘以后之证。这岂非反足以证明孔丘与《易》无关吗？

至于总说的三则：C 可疑，不去论它；A 是记孔丘用国语（“雅言”姑从刘台拱说）读文艺，读历史，赞礼；B 是论教材的先后次第，与后世所谓“删《诗》《书》，定礼乐”的话全不相干。

“六经”和孔丘无涉，略如上文所云。那么，“六经”究竟是些什么性质的书呢？我以为——

《诗》 是一部最古的总集。其中小部分是西周的诗，大部分是东周（孔丘以前）的诗。什么人辑集的，当然无可徵了。至于辑集的时代，我却以为在孔丘以前；孔丘说，“《诗》三百”，“诵《诗》三百”，则他所见的已是编成的本子了。先生说，“《诗经》的辑集必在孔子以后，孟子以前”，引今本无“素以为绚兮”一句又无“唐棣之华”全首为辑集于《论语》之后之证（《小说月报》十四卷一号）。我看似未必然。子夏所问并非《硕人》之诗。《硕人》第二章句句都是描写庄姜的身体之美，末了决不能有“素以为绚兮”一句。这一定是别一首诗，但“巧笑”二句与《硕人》偶同罢了。此诗后来全首亡逸。“唐棣”一诗也是全首亡逸。“素绚”为孔丘所称道，固不应删去；即“唐棣”虽为孔丘所不取，然今本无有，亦非有意删去，乃是偶然亡逸的。有亡逸也许还有增窜。例如《都人士》的首章，惟《毛诗》有之，《三家》均无（见《礼记·

缁衣释文》)，不知是本有而《三家》亡逸呢，还是本无而《毛诗》据《左传》（襄十四)，《礼记》(《缁衣》)，《贾谊新书》(《等齐篇》）增窜呢。无论真相如何，总可以作《诗经》传写必有亡逸或增窜之证。但虽有亡佚或增窜，总是原始本的变相，不能说它们是两个本子。

《书》 似乎是“三代”时候的“文件类编”或“档案汇存”，应该认它为历史。但我颇疑心它并没有成书，凡春秋或战国时人所引《夏志》，《周书》等等，和现在所谓《逸周书》者，都是这一类的东西，所以无论今文家说是廿八篇，古文家说是一百篇，都不足信；既无成书，便无所谓完全或残缺。因为它常常被人称引，于是“托古”的人们不免要来伪造了。现在的二十八篇中，有历史的价值的恐怕没有几篇。如《尧典》《皋陶谟》《禹贡》《甘誓》等篇，一定是晚周人伪造的。《逸周书》中，伪篇一定也占了大部分。还有一层，《尚书》即无伪篇，也只是粉飾作伪的官样文章，采作史料必须慎之又慎。前代学者不信任它的，只有一个刘知几。以崔述的勇于疑古，而对于它则深信不疑，这是他被“王道”“圣治”的观念所蒙了。

《礼》 《仪礼》是战国时代胡乱抄成的伪书，这是毛奇龄、顾栋高、袁枚、崔述诸人已经证明的了。《周礼》是刘歆伪造的。《两戴记》中，十分之九都是汉儒所作的。

《乐》 乐本无经，而古文家造出“魏文侯的乐人窦公献书于汉文帝，乃《周官》大宗伯之大司乐章”之说（见《汉书·艺文志》)，其意殆欲以此冒充“乐经”。但这故事造得太不像了，因为照他所说，窦公献书时已有二百五六十岁光景！(康有为说。)

《易》 我以为原始的易卦，是生殖器崇拜时代的东西；“乾”“坤”二卦即是两性的生殖器的记号。初演为八，再演为六十四，大家拿它来做卜筮之用；于是有人做上许多《卦辞》《爻辞》，这正和现在的“籤诗”一般；“无咎”“悔亡”，和“上上”“中平”“下下”一般。这些“籤诗”大概不止一种（但《连山》，《归藏》之说则决不可信)；所以《左传》所载与今《易经》颇多不同。孔丘以后的儒者借它来发挥他们的哲理（这也是“托古”)，有做《彖传》的，有做《象传》的，有做《系辞传》的，有做《文言传》的，汉朝又有焦赣、京房一流人做的《说卦传》，不知什么浅人做的《序卦传》，不知那位学究做的《杂卦传》，配成了所谓“十翼”。

《春秋》 王安石（有人说不是他）说它是“断烂朝报”，梁启超说它像“流水帐簿”，都是极确当的批语。孟轲因为要借重孔丘，于是造出“《诗》亡然后《春秋》作”，“孔子成《春秋》而乱臣贼子惧”的话，就这部断烂朝报，硬说它有“义”，硬说它是“天子之事”。一变而为《公羊传》，再变而为董仲舒之《春秋繁露》，三变而为何休之《公羊解诂》，于是“非常异义可怪之论”愈加愈多了。但公羊氏（?）与董仲舒所说的《春秋》之义，虽非原始的《春秋》所有，却是有条理，有系统，自成一派学说；后来忽然跑出一个文理不通的穀梁氏（?）来学舌，说了许多幼稚可笑的话，那便真不足道了。至于《左传》，本是战国时代一个文学家编的一部“国别史”，即是《国语》，其书与《春秋》绝无关系；到了刘歆，将它改编，加上什么“五十凡”这类鬼话，算做《春秋》的传，而将用不着的部分仍留作《国语》（康有为说）。这部书的信实的价值，和《三国演义》差不多；但汉以前最有价值的历史总不能不推它了。

这是我现在对于所谓“六经”是什么性质的书的意见。

从实际上说，“六经”之中最不成东西的是《春秋》。但《春秋》因为经孟轲的特别表彰，所以二千年中，除了刘知几以外，没有人敢对它怀疑的。孟轲是第一个讲“道统”的人，他的全书的末章，由尧、舜、汤、文王、孔子，叙到他的时候，明明有“独力肩道统”的意思。他全书中讲到《春秋》，共有三处（没有仔细查，不知有无遗漏）：

A 孟子曰，世衰道微，邪说暴行又作，臣弑其君者有之，子弑其父者有之；孔子惧，作《春秋》。《春秋》，天子之事也；是故孔子曰，“知我者其惟《春秋》乎！罪我者其惟《春秋》乎！”……孔子成《春秋》而乱臣贼子惧。……（《滕文公》下）

B 孟子曰，王者之迹熄而《诗》亡，《诗》亡然后《春秋》作。晋之《乘》，楚之《梼杌》，鲁之《春秋》，一也。其事则齐桓、晋文，其文则史；孔子曰：“其义则丘窃取之矣”。（《离娄》下）

C 孟子曰，《春秋》无义战。（《尽心》下）

B的话实在不通，《诗》和《春秋》的系统关系，无论如何说法，总是支离牵强的。我以为这三则都是孟轲要将自己的学说依托孔丘，正与朱熹自己的“格物穷理说”和王守仁自己的“致良知说”要依托《大学》同样的心理。他要辟杨墨，为了他们是“无君无父”的学说，所以有A说；他是贵王贱霸的，所以有B说；他是说“善战者服上刑”的，所以有C说。A的后面，有“吾为此惧，闲先圣之道”和“我亦欲正人心，息邪说，距诐行，放淫辞，以承三圣者”等语，则依托孔丘以肩道统之意昭然若揭了。前人讲《春秋》，很相信孟轲的话，很不相信孙復的《春秋尊王发微》的话。其实照孟轲的意思，必须像孙復那样讲法才能圆满的。

我上面那种翻案的议论，只是要研究所谓“六经”的那几部书的原始面目，只是要研究它们与孔丘有无关系而已。若讲伪书的价值，正未可一概而论。乱抄乱说的固然不少，至如《易》之《彖》《象》《系辞传》，如《小戴礼记》中之《礼运》《中庸》《大学》诸篇，如《春秋》之《公羊传》与《繁露》，如《周礼》，这都是极有价值的“托古”著作。但不能因其有价值便说是姬旦、孔丘所作，也不能因其非姬旦、孔丘所作便说是无价值。我很佩服姚际恒、崔述、康有为那样“疑古”的求真态度，很不佩服他们那样一味痛骂伪书的卫道态度。

二千年中的学者对于“六经”的研究，以汉儒为最糟。他们不但没有把真伪辨别清楚，他们自己还要作伪。他们不但没有把文句解释明白，他们自己的文理大都是不通的。无论今文家，古文家都是“一丘之貉”。什么禘祫，明堂，封建，井田，宫室，祭器等等，人各一说，而且一个人还要自相矛盾：这可见他们全是望文生训，闭眼胡说。清儒以为汉儒去先秦未远，其说必有所受，于是专心来给他们考证疏解，想出种种方法来替他们圆谎，其实是上了他们的当了！毛亨（?）的文理最不通，郑玄的学问最芜杂，他俩注《诗经》，闹的笑话真是不少。郑玄以后直到贾公彦、孔颖达诸人，不过将废话越说越多罢了。中唐以后，曙光渐见，如李翱、韩愈之于《论语》，啖助、赵匡、陆淳之于《春秋》，刘知几之于《尚书》，《春秋》，都能不为旧说所蒙，开宋明以来疑经的先路。宋儒所言经义，大都是将他们自己的学说套在古经的身上，无论好坏，总之十有七八非古经所本有。但如欧阳修，郑樵，朱熹，叶适诸人的辨伪，成绩却是很大。他们还有一种好处，是求文理通顺；不但朱熹注《四书》很讲究文理，就是被大家目为“陋儒”的蔡沈和陈澔，他们注解《尚书》和《礼记》也比“伪孔安国”和郑玄要通得多。从清初到现代，既有戴震、段玉裁、王念孙、王引之、俞樾、孙诒让、章太炎师诸人讲通文义，又有阎若璩、姚际恒、崔述、康有为诸人的推翻伪经，这几部古书（“六经”）的真相渐渐地可以拨云雾而见青天了。但以前的学者无论如何大胆疑古，总不免被成见所囿。先生说，“崔述著书的目的是要替古圣人揭出他们的圣道王功，辨伪只是手段”，真是一针见血之论。姚康诸人也是这样。所以他们总要留下一团最厚最黑的云雾，不肯使青天全见的。我们现在应该更进一步，将这团最厚最黑的云雾尽力拔除。

中国的伪书真多，现代人的著作之中还有伪的，《章太炎的白话文》中有钱玄同的文章（《中国文字略说》）！所以我们要看中国书，无论是否研究国学，是否研究国史，这辨伪的工夫是决不能省的。“六经”在古书中不过九牛之一毛，但它作怪了二千多年，受害的人真是不少了；它作怪时用的许多法宝之中，“伪书”和“伪解”就是很重要的两件，我们不可不使劲来推翻它。

“辨《说文》的文字”，现在还不能就做，因为我对于这方面的研究还很浅。现在只能将疑《说文》的理由简单奉告：

许慎是表彰“壁中古文经”的文字的。“壁经”之出于刘歆“向壁（即孔壁）虚造”，经康有为和崔觯甫师的证明，我认为毫无疑义了。壁经既伪，则其文字亦伪。许慎所记篆文，所释形体，大都与甲文金文不合，而《说文》中所谓“古文”，尤与甲文金文不合。依我的研究，甲文最古，金文次之，石鼓文及大篆又次之（石鼓文为秦文，从马叔平说；大篆为秦文，从王静安说），秦之金石刻及小篆又次之。《说文》所列小篆，已多汉人传伪之体；近见龚橙《理董许书》稿本，他说《说文》中的小篆还不如汉隶的较为近古，极为有见。至于《说文》中所谓“古文”，所谓“奇字”，乃是刘歆辈依仿传误的小篆而伪造的，故与甲文金文的形体相去最远。因为小篆是传误的，“古文”是伪造的，所以说是“伪古字”。“伪古义”，如“告，牛觸人，角着横木，所以告人也”，“射，弓弩发于身而中于远也”之类。“伪古说”，如“楚庄王曰，止戈为武”，“孔子曰，一贯三为王”之类。至于“伪古礼”和“伪古制”，这是从伪经上来的，若将伪经推翻，则《说文》中这两部分便不攻而自倒了。

要说的话还没有完，今天暂止于此，请先生教正。

先生关于《吕刑》与《尧典》方面的新发明，便希示我。

玄同。一九二三，五，二五。

该文首次刊于《读书杂志》1923 年 6 月第 10 期。选自顾颉刚编《古史辨》第一册，朴社 1926 年版。

钱　穆

钱穆（1895—1990），字宾四，笔名公沙、梁隐、与忘、孤云，晚号素书老人、七房桥人，斋号素书堂、素书楼，江苏无锡人，中国现代历史学家。钱穆9岁入私塾，熟悉中国的传统文献典籍。13岁入常州府中学堂学习，1912年因家贫辍学，后自学。1930年以后，历任燕京、北京、清华、四川、齐鲁、西南联大等大学教授，也曾任无锡江南大学文学院院长。1949年迁居香港，创办新亚书院。1966年，钱穆移居台湾台北市，在中国文化书院（今中国文化大学）任教，为“中央研究院”院士，台北“故宫博物院”特聘研究员。1990年8月，钱穆在台北逝世。

再论老子成书年代

老子事可论者，一其人事迹之真伪，一其书著作之先后。余疑《史记》所传老子姓氏邑里事业及其子孙，颇不可信，别详于《诸子系年》。此篇则专就《老子》成书年代加以讨究。余先有“《关于老子成书年代之一种考察》”一文，曾刊《燕京学报》第八期。又余著《国学概论》第二章先秦诸子，亦以老子思想，归入荀况韩非一期，共同论列。此篇仍本夙见，亦有上举所已详者，重加论次，以请教益于并世研考《老子》年代之诸贤。

今先就《老子》书中对政治社会所发种种理论而推测其当时之背景，则其书颇似战国晚年之作品。老子言：“不尚贤，使民不争”，尚贤乃墨家主张。此缘墨子时贵族世袭制以次崩坏，弊害昭显，墨子遂针对时病，发挥尚贤理论。其先孔子时，虽亦有意矫正当时贵族政治之弊害，而仅及正名；惟求君君臣臣父父子子，重返于往昔贵族统治安宁期之状态，尚未能破弃血统亲亲之旧观念，而主张尚贤也。墨子承孔子而益激，因倡尚贤。然墨子时政治实况仍是贵族血统世袭局面，未臻理想上尚贤之境。及战国中期而学者尚贤的理论，一变而为政治上真实的情况。及尚贤制亦见弊害，乃有针对时病而发为不尚贤之教。此则应在战国中期以后。若春秋之际，列国行政，本不以尚贤为体，老子何乃遽倡不尚贤之理论？（此层顾颉刚先生《古史辨》已先余论及，惟已忘其卷页。）

然《老子》书虽明倡不尚贤，而无意中仍不脱尚贤观念，则以《老子》成书时，正值尚贤思想浓厚之际也。《老子》书中每以圣人为理想中的最高统治者，此即战国中晚期尚贤思想浓厚之表示也。考其先“圣人”，特为多知通识之称。《左传》襄二十二年：“臧武仲如晋，雨过御叔。御叔曰：‘焉用圣人？吾将饮酒而已；雨行何以圣为？’”是当时称臧武仲为圣，御叔以武仲行遇雨，疑其非圣。《论语》以臧武仲为智，是圣智通称之证也。故子贡问夫子圣矣乎，孔子以“学不厌，教不倦”对。此所谓“予非生而知之；好古敏以求之”。又曰：“若圣与仁，则吾岂敢？抑为之不厌，诲人不倦，则可谓云尔已矣”。老子亦曰：“绝圣弃智”。然智愚与贵贱有别。若曰“内圣外王”，此则战国中晚以后乃有之耳。今《老子》书中言及圣人者几三十处，什之七八皆指政治上最高统治者而言。天子之子为天子，诸侯之子为诸侯，贵贱定于血统。古人初未以圣人与天子为联想也。自孟子庄子后，尚贤理论愈唱愈高。《老子》书受其影响于不自觉，故虽曰不尚贤，而理想上的最高统治者则归之圣人，是尚贤之极致矣，乌得云不尚贤？故《老子》之理想，乃由一最贤的统治者，而发为不尚贤之治也。

尚贤理想之推类至极，则最高的统治者必归于圣人。然圣人之子不必复为圣人也，于是而有禅让论。禅让论之起，应在墨家尚贤主义之后。梁惠王欲让位于惠施，燕王哙竟传国于子之，其时则让贤论最盛行。故万章问孟子，人言至于禹而德衰，以不传于贤而传子也。传贤传子之争，正是尚贤与亲亲之争矣。今考《老子》书，不仅以圣人为理想上最高的统治者，并亦有让贤传天下之思想。故曰：“贵以身为天下，若可寄天下，爱以身为天下，若可托天下”。此在《庄子·外篇·在宥》亦有之曰：“贵以身于为天下，则可以托天下；爱以身于为天下，则可以寄天下”。此所谓托天下寄天下者，即让贤禅位之义也。王弼所谓“然后乃可以天下付之”，其说是矣。夫古人固有尧舜禅让与否，此暂勿论；而春秋以来，则殊无言传贤让国者。《论语》曾子曰：“可以托六尺之孤，可以寄百里之命，临大节而不可夺也，君子人与？君子人也”。何以谓“托六尺之孤?”以古者贵族世袭，父死子继，先君临崩，孤子方幼，则以托之；不闻举君位而让也。何以谓“寄百里之命?”古者封建，公侯百里为大国。百里之命，极言其任重而势大；不闻举天下而传也。曾子一言，而其所处时代之为封建的贵族世袭者皆显。今据以推老庄，则老庄同为晚周时人，固无疑。

余谓《老子》书中言政治，无意中不脱尚贤观念者。不仅于以圣人为最高的统治者一层为然。即《老子》书中凡言及从政者，亦均不似贵族世袭之制也。故曰：“持而盈之，不如其已，揣而锐之，不可长保；金玉满堂，莫之能守，富贵而骄，自遗其咎，功遂身退，天之道”。夫曰“功遂身退”，此非春秋贵族世袭制未破时人语也。《左传》

成公十七年："晋范文子反自鄢陵，使其祝宗祈死，曰'君骄侈而克敌，是天益其疾也，难将作矣，爱我者惟祝我速死，无及于难，范氏之福也'。遂以自杀"（此据杜注）。若其时可以功成身退，士燮之智，何不及此？良以贵族世袭，不比后世尚贤，游士得势，朝可进而暮可退。贤臣忧惧国难，及早自杀，则纵身事外，而一族之地位可保。昭公二十五年鲁叔孙昭子以昭公之难使祝宗祈死自杀，事出一例。其他如鲁宣公十七年："晋郤献子聘齐归，而怒，欲伐齐。范武子退自朝，告其子燮曰：'郤子之怒甚矣，不逞于齐，必发诸晋国。不得政，何以逞怒？余将致政焉以成其怒，尔勉从二三子以承君命惟敬'。乃请老，郤献子为政"。此则父老子继，班序尚新，自不得骤膺执政，非谓可洁然引身而去也。贵族世袭之制未破，既不俟功立而始进，亦不以功成而许退。事理显白，无烦详论。及春秋之末，游士渐兴；吴有伍胥，越有种蠡，皆以羁旅建功业，而不获善终。自此以来，如楚之吴起，秦之商鞅，虽以羁仕得志，莫能长保；骤失故主，大祸随之。孤危之士，乃始有功遂身退之想。其议畅发于蔡泽之说范雎。其言曰："四时之序，成功者去"。又曰："功成不去，祸至于身"。又引书曰"成功之下，不可久处"。《老子》书特本此为说耳。《老子》又言之，曰："功成而弗居。夫惟弗居，是以不去"。又曰："功成而不处，其不欲见贤"。此皆《老子》自就其时情况说之，谓贤士建功而不自见其贤，乃能久处不去，故又曰："不自伐故有功，不自矜故长"。又曰："自伐者无功，自矜者不长"。其在道也曰："余食赘行，物或恶之，故有道者不处"。此等语皆出战国中晚游士升沈之际，非往昔贵族世袭时代之所有也。

当春秋时，周室封建之制犹未全坏。一天子在上，众诸侯在下。故天子称"天王"，位号与诸侯迥绝。及七国相王，而"侯王""王侯"之称，代"公侯""侯伯"而起。《老子》书屡言王侯侯王，已非春秋时人语。而春秋时诸侯卿大夫各自治其封邑，天子政令，不能直接及于天下之众民。故孔子曰："天下有道，则礼乐征伐自天子出。天下无道，则礼乐征伐自诸侯出。自诸侯出，盖十世希不失矣。自大夫出，五世希不失矣。陪臣执国命，三世希不失矣。天下有道，则政不在大夫。天下有道，则庶人不议"。此所谓礼乐征伐者，盖天子，诸侯，大夫，胥贵族阶级内部自身事，不为小民庶人也。齐景公问治国，孔子对曰："君君，臣臣，父父，子子"，此君臣父子者，亦天子诸侯大夫贵族阶级内部自身事，不及小民庶人也。记言国之大事，在祀与戎。祀者祭祀，所以整齐国内嫡庶承袭之位。戎者兵戎，所以捍卫四封疆圉彼此之固。此亦天子诸侯大夫贵族阶级内部自身事，不涉小民庶人也。一部《春秋》二百四十年，亡国乱家，其事尽于君不君，臣不臣，父不父，子不子。无论其为内乱，为外患，亦大率贵族阶级内部自身事，非由小民庶人也。披读《左传》，绝少以民乱难治为患者。当时封建之势犹未全破，贵族世袭统治之权犹未全坏，民之为民，平居则耕田纳税，有事则陈力就役。庶民不成为政治重要的对象也。庶民之初起而成为政治家一对象，则曰盗贼。盗贼在春秋中晚已屡见。然政治对象之中心，则仍在贵族阶级之内部自身，与全民无预也。（此层余著《周官著作年代考》论之较详，刊载于《燕京学报》第十一期。）《论语》言为政，颇重民事。然亦仅言道千乘之国。当鲁昭公八年蒐于红，已革车千乘。千乘之国在孔子时，并不为大国。而《论语》未尝言治天下，更无言治天下而以民事为归者。言治天下而以民事为归，则置诸侯卿大夫贵族阶级于何地？及孟子乃有“王天下”“一天下”之说，然言治则犹在一国，未及言治天下也。《老子》书乃多言治天下，少言治国。言治天下又以民事为归。一圣人在上，百姓在下，若不复知有诸侯卿大夫陪臣种种贵族阶级之隔阂其间者。其言曰：

> 不尚贤使民不争，不贵难得之货使民不为盗，不见可欲使民心不乱。是以圣人之治，虚其心，实其腹，弱其志，强其骨，常使民无知无欲。
>
> 圣人不仁，以百姓为刍狗。
>
> 圣人无常心，以百姓心为心。……圣人在天下（此在宥天下之在天下也），歙歙为天下浑其心。
>
> 故圣人云：“我无为而民自化，我好静而民自正，我无事而民自富，我无欲而民自朴”。其政闷闷，其民淳淳；其政察察，其民缺缺。……是以圣人方而不割，廉而不刿，直而不肆，光而不耀。
>
> 是以欲上民必以言下之，欲先民必以身后之。是以圣人处上而民不重，处前而民不害。是以天下乐推而不厌。

夫一圣人居天下之上，而众民居一圣人之下；而此一圣人在上者，又有待于天下众民之乐推而不厌焉。——此固非天子诸侯大夫封建制未破，贵族世袭制未坏，礼乐征伐，惟祀与戎之际所能与知也。

《老子》不言圣人，则言侯王，故曰：

> 侯王若能守之，万物将自宾。
>
> 侯王若能守之，万物将自化。
>
> 侯王得一以为天下贞。

此《孟子》所谓“保民而王，莫之能御”。一侯王施政如此，而天下百姓响应如彼。此决非齐桓晋文合诸侯，霸诸侯，而谓礼乐征伐自诸侯出十世希不失者所能与知也。

在上者曰圣人，曰侯王，又曰人主，曰万乘之主。“主”乃春秋时卿大夫之称。及三家分晋，田氏篡齐，“主”称乃移及于大国之君，而有所谓万乘之主。今曰：“万乘之主而以身轻天下”，又曰：“以道佐人主者，不以兵强天下”；则亦主与天下对称。亦以其时有王天下，一天下；无合诸侯，霸诸侯也。

自圣人，侯王，人主而下、则曰“官长”。曰：“朴散则为器，圣人用之则为官长”。此在《论语》有之曰：“君子不器”。器者官之用。曾子所谓“笾豆之事则有司存也”。《郑注·士冠礼》：“有司，群吏有事者。谓主人之吏所自辟除府史以下”。《贾疏》：“按《周礼》三百六十官之下，皆有府史胥徒，不待君命，主人自辟除。去赋役补置之，是也”。胡氏《仪礼·释官》谓，“凡事有专主之者谓之有司”。仲弓为季氏宰，问政，子曰：“先有司”。则为家臣邑宰者已得总成，不为有司器使矣。何论诸侯卿大夫，各有封邑，即各有臣属，故动容貌，正颜色，出辞气，贵乎道而不器也。今曰朴散则为器，圣人用之则为官长，则此诸大夫各得封邑与诸侯天子同守宗庙同传百世者又何在？又曰：“不敢为天下先，故能成器长”。器长即最高的统治者，即圣人也。在上惟圣人，在下惟百姓，与圣人分治天下者为官长。此乃封建制已破，贵族世袭制已坏，游士得势，尚贤之说方盛，乃有之。朴散为器则为官长，与《论语》君子不器之意远不同。正犹《老子》云寄天下托天下，而《论语》则谓寄百里之命，托六尺之孤也。

《老子》言治人者曰圣人，曰官长，而被治者则曰百姓。其言百姓之待治者又何也？首则曰好智。故曰：“爱民治国能无知乎”？曰：“古之善为道者，非以明民，将以愚之”。“民之难治，以其智之多”。“故以智治国，国之贼；不以智治国，国之福”。次曰多欲。“圣人之治，常使民无知无欲”。其次则曰好动。尚智多欲则好动。故曰：“使民重死而不远徙”；曰：“我好静而民自正（定）”。又次曰不畏死。故曰：“民不畏死，奈何以死惧之？”又曰：“民之轻死，以其求生之厚，是以轻死”。凡此种种，所谓尚智，多欲，好动，轻死：老子认为民之难治，而为圣人之治所先者，在春秋时似犹无此现象。《左传》所记春秋二百四十年事，大抵以贵族阶级内部自身之动乱为主。百官之学流散入于民间而有诸子。最先出者为儒。然孔子弟子七十人，惟在鲁卫诸邦；未见民间之尚智而好动也。孔子曰：“士而怀居，不足以为士矣”，所以重奖之。而《庄子·外篇·胠箧》则曰：

> 至德之世，……民结绳而用之。甘其食，美其服，乐其俗，安其居，邻国相望，鸡狗之音相闻，民至老死而不相往来，若此之时，则至治矣。今遂至使民延颈举踵曰：“某所有贤者，赢粮而趣之”。则内弃其亲，而外去其主之事。足迹接乎诸侯之境，车轨结乎千里之外，则是上好知之过也。

此其说乃与《老子》至似。然此乃战国中晚期以下乃有之现象，战国初期当不至此。《老子》所深斥民间之尚智好动，拾《庄子·胠箧》之言，而求之于《左传》《论语》，则渺不可得。故知《老子》书之晚出也。

老子言民间之多欲则曰：“大道甚夷，而民好径。朝甚除，田甚芜，仓甚虚。服文綵，带利剑，厌饮食，财货有余：是谓盗夸，非道也哉”！夫曰朝甚除而田甚芜，则是在朝者尚贤好智，故在野者弃耕耘而谋仕宦。故除于朝则芜于野。服文綵，带利剑，厌饮食，财货有余，此辈皆来自田间；故曰野甚芜而仓甚虚。凡此亦战国晚期游士食客之风既盛，乃有之耳。当孔子时，陪臣执国命极矣。子张学干禄，子夏曰：“学而优则仕”，孔子曰：“三年学不志于谷，不易得也”。然“子华使于齐，冉子为其母请粟，子曰：‘与之釜’；请益曰：‘与之庾’。冉子与之粟五秉。子曰：‘赤之适齐也，乘肥马，衣轻裘。吾闻之也，君子周急不继富’”。原思为之宰，与之粟九百。辞子曰：“毋，以与尔邻里乡党乎”。孔子弟子，得附骥尾，其在当时，最煊赫矣。当孔子前，游宦之士极少见。晋有灵辄，饿于桑下，曰宦三年未知母之存否，赵盾与之箪食与肉焉。春秋之世，固不见有所谓服文綵，带利剑，厌钦食，财货有余，若老子所讥者。有之在孟尝春申信陵平原四君之门矣。

民间之尚智而好动，其所得则曰财货有余，富贵而得志，则曰金玉满堂。《老子》之所以教之，则曰：“不贵难得之货，使民不为盗”；曰：“身与货孰多?”又曰：“人多伎巧，奇物滋起：法令滋彰，盗贼多有”。当春秋时，列国君卿大夫相赠赂，大率则曰束锦加璧，兵车文马，歌钟宝鼎，以至于献女纳妾则止矣；无所谓难得之货，更无所谓满堂之金玉也。黄金之用始见于战国，货币亦自战国时始盛。今《老子》所言，则民间胥可以尚智好动而得此。故曰：“民之轻死，以其求生之厚，是以轻死”。此固非春秋时平民社会所有事也。

《老子》又言之，曰：“民不畏死，奈何以死惧之？若使民常畏死，而为奇者，吾得执而杀之，孰敢?”此即所谓“人多伎巧，奇物滋起；法令滋彰，盗贼多有”也。春秋“郑子臧聚鹬冠，郑伯闻而恶之，使盗诱杀子臧。君子曰：‘服之不衷，身之灾也。’”然当战国时，鹬冠遂为儒服。是春秋时贵族卿大夫服之而见为不衷者，战国则为民间尚智好动者之常服也。又春秋邓析为竹刑，郑驷颛用之而杀邓析，然邓析固是郑之大夫。至战国而造为邓析种种怪说者蠭起。所谓民间之为奇者，其固在春秋之世乎？抑将起于战国乎？春秋时贵族世袭之制犹未破，故曰：“刑不上大夫，礼不下庶人”，当时治国者有礼有刑，不知所谓法也。法令之起，则亦在战国矣。（此层详余《周官著作年代考》）

凡此皆据《老子》书推测其所论政治社会力背景而其书似有晚出之嫌疑也。其次复以学术思想之系统言之。

先秦显学，惟儒与墨。法家源于儒。农家，名家，道家源于墨。阴阳家则兼融儒道，最为晚起。（此处论证略见余《国学概论》第二章《先秦诸子》；详论散见《诸子系年》。）儒墨初期，其议论归于反抗贵族阶级之骄僭而思加以改革。儒家缓和，可称右派。墨家激进，则为左派。墨主兼爱，其底里则反对贵族阶级之特权，所以证成其兼爱之说者曰天志。此为墨家之初期，可称为“宗教的兼爱论”。天志之说既衰，继起者曰“万物一体论”；主之者为惠施。万物一体代天志而起，皆所以证成墨家兼爱之说也；可称为“自然哲学的兼爱论”。（余有《墨辨探源》一篇论此较详，刊载《东方杂志》二十卷八期。）而惠施所以证成其万物一体之说者，则在名数观念之综合与分析。其说可征之于《墨经》：

（经下）数物，一体也。说在俱一惟是。

（说）数俱一。若牛马四足，惟是。当牛马，数牛数马则牛马二；数牛马则牛马一。若数指，指五而五一。

盖自名数的观念论之，愈分析愈见其异，愈综合愈见其同。故分之则为“万”，为“毕异”；合之则为“一”为“毕同”。惠施历物，称“万物毕同毕异”，又称“大一小一”，皆自名数立论也。此其说可称为“名数的万物一体论”。（惠施学说详见余著《惠施公孙龙》一书，由商务印书馆出版。）

庄子则承认惠施万物一体论之见解，而反对其以名数观念为证成之方法。故曰：“天地与我并生，万物与我为一。既已为一矣，且得有言乎？既已谓之一矣，且得无言乎？一与言为二，二与一为三。故自无适有，以至于三。而况自有适有乎”（齐物论）？“天地与我并生，万物与我为一”者，此即惠施万物一体论之见解也。以下云云，则反驳惠施以名数观念证成万物一体之理论也。庄子所以证成其万物一体之见解者，则不在思辨而在观察，不在名数的综析而在万物实体之迁化。故曰：“凡物无成与毁，复通为一”。“自其异者视之，肝胆楚越也。自其同者视之，万物皆一也。物视其所一，而不见其所丧”。又曰：“假于异物，托于同体”。此假于异物托于同体之变化，庄子谓之“物化”。物化之细者，庄子名之曰“气”。故曰：“与造物者为一，而游乎天地之一气”。凡所谓物之成毁，皆假于异物托于同体之变化也。精而论之，则皆一气之运行也。若是言之，亦足证成万物之一体。此可称为“物化的万物一体论”或“气化的万物一体论”。其所以证成万物一体者，似较惠施为切实而进步矣。而庄子所以名其天地万物一气之运行者则曰“道”。故曰：“道，神鬼神帝，生天生地”也。盖儒墨初期之为论者，皆推本于天志而归极于人事。不仅墨子然，孔子亦然也，即其后之孟子亦无不然也。惠施所以发明万物一体之说者，在别求一理以证成墨家之兼爱。庄子得惠施万物一体之意而深观乎物化，于是乃有所谓“生天生地，神鬼神帝”之“道”，乃有所谓“自本自根，未有天地，自古以固存”之“道”。“道”字之观念既立，而往者天帝创造万物之观念遂破。此则庄子学说最有价值之贡献也。墨子思想最大之贡献，在提出平民阶级与贵族阶级之一体平等。惠施之贡献，则在超出人类而旷观乎万物，求其平等之一体。庄子即继惠施而打破天神创世之思想。故自墨子出，而后所谓“爱”者绝非昔人之所谓爱。自惠施出，而后所谓“物”者绝非昔人之所谓物。自庄子出，而后所谓“道”者绝非昔人之所谓道也。

老子言道，则近庄子，故曰：“有物混成，先天地生，……吾不知其名，字之曰‘道’”。又曰：“道渊兮似万物之宗，吾不知其谁之子，象帝之先”。又曰：“万物负阴而抱阳，冲气以为和”。夫然后确指所谓天地万物之一气者，又有阴阳之两性。此则为庄子所未及也。（《庄子内篇》言六气，又言有阴阳之患；知其时尚未确立气分阴阳的观念。《外篇》则否。）此可称为“阴阳的万物一体论”，其意畅发于《易传》。

惠施之后有公孙龙，其学亦承惠施；然不谈万物一体，而辨名实。惠施论万物一体，其所以证成之者有两途：一则分析万物名数，达于毕异之小一；一则综合万物名数，而达于毕同之大一。公孙龙则更进一步，并不认有物与名数之辨。故曰：“物莫非指，而指非指”。指即名数，常识以为所以别物。而物则实体，常识谓与名数不同。公孙龙则不认有此分别也。故曰：“坚白石可二不可三”，又曰：“白马非马”。其结论则曰：“彼彼止于彼，此此止于此”。一名止于一实，一实亦止于一名，其精神重在分析，故曰：“离也者，天下故独而正”。（公孙龙学说详余著《惠施公孙龙》，此处限于篇幅，叙述颇未明畅。）盖庄子取惠施之结论而变换其证法；公孙龙则推衍惠施之证法而又别出其结论也。自公孙龙之说出，而后名字的含义，遂有哲学上最高的地位。故公孙龙之所谓名，与以前所谓名者绝不同。犹之庄子之所谓道，与以前所谓道者绝不同也。

今考《庄子内篇》，言名实者凡数见。曰：“我将为名乎？名者实之宾也”。又曰：“名实未亏，而喜怒为用”。又曰：“是皆求名实者也。名实者，圣人之所不能胜也”。又曰：“德荡乎名，知出乎争”。又曰：“名实不入而机发乎踵”。又曰：“无为名尸，无为谋府”。是庄子言名实，皆守旧谊，非有新诂。及《老子》书而名字含义与庄突异，盖老子兼採公孙龙思想也。故曰：“道可道，非常道。名可名，非常名”。谓天地万物尽于道，此庄子之说也；谓天地万物尽于名，此公孙龙之说也。二说者绝不同，而老子乃混而言之。老子继是而曰：“无名万物之始，有名万物之母”。今本或作“无名天地之始，有名万物之母”。或云当于“有”“无”字逗。然考《史记日者列传》：“无名者，万物之始也”。王弼注：“凡有皆始于无，故未形无名之时，则为万物之始。及其有形有名之时，则长之育之亭之毒之，为其母也”。是王本两句皆作“万物”，与《史记》所引合。而《老子》原文本以“有名”“无名”断句，亦据《史记》可知。以“无名”为万物之始，以“有名”为万物之母。此种理论明出名家，与前所谓名数的万物一体论者相通，而与庄子所倡物化的万物一体论违异。而老子则牵合为说，故曰：“道常无名，朴”。推老子之意，则当万物无名之际，乃所谓道。乃其有名，则已非道而是器矣。则是道在器先也。若据庄周为说，则万物迁化，莫非天地之一气；而此一气之运行即所谓道。则万物迁化即已是道；非在万物迁化以前别有道。故庄子曰："道行之而成，物谓之而然"。天地万物，只是一气之运行，运行本身即是道。从而加以名谓识别则曰物。并不谓道在名谓识别之先，一经名谓识别，即非道也。《齐物论》通篇以"道""言"对举曰："道恶乎往而有真伪？言恶乎存而有是非？道恶乎往而不存？言恶乎存而不可？道隐于小成，言隐于荣华"。盖道指真实，言指辨论。故曰："是非之彰也，道之所以亏也"。又曰："道未始有封，言未始有常"。又曰："大道不称，大辨不言"。凡《齐物论》一篇道言并举，言字所指，细则彼我之识别，大则是非之争论。并不谓万物从名言而起，亦不谓舍名言即无万物也。惠施历物之意，说万物之毕同毕异，以为有大一小一之别，而曰天地一体。庄子深不喜其说，以为万物一体之见解，应从观化中得之，不当从言辨上取信。故曰："天地与我并生，万物与我为一。既已为一矣，且得有言乎？既已谓之一矣，且得无言乎？一与言为二，二与一为三。自此以往，巧历不能得，而况其凡乎？故自无适有，以致于三，而况自有适有乎？无适焉，因是已"。此乃驳诘惠施历物所证"天地一体"之说而发。当知从言辨而证天地万物之一体，则言辨本相即已非一。若果是一，更无言辨。则更乌从于言辨中可得万物一体之真理？故庄子曰："忘言而齐物矣"。故论万物一体者，以道观，则不必更论名。以名辨，则无事更求道。惠施与庄周毕生议论不合，正在此处。而《老子》书中则开宗明义即以"道"与"名"二者兼举。此非庄周惠施各得老子精义之一偏，乃老子自汇两家而合说也。然两家各有特诣，合说乃成两损。《老子》曰："道生一，一生二，二生三，三生万物"。此语极含糊。道生一者"一"是何？一生二，二生三，此"二"与"三"者又是何？在道与万物之间，别有所谓一，二，三，三者，系属何等，殊难指说。王弼说之曰：

> 万物万形，其归一也。何由致一？由于无也。由无乃一，一可谓无。已谓之一，岂得无言乎？有言有一，非二为何？有一有二，遂生乎三。——从无之有，数尽乎斯。过此以往，非道之流。

此解道生一，一生二，二生三，为据庄子。王弼此解，后人莫易，然今比观《庄》《老》两书，其为庄周发挥《老子》之义乎？抑《老子》承袭庄周之说乎？善读书者，不难微辨而得。且庄周乃是反驳之说，而《老子》转为肯认之辞。今试问道生万物，何以中间定要横梗此一二三三层？此所谓一二三者既是名言，则无异于谓道生名言，名言生万物，其为不通，尽人可知。且《老子》书其下明云"万物负阴而抱阳，冲气以为和"，则万物只是一气。一气运行即所谓道。万物之迁化不居便是道。道即是万物之迁化不居。如此为说，岂不直捷？岂不切近？何必再作迂回，乃谓道生一，一生二，二生三，三生万物，为此不明不实之说乎？王弼勉强解说，宜无是处乃曰从无之有，数尽于斯，过此以往，非道之流；则庄生所谓“道恶乎往而不存”者非矣！

故从庄周之说，即万物之迁化者便是道，而不论于物体之生死。从公孙龙之说即万物之异同者尽是名，而不论于物质之虚实。依常识言，马为实体，白则虚名，故白马是马。依公孙龙说，则不问世间果有物质与否，一名止于一实，一实止于一名。“马”为一名，即是一实，“白”亦一名亦是一实。故曰：“白马者，马与白也”，则白马者非马。故庄周从物之成毁生死言，公孙龙从物之异同虚实言，两说判然各别。《老子》书则混为一谈。既称道为万物之宗，又称“无名万物之始，有名万物之母”。故《老子》书中言道，其含义与庄周不得不别。举其大者有二：一曰老子以“一”言道，曰：“昔之得一者，天得一以清，地得一以宁，神得一以灵，……”王弼云：“一，数之始而物之极也”。盖《老子》此文即是模仿《庄子》“豨韦氏得之，以挈天地；伏羲氏得之，以袭气母”云云也。则《老子》此处“一”字即指“道”字无疑。然王弼谓“一，数之始而物之极”，其解亦确。盖《老子》自以名数的万物一体论与气化的万物一体论相混，故遂以一为道，因其皆为物之最先发源处。至于庄子则即以万物迁化，所谓“万不同处”者为道，故曰：“举莛与楹，厉与西施，恢诡谲怪，道通为一”。并非谓先从一处生出此莛与楹，厉与西施之万不同也。二曰老子以“无”言道，曰：“天地万物生于有，有生于无”。既谓道生天地万物，则道即是无也。《庄子·内篇》则绝无此论。（参看余《关于老子成书年代之一种考察》篇中论“有无”一条。）盖庄子曰“因是”，因是者当境如如而即是，故曰：“道无乎不存”，又曰：“道行之而成”。并非先有一道，由是再生万物，若曰先有一道，由道再生万物，则此道惟一无对，故得以一训道。既得惟一无对，则亦无可别识，无可名言，故得以无训道。然既曰无可别识无可名言，则即已是别识名言矣；此仍是“既已为一矣，且得有言乎；既已谓之一矣，且得无言乎?”一番老论也。然当知此番理论，乃庄子反驳惠施名数的万物一体论而设，不谓后人（老子）乃即取此以言万物之生成也！

故老庄理论，其显然不同处，有可得而略说者。在庄子则即“万物之迁化”而认其是道，在《老子》则推寻万物生成之本质而名之曰道：其异一也。故在庄子则当境即是，因是而已，即物化，即道体；而在《老子》则道生万物，其间尚有层次。其言之凿凿者则曰：“道之为物，惟恍惟惚，惚兮恍兮，其中有象，恍兮惚兮，其中有物”。然后道与物之间，别有所谓“象”之一级，此义亦畅发于《易传》；遂有古圣人制器尚象之论。“象”字于哲学上有地位，则自《老子》《易传》始。《老子》所以必于道物之间增此“恍兮惚兮其中有象”一级者，因欲牵合于“无名万物之始”为说也。此又《老》《庄》之相异二也。

以上论《老子》书中论万物原始，混并庄周公孙龙两派为说，故既主以阴阳为本，又主以名言为别；含义往往有冲突，次及《老子》书中之人生论，则其说似又别有据，而与其所谓宇宙论不相条贯也。

墨子兼爱之说，一变而为惠施之万物一体论。惠施之万物一体论复转化而为庄周之物化论，及公孙龙之惟名论，庄周与公孙龙之说合并而成老子之虚无论，其说略如上举。然墨学本尚实行，非礼非乐。节用节葬，苦行自刻，为墨学基点，而助之以兼爱之妙辨，兼爱论之发展而有惠施公孙龙为名家。其苦行自刻之精神，则传而为农家，如许行是也。（许行为墨徒，详余《诸子系年》。）然墨子之道，“生勤死薄，其道大觳，使人忧，使人悲，其行难为：反天下之心，天下不堪，”于是有起而别为之说者曰宋钘。故兼爱之理论，视人之父若其父，人人之所难信也，于是而有惠施起而造为万物一体之说。苦行自刻，生勤死薄，又人人所难守也，于是而有宋钘起而造为人心寡不欲多之说。荀子以墨宋兼称，宋钘亦墨学晚起一大师也。余观《老子》书，其言人生涉世之道，大抵从宋钘来。宋钘著书虽已佚，而其说犹有可徵者。

《汉书·艺文志》《小说家宋子》十八篇，班固云：“孙卿道宋子，其言黄老意”，则《老子》书与宋钘相通，昔人固已言之。今考《荀子》称：“子宋子曰：人之情欲寡，而皆以己之情欲为多，是过也”（《正论篇》），又曰：“宋子蔽于欲而不知得”（《解蔽篇》），“宋子有见于少，无见于多”（《天论》）。《庄子·天下篇》亦言之，曰：“宋钘情欲寡（今本误作请欲置之）以为主”，又曰：“以禁攻寝兵为外，以情欲寡浅为内”，是宋钘始倡情欲寡浅之义也。然今《老子》书固亦力持情欲寡浅之说者，故曰：“五色令人目盲，五音令人耳聋，五味令人口爽，驰骋畋猎令人心发狂，难得之货令人行妨”，又曰：“少私寡欲，绝学无忧”，又曰：“少则得，多则惑，余食赘行，有道不处，祸莫大于不知足，咎莫大于欲得，为道日损，欲不欲”，此皆发明人情欲寡不欲多之义也。

荀子又称：“子宋子曰：明见侮之不辱，使人不斗”（《正论》）。韩非亦言之，曰：“宋荣子之议，设不斗争，取不随仇，不羞囹圄，见侮不辱”。庄子亦称之，曰：“宋荣子举世誉之不加劝，举世非之不加沮，定乎外内之分，辨乎荣辱之竟”（《逍遥游》）。此宋钘提倡墨家非斗，而别创为荣辱之新界说，故常人认为辱者，宋子不以为辱；常人所不以为荣者，宋子正以为荣也。（关于墨家非斗一义，余别有详论，此不能尽。）《老子》书中类此说者亦极多，故曰：“强大处下，柔弱处上，弱之胜强，柔之胜刚，天下莫不知，莫能行。圣人之道为而不争，以其不争，故天下莫能与之争”。又曰：“报怨以德。勇于敢则杀，勇于不敢则活。强梁者不得其死，吾将以为教父”，此皆以不斗争为教也。又曰：“大直若屈，大白若黩；知其雄，守其雌，知其荣，守其辱，处众人之所恶，而受国之垢”，此皆辨乎荣辱之说也。《庄子·天下篇》称宋子又曰：“宋子语心之容，名之曰心之行”。韩非亦言之，曰：“是漆雕之廉，将非宋荣之恕；是宋子之宽，将非漆雕之暴”。宽与恕皆心之能容也。宋钘以心能宽恕，能容受，为心之自然的功能。故曰语心之容，名之曰心之行。盖宋钘一方提倡情欲寡浅之说，使人无多欲求；一方另定荣辱之界，使人无出于斗争。而归其说于人心之能容，能容则自无争，无争则欲求自减。人能明乎此则苦行自刻，安之若性，而墨家兼爱之精神推行不难矣。是人心能容之说，亦宋钘所特创也。然今《老子》书亦言“容”。故曰：“知常容，容乃公，公乃王，王乃天，天乃道，道乃久。”特提容字，即宋钘语心之容也。自孔墨孟庄言人之德性，皆不及“容”，惟《洪范》亦云：“思曰容（今本作睿）”，《洪范》言五行，亦起战国晚世，殆亦受宋钘影响也。宋钘立论三大纲，一曰情欲少不欲多，一曰见侮不辱，一曰容为心行，此皆当时认为宋钘之创说者，而《老子》书皆有之。庄周号为能传《老子》之学者，然今《内篇》上篇论人生涉世之道，则又并不类此；是何说也？夫求学术思想系统，而明其流变，本难明定确说。今若谓《老子》书定在前，而孔墨以下皆后起，则庄周见《老子》书而得其论道之一端，公孙龙得其论名，宋钘得其论心论情欲，孔子传《易》而得其论阴阳论象之说，之数子者，各得《老子》书之一偏，不能相通贯，而《老子》最深远，为后来九流百家所自出。纵横家得其“欲歙固张，欲弱固强”之意，兵家得其“不得已而用，恬淡为上”之旨。墨子兼爱，取其慈俭之教，《孟子》“不嗜杀人者得天下”，乃窃其“乐杀人者不可以得志于天下”之句。《老子》五千言如大海，诸子百家如鼹鼠之饮河，各饱其腹而去，亦何不可？若谓《史记》传老聃未尽可信，《老子》五千言不必定出春秋孔子前，则今《老子》书中思想，明与庄周公孙龙宋钘诸家相涉；其书似可出诸家后。乃有兼采诸家以成书之嫌疑也。

以上自学术思想之流变言之，疑《老子》书出宋钘公孙龙同时或稍后之说也。

昔清儒辨《伪古文尚书》，——为之搜其出处，明其剽窃之所自，而《伪古文尚书》之案遂定。然《老子》非《伪古文尚书》比：《老子》五千言洁净精微，言无枝叶，本不求剽窃见信，亦何从以剽窃证伪？故欲自文字文句求之，而证《老子》之伪出，其事不如证《伪古文尚书》者之易。然《老子》书若果晚出，则文字文句之间，其为晚出之迹，自有不可掩者。即如前举“道生一，一生二，二生三，三生万物”，其语本《庄子》。“爱以身于为天下，可以寄天下；贵以身于为天下，可以托天下”，其语似《论语》“可以托六尺之孤，可以寄百里之命”，而时代显属晚出。“乐杀人者不可以得志于天下矣”，其语与《孟子》“不嗜杀人者能一之”相似，亦战国人语，非春秋前所有。此等处皆已不可掩其后出之迹。而余观《老子》书，专就其文字文句求之，有确可断其晚出者，尚不尽于上举。《老子》云：“天地不仁，以万物为刍狗。圣人不仁，以百姓为刍狗。天地之间，其犹橐籥乎？虚而不屈，动而愈出”。此处“刍狗”两字极可疑。王弼云：“天地任自然，无为无造，万物自相治理，故不仁也。仁者必造立施化，有恩有为。造立施化则物失其真；有恩有为，则物不具存，物不具存则不足以备载矣。地不为兽生刍而兽食刍，不为人生狗而人食狗。无为于万物，而万物各适其所用，则莫不赡矣。若慧由己树，未足任也。圣人与天地合其德，以百姓比刍狗也”。王氏此解极牵强。谓“地不为兽生刍而兽食刍，不为人生狗而人食狗”，已不免增字诂经，未足起信。其谓“圣人以百姓比刍狗”，语更含糊，未有的解。且王意以为天地自然，无为无造，而下文则云虚而不屈，动而愈出，明属不同。故王氏又说之云：“无情无为，故虚而不得穷屈，动而不可竭尽也”。必为之补充理论，别生牵搭，始能条贯。疑老子本意或不如是。其实“刍狗”真义，明在《庄子·天运篇》。谓“刍狗之未陈也，盛以箧衍，巾以文繡，尸祝斋戒而将之。及其已陈也，行者践其首脊，苏者取而爨之，而已”。天地之间，虚而不屈，动而愈出。有弟而兄啼，时一过往，全成陈迹，全化腐臭。故曰天地不仁，以万物为刍狗。圣人与化为人，则以百姓为刍狗也。以庄子为说，文义极显白，不必如王弼之迂回。然王弼非不见《庄子》；必舍结刍为狗之说而别自生训者，由《老子》书在前，《庄子》书在后，万不能老子运用《庄子》文句为典故，故虽知有《庄子》“刍狗”之说而不敢用也。且《天运》列《庄子·外篇》：其文尚出庄子后，而《老子》用语似袭《天运》，则其书之晚可知。

老子又云：“天下之至柔，驰骋天下之至坚。无有入无间”。《庄子·养生主》则云：“彼节者有间，而刃者无厚；以无厚入有间，恢恢乎其于游刃必有余地矣。”是谓以无厚入有间也。今《老子》谓以无有入无间，亦疑袭《庄子》意而加深一层为说。

《庄子·人间世》有云：“绝迹易，无行地难”。《老子》曰：“善行无辙迹”。亦庄意而语加洁。

《老子》曰：“多言数穷，不如守中”。王弼注颇有脱误，极难明解。其说似亦出《庄子》。《齐物论》“彼是莫得其偶，谓之道枢。枢始得其环中以应无穷”。《老子》倒言之，故曰“多言数穷，不如守中”矣。然《庄子》道枢“枢”字又见《墨经》。

（《经》上）被不可两，不可也。（梁氏校释谓“两”下“不可”二字衍，亦通。）

（《说》）彼，凡牛枢非牛也。两也。无以非也。

此条在“辨争彼也”一条前，先界说“彼”字。“彼”是一物（实），只当一名。故曰：“彼不可两”。今有一物，或谓之牛，或谓之马，本无不可。然既已约定俗成，相谓之“牛”矣，则不当又别谓之“马”。故谓之“马”者不可，所以不可者，乃在“彼”之不可两也。故曰：“彼不可两，不可也”。此乃先说所以有不可之故。辨者即辨其可与不可，故有当否胜负也。“凡牛枢非牛者”，枢乃户枢。《管子》有《枢言篇》，注“枢者居中”。《淮南·原道训》“经营四隅，还反于枢”。然则枢常居中而转动。今谓此物名“牛”，即有“非牛”一名与为对偶。牛名只一，非牛之名无穷，如“羊”如“马”皆是。而“非牛”之名自“牛”名生。故“牛”名为主。今以“牛”名为中枢，“非牛”之名为外环。如下图。

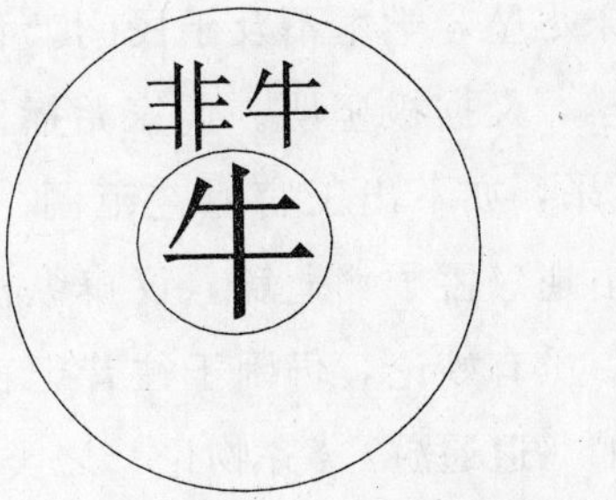

故曰：“凡牛，枢非牛两也”。以牛为枢，则凡其四环皆非牛也。以马为枢，则其四环皆为非马。故自牛言之，牛为枢而马为环，马则非矣，牛则是矣。自马言之，则马为枢而牛为环，牛则非矣，马则是矣，故曰：“是亦一无穷，非亦一无穷”。“道枢”者，知马之可以为枢，而牛亦可以为枢，是之谓“两行”，是之谓“因是”，是之谓“彼是莫得其偶”，是之谓“可以应无穷”。今《老子》谓“多言数穷，不如守中”，所守系何等之中乎？王弼云：“若橐籥有意于为声，则不足以供吹者之求”。是据上文“天地之间其犹橐籥乎”为说，则《老子》“守中”乃成“守虚”之义。然此两句是否连续上文，从来有争议。且以“中”训“虚”，其说亦迂回，似不如以“环中”为说，较近情实也。

又《老子》“益生曰祥，心使气曰强”。“益生”见《庄子·德充符》曰：“不以好恶内伤其身，常因自然而不益生”。“心使气”见《庄子·人间世》，曰：“一若心，无听之以耳，而听之以心。无听之以心而听之以气。气者虚而待物者也”。故《老子》因之曰：“益生曰祥”，祥者不祥。又曰：“心使气则僵”矣。“强”当作“彊”，即“僵”借字也（此据马叙伦《老子·覈诂》）。不引庄子之说，则其义不显，胥与上引诸条一例。

又《老子》“服文綵，带利剑，厌饮食，财货有余，是谓盗夸”。说者不得“盗夸”之解。《韩非·解老》作“盗竽”，疑是本字。然《解老》云：“竽也者，五声之长也。故竽先则钟瑟皆随，竽唱则诸乐皆和。今大奸作则俗之民唱，俗之民唱则小盗必和。故服文綵，带利剑，厌饮食而资货有余者，是之谓盗竽矣”。其说亦迂回。疑《解老》所云乃得其字而失其义者。“盗竽”之解亦见《韩非》书。《说林》“齐宣王使吹竽必三百人。南郭处士请为王吹竽。宣王悦之，廪食以数百人。宣王死，湣王立，好一一听之，处士逃”。此乃当时齐人调侃游士食客者所造说，虽见《韩非》书，而传述当在韩非前。余疑《老子》书出于齐（别有详论《诸子系年》），殆据时人口述故事而曰“谓之盗竽”，犹今人之云“滥竽”也。（吹竽事又属韩昭侯，亦见《韩非》书，足证其传说之流行也。）

此据文字文句之间求之，虽事若琐碎，亦似《老子》书颇可有晚出嫌疑也。再次以著书之大体言之。

春秋之际，王官之学未尽坠，学术不及于民间。私家以著述自传者殆无见。老子果为王官与否，清汪中所辨，义据极坚明。儒家始播王官六艺变为家学。然孔子《春秋》本之《鲁史》；订礼正乐，亦不出王官六艺范围。《论语》出诸后世，记言记事，仍是往者史官载笔旧式。下逮《孟子》七篇，议辨纵横，亦不脱记事记言陈法也。庄子号荒唐矣，然寓言十九，虽有妙论，仍困于往昔记言记事之故式；文体因循，犹未全变。而已能裁篇命题，如《逍遥游》《齐物论》之类，较之《梁惠王》《公孙丑》远胜。惠施《五车》，其书惜不传，不审其体例。《墨子》最先当是《贵义》《公孟》诸篇体类《论孟》者先传。其书如《天志》《尚同》《兼爱》《尚贤》，一义一题，虽有"子曰"，不拘对话，决不出《孟》《庄》之前。至《公孙龙》《荀子》书，乃有严正之论体，超脱对话行迹，空所依傍，独抒理见。然《荀》书如《议兵》诸篇，尚守旧规。《老子》则洁净精微，语经凝练，既非对话，亦异论辨，乃运思既熟，融铸而出。有类格言，可备诵记。颇异乎诸家之例矣。若老子著书早在前，令人不得不疑后起诸家之拙，与文运之久滞而不进也。

又《老子》书用韵语，或者以为乃韵文例先散文之证。然韵文例先散文，以言诗歌之先官史，则有之耳。其先播之于乐则为诗歌，其次载之于册则为官史，又其次流而散于私家，则有师弟子之"论语"。官史之与"论语"，则属散文。此谓韵文晚出于散文可也。散文之先为史，史必晚于诗。史之继而有论，论又晚于史。诗，史，论，之三者，殆为文学进化自然之三级。至于《老子》书其文体属论之尤进。而结句成章，又间之以韵，此可谓韵化之论文。其体颇见于《庄子》，而《荀子》益多有，《老子》则竟体以韵化的论文成书也。此其书决不能先于《论语》一类对话之体矣。《论语》已为官史之解放，官史则为《雅》《颂》之解放，而孟庄著书则为《论语》之解放，荀况公孙又为《孟》《庄》之解放。《老子》文体，列之《荀》《公孙》之时则合，推之《论语》之前似未妥。《易》《大传》似《老子》，均为散体论文之韵化，不得援与诗歌同视，谓其用韵即证为古作也。（闻钱玄同先生言，即《老子》书中所用韵例，亦足证其书之晚出。）

余观《汉书·艺文志》著录诸子，大率尽出战国以下，而往往托之春秋之前。此在刘向父子已多辨析。后人为诸子证伪，亦颇有片言折狱者。惟《老子》书之晚出，虽辨者已多，而争论犹烈。此缘其书诵习既熟，爱玩者多，故虽有确证，未易取信。近人辨《老子》始梁任公，所举诸证，皆属坚强，优足以资定论。继此辨者，新义络绎。余兹所陈，或已几于买菜之求益；而仓猝成文，犹憾未尽。要自别辟蹊径，足补梁氏诸人未竟之绪也。近人亦颇有疑《老子》书虽晚出而当在《庄子》之前者。然既以《老子》书屡称“侯王王侯”一端言之，齐魏会徐州相王，为六国称王开端，其时已当惠施庄周之世（六国称王事余《诸子系年》有考）。《老子》书至早亦不在庄周前明矣。又庄周《内篇》与《外杂》诸篇时代有先后，亦为辨《老子》成书年代者连带必及之问题。此亦未能详论。更端为篇，姑俟他日。

该文首次刊于《哲学论丛》第一集，1933年。选自罗根泽编《古史辨》第六册，上海开明书店1938年版。

《先秦诸子系年考辨》自序

余草《诸子系年》，始自民国十二年秋。积四五载，得《考辨》百六十篇，垂三十万言。一篇之成，或历旬月，或经寒暑。少者三四易，多者十余易，而后稿定。自以创辟之言，非有十分之见，则不敢轻于示人也。藏之箧笥者，又有年，虽时有增订，而见闻之陋，亦无以大胜乎其前。兹当刊布，因加序说，粗见凡例。

盖昔人考论诸子年世，率不免于三病。各治一家，未能通贯，一也。详其著显，略其晦沉，二也。依据史籍，未加细勘，三也。惟其各治一家，未能通贯，故治墨者不能通于孟，治孟者不能通于荀。自为起讫，差若可据，比而观之，乖戾自见。余之此书，上溯孔子生年，下逮李斯卒岁。前后二百年，排比联络，一以贯之。如常山之蛇，击其首则尾应，击其尾则首应，击其中则首尾皆应。以诸子之年证成一子，一子有错，诸子皆摇。用力较勤，所得较实。此差胜于昔人者一也。惟其详于著显，略于晦沉，故于孔墨孟荀则考论不厌其密，于其他诸子则推求每嫌其疏。不悟疏者不实，则实者皆虚。余之此书，反其弊。凡先秦学人，无不一一详考。若魏文之诸贤，稷下之学士，一时风会之所聚，与夫隐沦假托，其名姓在若存若亡之间者，无不为之缉逸证坠，辨伪发覆。参伍错综，曲畅旁达，而后其生平出处师友渊源学术流变之迹无不粲然条贯，秩然就绪。着眼较广，用 智较真。此差胜于昔人者二也。而其精力所注，尤在最后一事。前人为诸子论年，每多依据《史记·六国表》，而即以诸子年世事实系之。如据《魏世家》《六国表》魏文称侯之年推子夏年寿，据《宋世家》及《六国表》宋偃称王之年定孟子游宋，是也。不悟《史记》实多错误，未可尽据。余之此书，于先秦列国世系，多所考核，别有《通表》，明其先后。前史之误，颇有纠正。而后诸子年世，亦若網在纲，条贯秩如矣。寻源探本，自无踵误袭缪之弊。此差胜于昔人者三也。

太史公序《六国表》，曰："秦既得意，烧天下《诗》《书》，诸侯史记尤甚，为其有所刺讥也。其后《诗》《书》复见，而史记独藏周室，以故灭。独有《秦记》又不载日月，其文略不具，然亦有可颇采者。余因《秦记》，踵《春秋》之后，起周元王，表六国时事。"此史公自著其为《六国表》之所本也。《秦记》既略，又自孝公以前，僻在雍州，不与中国诸侯之会盟，中国诸侯以夷翟遇之，故其时秦记载诸侯事当尤忽。今《六国表》自秦孝公以前最疏脱不具者以此。幸其时诸侯史记，犹得有遗留后世者，厥为魏冢纪年。晋太康时，汲县人发古冢，得竹书七十五车，中有《纪年》十三篇。自杜预诸儒，皆定其为魏襄王时魏国之史记。然今世所行，复非原书之真。而唐司马贞为《史记索隐》，时采其文以著异同，可资比准。惟贞自谓"《纪年》之书，多是伪谬，聊记异耳"，又曰："辞即难凭，时参异说"。因亦未能悉心参校，以救史记之失，良可惜也。

原昔人多不信《纪年》者亦有故。一则魏冢原书，久逸于两宋之际。今本为后人蒐辑，多有改乱，舛误缺略，面目全非。学者不深辨，遂谓汲冢《纪年》不可信，一也。再则其书言三代事，多与相传儒家旧说违异。如益为启诛，太甲杀伊尹之类。儒者斥其荒诞，遂不依引，二也。又谓其书记春秋时事，如鲁隐公及邾庄公盟于姑蔑，晋献公会虞师伐虢，灭下阳，周襄王会诸侯于河阳，明系春秋后人，约《左传》之文，仿往例而为之，与身为国史承告据实书者不同。因遂忽视，三也。夫《纪年》乃战国魏史，其于春秋前事，容采他书以成。至言战国事，则端可信据。如《魏世家》《索隐》引《纪年》曰："二十九年五月，齐田肦伐我东鄙。九月，秦卫鞅伐我西鄙。十月，邯战伐我北鄙。王攻卫鞅，我师败绩"。此非当时史官据实书事之例乎？至益为启诛，太甲杀伊尹则战国杂说，其与儒家异者多矣，《纪年》亦本当时传说书之，孰信孰否，今且未能遽断，要足为考古者备一说，不当姝姝于一先生之言而深斥之也。自清以来三百年，学者治其书，不下十数家。至于最近海宁王国维本嘉定朱右会书，为《古本辑校》，又为《今本书疏证》，然后《纪年》之真伪，始划然明判。而犹惜其考证未详，古本纪年可信之价值，终亦未为大显于世也。

《史记》载春秋后事最疎失者，在三家分晋，田氏篡齐之际。其记诸国世系错误最甚者，为田齐魏宋三国。《庄子》曰："田成子弑齐君，而十二世有齐国"，《鬼谷子》亦云然。今《史记》自成子至王建之灭只十代。《纪年》则多悼子及侯剡两世，凡十二代，与《庄子》《鬼谷》说合。又齐伐燕，据《孟子》及《国策》为宣王，非湣王。而《史记》于齐系前缺两世，威宣之年误移而上，遂以伐燕为湣王，与《孟子》《国策》皆背。昔人谱孟子者，于宣湣年世，争不能决。若依《纪年》增悼子及侯剡，排比而下，威宣之年，均当移后，乃与《孟子》《国策》冥符。此《纪年》胜《史记》，明证一也。《史记》梁惠王三十六年卒，子襄王立，十六年卒，并惠襄为五十二年。魏齐曾徐州相王，在襄王元年，是惠王在世未称王，《孟子》书何乃预称惠王为王？又《史记》梁予秦河西地，在襄王五年，尽入上郡于秦，在襄王七年，楚败魏襄陵，在襄王十二年，皆惠王身后事。而惠王告孟子，乃云“西丧地于秦七百里，南辱于楚”，何能预知而预言之？若依《纪年》，惠王三十六年改元，后元十六年而卒，则魏齐会徐州相王，正惠王改元称王之年也。然后《孟子》书皆可通。又与《吕览》诸书所载尽合。此《纪年》胜《史记》，明证二也。《史记》魏文侯三十八年，魏武侯十六年，而《纪年》文侯五十年，武侯二十六年，相错二十二年。昔人疑子夏为文侯师，已踰百岁。今依《纪年》，则文侯元当移前二十二年，子夏之年初无可疑。而李克吴起之徒，其年辈行事，皆可确指。此《纪年》胜《史记》，明证三也。《史记》魏惠王三十一年，徙都大梁，而纪年在惠成王九年。阎若璩本此论纪年不可信。然细覈之，惠王十八年，魏围邯郸，齐师救赵直走大梁，三十年魏伐韩，齐田忌救韩，亦直走大梁。又秦孝公十年，即魏惠王十九年，卫鞅围魏安邑降之。此皆魏都自惠王九年已自安邑徙大梁之证。据《纪年》则《史记》之说皆可通。专据《史记》，则自相乖违，不得其解。此《纪年》胜《史记》，明证四也。三家分晋，田氏篡齐，为春秋至战国一大变。其后魏齐会徐州相王，秦亦称王，宋亦称王，赵燕中山韩魏五国又相约称王，为战国中局一大变。《史记》于此，年事多误，未能条贯。今据《纪年》，证以先秦他书，为之发明，而当时情实，犹可推见。此《纪年》胜《史记》明证五也。其他不胜缕举。要之《纪年》乃魏史，魏在战国初年，为东方霸主，握中国枢纽，其载秦孝公前东方史实，自当远胜《史记·六国表》。徒以存十一于千百，不明不备，不为学者所重。霾塞千年，未覩豁辟之期。余粗为比论，而积古疑晦，颇资发蒙，则其书之非不信可知也。

《史记》之误不一端，而有可以类比件附，以例说之者。如误以一王改元之年为后王之元年，一也。梁襄王元年，实梁惠王称王改元之年。魏文侯元年，实魏文称侯之年。宋王偃元年亦宋偃称王之元年。齐威王卒年，实齐威称王之年。此其例一也。有一王两谥，而误分以为两人者。如梁襄哀王一人两谥，《史记》误分为襄王哀王。赵烈侯又谥武侯，史亦分为两侯。楚顷襄王又称庄王，史公不知，遂误以庄峤为春秋时庄王之苗裔。此其例二也。有一王之年，误而移之于他人者。如魏文伐秦，在周威烈王十七年，史误以为即魏文之十七年。齐宣王五年，与驺忌田忌谋救韩伐燕，史误以为魏桓公五年。逢泽之会，在梁惠王二十七年，史误以为周显王之二十七年。齐魏战马陵，本梁惠王二十八年，史误以为乃周显王之二十八年。又如齐康公二十一年，乃田侯剡立，史误以为桓公午立。此其例三也。亦有一人之事，误而移之于他人者。如梁惠王会诸侯于逢泽，史误以为秦孝公。宋剔成逐桓侯自立，史误以为宋王偃逐剔成自立。此其例四也。有误于一王之年，而未误其并世之时者。如魏文灭中山，史称在文侯十七年，实误。而系之周威烈王十八年癸酉，则不误。齐魏相王于徐州，史以为齐宣王梁襄王，皆误。而系之周显王二十五年丁亥，实不误。又如齐封田婴于薛，应在威王时，史表在湣王三年，误。而系之周显王四十八年庚子，较《纪年》仅后一年，亦不为误。此由史公自据《秦纪》，于周秦之年即得之，于东方诸侯世次，则略而未能尽明。此误其年，未误其世之例，五也。有其事本不误，以误于彼而遂若其误于此者。如《楚世家》简王八年，魏文侯韩武子赵桓子始列为诸侯，与《年表》《周本纪》魏韩赵世家均不合。且既称韩武子赵桓子，其非称侯，显矣。即其自语亦不合。今考《纪年》，魏文移前二十二年，是岁实魏文始侯之年，则《楚世家》此语虽误，而实有其不误者在也。又如《魏世家》魏武侯九年，使吴起伐齐至灵邱，而《年表》是时，楚悼王已死三年。吴起与楚悼王同死，岂能重为魏将？据《纪年》，魏武年代移前，则魏武九年，吴起尚在魏。《魏世家》此语固非误。此由史公博采传记，未加考定，虽有错互，而转得证成史之真。其误在彼而不在此之例，六也。亦有似有据而实无据者，如《年表》魏文侯十八年，受经子夏，特以前年灭中山，有子击下车避田子方事，遂连类书其事于此。《春申君列传》春申君为相八年，以荀卿为兰陵令，特以兰陵鲁地，是年楚取鲁，故姑推以为说。本无确据，而后人轻信，转滋惑误，其例七也。有史本有据，而轻率致误者。如《左传》昭公七年，记及孟釐子卒，史遂误为釐子卒在是年。《孔子世家》因云孔子年十七，孟釐子卒。战国杂说有淳于髡说齐威王以隐，威王感悟，国乃大治，威行三十六年，史公采之，因谓威王在位三十六年。其实威王前后三十九年，威行三十六年者，除其不飞不鸣之三年言之也。此史自有据，而轻率致误之例，八也。亦有史本无据，而勉强为说以致误者。如魏文侯本魏桓子之子，《史记》移文侯之年于后，遂谓文侯乃桓子孙，然亦不能说桓子为何人。《年表》文侯二十五年，太子䓨生，本为太子击生。史公既误移魏文灭中山之年在前，因疑子击不应转生在后，率改子击为子䓨。不悟䓨在文侯时不得称太子。又《田齐世家》齐桓公五年，听邹忌田臣思谋，起兵击燕。田臣思即田忌也。此本齐宣王事，史公即误以伐燕归之滑王，桓宣字相近，乃以意移此于桓公。遂至邹忌田忌皆已预列桓公之朝，史公亦无以自解。此皆勉强弥缝，而不能自掩其误之例，九也。亦有史公博采，所据异本，未能论定以归一是者。如上举《楚世家》简王八年三晋始列为诸侯，与《年表·周本纪》魏韩赵世家定在楚声王五年者不同。《秦纪》与《秦始皇本纪》列秦诸君年数不同之类。皆史公各据异本，自造矛盾之误之例，十也。亦有史本不误，由后人率改妄窜以致误者。如《孔子世家》及《十二诸侯年表》载孔子往返卫宋陈蔡各节，及《鲁世家六国表》载鲁哀公以下诸君年数，抵牾显见，尤难理说。此必后人窜易，致误之例，又一也。复有史本非误，由后人误读妄说以致误者。如《史记·孔子世家》载孟僖子死在孔子十七年下，《水经注》因谓孔子十七适周之类，是也。斯二者与前举十例误不同科。而要之凡史之误，必有其所以误。寻其所以误者，而后其为误之证益显。而其所以误之故，亦每每有例可括。粗举数端，不能尽备。读吾书者，循此意而求之，可自得也。

且不仅于《史记》之多误也。今所资以相比勘而知《史记》之误者，有《索隐》诸家所引《纪年》而诸家之文正亦多误。读史者爱其文，往往忽其事。史虽多误而莫辨。注文朴率，尤嬾循省。遂有传钞失真而致误者。如魏文侯初立在晋敬公六年，而《晋世家·索隐》引《纪年》误为十八年。十八实六字之讹，此以形近而误也。齐宣公四十五年田庄子卒，而《田齐世家索隐》引《纪年》误为十五年，脱一四字，此以脱落而误也。《秦本纪集解》徐广曰："《汲冢纪年》云：魏哀王二十四年，改宜阳曰河雍，改向曰高平"。考《纪年》终今王二十年，今王即哀王，乌得有哀王之二十四年？按之《赵世家》徐广所引，知系四年之误。《苏秦传正义》引《竹书纪年》："梁惠王二十年，齐闵王筑防以为长城"。今考《纪年》梁惠王十三年，当齐桓公十八年，后威王始见。岂得梁惠王二十年，遽有齐闵王？校以《水经汶水注》，则无湣王字。此皆以增衍而误也。《周本纪集解》"裴骃案《汲冢纪年》，自武王灭殷，以至幽王，凡二百五十七年"。而按《鲁世家》，考公以下至孝公十四年，宣王崩，幽王立，凡二百一十六年，无鲁公伯禽年。《三统历》成王元年，命伯禽侯鲁，伯禽即位四十六年。上加周公摄政七年，武王克商后六年，凡五十九年。并下二百一十六年，统为二百七十五年，此作二百五十七，是七十五为五十七，以颠倒而误也。（如此，则《纪年》与《鲁世家》年数本符。今《伪纪年》云："武王灭殷后二十四年，定鼎洛邑，至幽王二百五十七年"。果如其说，自成王定鼎起算，裴骃何得云自武王灭殷乎？此条辨说，据朱右会《汲冢纪年存真》。）又有窜易妄改以增误者。韩威侯与韩宣王为一人。今《韩世家索隐》引《纪年》郑昭侯薨以下一节，支离错乱，全不可解，此经后人改易而误也。《孔子世家索隐》云："按《系家》，湣公十六年孔子适陈，十三年亦在陈"。即云十六年适陈，不得十三年先在。若十三年在陈，适陈不待十六年。《索隐》语先后颠倒，乖误可知。盖《索隐》本云孔子以陈湣公十年适陈，而经后人妄窜一六字。此经后人窜乱而误也。又《田敬仲世家》："明年复会甄，魏惠王卒"。《索隐》曰："按《纪年》：梁惠王乃是齐湣王为东帝，秦昭王为西帝时。此时梁惠王改元称一年，未卒也。而《系家》及其后即为魏襄王之年，又以此文当齐宣王时，实所不能详考"。今按《索隐》此条，梁惠王乃是云云，惠王下当脱一卒字。惟据《纪年》终今王二十年，其时乃周赧王十六年，秦昭襄八年，齐湣王始二年。《年表》齐秦为东西帝，尚在其后十一年。时惠王已死三十七年。且《纪年》亦不及载齐秦为东西帝事。《索隐》何徒按《纪年》谓惠王卒乃是齐湣王为东帝，秦昭王为西帝时乎？此必有误，而特不知其所以误。后人专据此等处，疑《索隐》所引全不可信。不知此已为后人窜乱，定非《索隐》之真也。（《朱氏存真》《王氏辑校》此条均未录。）又诸家之文，短涩简质虽列异同，未加剖辨。后人间或依信引为论据，复有失其义解而误者。如王国维《古本竹书辑校》采录《索隱》甚备，虽论校未密，然已多失原解。如《魏世家索隐》引《纪年》："惠王二十八年，与齐田朌战马陵。又上二年，魏败韩桂陵。十八年，赵又败韩马陵"。此以二年十八年皆在二十八年前，故云上。上即前也。而王氏以为上二年，乃即二十八年之前二年，因谓即二十六年，是误解《索隐》原文也。又《索隐》引《纪年》亦自有例。如《晋世家索隐》引《纪年》，自出公以下诸公年数，皆列其与史异者以相勘。则其不著幽公敬公烈公，正见其年数之同于史。梁氏《志疑》不明此例，又误混于《今本伪纪年》，遂致错淆。又《索隐》引《纪年》列国国君年数，自魏君外，或据其始立之年数之。古者君主以翌年改元，《纪年》魏史，惟魏君著年数，他国仅记君立，《索隐》循其立年数之，则与《史记》以改元计者相差一岁。后人不明此例，比论亦遂多歧。至其君卒岁，若以改元计，与始立计，亦每有一岁之差。此均由未得其例而致误者。亦有《索隐》本无其例，而后人为之曲说，如王氏《古本竹书辑校》谓《索隐》引《纪年》皆改夏正为周正，而细覈实无之。此又致误之一端也。

史文既多误，首有赖于诸家之注，而注文复多误，其事又可举一例以为说者。史公记六国时事，多本《秦纪》，固已苦其不载日月，文略不具矣，然其于秦事固宜信也。乃自宣公以上，史皆失其名，不能详。《索隐》按《世本古史》，考得缪公名任好，以为之补。其他可以想矣。（今史文任好字，又系后人据《索隐》增入。）而其记秦列君年数尤多歧。《秦始皇本纪》后序列秦之先君立年及葬处，《索隐》谓其"皆当据《秦纪》为说"。又云"其与正史小有不同，然亦未能定其是非。盖史公亦自不能决，故取异说备列之也"。文云："秦自襄公至二世，六百一十岁"。《正义》云："《秦本纪》自襄公至二世，五百七十六年矣，《年表》自襄公至二世，五百六十一年，三说并不同，未知孰是"。又《秦本纪索隐》引《始皇本纪》云："秦自襄公至二世凡六百一十七岁"。然则言秦年者，自襄公至二世，已有四说：

一，《秦始皇本纪》原文，	六百一十岁。
二，《正义》计《秦本纪》年数，	五百七十六岁。
三，《正义》计《年表》，	五百六十一岁。
四，《索隐》引《秦始皇本纪》，	六百一十七岁。

今为细覈，《史记》记秦襄公以下列君年数，本有三歧：

一，《秦始皇本纪》，实得五百七十二岁。

二，《秦本纪》，实得五百七十七岁。

三，《年表》，则为五百七十一岁。

合之以上四条，凡得七说之异。梁氏《史记志疑》云："案年表自襄公元年至二世三年，实五百七十一岁。《秦本纪》原文实误，《索隐正义》所说年数亦误。此记是秦史官所录，史公采以作《史记》者，何以误端叠见？盖篆隶递变，简素屡更，传写乖讹。非《秦记》之旧矣"。此史文多误之一例也。惟以余论之，其多误之故，实有不仅梁氏所谓"篆隶递变，简素屡更，传写乖讹"而已者。请仍据《秦始皇本纪》为说。纪云："九年乙酉，王冠"。

《集解》徐广曰："年二十二"。

《正义》："按，年二十一也"。

《史记》载始皇年极明备，可以无歧，然《集解正义》为说又自不同。且观其相为校正，决非传写之乖讹也。《殿本考证》杭世骏释之云："徐广云二十二者，以踰年改元计也"。《正义》云二十一者，以当年改元计也。徐广以是年为二十二，故三十七年崩时，注云年五十。如《正义》之说，则崩年止四十九。《六国表》周赧王五十九年，秦昭王五十一年，徐广曰乙巳，则始皇生年，当是壬寅。十三岁时，当是甲寅。《项羽本纪》注徐广曰：项王以始皇十五年乙巳岁生，则始皇元年当是乙卯。此处自当以踰年改元计，作二十二岁为是。但《秦本纪》云：献公立二十四年卒，子孝公立。徐广曰：献公元年丁酉，孝公元年庚申，则献之末即孝之初，又不拘踰年改元之说矣。今按：杭氏此辨，分别《集解》《正义》得失甚是。盖其所以为计者不同，而遂致相差，其事初非关于传写之乖讹也。而其论献公年则又有说者。考《秦始皇本纪》"献公享国二十三年"，而《秦本纪》云："献公立二十四年卒"，两说自不同。杭氏谓献之末即孝之初，不拘踰年改元之例，其实非也。不踰年而改元，古人自有其事。然大率前君被弑，后君以篡逆得国，不自居于承前君之统绪，则往往即以前君见杀之年，改称篡立者之元年，不复踰年而改元。此在春秋时不多见，而战国屡有之。若孝公则非篡立，献公亦非被弑，何为亦当年改元哉？据《秦纪》，献公前承出子，出子二年，庶长改迎献公于河西而立之，杀出子及其母，沈诸渊。其事亦见不韦《春秋·当赏篇》。(《出子春秋》作小王，庶长改《春秋》作菌改。)盖献公实弑君自立，故未踰年而改元。出子之末，即献公之初。元丙申，卒己未，得二十四年。今《年表》于出公二年后始列献公元年，则为元丁酉，当得二十三年。《始皇本纪》与《年表》同，徐广亦本《年表》为说。杭氏不能详辨，误以徐广本《年表》之说，推论《秦纪》二十四年之文，遂误为孝公不踰年而改元也。

余又考《秦始皇本纪》载秦列君年数，与《秦本纪》异者凡五人：

一悼公，《秦始皇本纪》十五年，《秦本纪》十四年，《年表》同《秦纪》。

二灵公，《秦始皇本纪》十年，《秦本纪》十三年，《年表》同《始皇本纪》。

三简公，《秦始皇本纪》十五年，《秦本纪》十六年，《年表》同《始皇本纪》。

四献公，《秦始皇本纪》二十三年，《秦本纪》二十四年，《年表》同《始皇本纪》。

五庄襄王，《秦始皇本纪》三年，《秦本纪》四年，《年表》同《始皇本纪》。

而《年表》与《秦始皇本纪》同者，自灵公以下凡四人。其事皆可本前例以为说者。

一、灵公

《秦始皇本纪》“肃灵公享国十年”，《索隐》云：“《纪年》及《系本》无肃字句。立十年读，《表》同句。纪十二年句”。然今《秦纪》作灵公十三年，三说相歧。余考《秦纪》灵公前怀公为诸臣所围，自杀。灵公承之，盖亦不踰年而改元，故前后共得十一年。《年表》则于怀公四年见杀之明年，再书灵公元年，故为十年。今《秦纪》作十三年，《索隐》引《秦纪》作十二年，皆为十一年之字讹。

二、简公

《秦始皇本纪》“简公享国十五年”，《年表》同。《秦本纪》简公十六年。余考简公前承灵公，灵公卒，子献公不得立，简公乃灵公季父，为怀公之子。灵公既承怀公之弑而自立，不踰年而改元。今简公亦篡献公之统，上溯其父怀公之绪，则亦不俟踰年而改元矣。《年表始皇纪》作十五年，仍依踰年改元之常例计之也，《秦纪》作十六年，本当时不踰年而改元之变例计之也。

三、献公

已具前论。惟《秦始皇本纪》献公享国二十三年下，《索隐》云：“系本称元献公。立二十二年，表同。纪二十四年”。今按：《索隐》此条，文义颇晦，而有误字。其句读当如前引肃灵公条之例。

肃灵公《索隐》：“《纪年》及《系》本无肃字句。立十年读，表同句。纪十二年句。”

献公《索隐》：“《系本》称元献公句。立二十二年读，《表》同句。《纪》二十四年句”。

均谓《秦始皇本纪》立十年，立二十二年，与《年表》相同，而与《秦纪》则异也。至引《系本》及《纪年》，仅举其无肃字，有元字之异，并不与下文立十年立二十年语相涉。句读之例既明，知献公条《索隐》立二十二年，实立二十三年之误，以今《年表》明作二十三年，《秦始皇本纪》亦明作二十三年也。否则不辨句读，不订讹字，将又疑《世本》别有献公二十二年一说矣。

四、庄襄王

《秦始皇本纪》“庄襄王享国三年”，《年表》亦同。《秦本纪》庄襄王得四年。余考《秦纪》庄襄承孝文王后。孝文王除丧，十月己亥即位，三日辛丑卒，子庄襄王立。秦以十月为岁首，孝文王盖以去年即位，以今年岁首除丧称元，前后三日而卒。庄襄王处此变例，虽非弑君自立之比，而即以是年称元，不复以先王三日之位，而虚一年之号，亦自在情理之中。《秦本纪》据当时变礼实况计之，故为四年。《始皇纪》及《年表》依常例，仍定孝文王在位一年，则庄襄王自只三年也。孝文之事，阎若璩《尚书古文疏证》亦复论及，其言曰：“《秦本纪》昭襄王四十二年，先书十月宣太后薨，继书九月穰侯出之陶。四十八年，先书十月韩献垣雍，继书正月兵罢。似已用十月为岁首。秦自昭襄以后，庄襄以前，既首十月，则孝文王之事，有可得而论者。《秦本纪》：五十六年秋，昭襄王卒，子孝文王立，尊唐八子为唐太后，而合葬于先王，韩王衰绖来吊祠，诸侯皆使将相来视丧事。孝文王元年，赦罪人，修先王功臣，褒厚亲戚，弛苑囿。孝文王除丧，十月己亥即位，三日辛丑卒。子庄襄王立。盖昭襄王五十六年庚戌秋，去孝文王元年辛亥冬月，仅二三月，此二三月竣丧葬之事，明年新君改元，方大施恩礼，至秋期年之丧毕，然后书孝文王除丧，犹胜既葬而除者多矣，犹为近古。然其失礼处，亦不可不知。秦既用建亥月为岁首，孝文王元年，应有十月，今于除丧后又书十月，分明是孝文王已踰二年矣。岂享国一年者乎？故予以庄襄王元年壬子，原孝文王之二年。但秦之臣子，以孝文甫即位三日，不仍之为二年，遂改为庄襄之元年。观书子庄襄王立下无事，可知。崩年改元，厥由于此。一年二君，固已非终始之义。况又革先君余年，以为己之元年乎？失礼莫大焉！惜千载读史者，俱未推究及此。余特摘出，以正通鉴孝文王元年书十月己亥王即位三日薨之误”。今按阎氏此辨，精矣而未尽也。其谓秦自昭襄以下，庄襄以前，既首十月，则诚然矣。而定孝文在位已踰两年，则又失之。孝文亦既葬而除丧耳。昭襄王以庚戌之秋卒，二三月间，峻丧葬之事，孝文以岁首，十月正改元之位，三日而薨，前后不踰五月。若以岁首正月计，则尚在昭襄三十六年庚戌，乌得有二年之久？徒以孝文之立，年已五十有三，非孺子君比。又亲庄襄之父，虽不幸即位三日而死，而秦之君臣，不忍没其先君在位之年。又孝文固已有踰年而改元，又不当上侵昭襄毕世之岁。故以孝文继体嗣位之数月，仍属之于昭襄之三十六年，而所谓孝文在位一年者，其实则自踰年改元，仅得三日之数。其子庄襄王若仍以踰年改元，则为壬子。而辛亥一岁，实亦庄襄享国之曰。战国季世，何尝有所谓三年之丧？更亦何尝有所谓三年丧毕而正践祚之位之礼？三月而丧毕，踰年而改元，此其常耳。至于秦者，尤不当以东方儒生所唱古礼律之。正惟孝文在位不出五月，故史乃无事可纪，特曰“赦罪人，修先王功臣，褒厚亲戚，弛园囿”，为循例虚美之词。而庄襄王享国之期，实有四年。今《年表》既上割其元以为孝文之岁，故《秦纪》庄襄四年事，年表仅得三年。蒙骜击赵榆次新城狼孟得三十七城，《纪》在三年，《表》在二年。王击上党，初置太原郡，及五国攻秦，《纪》在四年，《表》在三年。而蒙骜攻赵，定太原，《纪》在二年，《表》则无之。依上例推校，此当书于庄襄之元年。而蒙骜取城皋，吕不韦取东周，《纪》在元年，《表》亦同在元年者，其实应上移孝文元年格中，乃始符耳。今阎氏又下夺庄襄之年，以上予孝文，则于《秦始皇本纪》及《年表》与《秦本纪》异同，皆无以通其说，此乃其考覈之未尽也。（又按：《秦本纪》：“昭襄王四十二年十月，宣太后薨。九月，穰侯出之陶”。乃秦人已以十月为岁首之证，既如上述。而“四十八年十月，韩献垣雍，秦军伐赵武安，正月兵罢，复守上党。其十月，五大夫陵攻赵邯郸”。张文虎谓：“自此年以后，复用夏正，故书其十月云云，遂不以为岁首。”今按张说误。此年先书十月，卒又书十月，以《白起传》校之，秦使王陵攻邯郸，乃九月，则《秦纪》此年“其十月”实“其九月”之讹文也。又“四十九年正月，益发卒佐陵，其十月将军张唐攻魏，五十年十月，武安君白起有罪，为士伍，迁阴密，十二月，武安君白起有罪死。”张文虎谓：“此年先书正月，后书其十月，文甚明白。为秦改复夏正之证”。然再校之《白起传》：“四十九年正月，陵攻邯郸少利，秦益发兵佐陵，又使王龁代陵将。八九月围邯郸不能拔，彊起武安君；武安君称病笃。于是免武安君为士伍，迁之阴密”。自正月以下历八九月而武安君以罪免，适为五十年之十月，则其时秦仍以十月为岁首甚明。正月后八九月，即九月，及明年之首十月也。《白起传》又云：“居三月，诸侯攻秦军急，秦王乃使人遣白起，不得留咸阳中，又使使者赐之剑，自裁”。十月罪免，居三月赐死，正合《本纪》十二月武安君有罪死之文。而《起传》又云：以秦昭王五十年“十一月”死，知是“十二月”字讹。据此推之，《秦纪》“四十九年其十月将军张唐攻魏”一语必亦字误，而张氏遽谓秦以其年复用夏正，是亦考之未详也。）

综上四君，《秦本纪》《秦始皇本纪》及《年表》所记年数之差，皆可以不踰年而改元之一例为说。而史文及注，亦颇有讹字。至悼公一君，《年表》《秦纪》皆作十四年，而《秦始皇本纪》作十五年，与下四例不符。（下四例皆《年表》与《秦始皇本纪》同，与《秦本纪》异，此例独反之，知不可以一例论矣。）亦无说以处，则当为《始皇本纪》之字讹也。

凡上所论，足证史公博采，所据异本，未经论定，以归一是，遂若相矛盾，而其实史固不误。后来注家，未能为之发明，又间以传钞之误，纷乱乃不可理。梁氏《志疑》仅以“篆隶递变，简素屡更，传写乖讹”之一事说之，固未当于情实也。

又按《秦本纪》“始皇帝五十一年而崩”，杭世骏《考证》云：“始皇十三年而立，立三十七年而崩，当得四十九年”。夫杭氏既辨《集解》《正义》得失，而云当以踰年改元计者为是，则始皇十三年而立，踰年十四岁改称元年，至三十七年固得五十年，非四十九年也。同属一人之考证，又考证同一之事，先后一卷书之隔耳，乃其是非相乖已如此。然则史文记载年数之多误，又不尽于传写之乖误，与夫所以为计之不同，而人之不能尽其心，以轻心掉之，忽而多误，又其一因矣。辗转之忽，误乃益滋。如亡羊于歧途，歧之中又有其歧焉，而乃至于不反。此又后人考年之一难也。

古人云：“失之毫釐，差以千里”，此言夫毫釐之不可忽也。又云：“寸寸而量之，至丈必差，铢铢而较之，至两必失”，此言夫铢寸之不可泥也。考年之事，将为毫釐之不可忽乎？抑将为寸寸之不可较乎？曰：善用之则皆是也，不善用之则皆非也。夫古人之年，运而往矣。后之论者，曰孔子生于鲁襄公二十一年某月某日。曰非也，孔子生襄公二十二年某月某日。其争历二千年而不可解。甲曰孔子年七十二，乙曰孔子年七十三，其争历二千年不能决。此何为者？故谓孔子年七十二与年七十三，必有一失，否则俱失之，不能俱得也。然而今人之智力，无以大踰乎昔之人，则孔子之年，终不可定，将以后息者为胜。谓生鲁襄公二十二年可也，谓生鲁襄公二十一年亦无不可也。孔子或寿七十二，或寿七十三，孔子则既死矣，一岁之寿，于孔子何与？于后世亦何与？于考孔子之年者又无与也。何者？自一岁之争以外，他无可以异同也。此丈量既得，不必较之以寸之说也。非固不可较，不能较而必为之较焉非阙疑之道，又且自陷于愚诬之嫌也。史公曰：“墨子与孔子同时，或曰在其后”，同时之与在其后，相差则既远矣。其传老子曰：“盖老子百有六十余岁，或言二百余岁”。百六十之与二百，相异则既甚矣。今之学者，为古人考年，率好为辜较之辞，曰某生至早在某岁，某卒至晚在某年。然而有不可者。以某生至早之岁，上承某卒至晚之年，父子祖孙可以为友矣。今易其辞，曰某生至晚在某岁，某卒至早在某年，以某卒至早之年，下接某生至晚之岁，则友可以为父子祖孙矣。此又毫釐之辨之不可以不谨也。其实非毫釐也。考年者不精审熟察，不能确据史实，约略以推之，强古人以就我，则宜其有千里之差也。

或曰：古人之年，运而往矣，九原不可作，则凡所以考古人之生卒行事者，将惟书册是徵。而先秦古籍，传者亦尠矣。记事莫备于《史记》。《史记》既多误，而所载尤以诸子为略，名姓不一见者多有之，详者惟孔老孟荀，然而《孔子世家》之缍纰而叠缪，与夫老子之傥恍而难凭，孟荀之阔略而不备，则既尽人疑之矣。子将较毫釐，衡铢寸，重定古人之年，则何籍以考于古？又何术以信于后耶？曰：此难矣，而实非难也。无方术以处之则难，有方术以处之则易。君不知夫树木之有年轮乎？横截一树，而数其输，可以得其年，不必寻其树之始植者而证之也。此毫釐可谨之说也。又不知夫地层之有化石乎？推而论之，可以识万纪以前之地史，不必有文字之记载也。此丈石可量之说也。自孔子以往迄于秦，虽史文茫昧，地层之化石，树木之年轮，尚多有之。有可以得其生卒之年寿者，有可以推其交游出处之情节者。片言只字，冥心眇虑，曲证旁推，即地层之化石也，即树木之年轮也。曰：何以信？曰：信于四达而无牾，一贯而可通。

夫人之用心，患其思虑之不精，又患其考证之不广。先秦遗文，六国之际，于今可考者，可以缕指而计之，程年以尽之。考证之不广，非难也。然后谨记其异同，推排其得失，次其先后，定其从违，必有当者，可以确指，则用心之不精又非患也。然而自古迄今，六国之年既多误，诸子事迹尤不备。尘晦而不彰，霾翳而莫明，犹有待于今日之推寻者，则何欤？曰：此非古人之知不及此，亦其时则不至此也。古人不知考年之可重，则亦无怪于其用心之不精，求证之不广矣。夫《史记》之误易见，舍《史记》而求是则难寻。《纪年》之佚文，散见于《集解》《索隐》诸家之注，以及《水经注》诸书者，其与《史记》异同，一一可按。然碎文单辞，知其异于史者，无以定其是。而史之异于《纪年》者，亦无以定其非。今《六国表》及诸世家，记事明备，一按可得。《纪年》遗佚散乱，荒晦难寻。学者既不以考年为重，好易恶难，习常疑怪，则亦谁为考覈详定其是非者耶？夫判两家之异同，贵乎参伍以为验。求定《纪年》《史记》之得失，不得不参伍以验之于诸子。而昔人治史，往往不信诸子，掩目捕雀，宜其无得。是用心之不精，考证之不广，所以为论年之难，而其端在夫不知论年考世之重。此乃时缘之未至，非聪明智力之不及也。

且有非考年之事，而为考年之所待以成者二端焉：曰捃逸，曰辨伪。夫事之不详，何论其年？故考年者必先寻实事。实事有证，而其年自定，此易知之说也。为诸子考年者，当先定《六国表》，而后有所依据，固也。其次莫大于为诸子捃逸。何言乎为诸子捃逸也？《史记》惟孔子有世家，孔子弟子及老庄申韩孙吴孟荀有列传，其他则阙。墨子则曰“宋之大夫，善守御，为节用，或曰并孔子时，或曰在其后”，得二十许字。许行陈仲惠施魏牟之徒无其名者不可胜计。其略既如此，而略之中复有其不可信者焉。然而其旁见于他书者。虽片麟一爪，可以推寻而得其大体者至多也。昔人治史，率不信诸子。夫诸子托古，其言黄帝羲农，则信可疑矣。至于管仲晏婴相问答，庄周鲁哀相唯诺，寓言无实，亦有然者。至其述当世之事，记近古之变，目所覩，身所历，无意于托古，无取于寓言。率口而出，随心而道，片言只语，转多可珍。故吴起有泾水之战，此韩非刘向之文也，而《史记》无其事。余拾其坠，以定吴起仕魏之年。公孙龙有空雒之对，此不韦《春秋》之说也，而战国无其地。余订其讹，以证公孙来赵之岁。荀卿之见燕哙，韩非言之。儿说之事宋王，《吕览》记之。余循之为推，可以说名家之传，可以次孟荀之世。考《庄列》魏牟公孙龙，发中山之秘史。据《荀韩》楚庄王庄蹻，定旦滇之逸乘。其他如以《吕览》许犯证《孟子》许行之师承，采《韩非》

田仲补《孟子》陈仲之论议。推季梁以定杨朱之生卒，传匡章以阐孟轲之游踪，本《吕览》白圭惠施应对，定两人在梁之先后，据《盐铁论论儒》，证稷下诸贤之聚散。即以诸子之书，还考诸子之事。为之罗往迹，推年岁，参伍以求，错综以观，万缕千绪，丝丝入扣，朗若列眉，斠可寻指。夫而后滞者决而散者综，纷者理而闇者覩。先秦学人往事，犹可考见，无病乎史文之逸失也。

何言乎为诸子辨伪也？夫诸子往迹行事，虽散见于诸子之书，然而多有其误者焉，又多有其伪者焉。伪误之不辨，而捃摭诸子之遗闻佚记以骋博而驰说，是治乱丝而益纷也。盖尝论之：有伪其人者，有伪其世者，有伪其年者，有伪其事者，有伪其地者，有伪其书者，有伪其说者，有伪之于多方者。伪之途不一端，非一一而辨之，则不足以考其年。将一一而辨之，则辨伪之事无竟，而考年之书不可作。此固考年之事之所待以成也。何言乎伪其人？吴有孙武子，伪其人也。何言乎伪其世？尉缭见梁惠王，伪其世也。何言乎伪其年？孟子游梁，当惠王之三十五年，此伪其年也。何言乎伪其事？孔子与南宫敬叔过周问礼于老子，此伪其事也。何言乎伪其地？孔子畏匡，公孙龙对空雒，此伪其地也。何言乎伪其书？列御寇有《列子》，子思有《中庸》，此伪其书也。何言乎伪其说？孔子老而系《易》，孔门《六经》有传统，此伪其说也。何言乎伪之于多方？凡伪其人者，必伪其事焉，伪其时焉，伪其书焉，伪其说焉，而后可以掩其人之伪。伪其事，伪其时，伪其书，伪其说者，亦然。非伪之于多方，则其伪不立。诸子之伪不胜辨，其不能尽著于篇者，将别为书以发之，此不能备也。

夫言定于此，而后可以见于彼者，亦有定于彼，而后可以见于此者，此相与为功，有待而成之说也。为诸子考年者，有待于捃逸，为诸子捃逸者，又有待于辨伪。然而辨伪捃逸之功，亦有待于考年焉。夫必《易系》决非孔子作，而后孔子无系《易》之年之辨可定。夫必孔子无系《易》之年，而后无商瞿传《易》之人之辨可定。夫必无商瞿传《易》之人，而后孔门无《六经》传统之说之辨可定。反而言之，以《六经》传统之可疑，而疑及于商瞿之传《易》。以商瞿传《易》之可疑，而疑及于孔子之系《易》焉。其事如循环之无端也。夫孔子系《易》之年，与夫商瞿之年，以及夫经师先后授受之年，则信可疑矣。然则商瞿梁鳣年长无子之逸记可以灭，《系辞》《十传》之为伪书可以定。此又考年之功之有裨于捃逸辨伪者也。

且捃逸辨伪考年之相待以有成，其事有不尽于此者。盖事有非逸，而无异于已逸。语有不伪，而有甚于本伪。则以考年之未精，遂相率以俱讹。及其既讹，遂转以为考年之障者有之矣。请据《孟子》以为说。夫《孟子》七篇，尽人所诵，历二千年，至精至熟也。其事则非逸也。其语亦非伪也。考孟子之年者，非不之及也。然而为孟子考年者。类以《史记》绳《孟子》，而不知史年之有误。即有本《孟子》疑史年者，亦不能定史年之真是也。然后孟书之非逸者，无异于逸。孟书之不伪者，转致于伪，人异其说，而皆无当于是焉。余以《纪年》校《史记》，知齐梁世系之误，重定齐威宣梁惠襄之先后，而后知孟子初游齐，当齐威王时，游梁，见惠王襄王，返齐，见宣王。以此求之，则匡章不孝，孟子与游之事，情节复显。余又以《史记·鲁世家》与《六国表》互核，知《鲁表》之误，而《世家》之可信，重定鲁平之元。以此求之，然后乐克进辞，臧仓沮见之事，理势乃符。凡此皆学人之所研虑，先儒之所极论，纵横反覆，纷纭莫定，一朝发难，云破天朗。其事则同，而所以说其事者不同。此非捃逸也，而有似于捃逸。非辨伪也，而有类乎辨伪。盖亦与考年之功相待以有成者也。

且夫后世之积讹袭非，有足为考年系世之障者，又岂仅于时君世系之错乱，诸子往迹之晦沉而已耶？盖自刘班著录，判为九流，平章学术，分别渊源，其说相沿，亦几二千载于兹矣。习非成是，积信为主，则亦莫之疑而难以辨也。曰百家原于道，则老聃之年无以破。曰申韩本于老，则吴起李克之统无以立。不知农之原于墨，则我许行即许犯之说不足信。不知法之导于儒，则我商鞅本魏学，李韩乃荀术之论不能成。非破碎陈说，融会以求，则我魏文西河齐威宣稷下诸贤之考皆无以通其意。吾尝沉沉以思，昧昧以求，潜精于诸子之故籍，游神于百家之散记，而深疑夫旧说之有误，而习见之不可以为定也。积疑有年，一朝开豁，而后知先秦学术，惟儒墨两派。墨启于儒，儒原于故史。其他诸家，皆从儒墨生。要而言之，法原于儒，而道启于墨。农家为墨道作介，阴阳为儒道通囿。名家乃墨之支裔，小说又名之别派。而诸家之学，交互融洽，又莫不有其旁通，有其曲达。分家而寻，不如别世而观。寻宗为说，不如分区为论。反覆颠倒，纵横杂出，皆有以通其源流，得其旨趣，万变纷纭而不失其宗。然后反以求之先秦之史实，并世学者师友交游之渊源，与夫帝王贤豪号召罗致之盛衰兴替，而风会之变，潮流之趋，如合符节，如对契印。证之实者有以融之虚，丈而量者重以寸而比，乃然后自信吾说而确乎其不自惑也。夫为辨有破有立，破人有余，立己不足，此非能破之胜也。夫为学有积有统，积说多端，整统未建，此非能积之优也。余之此害，定列国之世系，考诸子之生卒，事有甚碎，辨有甚僻，盖考据之幽微，为学者之畏途，有使人读而生厌，不终卷而废者。然而陈说未破，则己旨不立，积绪无多，则整统不富，彷徨瞻顾，虽曰未能，窃有志于是也。

尝试论之，晚周先秦之际，三家分晋，田氏篡齐，为一变。徐州相王，五国继之，为再变。齐秦分帝，逮乎一统，为三变。此言夫其世局也。学术之盛衰，不能不归于时君世主之提抑。魏文西河为一起，转而之于齐威宣稷下为再起，散而之于秦赵，平原养贤，不韦招客为三起。此言夫其学风也。书分四卷，首卷尽于孔门，相宰之禄，悬为士志，故史之记，流为儒业，则先秦学术之萌茁期也。次卷当三家分晋，田氏篡齐，起墨子，终吴起。儒墨已分，九流未判，养士之风初开，游谈之习日起，魏文一朝主其枢纽，此先秦学术之酝酿期也。三卷起商君入秦，迄屈子沉湘。大梁之霸焰方熄，海滨之文运随起。学者盛于齐魏，禄势握于游仕。于是有白圭惠施之相业，有淳于田骈之优游，有孟轲宋鈃之历驾，有张仪犀首之纵横，有许陈之抗节，有庄周之高隐，风发云涌，得时而驾，乃先秦学术之磅礴期也。四卷始春申平原，迄不韦韩李。稷下既散，公子养客，时君之禄，入于卿相之年，中原之化，遍于远裔之邦。赵秦崛起，楚燕扶翼。然而烂漫之余，渐归老谢，纷披已甚，主于斩伐。荀卿为之倡，韩非为之应。在野有老聃之书，在朝有李斯之政。而邹衍之颉颃，吕韦之收揽，皆有汗漫兼容之势，森罗并蓄之象，然犹不敌夫老荀非斯之严毅而肃杀。此亦时运之为之。则先秦学术之归宿期也。四卷之书，因事名题，因题成篇，自为起迄，各明一意。遂若破人者多，立己者少，积绪者繁，统综者绌。则体势所限，有不获已。至于发挥引伸，极论学术，则所俟于通论，非此之得详矣。

且著书成学，不徒有其外缘，而又不能不自止于限极焉。吾书之成，其为之缘者则既论之矣，至于其限极，亦有可得而略陈者。盖首卷考订孔子行事，前贤论者已详，折衷取舍，择善而从，其为己说者最尠。至于次卷，墨子吴起之世，史文荒失。于此不理，则荆棘未斩，取途无从。而欲加辟治，又徒手空指，利斧难觅。荜路篮褛。艰苦惟倍。凡所论列，虽已疎阔，而史料既灭，文献不足，则亦无以为增。至于三卷，如理乱丝，异说纷呈，诸端并列，条贯则难，寻证则富。四卷诸篇，以当时诸子著书，往迹颇详，亲历转略。秦廷焚坑，学术中绝。而《汲冢纪年》亦尽于魏襄王，以下惟有《史记》，无可互勘。如春申不韦之死，荀卿之老，邹衍之游，皆有可疑，无以详说。其他亦幽晦。较之墨翟吴起之世则显，较之惠施孟轲之世则略。此亦史料所限，无可为力者也。若夫见闻之未周，思虑之未详，智慧之所不至，功力之所未尽，进而教之，俟乎方闻君子。

1935 年 12 月商务印书馆出版本书。选自罗根泽编《古史辨》第六册，上海开明书店 1938 年版。

吕思勉

吕思勉（1884—1957），字诚之，笔名驽牛。江苏武进（今常州市）人。出生于书香世家，幼年系统阅读经学、史学、小学、文学等各种文史典籍。15岁入县学。16岁自学古史典籍。23岁后专治史学。1905年起开始从事文史教育和研究工作，先后在苏州东吴大学（1907年），常州府中学堂（1907年—1909年），南通国文专修科（1910年—1911年），上海私立甲种商业学校（1911年—1914年）等学校任教。1914年至1919年，先后在上海中华书局、上海商务印书馆任编辑，后又于江苏省立第二师范学校（1920年—1925年，即现上海市上海中学）、上海沪江大学（1925年—1926年）、上海光华大学（1949年以后院系调整并入华东师范大学）任教。1957年10月9日病逝于上海华东医院。与钱穆、陈垣、陈寅恪一同被严耕望并称为“现代四大史学家”。

盘古考

今世俗无不知有盘古氏者，叩以盘古事迹，则不能言，盖其说甚旧，故传之甚广，而又甚荒矣。

盘古故事，见于《五运历年记》者曰：“元气濛鸿，萌芽兹始，遂分天地，肇立乾坤。启阴感阳，分布元气，乃孕中和，是为人也。首生盘古，垂死化身。气成风云；声为雷霆；左眼为日；右眼为月；四肢五体为四极五岳；血液为江河；筋脉为地里；肌肉为田土；髪髭为星辰；皮毛为草木；齿骨为金石；精髓为珠玉；汗流为雨泽；身之诸虫，因风所感，化为黎虻”。（据《绎史》卷一引）见于《述异记》者曰：“昔盘古氏之死也：头为四岳，目为日月，脂膏为江海，毛发为草木。秦汉间俗说：盘古氏头为东岳，腹为中岳，左臂为南岳，右臂为北岳，足为西岳”。先儒说：“盘古氏泣为江河，气为风，声为雷，目瞳为电”。古说：“盘古氏喜为晴，怒为阴”。吴楚间说：“盘古氏夫妻，阴阳之始也”。今南海有盘古氏墓，亘三百余里，俗云：“后人追葬盘古之魂也”。“桂林有盘古氏庙，今人祝祀”。（据《汉魏丛书》本。《绎史》无末十一字。）见于《三五历记》者曰：

“天地混沌如鸡子，盘古生其中。万八千岁，天地开辟，阳清为天，阴浊为地。盘古在其中，一日九变。神于天，圣于地。天日高一丈，地日厚一丈，盘古日长一丈。如此万八千岁，天数极高，地数极深，盘古极长。后乃有三皇”。（据《绎史》卷一引）案《厄泰梨雅优婆尼沙昙》（Aitareya Upanishab）云：“大古有阿德摩（Atman），先造世界。世界既成，后造人。此人有口，始有言；有言，乃有火。此人有鼻，始有息；有息，乃有风。此人有目，始有视；有视，乃有日。此人有耳，始有听；有听，乃有空。此人有肤，始有毛；有毛髪，乃有植物。此人有心，始有念；有念，乃有月。此人有脐，始有出气；有出气，乃有死髪。此人有阴阳，始有精；有精，乃有水”。《外道小乘·涅槃论》云：“本无日月星辰，虚空及地，惟有大水。时大安荼生。形如鸡子，周匝金色。时熟破为二段：一段在上作天，一段在下作地”。《摩登伽经》云：“自在以头为天，足为地，目为日月，腹为虚空，髪为草木，流泪为河，众骨为山，大小便利为海”。《五运历年记》《三五历记》之说，盖皆象教东来之后，杂彼外道之说而成。《述异记》首数语，即《五运历年记》之说。秦汉间俗说亦同。此说疑不出秦汉间，任氏误也。至其所谓先儒说，古说，吴楚间说者，则皆各自为说，与上诸说不同。

《山海经·海外北经》云：“锺山之神，名曰烛阴。视为昼，瞑为夜。吹为冬，呼为夏。不饮，不食，不息；息为风。身长千里。在无𫶇之东。其为物，人面，蛇身，赤色，居锺山下”。《大荒北经》云：“西北海之外，赤水之北，有章尾山。有神，人面蛇身而赤。直目正乘。其瞑乃晦，其视乃明。不食，不寝，不息。风雨是谒。是烛九阴。是谓烛龙”。此二者即一事，皆谓其身生存，不谓已死，《述异记》所谓先儒说及古说者盖如此。《路史》谓“荆湖南北，今以十月十六日为盘古氏生日，以候月之阴晴”。（《初三皇记》）可见《述异记》所谓古说者流传之久矣。至其所谓吴楚间说者，则盘古氏明有夫妻二人，与一身化为万有之说，尤厘然各别。

盘古即盘瓠之说，始于夏穗卿。（见所作《古代史》。）予昔亦信之，今乃知其非也。盘瓠事迹，见于《后汉书·南蛮传》，其说云：“昔高辛氏有犬戎之寇，帝患其侵暴，而征伐不克，乃访募天下：有能得犬戎之将吴将军头者，购黄金万镒，邑万家，又妻以少女。时帝有畜狗，其毛五采，名曰盘瓠。下令之后，盘瓠遂衔人头造阙下。群臣怪而诊之，乃吴将军首也。帝大喜。而计盘瓠不可妻之以女，又无封爵之道，议欲有报，而未知所宜。女闻之，以为帝王下令，不可违信，因请行。帝不得已，乃以女配盘瓠。盘瓠得女，负而走。入南山，止石室中。所处险绝，人迹不至。于是女解去衣裳，为仆鉴之结，著独力之衣。帝悲思之，遣使寻求。辄遇风雨震晦，使者不得进。经三年，生子一十二人，六男六女。盘瓠死后，因自相夫妻。织绩木皮，染以草实。好五色衣服，制裁皆有尾形。其母后归，以状白帝。于是使迎致诸子。衣裳班阑，言语朱离；好入山壑，不乐平旷。帝顺其意．赐以名山广泽。其后滋蔓，号曰蛮夷。外痴内黠，安土重旧。以先父有功，母帝之女，田作贾贩，无关梁符传租税之赋；有邑君长，皆赐印绶，冠用獭皮。其渠帅曰精夫，相呼为姎徒。今长沙武陵蛮是也”。（《水经沅水注》与此说同而辞较略，云：“今武陵郡夷，即盘瓠之种落也。其狗皮毛，适孙世宝录之”。）夏氏谓吾族古帝，踪迹多在北方，独盘古祠在桂林，墓在南海，疑本苗族神话，而吾族误袭为己有。案干宝《晋纪》，范成大《桂海虞衡志》，皆谓“蛮族杂糅鱼肉，叩槽而号，以祭盘瓠”（《文献通考·四裔考》引）；而今粤西岩峒中，犹有盘古庙，以旧历六月二日为盘古生日，远近聚集，致祭极虔；此予昔所以信夏氏之说也。由今思之，殊不其然。凡神话传说，虽今古不同，必有沿袭转移之迹，未有若盘古槃瓠之说，绝不相蒙者。《后书注》云：“今辰州庐溪县西有武山”。黄闵《武陵记》曰：“山高可万仞。山半有槃瓠石室，可容数万人。中有石牀，槃瓠行迹”。《水经注》云：“武水源出武山。水源石上，有盘瓠迹犹存矣”。今案山窟前有石羊石兽，古迹奇异尤多。望石窟，大如三间屋。遥见一石，仍似狗形。俗相传，云是盘瓠像也。《路史》发挥云：“有自辰沅来者，云：‘庐溪县之西百八十里，有武山焉。其崇千仞。遥望半山，石洞罅启，一石貌狗，人立乎其旁，是所谓盘瓠者，今县之西南三十，有盘瓠祠，栋宇宏壮，信天下之有奇迹也。’”《注》云：“黄闵《武陵记》云：‘山半石室，可容数万人，中有石床，盘瓠行迹’。今山窟前石兽，石羊，奇迹尤多”。《辰州图经》云：“ 石窟如三间屋。一石狗形，蛮俗云槃瓠之象，今其中种有四：一曰七村归明户，起居饮食类省民，但左衽。二曰施溪武源归明蛮人。三曰山 。四曰犵獠。虽自为区别，而衣服趋向，大略相似。土俗以岁七月二十五日，种类四集，扶老携幼，宿于庙下。五日，祠以牛彘酒鲊，推鼓踏歌，谓之样。样，蛮语祭也。云容万人，循俗之妄”。自唐讫宋，遗迹依然，足见《后书》所谓槃瓠者，实仅指武山一种落。《后书》说虽荒唐，中实隐藏实事。（如衣服，居处，语言，俗尚，及中国待之之宽典等。）独力仆鉴，盖其衣结之名。精夫之精，义虽难解，夫固吾族称长上之辞，如大夫，千夫是也。姎徒尤确为华语。其事托之高辛者？楚之先，为高辛火正。楚与吴世雠，吴将军，盖本谓吴之将军，复以槃瓠狗种，称其人为犬戎，以冠吴将军上，遂若吴为其人之氏族矣。《公羊》言“楚王妻媦”，同姓为昏，楚盖自有此俗。《广韵》濮字注引《山海经》云：“濮铅，南极之夷。尾长数寸。巢居山林”。（今经无）《后书》述哀牢夷，亦云衣著尾。濮之先，固亦在荆豫之域，《左氏》：“周使詹桓伯辞于晋，谓巴濮楚邓吾南土”，又“楚子为舟师以伐濮”是也。（昭公九年十九年）。将军，战国后语。金以镒计，封以户数，亦皆秦汉时制。然则槃瓠传说，盖起于楚，而经秦汉后人之改易，所指固不甚广，其原亦非甚古也。孰与夫盘古之说，东渐吴会，南踰岭表，且视为凡生民之始者哉？《路史》又谓“会昌有盘古山；湘鄉有盘古堡；雩都有盘古祠；成都，淮安，京兆，皆有庙祀”；又引《元丰九域志》，谓广陵有盘古冢庙；与所谓荆湖南北，以盘古生日候月阴晴者，固与槃瓠渺不相涉。《述异记》谓“南海中有盘古国，今人皆以盘古为姓，则盘古亦自有种落”。此当与南海之盘古墓，桂林之盘古祠有关。吴楚间盘古之说，盖亦同出一原。惟本夫妻二人，故有墓；若一身既化为万有矣，又何墓之有焉？岂闻创造天地万物之神，乃待以衣冠为冢者哉？然其与槃瓠之说，不可绲而为一，则又无待再计矣。

《路史》又云：“《玄中记》云：高辛氏犬戎为乱。帝曰：‘有讨之者，妻以美女，封三百户’。帝之狗曰槃瓠，去三月，而杀犬戎，以其首来。帝以女妻之。不可教训。浮之会稽东海中，得地三百里封之。生男为狗，女为美人。是为犬封氏”。“《玄中》之书，《崇文总目》曰：‘不知撰人名氏’然书传所引，皆云郭氏《玄中记》，而《山海经注》狗封氏事，与《记》所言一同，知为景纯”。罗氏因谓槃瓠之说，乃因《山海经》而讹。今案《大荒北经》云：“有人曰大行伯，把戈。其东有犬封国”。郭《注》云：“昔槃瓠杀戎王，高辛以美女妻之，不可以训，乃浮之会稽东海中，得三百里地封之。生男为狗，女为美人。是为狗封之国也”。又曰：“犬封国曰犬戎国。状如犬。有一女子，方跪进柸食。有文马，缟身朱鬣，目若黄金，名曰吉量，乘之寿千岁”。《注》云：“黄帝之后卞明，生白犬二头，自相牝牡，遂为此国，言狗国也。《周书》曰：‘犬戎文马，赤鬣白身，目若黄金，名曰吉黄之乘。成王时献之。’《六韬》曰：‘文身朱鬣，眼若黄金，项若鸡尾，名曰鸡斯之乘’。《大传》曰：‘駮身朱鬣鸡目’。《山海经》亦有‘吉黄之乘寿千岁者’。虽名有不同，说有小错，其实一物耳。今博举之，以广异闻也”。《大荒北经》云：“大荒之中，有山名曰融父山，顺水入焉。有人，名曰犬戎。黄帝生苗龙，苗龙生融吾，融吾生弄明，弄明生白犬，白犬有牝牡，是为犬戎”。《注》云：“言自相配合也”。案郭注《海内经》之犬戎，即本《大荒经》为说。《书大传》所云犬戎文马，即散宜生取之以献纣者，其为西北之国可知。《海内经》“犬封国曰犬戎国”，曰上当有夺字。经本不以犬封犬戎为一，注意尤皎然可明，谓其由一说传讹，似近武断。会稽海中，不知果有槃瓠传说否？即使有之，亦武山种落，播越在东，或则东野之言，辗转传布；要不容与盘古之说并为一谈也。

《路史》又引《地理坤鉴》云：“盘古龙首人身”。《地理坤鉴》，非必可信之书，然小道可观，其言亦时有所本。《鲁灵光殿赋》曰：“图画天地，品类群生。杂物奇怪，山神海灵，写载其状，托之丹青。千变万化，事各缪形，随色象类，曲得其情。上纪开辟，遂古之初。五龙比翼，人皇九头。伏栖鳞身，女娲蛇躯”。（李善《注》：“《列子》曰：‘伏羲，女娲，蛇身而人面’。《玄中记》曰：‘伏羲龙身，女娲蛇躯。’”）画壁之技，必自古相传，匪由新创。古帝形貌，皆象龙蛇，则以文明肇启，实在江海之会也。会稽南海，皆尊盘古，固其宜矣。是其年代，必远在高辛之前，安得与槃瓠之说并为一谈邪？

1939 年 4 月改定。

选自吕思勉、童书业编《古史辨》第七册中编，上海开明书店 1941 年版。

罗根泽

罗根泽（1900—1960），字雨亭，直隶深县（今河北深州市）人，著名古典文学研究专家。他出生于一个农民家庭，10岁始读小学。因家境贫困，学校时上时停。后就读于本县学者武锡珏先生家中，研习经史和古典诗文。1925年，武先生赴河北大学任中文系教授，罗亦随师考入该系。为弥补学习费用不足，同时在中学兼课。1927年秋，罗考入清华大学研究院国学门，为得到燕京大学每月50元的助学金，又考取了燕京大学国学研究所。所学各科导师分别有梁启超、陈寅恪、冯友兰、黄子通、郭绍虞等。1929年，罗在两所大学同时以优良成绩获得毕业证书。之后，历任河南大学、天津女子师范学院、河北大学、清华大学、中国大学、安徽大学、北京师范大学、西北联合大学、中央大学、南京大学教授，在各校讲授的课程主要有中国文学史、中国文学批评史、诸子概论、国学概要、中国学术史等。20世纪50年代入中国作家协会。

慎懋赏本《慎子》辨伪

《慎子》通行本，分《威德》，《因循》，《民杂》，《德立》，《君人》五篇，严可均（《四录堂本》），钱熙祚（《守山阁本》）缪荃孙（《四部丛刊》本）从《群书治要》辑出《知忠》《君臣》二篇，并旧有为七篇；书虽非伪，而断简残编，亦非秦汉旧观①。近商务印书馆《四部丛刊》景缪荃孙写明万历间吴人慎懋赏本，分《内》《外》二篇，《内篇》三十六事，《外篇》五十三事②。吾师梁任公先生言“显系慎懋赏伪造，为同

① 纪晓岚等《四库全书提要·子部·杂家类》：“《慎子》一卷……《书录解题》则称《麻沙刻本》凡五篇，已非全书。此本虽亦分五篇，而文多删削，又非陈振孙之所见；盖明人摭拾残剩，重为编次。”案周中孚亦谓今本非陈氏所称之本，见所为《郑堂读书记·子部·杂家类》，文不具引。

② 《四部丛刊》本孙毓修《跋》谓：“《内篇》三十六事，《外篇》五十事。”今覆检《内篇》同。《外篇》多出三事。

姓人张目"[①]。吾恐世人忸于缪氏所藏而信以为真也，不敢不辨。综观此书，可确证为伪者无虑数十事，类聚并编，可厘为八种：

一、来历不明

书籍行世，必有传授，目录学家为之著录；或有不然，其特殊情形必可持以示人，如《竹书纪年》《穆天子传》等书之出于汲塚是也。《崇文总目》虽言《慎子》三十七篇，而《通志·艺文略》即言"《汉志》四十二篇，隋唐分为十卷，今亡九卷三十七篇"，是渔仲时已仅余五篇。周中孚《郑堂读书记》谓《总目》三十七篇之言，当有脱字[②]。则仅余五篇，为时已久。自后著录家，若陈振孙《直斋书录解题》，王应麟《汉书艺文志考证》，马端临《经籍考》，黄震《黄氏日抄》，皆言五篇。即至于明代，宋濂《诸子辨》，焦竑《国史经籍志》，亦皆言五篇。归有光《诸子汇函》亦言所存者仅数篇。姜思睿《诸子鸿藻》更言只四篇[③]。今慎氏本与诸书所载多出十数倍，授之何人，著之何书，无征不信，伪证一也。

二、与慎子思想矛盾

一人之说，枝言蔓语容有出人，根本主张决不能自相牴牾。《庄子·天下篇》称慎到："謑髁无任，而笑天下之尚贤也；纵脱无行，而非天下之大圣"。又述其言曰："无用贤圣"。《荀子·解蔽篇》谓："慎子蔽于法而不知贤"。杨倞《荀子注》谓"慎到本黄老之术，明不尚贤不使能之道"。又述其言曰："多贤不可以多君，无贤不可以无君"。是慎子以尚贤使能为非也。慎氏本《内篇》第六事亦全录《韩非子·难势篇》慎子之言，中有曰："吾以此知势位之足恃，而贤智之不足慕也"。又曰"贤智不足以服众，而势位足以屈贤者也"。第七事亦采《艺文类聚》五十四，《太平御览》六百三十八，所载《慎子》之言，中有曰："立君而尊贤，是贤与君争，其乱甚于无君"。又曰："君立则贤者不尊"。第二十九事又采《类聚》三十八，《御览》五百二十三所载《慎子》之言，中有曰："有贵贱之礼，无贤不肖之礼"。是即慎氏本，慎子亦非尚贤也。而第十三事抄窃《墨子·尚贤》上中两篇之文，中有曰："夫王公大人为政于国家者，皆欲国家之富，人民之众，刑政之治；然而不得富而得贫，不得众而得寡，不得治而

---

① 见梁先生所为《古书真伪及其年代》卷一第二章。

② 《郑堂读书记·子部·杂家类》："《崇文目》（法家）作一卷，原释云三十七篇。《读书》《附志》（诸子类）《书录解题》（法家）《通考》（法家）《宋志》（法家）亦俱作一卷。王厚斋《汉志考证》称'《汉志》四十二篇，今三十七亡，惟有《威德》，《因循》，《民杂》，《德立》，《君人》五篇，《滕辅》注。'据此知《崇文目》原释为陈氏所引，当有脱字，断不只云三十七篇也。"

③ 周广业《意林注》卷二："姜思睿《诸子鸿藻》有《威德》，《因情》，《隆治》，《观化》四篇。"案归有光《诸子汇函》亦有《因情篇》，实包括《因循》《民杂》二篇，想姜氏本亦如之？

得乱，则是本失其所欲，得其所恶。是其故何也？不能以尚贤事能为政也。（《墨子》借事为使，此亦遂同之。）故国家有贤良之士众，则国家之治厚；有贤良之士寡，则国家之治薄；故大人之务，将在于众贤而已”。又曰：“故古者圣王之为政，列德而尚贤，虽在农与工肆之人，有能则举之”。又曰：“今王公大人有一衣裳不能制也，必藉良工；有一牛羊不能杀也，必藉良宰；至于治国家，则不使贤者能者在侧，则此不肖者在左右也。……三代暴王桀、纣、幽、厉之所以失措其国家，倾覆其社稷者，已此故也”。《外篇》第十事又曰：“好贤之心诚，则才谈利辞无以间”。第二十六事又曰：“黄帝立明堂之议，上观于贤也”。忽而尚贤，忽而非之；忽而使能，忽而诋之；一人之言，胡能慎乱至此？岂不以非尚贤之言，抄之《韩非子》，《类聚》，《御览》所载《慎子》逸文；尚贤之言，懋赏杂采《墨子》等书以成之耶？伪证二也。

三、抄袭他书

周秦诸子各自名家，虽有相互之关系，而绝无抄袭他家之言据为自己之说者，有之大抵为后人所窜入也。慎本《慎子》则抄录他家者不一而足。约略言之，可分三类：

（甲）通章抄袭者。《内篇》第六事，自“飞龙乘云”至“而势位足以屈贤也”，通章抄自《韩非子·难势篇》；虽《韩非子》标为慎子之言，但古子互引，多采取其意，因意制词，即引用原文，字句亦多有出入，（钱熙祚据《群书治要》，此文在《慎子·威德篇》，正与《韩非子》大同小异。）此独文字全同，其为抄袭《韩非子》无疑。第三十三事，自“楚怀王为太子时”至“东地复全”，通章七百余字，完全抄自《战国策·楚策》，而于章首冠以“慎子仕楚为太子传”八字。无论《楚策》慎子未必即为慎到[①]；即真为慎到，此文为慎子所记而《国策》采之耶，不容独去章首八字；慎子与编《国策》者各记之耶，不能语句全同。第三十四事，自“不教民而用之”至“务引其君以当道志于仁而已”，通章抄自《孟子·告子篇》，而增益《孟子》“鲁欲使慎子为将军，孟子曰”为“慎子仕鲁，鲁使慎子为将军，伐齐取南阳，孟子与曰”。此较抄袭《国策》者更为明显。慎子作书，乌肯将孟子申斥之言采入篇中？《外篇》第一事，自“古之全大体者”至“福莫久于安”，通章二百余字，全抄自《韩非子·大体篇》。第六事，自“古之民未知为官时”至“衣服节而肌肤和”，通章千余字，全抄自《墨子·辞过篇》，惟去其“子墨子曰”数字耳。第十四事，自“不肖者”至“犹谓之愚”，通章抄自《鬻子·道符五帝三王传政甲》第二。第十五事，自“圣人在上”至“犹比肩也”，通章抄自《鬻子·守道五帝三王周政甲》第四。（案贾谊《新书·大政下》亦有

① 梁玉绳《汉书人表考》卷六：“《战国楚策》有慎子，为襄王传；鲁亦有慎子，见《孟子》；此与庄惠並列，则非其人也。”

此文，而各有同异。）第三十三事，自“卫小国也”至“不若畜士之安也”，通章百二十余字，全抄自《墨子·贵义篇》，惟易《墨子》“子墨子谓公良桓子曰”为“墨翟曰”。虽标为墨子之言，但慎子著书岂稗贩哉，何徒事抄胥而毫无诠发或批评也。

（乙）通章抄袭而略加修饰者。《内篇》第十三事，自“夫王公大人”，至“而不明大物也，”通章八百余字，完全采自《墨子·尚贤》上中两篇，而斟酌去取，约为一章。墨子主尚贤，慎子非尚贤，此章力阐尚贤之旨，其为慎懋赏抄《墨子》何疑？《外篇》第三十四事，自“乐由所来者尚矣”，（由所二字疑倒，《吕氏春秋》作所由。）至“律吕之本”，通章采自《吕氏春秋·仲春纪古乐篇》，而略有削删。第四十八事，自“荣启期者”至“何不乐也”，通章采自《说苑·杂言篇》，亦稍加剪裁。第五十一事，自“周成王问于鬻子曰”至“可得四生矣”，通章采自贾谊《新书·修政语》下（叶德辉《观古堂所著书》采入所辑《鬻子》），亦惟微去蔓詞而已。

（丙）摘抄而加以附益者。《内篇》第十二事，自“昔者宓羲氏”，至“以类万物之情”抄自《易·系辞》，而于前后施以附益。第十九事，自“是故明主知其然”至“庆赏之谓德”，抄自《韩非子·二柄篇》，于前后亦皆有附益。

抄袭他书，如此之多；世间安有掠攫他人，据为己有，而能成为一家之言者？伪证三也。

四、据《意林》及他书所载《慎子》逸文而略有附益

据《意林》者九事：

（甲）《内篇》第九事，据《意林》“孝子不生慈父之家，忠臣不生圣君之下”。而于前附以《战国策·秦策》蔡泽之言曰：“君明臣直，国之福也；父慈子孝，夫信妻贞，家之福也。故比干忠而不能存殷，申生孝而不能安晋，是皆忠臣孝子而国家灭乱者何也？无明君贤父以听之”。语意不能融洽。

（乙）第十事，据《意林》“藏甲之国，必有兵遁，市人可驱，安国之兵，不由忿起”。而于后附以“明主之征也”四十余字。

（丙）第十二事，据《意林》“《诗》往志也，《书》往诰也，《春秋》往事也”。而于后附以“昔者宓羲氏”百余字。（《春秋》往事也下，有“至于《易》则吾心阴阳消息之理备焉”一句，朱彝尊《经义考》引即有之，钱熙祚言未知所出，当本慎本《慎子》。）

（丁）第十六事，据《意林》“有权衡者不可欺以轻重，有尺寸者不可差以长短，有法度者不可巧以詐伪”。而于后割贾谊《新书·大政下》之言以附之曰：“王者有易政而无易国，有易君而无易民，汤武非得伯夷之民以治，桀纣非得蹠蹻之民以乱；民之治乱在于上，国之安危在于政”。（《新书》原文：“王者有易政而无易国，有易吏而

无易民。故因是国也而为安，因是民也而为治。故汤以桀之乱为治，武王以纣之北卒为强。故民之治乱在于吏，国之安危在于政。”）

（戊）第二十事，据《意林》“措钧石使禹察之，不能识也；悬于权衡，则厘发辨矣”。而于后附以“圣君任法而不任智”二十余字。案《御览》八百三十载此文为：“厝钧石使禹察锱铢之重，则不识也；悬于权衡，则厘发之不可差，则不待禹之智，中人之知莫不足以识之矣”。则《意林》盖为节引，慎氏本不同《御览》而同《意林》，非古本显然。又《意林》“使禹察之”下，疑脱“锱铢之重”四字；不然，钧石之钜，禹何致不能识？而慎氏与之同误，其为抄窃《意林》又何疑哉？

（己）第二十一事，据《意林》“爱赤子者不慢其保，绝险者不慢其御”。而于前附以“孔子谓子卜子日”数语；于后附以“为天下者不慢其民”一语。马氏节录群书，采其精义所在。若有“为天下者不慢其民”之主意贯注句，马氏不能不采，故此必为慎氏所增。

（庚）第三十一事，“两贵不相事，两贱不相使。家富则疏族聚，家贫则兄弟离。不聪不明不能王，不瞽不聋不能公。海与山争水，海必得之”。完全抄自《意林》。惟《子书百家》本《慎子》后附《意林》所载《慎子》逸文，与此同，前后为一事；（案《汇刻书目》谓子书丛刻之《子汇》，每种后有潛菴跋，今《子书百家》本《慎子》亦有潛菴跋，盖本之《子汇》；《子汇》为明人所刻，然则慎懋赏采之《意林》者，倘据《子汇》本《慎子》所附耶？）而《学津讨原》覆武英殿重雕本《意林》，《聚学轩丛书》周广业《意林注》，崇文局本《意林》，并“两贵不相事，两贱不相使”为一事；“家富则疏族聚，家贫则兄弟离”，多“非不相爱，利不足相容也”为一事；“不聪不明”至“海必得之”为一事。观其意义，各不相属，分之是也；而慎氏沿《子汇》之误而合之，伪迹甚露。又“不聪不明不能王，不瞽不聋不能公”，《意林》及王应麟《困学纪闻》《诸子》，“王”上“公”上皆有“为”字，而慎氏本无之，知为懋赏以意删之也。

（辛）第三十二事，据《意林》“小人食于力，君子食于道”。而益之以“先王之训也”数字。又割袭《墨子·鲁问篇》之文以附之于后曰：“故常欲耕而食天下之人矣，然一身之耕，分诸天下，不能人得一升粟，其不能饱可知也。欲织而衣天下之人矣，然一身之织，分诸天下，不能人得尺布，其不能暖可知也。故以为不若诵先王之道而求其说，通圣人之言而究其旨，上说王公大人，次匹夫徒步之士。王公大人用吾言国必治，匹夫徒步之士用吾言行必脩，虽不耕而食饥：不织而衣寒，功贤于耕而食之，织而衣之者也。”（《墨子》原文，较此有枝言，文长不具引。盖草创之作，骈拇枝指，后人抄袭，撷华去秕，亦事之当然，而辨伪者不可不于此留意也。）末又据《列子·汤问篇注》所载《慎子》之言：“治水者茨防决塞，虽在夷貊（慎氏改为狄），相似如一，学之于水，不学之于禹也”。而于前附之以：“许犯问于子慎子曰：‘法安所生’？子慎子曰：‘法非从天下，非从地出，发于人间，合乎人心而已’”。各自为义，毫不相属。

（壬）《外篇》第七事，“匠人成棺，不憎人死，利之所在，忘其丑也”。全抄《意林》。

采之他书者，除《内篇》第六事全抄自《韩非子》说已见前外，尚有七事：

（甲）《内篇》第七事，自“法之功”至“国之大道也”，采自《艺文类聚》五十四，《太平御览》六百三十八。而于前附以“爱多者则法不立，威寡者则下侵上”二句。

（乙）第八事，“故治国无其法则乱，守法而不变则衰，有法而行私谓之不法。以力役法者百姓也，以死守法者有司也，以道变法者君长也”。采自《类聚》五十四。而于前附以：“虙羲神农教而不诛，黄帝舜尧诛而不怒，及至三王随时制法，各适其用”。

（丙）第十四事，自“庙廊之材”至“非一人之力也”，采自《文选》卢子谅《答魏子悌诗注》，《四子讲德论注》。而于后附以“故人主者”云云四五十字。

（丁）第十五事，自“离朱之明”至“其势难睹也”，采自《文选》《演连珠注》，《杨荆州诔》《注》，《类聚》十七，《御览》三百六十六。而于后附以“故用赏贵信”数语。

（戊）第二十九事，自“礼从俗”至“无贤不肖之礼也”，采之徐坚《初学纪》，王应麟《困学纪闻》。而于后附以“故孔子言于鲁哀公曰”，至“以辨君臣之位”数语。考《类聚》三十八，《御览》五百二十三“无贤不肖之礼”后，尚有“有长幼之礼，无勇怯之礼；有亲疏之礼，无爱憎之礼也”。则慎本定非古本矣。

（己）《外篇》第二十七事，全采自《文选》张景阳《杂诗注》。惟《选注》原作：“《慎子》曰：‘夫道所以使贤，无奈不肖何也；所以使智，无奈愚何也。若此则谓之道胜矣’。又曰：‘道胜则名不彰’”。显系非一章之言，或一章而中有略去者也。慎氏本以“道胜则名不彰”，迳续“则谓之道胜矣”之后，知其非《慎子》旧观也。

（庚）第二十九事，“匠人知为门，能以门，所以不知门也，故必杜然后能门”采自《淮南子·道应训》。而于后附以“富贵而礼人，人无有不敬；富贵而爱人，人无有不亲”。意旨分歧，绝不连贯。

采掇逸文，冀掩其伪，用心良苦；而草蛇灰线，未能灭迹，则亦徒与人以辨伪之佐证耳。最奇者，凡见他书之文大氐皆在章首，间在章末，从无在一章之中者，（惟《内篇》二十一事于末附“为天下者不慢其民”一句，他书所采，遂若居一章之中者，辨见前。）马氏所采，诸家所引，何皆巧至如此？良以摘词纂言，附益于后，最为易易；附益于前，则比较困难；既附益于前，又附益于后，而求若一气呵成，天衣无缝，几于不可能矣。故慎氏不得不以所采摭逸文置章首章末，伪证四也。

五、与古本不合

《史记》只言慎到著十二论，《汉志》则谓四十二篇，此多出之三十篇是否伪托，颇成疑问；假定不伪，则四十二篇必依次排列，如《荀》《韩》诸书。今慎氏本分《内》《外篇》，《内篇》三十六事（亦可谓之三十六章），《外篇》五十三事（亦可谓之五十三章），与《史记》《汉志》皆不合。不惟此也，严可均、钱熙祚、缪荃孙从《群书治要》写出《知忠》《君臣》二篇，慎氏本无之。《治要》作于唐魏徵，于时《慎子》尚完整，所据者仍为秦汉之旧，此本若真《慎子》书，不容无此二篇。不惟此也，尚有与古本驰舛者五事：

（甲）“毛嫱西施，天下之至姣也，衣之以皮倛，则见者皆走；易之以元緆，则行者皆止”。依《治要》在《威德篇》，下尚有“由是观之，则元緆色之助也，姣者辞之则色厌矣”。慎氏本无后数句，不在《威德篇》，自为一章（《外篇》第二十二事）。

（乙）“腾蛇游雾，飞龙乘云”一段，依《治要》亦在《威德篇》，与《韩非子》所引文字稍异。且上有“走背跋钥穷谷，野走千里，药也，走背辞药则足废”，中有一“故”字。慎氏本则全同《韩非子》，（腾蛇二句，《韩非子》互倒，慎氏本亦遂互倒。）而别为专章（《内篇》第六事）。

（丙）“爱赤子者不慢其保，绝险历远者不慢其御”二句，依《治要》亦在《威德篇》。（《意林》脱“历远”二字，慎氏本亦遂同之。）且尚有“举重越高者不慢其药”一句，慎氏本无之，而恣意羼杂，蔚为专章（《内篇》第二十一事）。

（丁）“孝子不生慈父之家，忠臣不生圣君之下”，依《治要》在《知忠篇》。慎氏本附以《战国策》“君明臣直”云云，标为专章（《内篇》第九事）。

（戊）“廊庙之材（廊庙二字，慎本倒）非一木之枝；狐白之裘非一狐之腋；治乱安危存亡荣辱之施非一人之力也”。依《治要》亦在《知忠篇》。而慎氏本别为一章，而附之以“故人主者”云云四五十字（《内篇》第十四事）。

若为《慎子》旧制，不能与古本驰舛；若缀辑逸文，又不容加以附会；伪证五也。

六、混慎子为禽滑厘

《孟子·告子篇·鲁欲使慎子为将军章》，慎子对孟子自称“滑厘”。《赵注》不以为慎到，谓滑厘其名。焦氏虽以为即到，而谓“慎子与墨子之徒禽滑厘同名；或以慎子即禽滑厘，或以慎子师事禽滑厘，称其师滑厘不识，皆非是”。今慎氏即以滑厘为慎到，采入其文（《内篇》第三十四事），又以《吕氏春秋·仲春纪当染篇》谓：“许犯学于禽滑厘，田系学于许犯”。遂以许犯田系为慎子之徒，于《内篇》第三十二事，《外篇》第三十一事，三十五事，载其请问慎子。《慎子》之书何能纰缪至此，伪证六也。

七、有孟轲字

孟子之字，《史》《汉》不书，赵岐未闻。至王肃造《圣证论》以驳马郑，始谓“学者不知孟轲字，按《子思书孔丛子》有孟子居，则轲少居贫坎轲，字子居也”。又曰：“孟子字子车”。傅玄《傅子》始谓字子舆；车舆同音①，仍袭王肃之谬耳。今慎本《慎子》一则曰孟子舆，再则曰孟子舆。若果为慎到之真，迁固博及群书，不能缺焉不著，赵岐亦不能谓“字则未闻”，王肃亦不能只引《子思》《孔丛》之伪而遗慎到之真，伪证七也。

八、尚有逸文

完整之书必无逸文，他家所引概见篇中。《慎子》逸文，慎氏本虽采入不少。而据严可均、钱熙祚所辑，轶出慎氏本者无虑数十则，知非《慎子》旧观，伪证八也。

九、结　论

即此八证，其非慎子之真而为懋赏之伪，毫无疑义。强钧衡《适园藏书志》谓：“懋赏渊博嗜古，读书飏文坞中，广采百家，为之汇正”。盖慎氏既得读飏文坞藏书，以为馆阁秘笈，世人未睹，割裂抄袭，孰能纠正；际明末学衰，其术遂售。入清以来，流传未广，魁儒硕士无得厘定真伪。直至清之末造，缪荃孙、张均衡等收藏其书，诧为异宝②。近人孙君毓修亦视为“惊人秘笈”，谓“《慎子》善本，当推此矣”③，据以印入《四部丛刊》。顾君实作《重考古今伪书考》，亦谓“《慎子》非伪书，以《四部丛刊》本为最多”，可谓失检矣。

该文首次刊于《燕京学报》1929年12月第6期。选自罗根泽编《古史辨》第四册，朴社1933年版。

---

① 梁玉绳《史记志疑》《孟子荀卿传》：“古车舆通用，如秦三良子车氏，《史》于《秦纪》《赵世家》《扁鹊传》并作子舆，子验”。

② 张钧衡《适园藏书志·子部·杂家类》“此本作内外二篇，明湖人慎懋赏刻本，较《四库》本《守山阁》本均不同。《守山阁》据《治要》《御览》各书辑为逸文者，此均有之；虽互见《鬻子》《庄》《老》等书，亦诸子之成例，似高出各本上，而各家书目亦未尝著录。”

③ 见《四部丛刊》本《慎子》孙毓修《跋》。

战国前无私家著作说

章实斋曰："古人不著书，古人未尝离事而言理，六经皆先王之政典也"（《文史通义 · 易教上》）。余读之而韪焉。惜所谓"古人"，断自何代，章氏阙焉未及；且於古人无离事言理著作之说，亦未能详尽而足以折服泥古之口。故直至于今，托名黄帝以至春秋时人离事言理之书，尚有信以为真者。此于中国古代史实，古代学术思想，关系甚重，不可以不辩。余不敏，遍考周秦古书，参以后人议论，知离事言理之私家著作始于战国，前此无有也。非凭臆揣，确有证佐：

一、战国著录书无战国前私家著作

吾国传世著录书，最古有《庄子 · 天下篇》，次《尸子 · 广泽篇》，次《荀子 · 非十二子篇》，《天论篇》，《解蔽篇》，次《韩非子 · 显学篇》，次《吕氏春秋 · 不二篇》。（此诸篇虽不若后世之著录书；然先秦诸书，多著于此，则亦著录书之雏形矣。）《天下篇》所举者凡九家：曰墨翟，禽滑厘，（相里勤，五侯，苦获，已齿，邓陵子，附及非特举。）曰宋钘，尹文，曰彭蒙，田骈，慎到，（彭蒙之师亦附及，且名亦不载，兹更不列举。）曰关尹，老聃，曰庄周，曰惠施（桓团公孙龙附及非特举），除关尹老聃外，皆战国时人，尽人无异辞。旧传关尹为老聃弟子，而老聃则孔子尝问礼者。原问礼之说，虽载之《史记 · 孔子世家》，《老庄申韩列传》，及《礼记 · 曾子问》。然《史记》本之《礼记》，《礼记》为汉诸儒之所纂集；《曾子问》时代不可考，要之非曾子作①。考孔子师老聃之说，始见《庄子》。《内篇德充符》曰："无趾语老聃曰：'孔丘之于至人，其未耶？彼何宾宾以学子为'"？至《外篇 · 天地篇》更曰："夫子问于老聃曰：'有人治道若相放，可不可，然不然。……'老聃曰：'丘，予告若……'"云云。《天道篇》曰："孔子西藏书于周室，……往见老聃"。其他载孔子问老聃遭老聃之讥诮教训者，尚屡见不一见。庄子寓言十九，书中所言王诒，无趾（《德充符》）长梧，瞿鹊（《齐物论》）之流，竟其人而无从质实，即子綦，子游之论（《齐物论》），孔子，颜回之言（《人间世》等篇），亦皆子虚乌有，凭空结造，固当据研哲理，不能据论史实。

① 孔颖达《礼记》序："《礼记》之书，自汉以后，各有传授"。姚际恒《古今伪书考》谓《礼记》决非戴德本书。梁任公先生《古书真伪及其年代》言："《礼记》《曾子》十篇，文字浅薄，不似春秋末的曾子所作，反似汉初诸篇"。确否未暇深考；但《曾子问篇》曾子、孔子同称子，必曾子以后人所作无疑。

至《外杂篇》又非庄子作，更难信据。盖道家推崇本宗，排觝儒家，造孔子师老聃之说，以谓儒家之祖，出于道家，亦如后世佛教盛行，造《老子化胡经》，谓释迦为老子之弟子者然。(此尚就作《外杂篇》诸道家言，若庄子则直寓言耳，事实非所计也。)韩愈《原道》曰："老者曰：'孔子，吾师之弟子也'。……为孔子者，习闻其说，乐其诞而自小也，亦曰：'吾师亦尝师之云尔'。不惟举之于其口，而又笔之于其书"。正谓此也。《史记·老子传》曰："盖老子百六十岁，或言二百余岁"。又曰："自孔子死之后百二十九年，而史记周太史儋见秦献公。……或曰即老子，或曰非也"。惝恍迷离，似神非人。其原因缘史公误信孔子问老聃之说，而又确知孔子卒后百二十九年太史儋见秦献公，故有老子寿二百余岁之妄，老聃、史儋是否一人之疑。其实老聃即史儋。何以言之？一，聃、儋音同字通，《吕氏春秋》作老耽（见后）亦即此人。古声音同则可假借，故荀卿一作孙卿，荆卿一作庆卿，厥例繁矣。二，聃为周柱下史，儋亦为周之史官。三，老子出函谷关；史儋入秦，亦必出函谷关。四，《史记》："老子之子名宗，……宗子注，注子官，宫玄孙假，假仕于汉孝文帝"。而考《孔子世家》，孔子十世孙襄，为孝惠博士；何老子先于孔子，反八世已至孝文？若谓即史儋，史儋后孔子百二十余年，则俱妥适无疑。近人张煦先生谓玄孙乃玄远之孙，非必为孙之孙，（见《晨报副刊》十一年三月份张氏所作《梁任公提讼老子时代问题一案判决书》。）然考《史记·孟尝君列传》："文承间问其父婴曰：'子之子为何'？曰：'为孙'。'孙之孙为何'？曰：'为玄孙'"。则玄孙为孙之孙之专称，战国已经成立。且见于史公之书，史公安能不知，而用为泛指玄远之孙？然则老耽亦战国时人①，关尹更不必论矣。

或曰："庄子条举诸家皆曰，'古之道术有在于是者，某某闻其风而悦之'。则所举虽皆战国时人，而明古已有也"。曰："古已有各种道术之胚胎雏形，斯必然也；谓古已有分流别派之道术著作，则不然"。"然则各种雏形之道术，载之何书"？曰："庄子固已明言之矣。其言曰：'古之所谓道术者，果恶乎在？曰，无乎不在。……古之人其备乎！配神明，醇天地，育万物，和天下，泽及百姓，明于本数，系于末度，六通四辟，小大精粗，其运无乎不在。其明而在数度者，旧法世传之史，尚多有之。其在于《诗》《书》《礼》《乐》者，邹鲁之士，搢绅先生多能明之。其数散于天下而设于中国者，百家之学，时或称而道之'。此明言古之道术为全体的，无乎不在；而见于记载

① 《老子》一书，经梁任公先生（《梁任公学术讲演集第一辑》《评胡适之中国哲学史大纲》，又《古书真伪及其年代》），顾颉刚先生（《古史辨》页七三），張寿林先生（《晨报副刊》第七十四期《老子道德经出于儒后考》），日人斋藤拙堂先生（《老子辨》）之研究，略可断定为战国时书，非春秋时书。至于以声音假借之义断定史儋、老聃为一人，则始于毕沅《道德经考异》（见《昌平丛书》及《经训堂丛书》），惟張煦先生在《晨报副刊》（民国十一年三月份）发表《梁任公提讼老子时代问题一案判决书》一文，极力辩护老子及《老子书》确在春秋时；但其证佐脆薄，不能成立，此当为专文论之。

者，则有世传之史及《诗》《书》六艺，而百家之学亦时或称而道之。称而道之，非创作而为征引，正指‘天下大乱，贤圣不明，道德不一，天下多得一察焉以自好’之‘不该不遍，一曲之士’之‘百家众技’。而庄子所列九家，亦括在内矣。故不能据‘古之道术有在于是者’一言，谓战国以前，已有离事言理之私家著作也”。

《广泽篇》所列者凡六家：曰墨子，曰孔子，曰皇子，曰田子，曰列子，曰料子。皇子，料子无考，余惟孔子为春秋末年人。但孔子于《易》《书》《诗》《礼》《乐》，充其量不过整齐撰集而已；其《春秋》亦因鲁史旧文，稍事董理，自谓“述而不作”（《论语·述而篇》），盖质言也。况此皆章实斋所谓“政典”，非离事言理之私家著作。《论语》一书，可谓为私家著作；但成于再传弟子之手，已至战国时矣。

《非十二子篇》所列者凡十二家：曰它嚣，魏牟，曰陈仲，史鳝，曰墨翟，宋钘，曰慎到，田骈，曰惠施，邓析，曰子思，孟轲。《天论篇》所列者凡四家：曰慎子，曰老子，曰墨子，曰宋子。《解蔽篇》所列者凡六家：曰墨子，曰宋子，曰慎子，曰申子，曰惠子，曰庄子。它嚣无考。余惟史鳝，邓析为春秋末年人。史鳝，阎氏《四书释地又续》，高氏《姓名考》，并谓为史翻之子，确否第弗深考；要之既姓史氏，必以官为氏，其家世为史官。他书从未言史鳝之书，《汉志》详列群籍，亦无及焉。然荀子论十二子，皆曰“言之成理，持之有故”，则其人固有论述，而非颛顼即其行实评骘者。盖史鳝为卫之史官，秉笔书事，时附褒贬式之言论[①]。不然，若有离事言理之著作，不容于他书不一见也。《邓析子》今传世者为伪书（详拙撰《邓析子之真伪及年代》）。《左传》定公九年：“郑驷歂杀邓析而用其竹刑”。杜注：“邓析，郑大夫，欲改郑所铸旧制，不受君命，而私造刑法，书之竹简，故言竹刑”。受之君命与否，于古无征。杜氏之说，纯属悬测，但亦不必深究；要之邓析既为大夫，造竹刑必期用于行政，所谓政典，非私家离事言理之著作。刑书设置甚早，《尚书》有《吕刑篇》。《左传》昭公六年：“郑人铸《刑书》”。二十九年：“晋铸刑鼎，著范宣子所为《刑书》焉”。此皆行政典章，不得与后世法家言法理法意及法作用与功效之私家著作成一家言者，同日而语也。荀子论十二子，两两骈叙，故时举此家说而以他家之类似者，附及并论。“大俭约而僈等差，曾不足以容辨异，悬君臣”；此真墨子之说，宋钘不尽如此。而荀子总括之曰：“此墨翟、宋钘也”。宋钘之书虽亡，即《孟子·告子篇》，《荀子·正论篇》，《庄子·逍遥游篇》，《天下篇》，《韩非子·显学篇》所称论者言之，其学为“禁攻寝兵”，“情欲寡浅”，“见侮不辱”，与《墨子》小同而不尽同（详拙撰《宋子及其学说》）。故荀子于他篇则分论墨、宋曰：“墨子有见于齐，无见于畸；宋子有见于少，无

① 古史书法盖皆有“寓褒贬，别善恶”之义，不独孔子之《春秋》为然，说见《燕京学报》第二期冯友兰先生《孔子在中国史中之地位》。

见于多”（《天论篇》）。又曰：“墨子蔽于用而不知文，宋子蔽于欲而不知得”（《解蔽篇》）。而此篇惟以相提并论之故，故不能分而强之使合。其论惠施、邓析亦如此。其言曰：“不法先王，不是礼义，而好治怪说，玩奇辞，甚察而不惠，辩而无用，多事而寡功，不可以为治纲纪；然而其持之有故，其言之成理，足以欺惑愚众，是惠施、邓析也”。于《不苟篇》又曰：“山渊平，天地比，齐秦袭，入乎耳，出乎口，钩有须，卵有毛，是说之难持者也，而惠施、邓析能之”于《儒效篇》又曰：“不卹是非然不然之情，以相荐撙，以相耻怍，君子不若惠施、邓析”。《非十二子》，《儒效》两篇皆泛斥诡辩之言，尚难质证。《不苟篇》所言，据《庄子·天下篇》皆惠施之说。若惠施前之邓析已有此言，庄子不容特表出之，而附之惠施。盖邓析之《竹刑》，对旧制有所驳斥，而其人又有善辩之名；故荀子举以与名家之惠施同论，非邓析已著有名学书也。

《显学篇》所列，先分两大派：曰儒，曰墨。复于儒分为八家：曰子张氏之儒，子思氏之儒，颜氏之儒，孟氏之儒，漆雕氏之儒，仲良氏之儒，孙氏之儒，乐正氏之儒。于墨复分为三家：曰相里氏之墨，相夫氏之墨，邓陵氏之墨。除两大派外，附及者有宋荣子，即宋钘。（篇中尚及澹台子羽，宰予，孟卯，马服，子产，似皆事的征引，而非论其学术，故不列举。）除孔子，皆战国时人；而孔子之无私家著作，前已论之矣。

《不二篇》所列者凡十家：曰老耽（老聃），曰孔子，曰墨翟，曰关尹，日子列子，曰陈骈（即田骈），曰阳生（盖即杨朱）曰孙膑，曰王廖，曰兒宽。亦惟卒后其言论始由再传弟子纂集之孔于为春秋时人，而老耽、关尹则世人误以战国人为春秋人。他举生战国，无庸言也。

五子皆战国显学，于其已住学术，不为不悉，战国以前，若有私家著作，乌能不列？即流传至今者论之，若《六韬》，若《握奇经》，若《阴符经》，若《鬻子》，若《管子》，若《孙子》，皆卓然大家；果非后世依托，五子不得缺焉不述。至若《汉志》所载神农，皇帝，伊尹，太公，以至风后，力牧之徒，其著作自数种以至数十种，而五子无一著录，则其成书在五子之后无疑也。

二、《汉志》所载战国前私家著作皆属伪托

《汉志》所载，《六艺略》《易》《书》《诗》《礼》《乐》《春秋》皆政典，非吾所谓离事言理之私家著作；《小学类》训诂文字，亦非吾所谓离事言理之私家著作；《论语》《孝经》虽可谓离事言理之私家著作，但《论语》成于孔子再传弟子之手，已至战国；《孝经》亦决非曾子作①，不得认为春秋时书。《诗赋略》所载，其私家著作，最古者

① 《孝经》开宗明义第一章即曰：“仲尼居，曾子侍”。于孔子称字，曾子反称子，即此一端，亦知必曾子以后人作。

为《孙卿赋》，孙卿固战国人。其余如《河南周歌诗》，《河南周歌声曲折》，《周谣歌诗》，《周谣歌诗声曲折》，《周歌诗》之类，固不得认为私家著作者也。《数术》，《方技》，医卜星象诸官之书，《二略》所载战国前书，皆出伪托；即非伪托，亦不得认为离事言理之私家著作。故今于其赝伪踳驳，置弗深考。惟《诸子》，《兵书》二略，须略为辩说耳。

《诸子略》儒家类，班氏自言五十三家，而所载只五十二家：曰《子思》，曰《曾子》，曰《漆雕子》，曰《宓子》，曰《景子》，曰《世子》，曰《魏文侯》，曰《李克》，曰《公孙尼子》，曰《孟子》，曰《孙卿子》，曰《芈子》（一本作《芊子》），曰《甯越》，曰《公孙固》，曰《董子》，曰《鲁仲连子》，曰《平原君》，曰《虞氏春秋》；此十八家或明为战国时，或班氏注明战国时人。曰《羊子》，班自注："故秦博士"。曰《高祖传》，曰《陆贾》，曰《刘敬》，曰《孝文传》，曰《贾山》，曰《太常蓼侯孔臧》，曰《贾谊》，曰《河间献王对上下三雍宫》，曰《董仲舒》，曰《兒宽》，曰《公孙宏》，曰《终军》，曰《吾丘寿王》，曰《虞丘说》，曰《庄助》，曰《臣彭》，曰《钩盾冗从李步昌》，曰桓宽《盐铁论》，曰刘向《所序》，曰杨雄《所序》；此二十家，皆汉时人。惟曾子，漆雕子，宓子，为孔子弟子，生在春秋，殁于战国。古人著书，概在学成之后；则三书即真三子作，亦当在晚年。况《史记·仲尼弟子列传》未言三子有书，则其真伪又颇成问题。曰《河间周制》，班自注："似河间献王所述也"。则非周时书而为汉时书。曰《王孙子》（一曰《巧心》），王氏《考证》言："《太平御览》引'赵简子猎于重阳，扶辔而叹；楚庄王攻宋，将军子重谏'。《艺文类聚》引'卫灵公坐重华之台'"。考《史记·六国年表》，周元王元年（西前四七五年），为赵简子四十二年，已入战国六年（《春秋》绝笔于西前四八一年）。上推四十二年为周敬王六年（西前五一四年），虽在春秋之世；而简子之卒，则在周定王（一作贞定王）十一年（西前四五八年），已入战国二十三年，《王孙子》征引其事，且言其谥，必在其卒后。卫灵公卒于鲁哀公二年（西前四九三年），十二年而《春秋》绝笔，入战国，《王孙子》称其谥，又在卒后。所以严可均谓："盖七十子之后言治道者"（《铁桥漫稿·王孙子叙》）。曰《徐子》，班自注："宋外黄人"。考《史记·魏世家》：惠王三十年，使庞涓将而令太子申为上将军，过外黄，外黄徐子谓太子曰，云云，则亦战国时人也。曰《周史六弢》，班自注："惠襄之间，或曰显王时，或曰孔子问焉"。师古曰："即今之《六韬》"。沈涛谓即"《庄子·则阳篇》仲尼问于太师大弢"（《汉书艺文志讲疏》引）之大弢。依班注或曰显王时，则已至战国；谓惠襄间，则远在春秋；谓孔子问焉，并依沈氏即《则阳》之大弢，则又为孔子之师。《则阳》在《庄子·杂篇》；《庄子·外杂篇》，除《天下篇》外，皆非庄子作，乃道家后学所为；其所言孔子问焉之人亦多矣，概诬蔑非事实，不得为据。若以为今之《六韬》，则其书出后人依托，前人已备论之。（宋濂《诸子辨》，胡应麟《四部正伪》，姚际恒《古今伪书考》。）此外曰《周政》，班自注："周时法度政教"。曰《周法》，班自注："法天地，立百官"。皆未注作者，其书举亡，谅皆六国时依托；即果周初书，曰《周史》，曰《周政》，曰《周法》，亦所谓政典而非离事言理之私家著作。曰《晏子》，非晏婴自撰，乃后人采婴行事而成，已经前人考订，成为定谳，（《崇文总目》，王氏《汉志考证》，晁氏《读书志》，柳宗元《读晏子春秋》，宋濂《诸子辨》，姚际恒《古今伪书考》，梁章钜《退菴随笔》。）虽有孙星衍（《晏子春秋序》）顾实（《汉书艺文志讲疏》）之辩护，亦无益也。曰《俟子》，班无注，王先谦曰："《风俗通》有俟子，古贤人著书"（《汉书补注》）. 即果如《风俗通》所言，《风俗通》亦未言为战国以前人。曰《内业》，曰《谰言》，曰《功议》，曰《儒家言》，班自注并云："不知作者"。曰《李氏春秋》，班无注。此五家其书皆亡，无从考其年代。但班氏既言不知作者：战国以前书又不见征引或论述，则盖亦战国或战国以后书。无论如何，无法证明为春秋或春秋以前书，以推翻战国以前无私家著作之说也。

道家三十七家：曰刘向说《老子》，出汉时。曰《庄子》，曰《列子》，曰《公子牟》，曰《田子》：出战国时。曰《文子》，班自注："老子弟子，与孔子并时，而称周平王问，似依托者也"。曰《黄帝君臣》，班自注："起六国时，与《老子》相似也"。曰《杂黄帝》，班自注："六国时贤者所作"。曰《力牧》，班自注"六国时所作，托之力牧"。曰《孙子》，班自注："六国时"。曰《捷子》，班自注："齐人，武帝时说"。王念孙曰："捷子，六国时人。《人表》在尸子之后，邹子之前。《史记》作接子（《田完世家》《孟荀传》《正义说》同），注'武帝时说'四字，乃涉下条武帝时说于齐王而衍"（《读书杂志》）。曰《郑长者》，班自注："六国时"。则此七家亦出战国。曰《曹羽》，班自注："楚人"，武帝时说于齐王：曰《郎中婴齐》，班自注："武帝时"。曰《道家言》，班自注："近世，不知作者"。曰《臣君子》，班自注："蜀人"。考蜀虽见《尚书·牧誓》，而在春秋战国除秦司马错、张仪尝议伐之外，与中原之交涉绝尠。至汉通西南夷，始与中国接近。前《曹羽》注楚人，在汉时；此曰蜀，疑亦在汉。则四家亦皆汉人书。曰《老子鄰氏经传》，班自注："姓李名耳，鄰氏传其学"。曰《老子傅氏经说》，班自注："述老子学"。曰《老子徐氏经说》，班自注："传老子"。曰《蜎子》，班自注："老子弟子"。曰《关尹子》，班自注："名喜，为关吏，老子过关，喜去吏而从之"。老子前已考订即太史儋，在战国时，此四家更在其后。曰《黔娄子》，班自注："齐隐士，守道不诎，威王下之"。齐威王之立，依《六国表》在周安王二十四年（西前三七八年），为战国时，则黔娄子亦必战国时人。曰《周训》，师古曰："刘向《别录》云，'人间小书，其言俗薄'"，则盖亦后世依托。曰《伊尹》，《隋》《唐志》均不著录，其亡已久，故其真伪亦无人论及。清马国翰《玉函山房辑佚书》从《逸周书》，《吕氏春秋》，《齐民要术》，刘向《七略别录》，《说苑》，《尸子》等书，辑得十一篇。马氏自序言："九主之名及阻职贡之策，与战国术士语近，殆所谓依托者乎？"今案篇中言"汤得伊尹"云云（《本味篇》，采自《吕氏春秋》），已知必非伊尹作。孟子喜称伊尹，从未言其著书，若伊尹有书，孟子之辩割烹要汤，不容不举其书以折之。战国以前他书，亦从不引《伊尹书》。王氏《考证》谓："盖战国权谋之士，著书而托之伊尹"，不误也。曰《太公》，（曰《谋》，曰《言》，曰《兵》，《太公》内之类别，非另有三书，钱大昕即主此说。今案《谋》八十一篇，《言》七十一篇，《兵》八十五篇，适符《太公》二百三十七篇之数；道家共三十七家，不数《谋》，《言》，《兵》适合，数之则多三家，知钱说甚是。）班自注："或有近世，又以为太公术者所增加也"。沈钦韩曰："《谋》者，即太公之《阴谋》；《言》者，即太公之《金匮》；……《兵》者，即太公之《兵法》"（《汉书疏证》）。顾实曰："《隋》《唐志》《通志》著录太公书多种，《通考》仅余《六韬》而已"（《汉书艺文志讲疏》）。《六韬》前已言为伪书，《金匮》更非太公作（姚氏《古今伪书考》有详论），《阴谋》今不见专书。汪宗圻辑《太公兵法逸文》（见《浙西村舍丛书》），实兼《六韬》，《金匮》，《阴谋》三书。《自序》力诋今本《六韬》之伪，然其所辑亦必非太公之作。五帝之说，起于战国，三皇又在其后（详《管子探源附录三古代政治学中之皇帝王霸》）；今其第二篇一再曰："武王问师尚父曰，'五帝之戒，可得闻乎'"？第六篇曰："古者三皇之世"。其他罅漏，触目皆是，一望而知为战国或战国以后所依托。曰《辛甲》，考辛甲之人，一见于《左传》襄公四年，又见于《韩非子·说林》，皆不言其有书，他书亦从未征引，则《辛甲》书之为伪托无疑。清马国翰《玉函山房辑佚书》采《左传》《虞箴》及《说林》所载。案《虞箴》为虞人之词，非辛甲所作。《左传》之言曰："昔周辛甲之为太史也，令百官官箴王阙，于虞人之箴曰"云云。杜注："阙，过也，使百官各为箴辞戒王过也"。则《虞箴》即真传出周初，亦非辛甲之书。况朝廷箴劝之词，非私家著作。《说林》所引，乃事的征引，即确信不疑，亦周史之言，非辛甲之书。（辛甲为周太史，此容即辛里所记，但此所谓史，非离难事言理之私家著作。今辛甲二十九篇，载之道家，似作史书；若为史书，则未必伪，惟非私家著作矣。）曰《鬻子》，班自注，"名熊，为周师，自文王以下问焉"。考《史记·楚世家》："鬻熊事文王，早卒"，而其书于文王周公，康叔皆曰，"昔者"，知必非鬻子作。黄震（《黄氏日抄》）胡应麟（《四部正伪》），谓为"战国依托"，诚然。曰《老莱子》。老莱子之人，余颇疑为子虚乌有。《庄子·外物篇》记老莱子呵斥孔子；老莱之名，此为初见。《庄子》书所言之人，不能质实者不一而足，后人据之伪书，遂若实有其人者；齐谐亢桑斯固然矣，老莱子亦何独不然？班氏"与孔子同时"之言，亦因袭《庄子》。史公附老莱子于《老子传》，即疑其为老子化身，而课虚叩寂，不能实证其人也。史言著书十五篇，《志》载十六篇，则史公后尚有伪托附入者。（余拟为专文论之，此处格于体裁，不得太详。）曰《长卢子》，班自注："楚人”。考《史记·孟荀列传》，于叙荀卿之后曰：“而赵亦有公孙龙为坚白同异之辩，剧子之言，魏有李悝尽地力之教，楚有尸子，长卢”。与战国诸子并称，且列在尸子之后，其为战国人，无可疑者。曰《老成子》，曰《王狄子》，曰《宫孙子》，曰《楚子》，班氏皆未注作者。曰《鹖冠子》，班氏言：“楚人，居深山，以鹖为冠”。此五家时代不可考，然他既无战国以前书，此亦不能独外；其人容或有战国前者，其书则必战国或战国以后所作。《鹖冠子》今行世犹有之，而其伪谬则前人已能言之（《姚氏古今伪书考》)，兹不必再词费也. 曰《黄帝四经》，曰《黄帝铭》，王氏《考证》引朱文公谓：“战国术士笔之书”。顾实据《太平御览》三百九十引《孙卿子》有黄帝《金人铭》；又五百九十引《家语》孔子观金人节注云：“《孙卿子》，《说苑》又载也”，遂信为真黄帝之铭。其实荀子去黄帝几二千年，正诸子托古改制之时，即果有此铭，充其极不过如刘勰之说：“盖上古遗语，战代所记”（《文心雕龙·诸子篇》)。黄帝之时，文字未备，而谓有皇皇之著作，声音工整之铭词，人谁信之？曰《管子》，此余作书讨论之本题，而此则不能详论；姑置本证就旁证言之：孔子迭称管仲，未举其书；桓公霸诸侯之后，列国君相竞愿学之，《春秋三传》及《国语》称其事者极多，（如《左传》僖二十四年寺人披曰：“齐桓公置射钩而使管仲相”。三十四年白季曰：“管敬仲，桓之贼也，实相以济”。《晋语》第十一：“齐桓公亲举管敬子，其贼也”。）而无称其书或其语者。惟《晋语》第十，齐姜告晋文公有引管仲之语。但其发端曰：“昔管敬仲有言，小妾闻之”；而齐姜又为桓公之女，则所引之言，非引自书，乃引自人。盖齐姜亲闻或传闻管仲之言，告晋文公时，管仲已死，故曰昔耳。管仲如有书，诸国之欲法齐桓者，不能不奉为圭臬，而《内》《外传》及《公》《穀》不能不见也。下至《墨子》，《孟子》，《荀子》，亦未言管仲有书。直至《韩非子》始曰：“藏商管之法者家有之”（《五蠹篇》)。韩非已至战国之末，正伪书丛出之时，则知《管子书》之最早者盖在战国，为不误也。

阴阳家二十一家：曰《邹子》，曰《邹子终始》，曰《邹奭子》，皆在战国。曰《公梼生终始》，班自注：“传邹奭《终始书》”，则更在邹后矣。曰《公孙发》，曰《乘丘子》，曰《杜文公》，曰《南公》，班自注并云：“六国时”。曰《黄帝泰素》，班自注：“六国时韩诸公子所作”。曰《将钜子》，班自注：“六国时，先南公，南公称之”。曰《周伯》，班自注：“齐人，六国时”。曰《闾丘子》，班自注：“名快，魏人，在南公前”。魏立国在周威烈王二十三年（西前四〇三年），已入战国。则八家亦皆在战国。曰《张苍》，班自注：“丞相北平侯”。曰《五曹官制》，班自注：“汉制，似贾谊所条”。曰《卫侯官》，班自注：“近世，不知作者”。曰《于长天下忠臣》，班自注：“平阴人，近世”。曰《公孙浑邪》，班自注：“平曲侯”。则此五家皆在汉时。曰《宋司星子韦》。班自注：“景公之史”。据《史记·十二诸侯年表》，周敬王四年（西前一五六年）为景公元年。《表谱》至敬王四十三年（西前四七七年），为景公四十年，后书“六十四卒”。由敬王四十三年，下推二十四年，为贞定王（一作定王）十六年（西前四五三年）。《春秋》绝笔于敬王三十九年（西前四八一年），则其卒年已入战国二十八年。司星子韦当春秋时，抑战国时，未深考；然《萧绮录》已言“司星氏至六国之末，著阴阳之书”（《玉函山房宋司星子韦书附录》引）。马氏《玉函山房》从《吕氏春秋·制乐篇》，《淮南子·道应训》，《新序·杂事篇》，辑得其逸说一篇，中有曰：“可移于宰相”。相之立官，始于战国（详《管子探源辩立政篇》）。知其书必成于战国。曰《容成子》，班无注，其书久佚。《世本》：“黄帝使容成作调历”（亦见《吕氏春秋·勿躬篇》）。《庄子·则阳篇》称容成氏曰：“除日无岁，无内无外”。盖相传容成氏明历象，好事者遂作书托之，亦如道家之托黄帝，农家之托神农耳。曰《冯促》，班自注：“郑人”。书已亡。据其置于《闾丘子》，《将钜子》之间，当亦六国时。曰《杂阴阳》，班自注：“不知作者”。其书已亡。按名思义，为杂集阴阳各家之说，是又在诸家之后也。

法家十家：曰《李子》，班自注：“名悝，相魏文侯”。文侯已在战国。曰《商君》，曰《申子》，曰《慎子》，曰《韩子》，亦均在战国。曰《处子》，师古曰：“史记云：‘赵有处子’”。考今本《史记》作剧子。其言曰：“而赵亦有公孙龙为坚白同异之辩，剧子之言，魏有李悝尽地力之教，楚有尸子长卢，阿之，吁子焉”。其述在公孙龙之后，且与其他战国诸子并称，则必亦在战国。曰《晁错》，在汉时。曰《游棣子》，班无注。曰《燕十事》，曰《法家言》，班自注并云：“不知作者”。此三书皆置之最末，则虽其书已云，时代不可考，要之亦战国或战国以后书也。

名家七家：曰《邓析》，其书为后世依托，余别有专文（《邓析子之真伪及年代》）论辩。曰《尹文子》，曰《公孙龙子》，曰《惠子》，皆战国人。曰《黄公》，班自注：“为秦博士”。曰《成公生》，班自注：“与黄公等同时”。曰《毛公》，班自注：“与公孙龙等并游平原君赵胜家”，则亦战国人。

墨家六家：曰《墨子》，战国人。曰《随巢子》，曰《胡非子》，班自注并云：“墨翟弟子”。曰《我子》，师古引刘向《别录》云：“为墨子之学”。曰《田俅子》，班自注：“先我子”。考《吕氏春秋·首时篇》：“墨者有田鸠”。高诱注：“田鸠，齐人，学墨子术”。又《韩非子·外储说左上篇》：“楚王谓田鸠曰：‘墨子者，显学也’”。马骕《绎史》卷一百三：“田鸠即田俅子，班氏亦以鸠俅为一人，故言先韩子也”。案鸠俅音同字通，马氏谓为一人甚是。四家或墨翟弟子，或为墨翟之学，则更在墨子之后。此外尚有《尹佚》一家，班自注：“周臣，在成康时也”。尹佚即史佚，其书久亡。马氏《玉函山房》据《逸周书》，《史记》，《左传》，《国语》，《淮南子》，《说苑》，贾谊《新书》等书，辑得若干事。《逸周书》，晚出伪书，其言未可信据。《史记》，《淮南》，《说苑》，《新书》所载，杂采战国诸上之说，信否未敢确定。《左》《国》年代较古，似可依据。史佚为周之史官，自然与修周史（《墨子·明鬼下》引周之《春秋》，则《周史》至墨子时尚存。）懿言嘉话，《左》《国》每据以征引，非史佚别有离事言理之书也。今以马氏所辑而论，绝不似墨家，知墨家《尹佚》一书为后世依托也。

纵横家十二家：曰《苏子》，曰《张子》，皆在战国。曰《阙子》，班无注，书已亡。《水经注》卷十四，《艺文类聚》卷六十，《文选》左太冲《吴都赋注》，鲍明远《拟古诗注》，枚叔《七发注》，《太平御览》三百四十七，并引阙子云："宋景公使弓工为弓"云云。宋景公卒于周贞定王十六年（西前四五三年），入战国二十八年（考见前）。死然后有谥，《阙子》举其谥，必在卒后。曰《秦零陵令信》，班自注："难秦相李斯"，其时代可知矣。曰《蒯子》，班自注："名通"。曰《邹阳》，曰《主父偃》，曰《徐乐》，曰《庄安》（即严安），五子并在汉时。曰《待诏金马聊苍》，班自注："赵人，武帝时"。则亦在汉也。曰《庞煖》，班自注："为燕将"。案《兵权谋》亦有《庞煖》，盖非一书，而为一人。《史记燕世家》燕王喜十二年："《剧辛》故居赵，与庞煖善，已而亡走燕。燕见赵数困于秦，而廉颇去，令庞煖将也，欲因赵弊攻之，问剧辛，辛曰：'庞煖易与耳'。燕使剧辛将击赵，赵使庞煖击之，取燕军二万，杀剧辛"。（《六国表》燕王喜十三年，剧辛死于赵。）据此，庞煖为赵将，班氏盖涉见《燕世家》与燕战而误。燕王喜十二（或十三）年已至战国矣。曰《国筮子》，班无注，其书久亡，他亦无可考，以班氏置《阙子》后，《秦零陵令信》之前，盖亦战国末年人也。

杂家二十家：曰《尉缭》，曰《尸子》，曰《吕氏春秋》，皆在战国。曰《淮南内》，曰《淮南外》，曰《东方朔》，皆在汉代。皆无烦考也。曰《大》，班自注："传言禹所作，其文似后世语"。曰《荆轲论》，班自注："轲为燕刺秦王不成而死，司马相如等论之"。曰《博士臣贤对》，班自注："汉世，难韩子商君"。曰《臣说》，班自注："武帝时作赋"（沈涛谓赋字疑衍）。亦无烦考也。曰《孔甲盘盂》，班自注："黄帝之史，或曰夏帝孔甲，似皆非"。则亦后世依托。曰《伍子胥》。子胥虚心积虑，报父兄之仇，何暇著书？《左》《国》皆不言其有书。《兵技巧》尚有《伍子胥》十篇，《图》一卷，并此均亡佚。行世有东汉人袁康托为子胥作之《越绝书》，今本篇次错乱，以末篇证之，本八篇：曰《太伯》第一，《荆平》第二，《吴》第三，《计倪》第四，《请粜》第五，《九术》第六，《兵法》第七，《陈桓》第八，与此篇数适合；若果为一书，则知为东汉人作矣。曰《由余》，亦佚。马氏《辑佚书》从《史记·秦本纪》，《韩非子·十过篇》，《说苑·反质篇》，贾谊《新书·礼篇》辑得三事。据《史记》所载，谓篡弑灭宗，由于礼乐法度，似拾道家之唾余。《韩非子》《说苑》所载，则又极力倡俭，谓："昔者尧有天下，饭于土簋，饮于土铏，其地南至交趾，北至幽都，东西至日月之所出入者，莫不宾服"。则又酷类墨子。交趾至秦汉始通中国，尧所统辖，不出黄河流域，即此而言，亦必后人依托。且《韩非子》《史记》皆谓秦缪公闻由余之言，退问内史廖曰："寡人闻邻国有圣人，敌国之忧也。今由余，圣人也，寡人患之，吾将奈何?"（依《韩非子》，与《史记》文字小有异同。）于是如何以"女乐二人遗戎王"，如何由余遂降秦；事全同，而由余之语则不同，至于一似道家，一似墨子，显为后人附会。曰《伯象先生》，班无注。应劭曰："盖隐者也，故公孙敖难以为无益世主之治"。考公孙敖难语见《太平御览》八百十一引《新序》（今本《新序》脱）。其言曰："公孙敖问伯象先生曰：'今先生收天下之术，博观四方之日久矣，未能裨世上（应从应劭引作主上）之治，明君臣之义'"。公孙敖有二，一为春秋时人，即孟穆伯；一为汉景武时人。今案"世主"二字，天下一统后称君上之词，春秋战国诸侯并峙，称国君固不得曰世主，称天子亦未闻曰世主者。（春秋称天子曰王，或曰天王，战国后天子益微，诸侯皆王，势同赘疣，人鲜称道；称者既冠以周字，曰周王，或曰周君。）又称人称书曰先生，亦不见于春秋战国，班氏列之于《东方朔》之后，则公孙敖必景武时之公孙敖，伯象先生之人及书，亦必在景武时矣。曰《吴子》，曰《公孙尼》，曰《解子簿书》，曰《推杂书》，班氏俱无注，其书全亡，其排列俱在极末，年代亦略可推矣。曰《杂家言》，班自注："王伯，不知作者"。师古曰："言伯王之道，伯读曰霸"。言王霸，始于战国，极于汉初（详《管子探源附录三古代政治学中之皇帝王霸》），战国以前无有也。此外尚有一家，曰《子晚子》，班自注："齐人，好议兵，与《司马法》相似"。书亡，时代难考，然亦无法定为战国以前书也。总之，杂家"兼儒墨，合名法"，必在儒墨名法成立之后，儒墨名法尚无战国以前书，何况杂家？故杂家有时代古远者，不问而知为伪托；以诸家未成立，无可供其采获以成其博杂之学也。

农家九家：曰《神农》，班自注："六国时诸子疾时怠于农业，道耕农事，托之神农"。曰《野老》，班自注："六国时，在齐楚间"。曰《董安国》，班自注："汉代内史"。曰《氾胜之》，班自注："武帝时为议郎"。曰《蔡癸》，班自注："宣帝时"。曰《宰氏》，曰《尹都尉》，曰《赵氏》，曰《王氏》，班自注："不知何世"。《元和姓纂十五海》宰氏姓下引《范蠡传》曰："陶朱公师计然，姓宰氏"。世人据此谓宰氏即计然。马氏《辑佚书》据《越绝书》，《吴越春秋》，《史记》及各类书辑为《范子计然》三卷。篇中言"某出三辅"者，不下数十事。此外曰："兔毫出乐浪"，"蜀椒出武都，……秦椒出陇西天水"，"枣出汉中"，"蜀漆出蜀郡"，"空青曾青出巴郡"。若此者甚众，皆汉郡，则其书必汉人依托。《尹都尉》，《马氏辑佚书》考为汉成帝以前人，确否未遑博考。都尉必为尹某职官，此官汉置，以前无有，则必为汉人。赵氏，沈钦韩疑为赵过（《汉书疏证》）。《食货志》载过精农政，有新法，武帝末为搜粟都尉。据此，沈氏之言，似乎不误；而《赵氏》之人与书，亦知在汉武之世矣。惟《王氏》实无可考，但班氏置之最末，其时代可知非战国以前也。

小说家十五家：曰《伊尹说》，班自注："其语浅薄，似依托也。"曰《鬻子说》，班自注："后世所加"。曰《周考》，班自注："考周事也"。考为稽考之意，亦明后人作也。曰《师旷》，班自注："见《春秋》，其言浅薄，本与此同，似因托也"。曰《务成子》，班自注："称尧问，非古语"。曰《宋子》，即宋钘，战国人，与孟子同时。曰《天乙》，班自注："天乙谓汤，其言非殷时，皆依托也"。曰《黄帝说》，班自注："迂诞，依托"。曰《封禅方说》，班自注"武帝时"。曰《待诏臣饶心术》，班自注："武帝时"。曰《臣寿周纪》，班自注："宣帝时"。曰《虞初周说》，班自注："武帝时"。曰《待诏臣安成未央术》，班无注，置《待诏臣饶心术》下，《臣寿周纪》上。待诏为汉官，则亦汉时书。惟尚有《青史子》一家，班自注："古史官记事也"。书已佚，《大戴礼保傅篇》，贾谊《新书胎教杂事》，并引青史氏记胎教之文，浅近似秦汉语。即真为古史记，又非吾所谓离事言理之私家著作矣。曰《百家》，无注。

《兵书略》分四类：曰兵权谋，曰兵形势，曰兵阳阴，曰兵技巧。兵权谋十三家：曰《吴孙子》，《史记孙武吴起传》："孙子者，齐人也，以兵法见于吴王阖闾，阖闾曰：'子之十三篇，吾尽观之矣'"。又载其为吴破楚入郢。既灼灼如是，何以《左传》《国语》并无其人？入郢之功，《左传》全系之伍子胥，太宰嚭，夫槩，无一语及孙子。意史公之言，盖本之伪《孙子》者。(伪《孙子》者必有序，或代序之篇章，辅叙孙子事功。) 梅圣俞叶正则（《习学记言》）姚际恒（《古今伪书考》）等疑之是也。(《史》言十三篇，《志》载八十二篇，又《图》九卷，知史公之后，尚有陆续增附者。) 曰《齐孙子》，师古曰"孙膑"。曰《公孙鞅》，曰《吴起》，真伪姑不论，固皆战国时人。曰《范蠡》，曰《大夫种》，书举亡。二人论兵之言，散见《越语》，《史记》，《吴越春秋》等书，而《越语》《史记》不言二人有书，盖后人附益《越语》为之。曰《李子》（一作《季子》）。曰《娷》，曰《兵春秋》，班并无注，书全亡。依其排次之序，当亦战国时。曰《庞煖》，前已言与燕王喜同时。曰《兒良》，师古曰："六国时人也"。曰《广武君》，班自注："李左车"，知为汉人。曰《韩信》，其年代尽人知之，毫无问题。

兵形势十一家：曰《楚兵法》，班无注，书亡，疑后人记楚用兵。曰《蚩尤》，应劭曰："蚩尤，古天子，好五兵"。案《荀子》曰："五帝之外无传人。……五帝之内无传政"（《非相篇》）。故自五帝皆神话时代，诸子百家，恣意托附，其言皆不得据为史料。蚩尤好五兵，亦一种传说，信否应付阙疑；至其书则必依好五兵之说而附会者也。曰《孙轸》，班无注，无可考。曰《繇叙》，王氏《考证》谓即由余。由余无书，前已考定。李荃《太白阴阳经》曰："秦由余有《阵图》"。愈后愈多，何庸驳辩？曰《王孙》，班无注，时无考。曰《尉缭》，与梁惠王同时。曰《魏公子》，班自注："名无忌"，知亦战国人。曰《景子》，班无注，书亡。依排比之次，前者为战国，后者汉代，其时代可想。曰《李良》，书亡。《史记张耳陈余传》："有李良者，为赵将"，当即其人，在秦末汉初。曰《丁子》，沈钦韩谓"疑即丁固"（《汉书疏证》）。丁固，项羽将。

曰《项王》，真伪不论，其时代人举知在秦末。

兵阴阳十六家：曰《太壹兵法》，曰《天一兵法》。考《武经总要》曰："太乙者，天帝之神也，其星在天一之南。"据此，太壹，天一，皆神，亦能为人世作书，荒谬何极！曰《神农兵法》，曰《黄帝》，皆伪托无疑义。曰《封胡》，曰《风后》，曰《力牧》，曰《鬼容区》，班并云："黄帝臣，依托也"。至今之风后《握奇经》，又为唐宋以后之伪书①。曰《鵊冶子》（冶一作治），曰《地典》，曰《孟子》，曰《东父》，班并无注，书亡。曰《师旷》，班自注："晋平公臣"。吾闻师旷明音律，未闻能兵，竟有作兵书托之盲目之师旷者！顾亦有因，《左传》襄十八年，"晋人闻有楚师，师旷曰：'不害，吾骤歌北风，又歌南风，南风不竞，多死声，楚必无功'"。曰《苌弘》。苌弘亦博能兵之名，著兵家之书，此与《太壹》，《天一》，《神农》，《黄帝》，《师旷》，皆伪书之极无谓者，余实厌为之辩，曰《别成子望军气》，曰《辟兵威胜方》，班未注作者，而列之最末，必兵阴阳时代最后之作也。

兵技巧，班言十三家，而实为十六家：曰《鲍子兵法》，班无注，后人亦无论者。余意伪托鲍叔牙，以鲍叔牙亦当为将，作伪者固每如此。曰《伍子胥》（一本作《五子胥》），子胥无书，已见前。曰《公胜子》，曰《苗子》，班无注，书亡，时无考。曰《逢门射法》，师古曰："即逢蒙"。考《孟子》："逢蒙学射于羿"（《万章篇》），则逢蒙，殷人。殷时决无私家著作，无须考辩。曰《阴通成射法》，班无注，书佚，时无考。曰《李将军射法》，师古曰："李广"。曰《魏氏射法》，班无注，书亡，时无考；以排次论，当为汉时。曰《疆弩将军王围射法》，师古曰："围，郁郅人也，见《赵充国传》"，则亦汉人。曰《望远连弩射法具》，曰《护军射师王贺射书》，班并无注，书亡。考《汉书百官公卿表》："护军都尉，秦官。武帝元狩四年，属大司马。……平帝元始元年，更名护军"。望远亦疑为汉侯。果尔，固皆汉人书。曰《蒲苴子弋法》，《淮南子览冥训》："蒲且子之连鸟于百仞之上，而詹何之骛鱼于大渊之中"。高诱注："蒲且子，楚人，善弋射"。他无可考。（伪《列子》述之，晋人书，时代太晚，未可据。）依排列次序，当亦汉人书。（蒲苴子若为汉以前人，则书出依托。）曰《剑道》，书亡，无考。曰《手搏》，书亡。《刑法志》："战国稍增讲武之礼，以为戏乐，用相夸视，而秦更名角抵"。《武帝纪》："元封二年春，作角抵戏"。《哀帝纪》："时览卞射武戏"。师古注："手搏为卞，角力为戏"。据此，角抵手搏起于战国，盛于西汉，其书可以推矣。曰《杂家兵法》，班无注；此盖杂集用兵言兵之书，时代当极晚。曰《蹴鞠》，班无注。考刘向《别录》云："蹴鞠者，传言黄帝所作，或曰起战国之时"（《史记苏秦传集解》引）蹴鞠，手搏类同，起亦当同时，或曰战国时，是也。

① 辩见《古今伪书考》，《四库全书提要》等书。

考辩至《兵书略》，烦乱无味。《诸子略》虽杂伪书，真者尚夥，兵书几于全伪；且不惟伪托神话时代之帝王君臣，且伪托缥渺无稽之天地鬼神。盖托古之风既开，甲托之文武周公，乙思驾而上之，则必托之尧舜禹汤；丙又思驾而上之，则必托之神农黄帝。如积薪耳，后来居上，势必伪造古帝，虚构三皇，犹以为未足，不得不离尘寰而上天入地，于是太一（泰壹）天一（天乙），皆有著作矣。至《数术》，《方技》两略，更乌烟瘴气，不可究诘（神书更多）。堪注意者，班氏于《诸子略》伪托之书，概标明于注，而《兵书略》《太壹》《天一》诸书之显为依伪者反阙焉；《数术》《方技》尤不著一字。盖注以辩疑，不疑何注？此等书赝伪荒谬，已为人所共知，无庸再辩 故今所以置不考者，固以医卜星相，不得与离事言理之私家著作同论；亦以不值一辩，何必浪掷笔墨也哉！

三、《左》《国》《公》《穀》及他战国初年书不引战国前私家著作

投石于永，水为之波；掷靛于布，布为之染；水流湿，火就燥；一种学说发生，学术界未有不受其影响者也。故神农黄帝之书而果真，则殷墟文字，不能如此简陋；太公管子之书而果真，则春秋时代，不应无道家法家思想①。此就其抽象言之，尚不足以折服泥古之口。就其具体实证而言，既有此书，则此后之书，必有征引或论述。战国以前若有私家著作，何能不一见于战国初年书也？战国初年书之可信据者，曰《左传》，曰《国语》，曰《公羊》，曰《穀梁》，曰《论语》，曰《墨子》前五十一篇②，曰《孟子》，曰《庄子内篇》，曰《荀子》。今一一述之於下：

《左氏》浮夸，最喜征引。全书引《诗》者一百五十四：

> 隐元年："《诗》曰"。三年："《商颂》曰"。六年："《诗》云"。桓十二年："《诗》云"。《庄》六年："《诗》云"。二十二年："《诗》云"。闵元年："《诗》云"。僖五年："《诗》云"。九年："《诗》所谓"，"《诗》曰"，"又曰"。十二年："《诗》曰"。十五年："《诗》曰"。十九年："《诗》曰"。二十年："《诗》曰"。二十二年："《诗》曰"，"《诗》曰"，"又曰"。二十四年："召穆公思周德之不类，故纠合宗族，述成周而作《诗》曰"，"《诗》曰"，"《诗》

① 《左传》记昭六年，郑人铸刑书，叔向诒子产书，力言其非。二十九年，晋铸刑鼎，著范宣子所为刑书，仲尼曰："晋其亡乎"！可见春秋时无法家思想。至道家思想，《春秋》三传亦不一见。

② 《论》，《孟》，《左传》，皆战国初年书，无问题。《公》，《穀》成书年月盖甚晚，而其传授则实自战国初年，故亦认为战国初年书。《墨子》后二十篇（《备城门》以下），为汉人伪作，经近人朱希祖考订，略成定谳（见《清华周刊》第三十卷第九期）；前五十一篇，亦非尽墨子作，要之为战国初年之书。《庄子》书，真庄子作者，惟《内篇》及《天下篇》，余皆后人依附，（见拙撰《庄子复始》，）《天下》所引已见前，故只列《内七篇》。《荀子书大略》以下数篇，非荀子作，故所引须分别观之。

曰”。二十八年：“《诗》云”。三十三年：“《诗》曰”。文元年：“周芮良夫之《诗》曰”。二年：“《诗》曰”，“又曰”，“《诗》曰”，“《鲁颂》曰”，“《诗》曰”。三年：“《诗》曰：‘于以采蘩，于沼于沚，于以用之，公侯之事’，秦穆有焉。‘夙夜匪懈，以事一人’，孟明有焉。‘诒厥孙谋，以燕翼子’，子桑有焉”。四年：“《诗》曰”，“《诗》云”。六年：“《诗》曰”。十年：“《诗》曰”。十五年：“《诗》曰”，“在《周颂》曰”。宣二年：“《诗》所谓”，《诗》曰，“又曰”，又：“自诒伊感”，杜注：“《逸诗》也”。九年“《诗》云”。十一年：“《诗》曰”。十二年：“《汋》曰，武曰，（杜注：‘汋，《诗》《颂》篇名；《武》，《诗》《颂》篇名’）”。“《诗》云”，“武王克商作《颂》曰”，“又作《武》曰”“《诗》曰”。十五年：“《诗》曰”。十六年：“《诗》曰”，十七年：“《诗》曰”。成二年：“《诗》曰”，“《诗》曰”，“《诗》曰”，“《诗》曰”，“《诗》曰”。四年：“《诗》曰”。六年：“《诗》曰”。七年：“《诗》曰”。八年：“《诗》曰”，“《诗》曰”。九年：“《诗》曰”。十二年：“故《诗》曰”，“故《诗》曰”，“《诗》曰”，十四年：“故《诗》曰”。十六年：“《诗》曰”。襄二年：“《诗》曰”，“《诗》曰”。三年：“《诗》曰”。五年：“《诗》曰”。七年：“《诗》曰”，“又曰”，“《诗》曰”，“《诗》曰”。八年：“《周诗》有之曰”，“《诗》曰”。十年：“《诗》所谓”。十一年：“《诗》曰”。十三年：“其《诗》曰”，“《诗》曰”。十四年：“《诗》曰”。十五年：“《诗》云”。二十一年：“《诗》曰”，“《诗》曰”，“《诗》曰”。二十二年：“《诗》曰”。二十四年：“《诗》曰：‘乐只君子，邦家之基（杜注《诗》《小雅》）。……上帝临女，无贰尔心（杜注《诗》《大雅》）’”。二十五年：“《诗》所谓”，“《诗》曰”。二十六年：“《诗》曰”，“《商颂》有之曰”。二十七年：“彼其之子，邦之司直（杜注：《诗》《郑风》）。……何以恤我，我其将之（杜注逸《诗》）”。二十九年：“《诗》云”，“《诗》曰”，“《诗》曰”。三十年：“《诗》曰”，“又曰”。三十一年：“《诗》曰”，“《诗》云”，“《诗》云”，“《诗》云”，“《卫诗》曰”“《周诗》曰”，“《诗》曰”。昭元年：“《诗》曰”，“《诗》曰”，“《诗》曰”，“《诗》曰”。二年：“《诗》曰”。三年：“《诗》曰”，“《诗》曰”。四年：“《诗》曰”。五年：“《诗》云”。六年：“《诗》曰”，“又曰”。“《诗》曰”，“《诗》曰”。七年：“故《诗》曰”，“《诗》所谓”，“《诗》曰”，“又曰”，“《诗》曰”，“《诗》曰”。八年：“《诗》曰”。九年：“《诗》曰”。十年：“《诗》曰”，“《诗》曰”，“《诗》曰”。十二年：“祭公谋父《作祈招之诗》，其《诗》曰”。十三年：“《诗》曰”。二十年：“《诗》曰”，“《诗》曰”，“《诗》曰”，“又曰”。二十一年：“《诗》曰”。二十三年：“《诗》曰”。二十四年：“《诗》曰”，“《诗》

曰”。二十五年：“《诗》曰”。二十六年：“《诗》曰”，“《诗》曰”，“《诗》曰”。二十八年：“《诗》曰”，“《诗》曰”，“《诗》曰”。三十二年：“《诗》曰”，“《诗》曰”。定三年：“《诗》曰”。十年：“《诗》曰”。哀二年：“《诗》曰”。五年：“《诗》曰”，“商颂曰”。二十六年：“《诗》曰”。

称《诗》者（不举其词者）六：

隐二年：“风有《采蘩》《采蘋》，《雅》有《行葦》《泂酌》”。昭元年：“《小旻》之卒章善矣”。定十年：“臣之业在《扬水》卒章之四言矣”。

引《书》者四十二：

庄八年：“《夏书》曰”。僖六年：“故《周书》曰”，“又曰”，“又曰”。二十三年：“《周书》有之”。二十七年：“《夏书》曰”。三十三年：“《康诰》曰”。文五年：“《商书》曰”。十八年：“《虞书》数禹之功曰”。七年：“《夏书》曰”。宣六年：“《周书》曰”。十二年：“《仲虺》有言曰”。十五年：“《周书》所谓”。成二年：“《周书》曰”。“《大誓》所谓”。六年：“《商书》曰”，“《周书》曰”。十六年：“《周书》曰”，“《夏书》曰”。襄一年：“《商书》曰”。五年：“《夏书》曰”。十一年：“《书》曰”。十三年：“《书》曰”。十四年：“《仲虺》有言曰”，“故《夏书》曰”。二十一年：“《夏书》曰”。二十三年：“《夏书》曰”。二十五年：“《书》曰”。二十六年：“故《夏书》曰”。三十年：“《仲虺》之志曰”。三十一年：“《大誓》云”，“《周书》数文王之德曰”。昭元年：“《大誓》曰”。八年：“《周书》曰”。十年：“《书》曰”。十四年：“《夏书》曰”。十七年：“故《夏书》曰”。二十年：“在《康诰》曰”。二十四年：“《大誓》曰”。襄六年：“《夏书》又曰”。十一年：“《盘庚之诰》曰”。十八年：“《夏书》曰”。

引《易》者七：

宣六年：“其在《周易》”。十二年：“《周易》有之”。襄九年：“是于《周易》曰”。二十八年：“《周易》有之”。昭元年：“在《周易》”。二十九年：“《周易》有之”。三十二年：“在《易》”。

以《易》占者不可胜数。

引礼者一：

文十八年："先君周公制周礼曰"。

引《夏训》者一：

襄四年："《夏训》有之曰"。

引《周志》者一：

文二年："《周志》有之"。

引前志者二：

文六年："前志有之曰"。成十五年："前志有之曰"。

引军志者二：

宣十二年："军志曰"。昭二十一年："军志有之曰"。

引志者六：

襄四年："志所谓"。二十五年："志有之"。昭元年："志曰"。三年："志曰"，"又曰"。哀十八年："志曰"。

引《郑书》者二：

襄三十年："《郑书》有之曰"。昭二十八年："《郑书》有之"。

引箴铭者三：

襄四年："于《虞人之箴》曰"。昭三年："《谗鼎之铭》曰"。七年："故其《鼎铭》云（杜注：正考父庙之鼎）"。

引史佚者五：

僖十七年："且史佚有言曰"。文十五年："史佚有言曰"。宣十二年："史佚所谓"。成四年："史佚之志有之"。昭元年："史佚有言曰"。

引周任者二：

隐六年："周任有言曰"。昭五年："周任有言曰"。

引周文下者一：

昭七年："周文王之法曰"。

引周武王者一：

昭七年："昔武王数纣之罪以告诸侯曰"。

引楚庄王者一：

成二年："且先君庄王（楚庄王）属之曰"。

引楚文王者一：

昭七年："吾先君文王（楚文王）作仆区之法曰"。

引孔子者二十二：

僖二十八年："仲尼曰"。文二年："仲尼曰"。宣二年："孔子曰"。九年："孔子曰"。成二年："仲尼闻之曰"。十七年："仲尼曰"。襄二十五年："仲尼曰"。三十一年："仲尼闻是语也，曰"。昭五年："仲尼曰"。七年："仲尼曰"。十二年："仲尼曰"。十三年："仲尼谓子产"。十四年："仲尼曰"。二十年："仲尼曰"，"仲尼曰"，"仲尼曰"。二十八年："仲尼闻魏子之举也，以为义曰"。二十九年："仲尼曰"。定九年："仲尼曰"。

哀六年："孔子曰"。十一年："孔子曰"，"孔子曰"。

引子思者一：

哀五年："子思曰"。

引叔向者一：

哀十七年："叔向有言曰"。

引辛伯者一：

闵二年："昔辛伯谂周桓公云"。

引子犯者一：

宣十二年："先大夫子犯有言曰：'师直为壮，曲为老'"。

引臧孙纥者一：

昭七年："臧孙纥有言"。

引谣谚者十九：

隐十一年："周谚有之曰"。桓十年："周谚有之"。闵元年："且谚曰"。僖五年"谚所谓"，"童谣云"。七年："谚有之曰"。文七年："谚所谓"。宣四年："谚曰"。十五年："谚曰"。十六年："谚曰"。昭元年："谚所谓"。三年："且谚曰"。七年："抑谚曰"。十三年："谚曰"。十九年："谚曰"。"谚所谓"。二十五年："童谣有之曰"。二十八年；"谚曰"。定十四年："谚曰"。

引古人之言者八：

僖七年："古人有言曰"。文十七年："古人有言曰"，"又曰"。宣十五年："古人有言曰"。成十七年："古人有言曰"。襄二十年："古人有言曰"。二十六年："古人有言曰"。昭七年："古人有言曰"。

引人言者三：

昭七年："人有言曰"。二十二年："人有言曰"。二十四年："人亦有言曰"。

引先民之言者一：

哀十五年："先民有言曰"。

总观所引之书，除《诗》，《书》，《易》，《礼》，而外，曰《夏训》，曰《周志》，曰前志，曰军志，曰志，曰《郑书》，皆史也，无一为离事言理之作。曰《虞箴》，曰《鼎铭》；箴铭之作，其源甚古，但不得与后世成一家言之私人著作同论。所引之人，曰史佚，曰周任；皆史官，其言必见其所修之史。（成四年引史佚之志，志即史。）曰周文，武，曰楚庄，文，曰叔向，曰辛伯，日子犯，曰臧孙纥；皆历史人物，其言故见于史书。子犯之言即见《左传》僖二十八年。曰谣谚，曰泛引古人，先民；或史籍所载，或口碑所传，决非有私人著作。惟孔子，子思，虽亦历史人物，而实兼学术人物。但孔子述而不作，无私家著作之书，《三传》及他战国初年书所引孔子之言，除荒缈无稽者（如《庄子》所引），概得之传闻，或孔门弟子之口授。子思已为战国时人，与《左传》作者相近。（《左传》作者虽不可考，然即其引子思言而论，知必非与孔子同好恶之左丘明，而其时代决不能前于子思也。）无论得之其人，见诸其书，与战国前无私家著作之说，固无牴也。昭十二年楚王谓左史倚相能读《三坟》，《五典》，《八索》，《九邱》，真伪姑不论，固史书而非私家离事言理之作也。

《国语》引书者六：

《周语》上第一："《夏书》有之曰"，"在《汤誓》曰"，"在《盘庚》曰"。《晋语》第十："《夏书》有之曰"，"《周书》有之曰"。《楚语》上第十七："《周书》曰"。

引夏令者一：

《周语》中第二："故夏令曰"。

引周制者二：

《周语》中第二："周制有之曰"，"周之制官有之曰"。

引志者二：

《晋语》第十五："志有之曰"。《楚语》上第十七："其在志也"。

引先王者一：

《周语》中第二："先王之令有之曰"。

引史佚者一：

《周语》下第三："昔史佚有言曰"。

书皆政典，人则史官，无一离事言理之作。

《穀梁》，《公羊》不喜博引，所引概传《春秋》之人。公羊传引沈子者二：

隐十一年："子沈子曰"。庄十年："子沈子曰"。

引公羊子者二：

桓六年："子公羊子曰"。宣五年："子羊公子曰"。

引鲁子者三：

庄三年："鲁子曰"。二十三年："鲁子曰"。僖二十八年："鲁子曰"。

引司马子者一：

庄二十九年："子司马子曰"。

引女子（读汝子）者一：

闵元年："子女子曰"。

引高子者一：

文四年："高子曰"。

引北宫子者一：

哀四年："子北宫子曰"。

引孔子者二：

昭十二年："子曰"。二十五年："孔子曰"。

引或曰者三：

闵二年："或曰"，"或曰"。成元年："或曰"。

引不修春秋者一：

庄七年："不修春秋曰"。

引既修《春秋》者一：

庄七年："不修《春秋》曰，……君子修之曰"。

《穀梁传》引穀梁子者一：

隐五年："穀梁子曰"。

引尸子者一：

定元年："尸子曰"。

引沈子者一：

定元年："沈子曰"。

引孔子者六：

桓二年："孔子曰"。三年："孔子曰"。十四年："孔子曰"。僖十六年："子曰"。成五年："孔子曰"。昭四年："孔子曰"。

引子贡者一：

桓三年："子贡曰"。

引《传》者四：

成八年："《传》曰"。十六年："《传》曰"。襄三十年："《传》曰"。昭元年："《传》曰"。

人皆传《春秋》之人，书曰《春秋》，曰《传》，皆史书也。
《论语》引《诗》者四：

《学而》第一："《诗》云"。《八佾》第三："相维辟公"，"巧笑倩兮"。《泰伯》第八："《诗》云"。

论《诗》者九：

《为政》第二："诵《诗》三百"。《八佾》第三："《关雎》乐而不淫"。《泰伯》第八："兴于诗"，"师挚之始，《关雎》之乱"。《子罕》第九："《雅》《颂》各得其所"，"《唐棣之华》"。《子路》第十三："诵《诗》三百"。《季氏》第十六："不学《诗》，无以立"。《阳货》第十七："小子何莫学夫《诗》，女为《周南》《召南》矣乎"。

引《书》者二：

《为政》第二："《书》云"。《宪问》第十四："《书》云"。

引《易》者一：

《子路》第十三："不恒其德，或承之羞"。（孔安国曰：此《易恒卦》之辞也。）

论《易》者一：

述而第七："五十以学《易》"。

论《礼》者二：

《泰伯》第八："立于《礼》"。《季氏》第十六："不学《礼》，无以立"。

论《乐》者三：

《八佾》第三："子谓《韶》"。《泰伯》第八："成于乐"。《子罕》第九："然后乐正"。（此疑论《诗》，姑列入。）

引周任者一：

《季氏》第十六："周任有言曰"。

引人言者四：

《子路》第十三："子曰：'善人为邦百年，亦可以胜残去杀矣'，诚哉是言"。（孔安国曰：古有此言，故孔子信之也。）又"人之言曰"，"人言曰"，"南人有言曰"。

无私家著作也。

（附说）《论语》论礼乐之言甚多，如曰："礼云，礼云，乐云，乐云"，及"礼与其奢也学俭"之类，泛言礼乐，非指《礼书》，《乐书》而言，不得与引书论书同列；即前所列论礼者二，论乐者三，亦未必指《礼书》，《乐书》也，姑列之而已。

《墨子》前五十一篇，引《诗》者十二：

《所染》："《诗》曰"。《尚贤》中："《诗》曰"，"《周颂》道之曰"。《尚同》中："《周颂》道之曰"，"《诗》曰"，"又曰"。《兼爱下》："《周诗》曰"，"《大雅》之所道曰"。《非攻》中："《诗》曰"。《天志》中："《皇矣》道之曰"。《明鬼》下："《大雅》曰"。《非命》上："在于商夏之诗曰"。

引《书》者三十一：

《七患》："《夏书》曰"，"《殷书》曰"，"《周书》曰"。《尚贤》中："《汤誓》曰"，"先王之书《吕刑》道之曰"，"先王之言曰"。《尚贤》下："于先王之书《吕刑》之书然王曰"，"于先王之书《竖年》之言然曰"。《尚同》中："是以先王之书《吕刑》之道曰"。"是以先王之书《术令》之道曰"，"是以先王之书《相年》之道曰"。《尚同》下："于先王之书也《太誓》之言然曰"。《兼爱》下："《泰誓》曰"，"虽《禹誓》即亦犹是也"，"禹曰"，"虽《汤说》即亦犹是也"，"汤曰"。《天志》中："《大誓》之道之曰"，《明鬼》下："《商书》曰"，"《夏书》《禹誓》曰"。《非乐》上："先王之书汤之《官刑》有之曰"，"于《武观》曰"。《非命》上："于《仲虺之告》曰"，"于《太誓》曰"，"先王之宪亦尝有曰"，"先王之刑亦尝有曰"，"先王之誓亦尝有曰"。《非命》中："《仲虺之告》曰"，"《太誓》之言然曰"。《非命》下："禹之《总德》有之曰"，"《仲虺之告》曰"，"《太誓》之言也于《去发》曰"。

（附说）《墨子》引商，夏之诗，其词曰："命令，暴王所作"。不似诗，但既标曰诗，故姑附引《诗》之中。所引《书》更多今本所无，即有之，亦大相出入。但古《尚书》百篇，今存者才二十八篇，则所引容在逸篇。惟曰"先王之宪，先王之刑"，未必尽载于《书》，要之必见古史，故姑附焉。

引传者二：

《尚贤》中："传曰"。《兼爱》中："传曰"。

引各国《春秋》者四：

《明鬼》下："著在周之《春秋》"，"著在燕之《春秋》"，"著在宋之《春秋》"，"著在齐之《春秋》"。

引鲁语者一：

《公孟》："予亦闻夫鲁语乎"？（盖非《国语》之《鲁语》）

引古圣王者五：

《节用》中："昔者圣王为法曰"，"古者圣王制为节用之法曰"，"古者圣王制为饮食之法曰"，"古者圣王制为衣食之法曰"，"古者圣王制为节丧之法曰"。

引古语者六：

《尚同》下："古者有语焉曰"。《非攻》中："古者有语"，"古者有语"，"古者有语"。《天志》上："且语言有之曰"。（此容为当时语，只此一条，且难定时代，姑附于此。）《明鬼》下："于古曰"。

《诗》《书》之外，曰传，曰各国《春秋》，皆政典；古语当见古史，无私家言理之书也。至所引古圣王之法，非《诗》《书》所载者，疑为托古改制。《明鬼》下引禽艾之言，翟灏疑即《逸周书》《世俘解》禽艾侯（《墨子间诂》引），他无所见，确否难定；要之亦历史人物，无私人著作。至公孟，公输，告子，（与墨王同时，非与孟子言性恶之告王，见《公孟篇》。）

程子（亦见《公孟篇》）之流，皆与墨子同时，不得与引古同论矣。

《孟子》引《诗》者三十三：

《梁惠王》篇："《诗》云：经始灵台"，"《诗》云：他人有心"，"《诗》云：刑于寡妻"，"《诗》云：畏天之威"，"《诗》云：王赫斯怒"，"《诗》云：哿矣富人""《诗》云：乃积乃仓"，"《诗》云：古公亶父"。《公孙丑篇》："《诗》云：自西自东"，"《诗》云：迨天之未阴雨"，"《诗》云：永言配命"。《滕文公篇》："《诗》云：画尔于茅"，"诗云：雨我公田"，"《诗》云：周虽旧邦”，“《鲁颂》曰：戎，狄是膺”，“《诗》云：不失其驰”，“诗云：戎，狄是应”。《离娄篇》：“《诗》云：不愆不忌”，“《诗》云：天之方蹶”，“《诗》云：殷鉴不远”，“《诗》云：永言配命”，“《诗》云：商之子孙”，“《诗》云：谁能执热”，“《诗》云：其何能淑”。《万章篇》：“《诗》云：娶妻如之何”？“《诗》云：普天之下”，“《云汉之诗》曰”，“《诗》曰：永言孝思”，“《诗》云：周道如底”。《告子篇》：“《诗》曰：天生烝民”，“《诗》云：既醉以酒”。《尽心篇》：“《诗》曰：不素餮兮”，“《诗》曰：忧心悄悄，……肆不殄厥愠”。

称诗者（不学其词者）二：

《告子篇》：“《小弁》，小人之诗也”，“《凯风》何以不怨”。

引书者二十一：

《梁惠王》篇：“《汤誓》曰：时日曷丧”？“《书》曰：天降下民”，“《书》曰：汤一征自葛始”，“《书》曰：徯我后”。《公孙》篇“《太甲》曰：天作孽”。《滕文公》篇：“《书》曰：若药不瞑眩”。“放勳曰：劳之来之（虽不见今《尚书》，当为逸篇文字）”。“《书》曰：葛伯仇饷，汤始征，自葛载”。“《书》曰：徯我后，……有攸不为臣（赵注：《尚书》逸篇之文）”。“《太誓》曰：我武维扬”，“《书》曰：洚水警余”，“《书》曰：不显哉文王谟”。《离娄篇》：“《太甲》曰：天作孽”。《万章篇》：“《尧典》曰：二十有八载”，“《书》曰：只载见瞽瞍”，“《太誓》曰：天视自我民视”，“《伊训》曰：天诛造官自牧宫”，“《康诰》曰：杀越人于货”。《告子篇》：“享多仪”。《尽心篇》：“南面而征”，“武王之伐殷也”。（吴辟疆《孟子文治读本》云，此《尚书》逸文。）

论《书》者一：

《尽心篇》：“吾于《武成》，取二三策而已矣”。

引《礼》论《礼》者二十三：

陈澧《东塾读书记孟子说礼》，有明言《礼》者：（如曰：“诸侯耕助”云云，“礼朝廷不历位而相与言”云云是也。“诸侯失国”云云，“在国曰市井之臣”云云，下文皆云《礼》也。“丈夫之冠也，父命之”云云，上文云：子未学礼乎？“三年之丧，齐疏之服”云云，“天子一位”云云，皆曰尝闻。“君薨，听于冢宰”，引孔子曰。“天子道诸侯”云云两见，一引晏子。）有不明言《礼》者：（“古者棺椁无度”云云，“夏后氏五十而贡”云云，“夏曰校”云云，“卿以下必有圭田”云云，“岁十一月徒杠成”云云，“招虞人以皮冠”云云，“天子之制地方千里”云云，“牺牲既成”云云，“有布缕之征”云云。）有与人论《礼》者：（“景丑曰：‘礼曰父召无诺’”云云，“淳于髡曰：男女授受不亲，礼与”？“齐宣王曰：礼为旧君有服”，“《万章》曰：父母爱之，喜而不忘”云云，与《内则》略同。）

（根泽所数一时散乱，故姑就陈氏列之。《内则》在《礼记》，辑于汉人，孟子果否引礼，颇难肊定。他如此者尚多。）

说《春秋》者三：

《滕文公篇》：“孔子惧，作《春秋》”。《离娄篇》：“《诗》亡然后《春秋》作”。《尽心》篇：“春秋无义战”。（此似论春秋时事，非论《春秋》书。）

引《传》者一：

《滕文公篇》：“传曰”。

说《传》者二：

《梁惠王篇》：“于传有之”，“于传有之”。

引志者二：

《滕文公篇》：“且志曰”，“且志曰”。

引孔子者二十九：

顾炎武《日知录》孟子引《论语》有详目，不赘列。此外有引孔子言而不明言孔子者，如曰：“君子之德风也”，“生事之以礼”。（孟子引曾子曰）均见《论语》。“大人者，言不必信，行不必果”，似本《论语》“言必信，行必果，硜硜然小人哉”。“原泉混混，不舍昼夜”，似本《论语》“逝者如斯夫！不舍昼夜”。

引曾子者六：

《梁惠王篇》：“曾子曰：戒之戒之”。《公孙丑篇》：“曾子谓子襄曰，子好勇乎”“曾子曰：晋，楚之富”。《滕公文篇》：“曾子曰：生事之以礼（《论语》

谓孔子语)”，“曾子曰：不可，江汉以濯之”，“曾子曰：胁肩谄笑”。

引曾西者一：

《公孙丑篇》：“曾西艴然不悦曰”。

引子贡者二：

《公孙丑篇》：“子贡问于孔子曰”，“子贡曰，见其礼”。

引宰我者一：

《公孙丑篇》：“宰我曰：以予观于夫子”。

引有若者一：

《公孙丑篇》：“有若曰：岂惟民哉”？

引颜渊者一：

《滕文公篇》：“颜渊曰：舜，何人也”。

引子路者一：

《滕文公篇》：“子路曰：未同而言”。

引公明仪者四：

《滕文公篇》：“公明仪曰：文王，我师也”，“公明仪曰：三月无君则吊”“公明仪曰：庖有肥肉”。《离娄篇》：“公明仪曰：宜若无罪焉”。

引伊尹者二：

《万章篇》：“伊尹曰：何事非君？”《尽心篇》：“伊尹曰：予不狎于不顺”。

引龙子者二：

《滕文公篇》：“龙子曰：治地莫善于助”。《告子篇》：“龙子曰：不知足而为屦”。

引成覸者一：

《滕文公篇》："成覸曰"。

引齐景公者二：

《梁惠王篇》："齐景公问于晏子曰"。《离娄篇》："齐景公曰：既不能令"。

引阳虎者一：

《滕文公篇》："阳虎曰：为富不仁矣"。

引长息，公明高者一：

《万章篇》："长息问于公明高曰"。

引齐太师之诗者一：

《梁惠王篇》："其诗曰：畜君何尤"？（齐太师为景公景子所奏）

引孺子之歌者一：

《离娄篇》："有孺子歌曰：沧浪之水清兮"！

引夏谚者一：

《梁惠王篇》："夏谚曰：吾王不游"。

引齐人之言者一：

《公孙丑篇》："齐人有言曰"。

引恒言者一：

《离娄篇》："人有恒言"。

此外若称论尧，舜，文，武，伯夷，叔齐，伊尹，周公，孔子，曾子，柳季，子产诸圣哲者，未遑枚数；但亦泰半未得与引书同论也。至告子，高子，宋牼，淳于髡，皆并时人，亦屡见于书中；稍前显学，若杨朱，墨翟，子莫之流，主张不同，未引其言，而评论之语，迭见不鲜（此人举知之，不必具列）；所引之人与书，不为少矣，而书无私家著作之书，人非历史人物，即为战国显学（墨翟，杨朱等），总之无战国前著书成一家言者也。

《庄子》寓言十九，所引半属子虚（《天下篇》为自序，皆实指，当别论），能质实者甚少。引《齐谐》者一：

《逍遥游》："《齐谐》之言曰"。

引宋荣子者一：

《逍遥游》："而宋荣子犹然笑之"。

引列子者一：

《逍遥游》："夫列子御风而行"。

引肩吾，连叔者一：

《逍遥游》："肩吾问于连叔曰"。

引肩吾，狂接舆者一：

《应帝王》："肩吾见狂接舆曰"。

引惠子者三：

《逍遥游》："惠子谓庄子曰"，"惠子谓庄子曰"。《德充符》："惠子谓庄子曰"。

引南郭子綦，颜成子游者一：

《齐物论》："南郭子綦隐几而坐，……颜成子游立侍乎前曰"。

引南伯子綦者一：

《人间世》："南伯子基游乎商之丘"，（成疏：即南郭子綦也。）

引齧缺，王倪者二：

《齐物论》："瞿鹊问乎王倪曰（:)" [,]《应帝王》："齧缺问于王倪"。（尚附及蒲衣子）

引瞿鹊，长梧者一：

《齐物论》："瞿鹊问乎长梧子曰"。

引罔两，景者一：

《齐物论》："罔两问景曰"（此显非人）。

引庖丁，文惠君者一：

《养生主》："庖丁为文惠君解牛"。（庖丁未必为人名，姑列入。）

引公文轩，右师者一：

《养先主》："公文轩见右师而惊曰"。（右师非人名，亦姑列入。）

引老聃，秦失者一：

《养生主》："老子死，秦失弔之"。

引仲尼，颜回者三：

《人间世》："颜回见仲尼"。《大宗师》："颜回问仲尼曰"，"颜回曰：回益矣"，"仲尼曰：何谓也?"

引仲尼，叶公子高者一：

《人间世》："叶公子高将使于齐，问于仲尼曰"。

引蘧伯玉，颜阖者一：

《人间世》："颜阖将傅卫灵公太子而问于蘧伯玉曰"。

引孔子，接舆者一：

《人间世》："孔子适楚，狂接舆游其门曰"。

引支离疏者一：

《人间世》："支离疏者"（此显非人）。

引王骀者一：

《德充符》："鲁有兀者王骀"。

引常季，孔子者一：

《德充符》载常季与孔子问答。

引伯昏无人及子产，申徒嘉者一：

《德充符》："申徒嘉，兀者也，而与郑子产同师于伯昏无人"。

引叔山无趾，仲尼者一：

《德充符》："鲁有兀者叔山无趾踵见仲尼"。

引无趾，老聃者一：

《德充符》："无趾语老聃曰"。

引鲁哀公，仲尼及哀骀它者一：

《德充符》："鲁哀公问于仲尼曰，卫有恶人焉，曰哀骀它"。

引哀公，闵子者一：

《德充符》："哀公异日以告闵子曰"。

引闉跂支离无脤，卫灵公者一：

《德充符》："闉跂支离无脤说卫灵公"。

引甕大瘿，齐桓公者一：

《德充符》："甕大瘿说齐桓公"。

引南伯子葵，女偊者一：

《大宗师》："南伯子葵问乎女偊曰"。（二人谈及副墨之子，诵洛之孙等等．不特列。）

引子祀，子舆，子犁，子来者一：

《大宗师》："子祀，子舆，子犁，子来，相与语"。

引子桑户，孟子反，子琴张者一：

《大宗师》："子桑户，孟子反，子琴张，三人相与友"。

引孔子，子贡者一：

《大宗师》："子贡反以告孔子曰"。

引许由，意而子者一：

《大宗师》："意而子见许由"。

引子舆，子桑者一：

《大宗师》："子舆与子桑友"。

引天根，无名人者一：

《应帝王》："天根……遭无名人而问焉"。

引老聃，阳子居者一：

《应帝王》："阳子居见老聃曰"。

引壶子，列子，季咸者一：

《应帝王》："郑有神巫曰季咸，……列子见之而心醉，归以告壶子"。

引法言者二：

《人间世》："法言曰"，"法言曰"。

述儒，墨者一：

《齐物论》："故有儒，墨之是非"。

可质实者如孔子，虽为战国以前人，而固无及身成立之私家著作（说见前）。惠子，列子，宋荣子，则已至战国矣。总之，庄子荒唐之言，不可据为史实，无论罔两无趾之无其人者；即孔子师徒之语，亦妄托耳。浅者见《齐谐》之言，伪为《齐谐记》，固不值识者一笑也。所引法言，郭象释为格言，则非书名。而堪注意者，于学术独言有，儒墨之是非，则以于时儒，墨之言已出，而他家之言举未立也。

（附说）所列庄子引人，无言而只为人的征引者，亦附入，以庄子述人述言，淆混难分，故索性全举也。

《荀子》引《诗》者八十二：

《劝学篇》："《诗》曰"，"《诗》曰"，"《诗》曰"。《修身篇》："《诗》曰"，"《诗》云"，"《诗》云"。《不苟篇》："《诗》曰"，"《诗》曰"，"《诗》曰"。《荣辱篇》："《诗》曰"。《非相篇》："《诗》曰"，"《诗》曰"。《非十二子篇》："《诗》云"，"《诗》云"。《仲尼篇》："《诗》曰"。《儒效篇》："《诗》曰"，"《诗》曰"，"《诗》曰"，"《诗》曰"，"《诗》曰"，"《诗》曰"。《王制篇》："《诗》曰"。《富国篇》："《诗》曰"，"《诗》曰"，"《诗》曰"，"《诗》曰"，"《诗》曰"，"《诗》曰"。《王霸篇》："《诗》曰"，"《诗》曰"。《君道篇》："《诗》曰"，"《诗》曰"，"《诗》曰"，"《诗》曰"。《臣道篇》："《诗》曰"，"《诗》曰"，"《诗》曰"，"《诗》曰"。《致士篇》："《诗》曰"，"《诗》曰"。《议兵篇》："《诗》曰"，"《诗》曰"，"《诗》曰"，"《诗》曰"。《强国篇》："《诗》曰"，"《诗》曰"。《天论篇》："《诗》曰"，"《诗》曰"。《正论篇》："《诗》曰"，"《诗》曰"。《礼论篇》："《诗》曰"，"《诗》曰"，"《诗》曰"。《解蔽篇》："《诗》曰"，"《诗》曰"，"《诗》云"，"《诗》曰"。《正名篇》："《诗》曰"，"《诗》曰"，"《诗》曰"。《君子篇》："《诗》曰"，"《诗》曰"，"《诗》曰"。《大略篇》："《诗》曰"，"《诗》曰"，"《诗》曰"，"《诗》曰"，

“《诗》曰”，“《诗》云”，“《诗》云”，“《诗》云”，“《诗》云”，“《诗》曰”。《宥坐篇》：“《诗》曰”，“《诗》曰”，“《诗》曰”“《诗》曰”，“《诗》曰”。《法行篇》：“《诗》曰”，“《诗》曰”。《尧问篇》：“《诗》曰”。

论《诗》者十一：

《劝学篇》：“《诗》者，中声之所止也”，“《诗》，《书》之博也”，“《诗》，《书》故而不切”。《荣辱篇》：“《诗》，《书》，《礼》，《乐》之分乎”，“夫《诗》，《书》，《礼》，《乐》之分”。《儒效篇》：“故《诗》，《书》，《礼》，《乐》之归是矣，《诗》言是其志也”。“故《风》之所以为不逐者，取是以节之也；《小雅》之所以为《小雅》者，取是而文之也：《大雅》之所以为《大雅》者，取是而光之也；《颂》之所以为至者，取是而涌之也”。《大略篇》：“而《诗》非屡盟”，“善为《诗》者不说”。“《国风》之好色也”，“《小雅》不以于汙上”。

引《书》者十五：

修身篇：“《书》曰”。《王制篇》：“《书》曰”。《富国篇》：“《康诰》曰”，“《书》曰”。《君道篇》：“《书》曰”，“《书》曰”。《臣道篇》：“《书》曰”。《致士篇》：“《书》曰”《议兵篇》：“太誓曰”。《天论篇》：“《书》曰”。《正论篇》：“《书》曰”，“《书》曰”。《君子篇》：“《书》曰”。《大略篇》：“舜曰：维予从欲而治”。(杨注：《虞书》美皋陶之辞。)《宥坐篇》：“《书》曰”。

论《书》者五：

《劝学篇》：“故《书》者政事之纪也，《诗》，《书》之博也”，“《诗》，《书》故而不切”。《荣辱篇》：“《诗》，《书》，《礼》，《乐》之分乎”！“夫《诗》，《书》，《礼》，《乐》之分”。《儒效篇》：“故《诗》，《书》，《礼》，《乐》之归是矣，《书》言是其事也”。

引《易》者三：

《非相篇》：“《易》曰”。《大略篇》：“《易》之《咸》”，“《易》曰”。

论《春秋》者五：

《劝学篇》："《春秋》之微也"，"《春秋》约而不速"。《儒效篇》："《春秋》言是其微也"。《大略篇》："《春秋》贤穆公，以为能变也"。"故《春秋》善胥命"。

至《礼》，《乐》为荀子所传，篇中论述极多，惟《礼经》，《乐经》，亡佚殆尽，不知何为引书，何为立论，故宁缺焉。此外引传者二十：

《修身篇》："《传》曰"。《不苟篇》："《传》曰"。《非相篇》："《传》曰"。《王制篇》："《传》曰"，"《传》曰"。《王霸篇》："《传》曰"。《臣道篇》："《传》曰"，"《传》曰"。《致士篇》："《传》曰"。《议兵篇》："《传》曰"。《天论篇》："《传》曰"。《正论篇》："《传》曰""《传》曰"。《解蔽篇》："《传》曰"，"《传》曰"，"《传》曰"。《性恶篇》："《传》曰"。《君子篇》："《传》曰"。《大略篇》："《传》曰"。《子道篇》："《传》曰"。

引孔子者六：

《仲尼篇》："孔子曰"。《儒效篇》："孔子曰"。《王制篇》："孔子曰"。《富国篇》："孔子曰"，"孔子曰"。《正论篇》："孔子曰"。

引孟子者三：

《性恶篇》："孟子曰"，"孟子曰"，"孟子曰"。

引公孙子者一：

《强国篇》："公孙子曰"。

引曾子者一：

《解蔽篇》："曾子曰"。

引语曰者六：

《君道篇》："语曰"。《正论篇》："语曰"。《大略篇》："民语曰"，"语曰"。《哀公篇》："语曰"。《尧问篇》："语曰"。

至《大略》，《宥坐》以下数篇，多记孔门问答之言，似依托，不具列。统观所引书，非六艺，即传记，无离事言理者。所引之人，惟公孙子不经见，杨倞疑为孟尝君客公孙成，则无论有无著作，固战国人也。荀子其生稍晚，各家学说，发生已夥。故书中于其以前及并世之学术，论述视《论》，《孟》，《墨》，《庄》为多，除非《十二子》，《天论》，《解蔽》及他篇论惠施邓析之言已见前，论墨子者见于《儒效》，《富国》，《王霸》，《礼论》，《乐论》，《成相》六篇：

> 《儒效篇》："其言议谈说已无异于墨子矣"云云。《富国篇》："墨子之言"云云。《王霸篇》："墨子之说也"云云。《礼论篇》："墨者将使人两丧之者也"。《乐论》几于全为墨子非乐而发，故篇中皆针对墨子立论。《成相篇》："慎，墨，季，惠，百家之说"云云。

又有论墨子而不明言墨子者：

> 《正论篇》："世俗之为说曰：太古薄葬"

云云，此明对墨子而发。（《修身篇》言：术顺墨而精杂汙，未必指墨子。）

论宋子者见于《正论篇》：

> 《正论篇》："子宋子曰：明见侮之不辱"云云。"子宋子曰：人之情欲寡"云云。

论孟子者见于《性恶篇》，《性恶篇》几于全对孟子性善说而发。

论慎，惠，季三子者见于《成相篇》：

> 《成相篇》曰："慎，墨，季，惠之诚不祥"。

述杨朱者见于《王霸篇》。

> 《王霸篇》："杨朱哭衢涂"。

曰墨，曰宋，曰孟，曰慎，曰惠，曰杨，皆战国人。曰季，楊倞注："或曰季即庄子，或曰季梁，杨朱之友"，则亦战国人也。

（附说）各书征引，列其泛论事理者，但于一事发生伊始，同时人或亲见，或传闻，再加以评论，书籍记此，乃事的叙述，不得与引古同论，故不列。（如《左传》僖十四年沙鹿崩，晋卜偃曰：期年将有大咎，几亡国。如《公羊传》哀十四年颜渊死，子曰：噫！天丧予。）惟孔子整齐鲁史，据为

《春秋》，对春秋之事，自有评论，（未必尽笔于书，《史记十二诸侯年表》言孔子次春秋，七十子之徒口授其传指，为有所刺讥褒讳挹损之文辞，不可以书见也。）而定，哀之后，又为及身所见，其言为论古，（如为次《春秋》时所发，则为论古。）抑为论时，（如为事情发生时所言，则为论时。）极难分析，故除显著易见者外，姑皆列焉。

《论》，《孟》，《庄》，《荀》，《左》，《国》，《公》，《穀》，《墨子》，率战国初年以至中年人作，为书九种，为卷数百，为字无虑百万，所引书皆《诗》《书》政典，皆史书，无私家著作。不惟天乙，泰壹，神农，黄帝，封胡，力牧之书不一见；即至今尚存日泥古者信以为真之《六韬》，《阴符》，《鬻子》，《管子》之书，亦不一见，则战国前之无私家著作，尚可疑乎？而浅者每据韩非《储说》《说林》，不韦《吕览》，战国末年之作，及汉儒纂辑之《礼记》，以及《说苑新序》，《列女传》，韩婴之《韩诗外传》，《淮南》之篇，桓谭，桓宽之论，王充之《论衡》，董仲舒之《春秋》，班固之《白虎通德论》，应劭之《风俗通义》，以至赝伪踳驳之《晏子》，《吴越》两《春秋》，商君，贾谊两书，以为不惟春秋之时，已学说灿烂；即皇王鸿荒未辟之先，亦已道术大备，著作斐然。不古之据而后之从，其迷误不喻，岂不悖哉？

四、春秋时所用以教学者无私家著作

《楚语》："庄王使士亹傅太子箴，……申叔时曰：'教之《春秋》，而为之从善而抑恶焉，以戒劝其心；教之《世》，而为之昭明德而废幽昏焉，以休惧其动；（韦注：'《世》，先王之《世系》'。）教之《诗》，而为道广显德以耀明其志；教之《礼》，使知上下之则；教之《乐》，以疏其秽而镇其浮；教之《令》，使访物官；（韦注：'令，先王之官法时令也'。）教之《语》，使明其德，而知先王之务用明德于民；教之故志，使知废兴者而戒惧焉；教之训典，使知族类，行比义焉'"。令语志典，尚皆教之，设有《汉志》所载神农黄帝以至伊尹太公之书，其关系政教，即流传至今者而论．极为重要，何以独不教之？至《鬻子》称楚祖鬻熊所作，如属事实，楚国君臣，自当奉为圭臬，视为宝典，教太子何能不列入教科？不惟士亹所教无私家著作也，直至孔子有教无类，弟子三千，为世界鲜有之大学问家，大教育家，其所以教其弟子者，亦只《诗》《书》六艺（见《论语》引书条），无私家著作。孔子数称管仲，谓"如其仁，如其仁，微管仲、吾其被发左衽矣"。设于时有《管子》之书，何能不喋喋称述以教门徒也？

有此四证，战国前无私家著作，可深信而不疑。抑所以至战国而诸家蔚起，且每托名古人；战国以前独无一家者，其亦有因：

(一) 孔子以前书在官府

古者政教不分，书在官府，欲得诵习，颇非易易。故韩宣子，晋世卿也，必俟至鲁观书于太史氏，始得见《易象》与《鲁春秋》(《左传》昭二年)。季札，吴公子也，亦必俟至鲁，始得闻各国之诗与乐（《左传》襄二十九年)。一般平民，更无论焉。大凡典册深藏官府，则有承传，无发展；谨世守，乏研究。欧洲中古时代一切书为教会所专有，卒至学术黯然，非其例欤？荀子曰："循法则度量刑辟图籍，不知其义，谨守其数，慎不敢损益也，父子相传，以持王公（王念孙《读书杂志》谓持奉也)，……是官人百吏之所以取禄秩也"（《荣辱篇》)。则各家学说又乌能产生？逮孔子以《诗》《书》《礼》《乐》为教，自行束修，未尝无诲，有教无类，门徒三千，闻私人讲学之风，予平民读书之机。冯芝生先生言士农工商之士始自孔子（见《燕京学报》第二期先生所为《孔子在中国史中之地位》)。考"士"字在孔子以前；泰半指士大夫或军士。如《书·牧誓》："是以为大夫卿士"。《左传》定元年："若立君，则卿士大夫与守龟在"。皆谓士大夫。《齐语》："士乡十五"。韦昭注："此士，军士也"。《左传》定十一年："士兵之"。杜预《集解》："以兵击莱人"。则亦军士。间有泛指男子者，如《诗》："女曰鸡鸣，士曰昧旦"。亦有指理官者如《书·尧典》："汝作士"。无解为士农工商之士者。《左传》昭二十六年："民不迁，农不移，工贾不变，士不滥，官不滔，大夫不收公利"。于士下连举官大夫，杜预注为"不失职"，则亦指士夫。哀二年："克敌者，上大夫受县，下大夫受郡，士田十万，庶人工商遂，人臣隶圉免"。士举于大夫之下，则亦非士农工商之士。文十四年："公子商人骤施于国而多聚士"。襄十一年："怀子好施，士多归之"。二十三年："晋将嫁女于吴，齐侯使析父媵之，以藩载乐盈及其士，纳诸曲沃"。昭十二年："南蒯之将叛也，……乡人或歌之曰：'……已乎，已乎，非吾党之士乎'"！十三年："我先君文公（晋文公）……生十七年，有士五人"。所谓士皆泛指人士。至孔子而"士"字始不得尽以古义解。《论语》载孔子谓："士志于道，而耻恶衣恶食者，未足与议也"（《里仁》第四)。又曰："士而怀居，不足以为士矣"(《宪问》第十四)。又曰："志士仁人，无求生以害仁，有杀身以成仁"(《卫灵公》第十五)。则孔子所谓"士"，为道德学问上之一阶级，与前为地位上一阶级者绝异。此实创自孔子，以前无有，故门弟子每疑而问之。"子贡问：'何如斯可谓之士矣'？子曰：'行已有耻，使于四方，不辱君命，可谓士矣'。曰：'敢问其次？'曰：'宗族称孝焉，乡党称悌焉'。曰：'敢问其次'？曰：'言必信，行必果，硁硁然小人也；抑亦可以为次也'。曰：'今之从政者何如'？子曰：'噫！斗筲之人，何足算也'"(《子路》第十三)！虽子贡有谓："今之从政者"，孔子亦曰："使于四方"，但曰："宗族称孝，乡党称悌"，则非士夫之士，而为道德学问之士；"使于四方"，以言其能，非言其职。盖学问道德之士，本以为士夫之候补者也。"子路问：'何如斯可谓之士矣'？子曰：'切切，偲偲，怡怡如也；朋友切切偲偲，兄弟怡怡如也'"(同上)。且《论语》于仕宦之仕作"士"，不作"仕"。《阳货》第十七："吾将仕矣"。《子张》第十九："仕而优则学，学而优则仕”。亦与前只作“士”者异。惟《穀梁传》成公元年曰：“古者有四民：有士民，有商民，有农民，有工民”。《穀梁传》，其传甚古，而著于竹帛则甚晚。书中引及尸子（隐五年），尸子与商鞅同时，知其成书时代必在商鞅之后；且单文孤证，于他无征，不得据以为古有讲学论道之士一阶级。则冯先生士农工商之士始自孔子之说，不误也。私家著作之事，几为士所专有，孔子以前既无士，无私家著作，又何足怪？至孔子后讲学之风既开，各家皆聚徒授书，《吕氏春秋》谓：“孔，墨徒属弥众，弟子弥丰，充满天下”（《尊师篇》）。“孔，墨之后，显荣于天下者众矣，不可胜数”（《当染篇》）。墨子亦曰：“臣之弟子禽滑厘等三百人”（《公输篇》）。孟子传食诸侯，后车数十乘，从者数百人（《滕文公篇》）。许行至滕，亦徒属数十（《孟子滕文公篇》）。见于记载者已如此，则当时实以政教初分，忽得观书，人喜籀读，家好立说，河出伏流，一泻千里，与欧洲教会垄断学术之局一败，而文艺复兴，遂一发而不可遏，中西古今，同具伟观焉。

（二）战国前无产生各家学说之必要

凡近于人事论之道术学说，无非所以解决当时之患难，俾社会国家渐进于理想。诸子学说，除晚出名家外，泰半属于人事论（道家虽有宇宙论，但仍以人事论为终极），故方术不同，皆思所以救世之弊。三代无论矣。《春秋》二百四十二年，世已乱矣，而君臣士夫，言及政治人生，无不以礼；前期固然，后期亦何独不然？今就《左传》最末之定哀两代言之：定十年：“孔丘谓梁丘据曰：‘……且牺象不出门，嘉乐野合，乡而既具，是弃礼也……弃礼名恶，子盍圆之’”？又：“晋人遂杀涉佗，成何奔燕，君子曰：‘此之谓弃礼，必不钧。《诗》曰：人而无礼，胡不遄死？涉佗亦遄矣哉’！又：‘宋公子地嬖蘧富猎，十一分其室，而以其五与之。公子地有白马四，公嬖向魋，魋欲之，公取而朱其尾鬣以与之。地怒，使其徒扶魋而夺之。魋惧，将走，公闭门而泣之，目尽肿。母弟辰曰：’子分室以与猎也，而独卑魋，亦有颇焉。子为君礼，不过出竟，君必止子’”。十五年：“春，邾隐公来朝，子贡观焉。邾子执玉高，其容仰；公执玉卑，其容俯。子贡曰：‘以礼观之，二君皆有死亡焉。夫礼，死生存亡之体也，将左右周旋进退俯仰，于是乎取之；朝祀丧戎，于是乎观之。今正月相朝，而皆不度，心已亡矣’”。哀七年：“吴来征百牢，子服景伯对曰：‘先王未之有也’。吴人曰：‘宋百牢我，鲁不可以后宋；且鲁牢晋大夫过十：吴王百牢，不亦可乎’？景伯曰：‘晋范鞅贪而弃礼，以大国惧敝邑，故敝邑十一牢之。君若以礼命于诸侯，则有数矣；若亦弃礼，则有淫者矣。周之王也，制礼上物不过十二，以为天之大数也。今弃周礼而必曰百牢，亦唯执事’。吴人弗听，景伯曰：‘吴将亡矣，弃天而背本；不与，必弃疾于我’。乃与之。太宰嚭召季康子，康子使子贡辞，太宰嚭曰：‘国君道长而大夫不出门，此何礼也’？对曰：‘岂以为礼，畏大国也。大国不以礼命于诸侯；苟不以礼，岂可量也？寡君既共命焉，其老岂敢弃其国？大伯端委以治周礼，仲雍嗣之，断发文身，赢以为饰，岂礼也哉？有由然也’”。八年：“吴为邾故，将伐鲁，问于叔孙辄。叔孙辄曰：‘鲁有名而无情，伐之必得志焉’。退而告公山不狃。公山不狃曰：‘非礼也，君子违，不适仇国’”。十二年：“卫侯会吴于郧，……吴人藩卫侯之舍，子服景伯谓子贡曰：‘夫诸侯之会，事既毕矣，侯伯致礼，地主归饩，以相辞也。今吴不行礼于卫，而藩其君舍以难之’”。十五年：“楚子西子期伐吴，及桐汭，陈侯使公孙贞子弔焉，及良而卒，将以尸入，吴子使太宰嚭劳且辞。……芋尹盖对曰：‘……臣闻之，事死如事生，礼也。于是乎有朝聘而终以尸将事之礼，又有朝聘而遭丧之礼。若不以尸将命，是遭丧而还也，无乃不可乎？以礼防民，犹或逾之。今大夫曰：死而弃之，是弃礼也，其何以为诸侯主’”？十六年：“孔丘卒，公诔之。……子赣曰：‘君其不役于鲁乎？夫子之言曰：礼失则昏，名失则愆。失志为昏，失所为愆。生不能用，死而诔之，非礼也’”。礼之信用，春秋时已不如三代，春秋后期又不如前期，而定哀四十余年中，言礼者尚如此之多。则春秋及春秋以前所以经纬万端者，无不以礼[1]。故各种学说，无产生之必要与可能。及至战国，世乱日亟，人心益诈，学者见先王之礼不能维持和平，于是各就所见，求所以维系改善之方。惟儒家仍思以礼治天下，而其所谓礼，亦益以制裁力，不若先王之只恃歆动力。

（参看拙撰《荀子论礼通释》）自余若老庄之非薄礼者无论矣。《国策》所载，诸子所论，言礼由礼之说，不经见也（参阅顾炎武《日知录周末风俗》）。则百家思救世弊，应时而出，亦如希腊之智者（Sophist）；清末民初之新学，风起云涌，有由然也。

（三）伪托古人以坚人之信

返古思想，为人类通性之一，中国人尤甚。况当战国乱难之时，颠沛失所，更易引起慕古返古之思，故各家著书立说，每每托古。即彰彰较著者言之：儒墨两家，俱祖尧舜，道家为黄帝之说，许行托神农之言，其非神农，黄帝，尧，舜之真，而为诸家之托，不惟今人言之，战国诸家已言之。墨子曰：“今逮至昔者，三代圣王既没，天下失义，后世之君子，或以厚葬久丧以为仁也，义也，孝子之事也；或以厚葬久丧以为非仁义，非孝子之事也。曰，二子者言则相非，行即相反，皆曰吾上祖述尧，舜，禹，汤，文，武之道也；而言即相非，行即相反于此乎？后世之君子，皆疑惑乎二子者言也”（《节葬下》）。韩非子曰：“孔子墨子俱道尧舜，而取舍不同，皆自谓真尧舜，尧舜不复生，将谁使定儒墨之诚乎”（《显学篇》）？孟子于舜南面而立，尧率諸侯北面朝之说曰：“此非君子之言，齐东野人之语也”。于孔子主痈疽瘠环，百里奚以饭牛干

---

① 礼之信仰，自三代以至战国，其程度递降。春秋末战国初，尚有一部分势力，不过入战国未久，除儒家外，泯灭无闻矣。春秋止于哀十四年，而十四年后尚有言礼者，以其势力由渐而非骤，故十四年以后者，亦并引焉。若《战国策》，则绝少言及者矣。

秦谬公之说，皆曰："好事者为之也"（并《万章篇》）。荀子《正论篇》于当时言古之说，力斥其非，而《儒效篇》又诋言议谈说之士曰："呼先王以欺愚者"，言"道过三代谓之荡"。则谓诸子托古，不为诬蔑。公孟子托法于周，墨子谓："子法周而未法夏也，子之古非古也"（《墨子·公孟篇》）。然则墨子之所以述尧舜，道夏禹者可知矣，以其古尤古也。故愈至后世，所言益古，驯至而法黄帝，驯至而法神农，驯至而法天乙泰一，无非所以使其古尤古，以压倒他家，谓其古非古也。荀子曰："五帝之外无传人，……五帝之中无传政，……禹汤有传政，而不若周之察也"（《非相篇》）。则凡五帝以前之书，皆荀子所未见，其为后人之伪，尚何疑哉？《汉志》神农黄帝以来伪书之多，半由托古著说，而作者名佚，后人以其多述某人，即谓某人撰著；半由托古为说，尚不如托名古人著作之尤为古而真切，可以益坚世人之信，在托古学上诚为进步之法也。

此文虽发表于二十年四月出版之《管子探源》，而撰述则在十六年秋。年来研究中国古代社会经济，知战国前无私家著作，亦可以社会经济解说之：自春秋以前为封建时代（非谓远古即如此），于时之人，分贵族与农奴两个阶级。农奴无学识，不能著书立说：贵族不须要抑且反对著书立说。至战国则封建势力，逐渐沦丧，资本势力，日益膨胀，中产阶级，率有求学之机会，由是学说因之蔚起。自春秋以前为贵族掌政时代（非谓远古即如此），遵祖宗之遗法，守国家之旧典，无庸新说。至战国则贵族逐渐失势，士人进而夺取政权；其所以夺取政权之利器，每恃自己之政见与学说，由是积极消极，相乘相除，群走于著书立说之途焉。日后有暇，当专文论之，记此以为余之息壤。

二一，七，一五，根泽校记，在北平。

该文首次刊于《管子探源附录一》1931年4月。选自罗根泽编《古史辨》第四册，上海朴社1933年版。

老子及《老子》书的问题

一、论老子即太史儋

老子和《老子》书之真伪及年代问题，几年以前，因为梁任公先生在《评胡适之

〈中国哲学史大纲〉》一文中的提出，引出了不少的讨论的文字。二三年来，似稍沉寂了。去年夏又因为冯芝生先生的《中国哲学史》大著而旧案重提，《大公报·文学副刊》的第一百七十六、一百七十八、一百八十一至八十三等期的文字，几乎都是讨论这个问题的。我个人的意见以为：老子便是太史儋。（其实孟康，毕沅，汪中已主此说。）《老子》书便是太史儋所著，在我的《诸子概论》讲义里，曾略为说明。当诸位对这个问题讨论得最热闹的时候，本打算写一点，贡献一个意见，因为正被一种工作缠绕着，无暇及此；现在有时间了，所以写下来同关心这个问题者商量商量。

我的《诸子概论》讲义老子一章里有“老子即太史儋”一节，说：

旧说孔子曾问礼于老子，老子为先秦各家道术之所从出。其实老子即太史儋，后孔子百许年，故其书中时评儒墨学说。原问礼之说，见于《史记·老庄申韩列传》，《孔子世家》及《礼记·曾子问》。《世家》之言，崔述已经驳之（《洙泗考信录》卷一）；曾子问之言，梁任公先生已经驳之（《评胡著哲学史》）；《列传》之言，则多本《庄子天道》，《天运》，《外物》等篇（刘汝霖先生《周秦诸子考》上卷百三十三，三十四有《老子传》与《庄子》比较表）。《庄子》“寓言十九”，书中所言王骀，无趾（《德充符》），长梧，瞿鹊（《齐物论》）之流，竟其人而无从质实。即子綦子游之论（《齐物论》），孔子颜回之言（《人间世》等篇），亦皆子虚乌有，凭空虚造，固当据研哲理，不能据论史实，至《外杂篇》，又非庄子所作，更难信据。盖道家推崇本宗，排抵儒家，造孔子师老聃之说，以调儒家之祖，出于道家；亦犹后世佛教盛行，造《老子化胡经》，以谓释迦为老子之弟子者然。韩愈《原道》曰：“老者曰，‘孔子，吾师之弟子也’。……为孔子者，习闻其说，乐其诞而自小也，亦曰，‘吾师亦尝师之云尔’。不惟举之于其口，而又笔之于其书”。正谓此也。

《史记·老庄申韩列传》曰：“盖老子百六十余岁，或言二百余岁”。又曰：“自孔子死之后百二十九年，而史记周太史儋见秦献公。……或曰儋即老子，或曰非也”。迷离惝恍莫衷一是。由是武断者遂一笔抹杀，谓此传毫无价值，绝不能用为稽考《老子》之材料。其实司马迁非诬妄者流，其《史记》又为举世信任之良史，此传之惝恍迷离，几成神括，吾侪当静求所以致此之故，不当奋臆逞情轻诬古人以自表异。

《史记》中无论纪传书表，常有根据数种材料以成者。即此篇而论，其所据材料，显有数源。自“周守藏之史也”，至“独其言在耳”，本《庄子·天道篇》。自“且君子得其时则驾”，至“如是而已”，本《庄子·外物篇》。自“孔子云”，至“其犹龙乎”，本《庄子·天运篇》。自老子修道德，至“莫知其所终”（即老子西出关为关令尹喜著书一节），疑本于《关尹子》？虽《关尹子》已佚（现行本乃伪书），莫由质证，然《汉志》《诸子略》道家者流，著录九篇，班自注，“名喜，为关吏，老子过关，喜去吏而从之”，则老子出关故事，似载于此书？自“孔子死之后百二十九年”，至“霸王者出焉"，本于旧史记，司马迁已自言之。自"老子之子名宗"，至"因家于齐焉"，盖本于《老氏家谱》或老子后人之所述说。至"盖老子百有六十余岁，或言二百余岁，以其修道而养寿也"，及"或曰儋即老子，或曰非也"，则出于司马迁不能检讨各种材料之孰是孰非，而所下依委两可之调和断语。其所据道家说，《关尹子》已佚，无从稽考，《庄子》俱在，未谓儋即老子，则"或曰儋即老子"者，非旧史记即《老氏家谱》或老子后人；其"或曰非也"者，则道家也。道家说出有意制造，或托为寓言，虽未敢确定，然其为哲学书，不能一一据为信史，则为学术界公认之事实。司马迁所以未加驳斥者，缘于时正黄老盛行之际，而本人亦颇被道家所染化也（观《史记自序》可知）。凡遇两说不能并存时，甲说可信，则乙说不可信，甲说不可信，则乙说可信；今《老子传》中其所据道家说既不可信，则其所据旧史记及老子后人说，当然可信。

再就旧史记及老子后人说言之：史以记事为本，无其事，不能向壁虚造，如无太史儋见秦献公事，不能凭空记太史儋见秦献公；如太史儋与老聃非一人，不能凭空言"儋即老子"。固有认古名人为远祖以自重者，然第一，我人在西汉尚未能寻出此种例证。第二，认古名人为远祖以自重者，其历代之传衍，鲜有能造详明之系统者；如唐独孤及言为汉光武之后，而不能记其源流。今《老子传》言："老子之子名宗"。宗为魏将，封于段干。宗子注。注子宫。宫玄孙假。假仕于汉孝文帝；而假之子解为膠西王卬太傅，因家于齐焉"。其彰明较著若此，安能尽诬？_且自老子至假才八代耳，如老子即太史儋，见秦献公在孔子卒后百二十九年，孔子卒于西前四七九年，减去一二九年为三五〇年，距文帝初年（文帝立于西前一七九），才百七十年耳；距武帝初年（武帝立于西前一四〇年），才二百十一年耳。谓始认老子为祖者出假或解耶，则自为魏将封于段干之宗，以至宗子注，注子宫，皆虚构乎？谓始认老子为祖或父者，出宗或注或宫耶，则其距离太近，认不相干之人为祖或父，抑太不近情，且亦无需。故自老子至解之传代，不能不信，而儋聃非一人，则彼辈不能厚诬其祖。是就旧史记及老子后人说本身考之，又分明可据也。

复次，就两种材料比较言之；《老子》书中，反对"仁义"，反对"礼"，反对"尚贤"主张"无为主义"，皆非在孔墨以后不能产生（详下节《老子所谓道及道之功能》）。我人如承认《老子》为老聃之书，则老聃决不能前于孔子；以前于孔子，则其所"破"之"仁义"，"礼"，"尚贤"之说，皆无的放矢，而所"立"之"道"及"无为主义"，皆无客观的建立条件。准此而言，司马迁所据两种材料，我人非承认旧史记及老子后人说不可，而道家说之不可信，抑更验矣。

除检讨老子传所据材料可以证明老聃即太史儋外，尚有其他旁证四事，可以证成吾说：

(1)"聃""儋"音同字通，《吕氏春秋·不二篇》作老耽，亦即其人。古声音同则可假借，于人名亦然，故荀卿又作孙卿，荆卿又作庆卿，厥例綦繁，不必枚举（毕沅、汪中已主此说）。

（2）聃为周柱下史，儋亦周之史官。

（3）老子有西出关之故事，太史儋见秦献公，亦必西出关。

（4）《史记》言："老子之子名宗，……宗子注，注子宫，官玄孙假，假仕于汉孝文帝"。而《孔子世家》，谓孔子十世孙襄为孝惠博士。何以老子先孔子，反八世已至孝文（此采梁任公先生之说）？若谓即史儋，史儋后孔子百许年，则俱妥贴矣。近人张煦先生谓玄孙乃玄远之孙，非孙之孙（见《晨报副刊》十一年三月份张先生之《梁任公提讼老子时代问题一案判决书》）。然考《史记·孟尝君列传》曰："文承间问其父婴曰，'子之子为何'？曰，'为孙'。'孙之孙为何'？曰，'为玄孙'"。则玄孙为孙之孙之专称，战国已经确定。且见史公所作之书，史公安能不知，而用为泛指玄远之孙？然则老子之后于孔子，昭昭明矣。

二、《史记·老子传》考证

《大公报·文学副刊》第百八十一至八十三期，载有张季同先生的《关于老子年代的一假定》，说老子的年代，在孔子墨子以后，孟子庄子以前。又说《老子书》确是一本专著，不是纂辑。我的意见也是如此。不过张先生说老子不是太史儋，我以为老子就是太史儋；张先生说老子书中有后人渗入的部分，我以为虽无积极证据证明绝无后人之渗入，而除极鲜明的由注文窜入者以外，也无积极证据可以确定某章某段非原有。

张先生说："我考订的老子年代，正与太史儋相近，那么老子是太史儋么？其实绝对不然。老子反对知，而太史儋偏能前知，当然绝非一人。况且今本《史记·老子传》，自'盖老子百有六十余岁，或言二百余岁'，至'或曰儋即老子，或曰非也，世莫知其然否'，都是伪文，都是窜入的"。张先生的证据有三个：

（1）据《文选·征西官属送于涉阳侯作诗注》，"盖百六十余岁，或言二百余岁"，是《列仙传》文。

（2）《周》，《秦》二《本纪》叙太史儋事，都直序而不冠以史记，这里独引史记，疑惑不是引旧史，直是引《太史公书》。孔子卒至烈王二年实百有六年，此云百二十九年，怕司马迁自己不会有这样大的计年错误。

（3）引梁玉绳和黄方刚先生的话，说史公既疑老莱子即老子，又疑太史儋即老子，太史公不致这样糊涂。《老子传》中有这段文，便弄得上下不贯，成了一篇不通的文章，可见是后人插入的（录其大意）。

老子反对知，反对学，是一种主义，但不能因为他反对知，反对学，便说他没有知，没有学。他的反对知，反对学的主义，正是他的知，他的学的表现。正如庄子主张“不言之辩，不道之道”（《齐物论》），而所以阐明“不言之辩”者正是“言”，阐明“不道之道”者正是道。以故庄子依然有既“言”且“道”的著作传后。太史儋能前知，不能成为老子不是太史儋的证据。而且“始秦与周合而离，离五百岁而复合，合七十岁而霸王者出焉”，正是史家归纳历史现象的话，老子为柱下史，说出这类话，并非不可能。至于说《老子传》中的此段文字是窜人的，很有商榷的余地。

(1) 裴骃《集解》在“自孔子死之后百二十九年”下，引徐广曰：“实百一十九年”。裴骃也是刘宋时人，徐广也是到宋时人，而且更在裴骃之前。由此知《老子传》中有太史儋这一段文字，刘宋时已经如此，决不是李善以后人所窜入的，不能据李善《文选注》，说“《史记·老子传》根本没有提到太史儋”。

(2) 司马贞《索隐》在“或言二百余岁”下，注云：“此前古好事者据外传以老子生年至孔子时，故百六十岁。或言二百岁者，即以太史儋为老子，故二百岁也”。司马贞的年代，虽然因为新，旧两《唐书》没有为他立传，不能确考。但钱大昕在《十驾斋养新录》里已据《唐书·刘知几传》，知道贞在开元初年为博士，据弘文馆曾改为昭文馆，修文馆，开元七年，始再用旧名，知道贞为弘文馆学士当在开元七年以后。日人武内义雄在《老子原始》里又据张守节《正义》，开元二十三年，敕以《老子》《庄子传》升于列传之首，置于夷齐之上云云，而《索隐》犹其守旧次，知《索隐》脱稿不能不在开元七年以后，至二十三年以前之十余年间（七一九—七三五）。李善《文选注》成于显庆三年（六五八），下距司马贞作《索隐》才五六十年，未经丧乱，而《史记》此传便凭空添上一段，未免近于滑稽。想司马贞作《索隐》，必然对当时的《史记》各种版本，搜辑得很多，在这五六十年中有一两种本窜入伪文，还有可能；各种版本，都有同样的伪文窜入，恐怕没有这样事。而且徐广、裴骃时所见的《老子传》既有太史儋的记载，则因太史儋的缘故，而使老子的年岁成功“百有六十余岁，或言二百余岁”的神话，当然可以产生，可以在《史记·老子传》里产生。

(3) 张先生在其第二证里自注说：“《史记》他篇中亦有引史记者，是引旧周史及诸侯史记”。则以彼例此，不能独说此篇的史记“直是引《太史公书》耳”。《史记》固然是一部千古不朽的伟著，但错误的地方也不少，读过《十七史商権》，《二十二史考异》，《史记志疑》一类的书，便可知道，这里不用一一征引，所以不能因为计年的一点错误，便说是后人窜入的伪文。徐广曾作《史记音义》十三卷，对《史记》当然很有研究，但他在“百二十九年”下，就“实百一十九年”，也仍然是错误，我们不能因为错误便说非徐广原文。司马迁对老子与太史儋的是一是二，的确弄不清楚。其原因前面已经说过，实是因为两存道家和他家之说。本来司马迁因为弄不清楚而两存其说者很多。即如墨子，在战国几乎和孔子中分天下的学术界，其地位不为不重要，其时代，近人都知在孔子后。但司马迁就弄不清楚，依违两可的在《孟荀列传》里附上二十四字的小传，说："盖墨翟，宋之大夫。为节用，善守御。或曰并孔子时，或曰在其后"。我们不能因为他弄不清楚，便说不出于司马迁之手。但他对老莱子与老子的关系，并没有弄不清楚，并没有疑老莱子即老子。传说："老莱子，亦楚人也。""亦"字是对老子而言，因为老子是楚人，老莱子既与老子同是楚人，又同为道家，故司马迁而言，因为老子是楚人，老莱子也是楚人。看到这一个"亦"字，便知司马迁彻底知道是两个人了。《史记》中常有附传的办法，老莱子既与老子同是楚人，又同为道家，故司马迁遂附传于此。张守节读书太粗，在他的《史记正义》里说："太史公疑老子或老莱子，故书之"。以此类推，《孟荀列传》中有若干人的附传，都是太史公疑为是孟子或荀子了，岂不是大大的笑话！疑老莱子为老子，是张守节的错误，并不是司马迁的错误，梁玉绳和黄方刚先生沿《正义》之误，而攻击司马迁，未免有点冤枉。且说"成了一篇不通的文章"是一件事，是否司马迁原文又是一件事，不能因为"成了一篇不通的文章"，便说不是司马迁的原文。

三、《老子》书的问题

张先生所认为后来渗入的几章是：

> 大道废，有仁义；智慧出，有大伪；六亲不和有孝慈，国家昏乱有忠臣。
>
> 绝圣弃智，民利百倍：绝仁弃义，民复孝慈；绝巧弃利，盗贼无有：此三者以为文不足，故令有所属，见素抱朴，少私寡欲。
>
> ……上仁为之而无以为，上义为之而有以为，上礼为之而莫之应，则攘臂而扔之。故失道而后德，失德而后仁，失仁而后义，失义而后礼，夫礼者忠信之薄而乱之首……（至）故去彼取此。

张先生说"这三段是老子以后的道家附益的"。我说不然：

(1) 老子是自然主义者，无为主义者。他所谓道，其本体为"无"(对有而言，非等于零之无，参阅冯著《中国哲学史》)，其作用则为"自然"，所以说：

> 人法地，地法天，天法道，道法自然。——二十五章

此"自然"之道，其进行的方法为"无为"，而得到的结果则是"无不为"，所以说：

> 道常无为，而无不为，侯王若能守，万物将自化。——三十七章

又说：

无为而无不为。——四十八章

处无为之事，行不言之教。——二章

这种“无为主义”，不是寂寞枯槁，全无作用；是无为之为，顺自然之为。这种主张，一由于目睹当时王侯卿相赫赫有为者之旋归消灭，（如二十九章言：“众人熙熙，如享太牢，如登春台，我独泊兮其未兆，如婴儿之未孩……”）一由于儒墨两家“有为主义”之反动。儒家的“有为主义”，其结晶为“仁”“义”“礼”“智”；墨家的“有为主义”，其结晶为“兼爱交利”。两家对其主义之执行，都希望有圣君良臣，所以孔子有“选贤才”之言，墨子更有《尚贤》之篇。

仁从二人，就是相人偶，就是两个人及两个以上的人相处的道理。儒家的仁，有士庶人之仁及天子诸侯卿大夫之仁两种（即处世之方及政治之方）。阮元《论语论仁论》说：“士庶人之仁，见于宗族乡党；天子诸侯卿大夫之仁，见于国家臣民：同一相人偶之道”。（其实“天子诸侯卿大夫之仁”只是“士庶人之仁”的扩大而已。两种仍是一种。）不过仁只是一种歆动力，提倡力，没有制裁力；只是说人应当仁，不仁也没有办法，不过说他不仁而已。所以离“无为主义”，还不很远。

义字，《中庸》解为“宜也”。《释名》说是：“宜也，裁制事物使各得其宜也”。便有了制裁力了，便离“无为主义”稍远了。

礼之意义及作用为“分”，划分各级各种人的权利与义务，使其各守所分而不得逾越，不得互相侵犯（参阅《女师大学术季刊》第二卷第四期拙撰《荀子论礼通释》）。制裁力更强了，去“无为主义”更远了。

智是明智，也是儒家所最提倡的，孔子便把它列为“三达德”之一。

墨子学说根本观念为“交利”。“交利”不是自私自利，也不是普通所谓“功利主义”“实利主义”；乃是“国家百姓人民之利”，乃是“兼相爱，交相利”。墨子的意思，是要提倡“交相利”之利，以打倒“自私自利”之利，以铲除窃盗暴逆，以建设“兼相爱，交相利”的社会（尝为专文论之）。

依社会之演化及施教施政的程序而论，最古的社会当然是无为无治，但那是无为状态，不是无为主义。稍后因为利害的冲突，演出争夺杀害的悲剧，不能不有为，不能不施治，由是有所谓“有为主义”。时期久了，狡黠争夺的人，或者悍然不顾的继续做其争夺杀害的勾当，或者舞文巧法，在有为的政令下玩弄捣乱的把戏。老子正是生在这样时代，所以他说“法令滋彰，盗贼多有”。所以他极力的骂儒墨“有为主义”的仁呀，义呀，礼呀，智呀，利呀，尚贤呀……。说：“大道废，有仁义；智慧出，有大伪；六亲不和有孝慈，国家昏乱有忠臣”。说：“绝圣弃智，民利百倍；绝仁弃义，民复孝慈；绝巧弃利，盗贼无有”。说：“不尚贤，使民不争”。又因为礼去“无为主义”最远，义次之，仁又次之，所以排斥的程度，也依次递减，说：“失道而后德，失德而后仁，失仁而后义，失义而后礼；夫礼者忠信之薄而乱之首”。从老子一方面说，老子既倡导“无为主义”，对儒墨“有为主义”的结晶，当然攻击，因为不打倒“有为主义”，不能建设“无为主义”，因明所谓“能立与能破”之“能破”也。从儒墨一方面说，有儒墨之“有为主义”，才由反动而产生老子之“无为主义”：老子若未曾觉察“有为主义”之弊，就不会另建“无为主义”。所以《老子》书里若没有这几章，则老子学说没有成立的渊源；因为其他各章是惩儒墨之弊而建立的学说，此数章是说儒墨之弊，此数章是因，其他各章是果，没有因不能有果。（观此，更知老子确在孔墨之后。）

（2）张先生说：“《老子》全书以圣人为其理想的人格，处处称述圣人，此处忽然绝圣”。这话不错。但“绝圣弃智”之圣，不是“圣人”之圣。关于这个“圣”字的解释，我以为高亨先生的《老子正诂》，最得其义。此书读过的人恐怕不甚多，所以将其说完全介绍于下：

> 亨按：《老子》书称圣人者凡三十许处，皆视为至高之人，而无诋訾之语，而此云“绝圣”者，非自相矛盾也。《说文》曰，“圣，通也”，是此圣字之义。《诗·凯风篇》曰，“母氏圣善”，圣与善并举。又《小宛篇》曰，“人之齐圣”，圣齐并举。《周礼大司徒》曰，“六德知仁圣义中和”，圣与知仁义中和并举。《逸周书谥法解》曰，“温柔圣善曰懿”，圣与温柔善并举。《大戴礼四代篇》曰，“圣，知之华也；知，仁之实也；仁，信之器也；信，义之重也；义，利之本也”。圣与知信义（泽案当脱一仁字）并举。《庄子在宥篇》曰，“说仁邪，是乱于德也；说义邪，是悖于理也；就礼邪，是相与技也；说乐邪，是相与淫也；说圣邪，是相与艺也；说知邪，是相与疵也”。圣与仁义礼乐知并举。《吕氏春秋·当务篇》曰，“妄意关内中藏，圣也；入先，勇也；出后，义也；知时，智也；分均，仁也”，圣与勇义智仁并举。本章圣与知仁义巧利并举，用意正同，则“绝圣”之圣，不同“圣人”之圣明矣。

《老子》第五章说：“天地不仁，以万物刍狗；圣人不仁，以百姓为刍狗”。也有人说和其他各章矛盾的，其实毫不矛盾：天地是老子所提倡的，圣人是老子理想的全德之人，仁是老子所最反对的，天地圣人当然要不仁了。

（3）《韩非子解老篇》已为“上仁为之而无以为”，至“故去彼取此”，加以解释。《解老篇》是否韩非所作，虽极有问题，但大概是很早的文章，也足以证明“上仁”云云不是后来渗入的。张先生说据《韩非》引已作“下德为之而有以为”遂谓“与“上义为之而有以为”重叠。既已相同，伺缘有下德上义之分?”考《韩非子解老》所解的，有“上德不德，是以有德”。有“下德不失德，是以无德”有“上仁为之而无以为。”有“上义为之而有以为”。有“上礼为之而莫之应，攘臂而仍之”。不见“下德为之”一句，所以“下德”云云，是否沿上文“下德不失德，是以无德”，及下文“上义为之而有以为”而衍，颇费研究。因为既说“下德不失德，是以无德”，则下德不值再提，《解老》没有这一句，应很当注意。无论如何，《韩非子解老》是没有说过“下德为之而有以为”的。至于上德有下德的对文，上仁上义没有下仁下义的对文，也不奇怪。德是老子所提倡的，但必要不德之上德；不失德之下德，则在所排斥；至仁义礼，上者亦在所排斥，下者更不必说了。

（4）道是本体，德是道之施，两者有先后轻重之分，并不是并重的。所以说：“孔德之容，惟道是从”（二十一章）。又说：“道生之，德畜之”（五十一章）。若没有道以生之，则德无所用其蓄之。张先生说：“《老子》全书，道德并重，此则忽云失道而后德，颇与其他诸章不合”，恐怕不甚妥贴?

（5）《辅行记》引《老子》更有“失礼而后智，失智而后信”两句，依老子的主张，并非不可能；不过既说“夫礼者，忠信之薄而乱之者”，可见他所排骶的到礼而止，《辅行记》的两句，无所附丽。我们不能据晚出无根之言，推翻自古传下来的成系统之语。

（6）忠臣孝慈字样，在老子的时代很普通的，毫不可疑。

（7）第三十章自“兵者不祥之器”以下，是注文的窜入，确非《老子》之旧，王纯甫、纪昀、刘师培，都有考证。注文窜入，是古书常有的事，不能与有意的附益伪文同论。附益伪文，多在篇末，如《论语》好几篇后有不相干的文字窜入（详崔述《洙泗考信录》），而篇内则一句没有。我们固然不能说附伪文于篇内为不可能，但至少不容易。张先生认为是后人窜入的几段，都在篇内（《老子》书原分上下二篇，分章是后来的事，详马叙伦先生的《老子称经及篇章考》），假使真的话，附益的人未免太巧了。

根据上列七证，我认为《老子》一书，除“兵者不祥之器”是注文的窜入以外，都是老子所作，（也就是太史儋所作。字句之间当然不无后人有意无意的改窜。）“是一本专著不是纂辑”。至从书的本身，考订年代，知道不在孔子之前，而在孔墨之后，孟庄之前，近儒之言者甚多，张先生更有极详赡的论证，这里不再词费了。

二十一年，日军占沈阳之周年，在北平。

选自罗根泽编《古史辨》第四册，朴社 1933 年版。

童书业

童书业（1908—1968），字丕绳，号庸安，安徽芜湖人。中国历史学家，著名先秦史专家和文物史专家，擅长绘画和文物鉴定。祖籍浙江宁波鄞县，清朝道光年间，其祖父出任安徽道员，故徙居安徽。童书业早年入读家乡私塾，酷爱文史，但未进中学。1934年，童书业任浙江省图书馆附设校印所的校对员，因其将自己所撰《虞书疏证》文稿寄给顾颉刚，得到顾颉刚赏识，并亲赴杭州见之。此时顾颉刚创立的古史辨派经过近十年拓展，已处于一生声望的巅峰，其学术研究已拓展至民俗学、历史地理学等领域，学术组织活动紧张频繁，急需助手，自学成才的童书业恰成为最佳人选。1935年6月，童书业应顾颉刚之约抵达北平时，顾颉刚亲赴车站迎接，并让童书业担任自己在燕京大学和北京大学教授“春秋史”课的助教，薪金由顾颉刚自己支付，食宿也在顾颉刚的家里。后童书业兼任禹贡学会及其杂志的编辑。抗日战争初期，担任上海光华大学教授，曾在江苏省宜兴、常州等地的中学授课。1945年，出任上海博物馆历史部主任和总务部主任。1949年，赴青岛，出任山东大学历史系教授，此后先后担任山东大学历史系副主任，山东大学文学研究所研究员，山东省科学委员会委员等职务。1958年，因山东大学迁校，迁居济南市。1968年1月8日，因病逝世。

“帝尧陶唐氏”名号溯源

一、《世经》中的帝尧陶唐氏

叙述古帝王的名号系统最详细完备的，莫过于《汉书·律历志》所载的《世经》。《世经》记尧的帝系说：

> 唐帝：《帝系》曰："帝喾四妃陈丰生。帝尧，封于唐"。盖高辛氏衰，天下归之，……号曰陶唐氏，让天下于虞。①

这是后世所认为毫无问题的记载。就我们看来，单这帝尧号曰陶唐氏一句话便根本不能成立。这"帝尧陶唐氏"一名同什么"太昊炮牺氏"，"炎帝神农氏"，"少昊金天氏"等等（均见《世经》）一样的没有根据。顾颉刚先生在古史辨第一册里曾说：

> 《唐虞》之号不知何自来。……在《左传》上舜没有姚姓，虞亦不言舜胤，尧没有唐号，唐亦不言尧后，或犹保存得一点唐虞二国的本相。我寻求禹和夏，尧和唐，舜和虞所以发生关系之故，以为这是战国伪史家维持信用的长技。他们觉得尧舜禹都是冥漠中独立的个人，非各装在一个着实的地方不足以使得他们的地位巩固，于是这些假人经由伪史家的作合，就招赘到几个真国度里做主人了！（页一一六）

关于这段话后来驳的人不少，他们以为已把顾先生驳倒了；就是我起先看了这段文字，也以为顾先生的话说得太鲁莽些，似乎大段不能成立，但是经过好几年的研究，才渐渐觉得他这段话虽少有误处，大致确是不错的！虞同舜的发生关系较早，它们结合的原因，大约如顾先生所说："冥漠中独立的个人，非各装在一个着实的地方，不足以使得他们的地位巩固。"但是尧同唐的发生关系原因经过便很复杂了。它们结合的时代也较晚，早则战国末，遲或竟在汉代。这话说来长，请让我们从头慢慢说起。

二、《诗》《书》中的朝代

《书经》除头四篇《虞夏书》不可信已无疑问外，其他如《周书》各篇称述古来的朝代同《诗经》一样，周以前只有夏殷两代：

> 相古先民有夏，……今时既坠厥命；今相有殷，……今时既坠厥命。（《书·召诰》）
>
> 我不可不监于有夏，亦不可不监于有殷，……有夏服天命惟有历年，……惟不敬厥德，乃早坠厥命；……有殷受天命惟有历年，……惟不敬厥德，乃早坠厥命，……我亦惟兹二国命，嗣若功。（同上）
>
> 其曰我受天命丕若有夏历年，式勿替有殷历年。（同上）
>
> 上帝引逸，有夏不适逸，则惟帝降格，向于时夏，弗克庸帝，……乃命

① 张澍说《世经》这条完全是采《世本·帝系篇》的，但是没有确实的证据，我们不能相信。

尔先祖成汤革夏。……自成汤至于帝乙罔不明德恤祀，亦惟天丕建保乂有殷。……在今后嗣王诞罔显于天。……今惟我周王丕灵承帝事，有命曰割殷，告敕于帝。(《多士》)

惟殷先人有册有典，殷革夏命。(同上)

惟帝降格于夏，有夏诞厥逸，……乃大降显休命于成汤，刑殄有夏。(《多士》)

非天庸释有夏，非天庸释有殷。(同上)

乃惟有夏图厥政，不集于享，……天降时丧。……乃惟尔直后王逸厥逸，……天惟降时丧。(同上)

古之人迪惟有夏，乃有室大兢，吁俊尊上帝，迪知忱恂于九德之行。……桀德惟乃弗作往任，是惟暴德罔后。亦越成汤陟，丕厘上帝之耿命。……其在受德昏，……帝钦罚之，乃伻我有夏，式商受命，奄甸万姓。(《立政》)

殷鉴不远，在夏后之世。(《诗·大雅荡》)

韦顾既伐，昆吾夏桀。(《商颂·长发》)

我无所监，夏后及商，用乱之故，民卒流亡。(《左传》昭公二十六年引诗)

诗书时代的古史系统，最前的朝代即是夏，(康长素先生云："盖古者大朝惟有夏殷而已，故开口辄引以为鉴"。语见《孔子改制考》。)他们对于夏的早世情形已经不大明白了，所以说商的舆时，则能历举它的先祖（如《无逸》《君奭》)，而对于夏，则除末世的桀外，只能说"古之人迪惟有夏乃有室大竞"等空泛的话，而不能举出具体的人名来了。况且《立政篇》历举夏殷周先世的盛德任贤，以为嗣王取法，那时若有唐虞，则唐虞的盛德任贤最为后世所称道的，它为什么不举呢？我以为那时人的看夏，正同现在人的看黄帝差不多，现在人根据伪史以为黄帝是四万万同胞的祖先，所以说中国人是黄帝子孙；那时人认夏是中国最早的朝代，所以称中国为夏；诸夏华夏的名称就是这样来的。可怜的伪尧典的作者，把这个名词记得太熟了，忘了时代的先后，在尧舜的时候居然说起"蛮夷猾夏"① 的话来。

三、《论语》中的朝代

晚于《诗》《书》的是《论语》,《论语》中除极可疑的"唐虞之际"一章（《泰伯

① 猾夏或作猾扰，这是后人弥缝古说的惯技，不足为据。案《左传·成风》已云："蛮夷猾夏"，《史记》《大传》亦并作猾夏，与今本《尚书》合。

篇》）外，也只有夏殷周三代：

子张问十世可知也？子曰："殷因于夏礼，所损益可知也；周因于殷礼，所损益可知也；其或继周者，虽百世可知也"（《为政》）

子曰："夏礼吾能言之，杞不足征也；殷礼吾能言之，宋不足征也；文献不足故也。足，则吾能征之矣"。（《八佾》）

子曰"周监于二代，郁郁乎文哉，吾从历"。（同上）

哀公问社于宰我，宰我对曰："夏后氏以松，逸人以柏，周人以栗"。（同上）

颜渊问为邦，子曰："行夏之时，乘殷之辂，服周之冕，乐则韶舞"①。（《卫灵公》）

今本《论语》中"唐虞之际"一章为什么是后人加入的呢？证据有四：

（1）文句散乱。这章先叙舜和武王的事，下记孔子的评语，"唐虞之际"以下四句：上两句论舜时事，下两句论武王时事，但是文义界限很不分明，上下四句好像是在说一时的事（后人释际为后，非）。最后忽然又说起文王的事来了，真是所谓语无伦次（就税"三分天下有其二以服事殷"是武王的事，仍旧是语无伦次）！疑这章是后人杂采他记散简造成的，所以如此。

（2）称"孔子曰"的可疑：崔述说："《论语》前十篇称孔子皆曰'子'，惟对君问始曰'孔子'，尊君也。先进以下五篇对大夫问亦曰'孔子'，固已失之矣，然尚未有徒称'孔子'者。独《季氏篇》始终皆称'孔子'，其为采之他书甚明。……《微子篇》亦多称'孔子'，……亦后人所附入可知"。（《论语余说》）崔述这话虽略有反证，但他这理论的根本是不能推翻的，（论语前十五篇虽略有徒称"孔子"的几条，但都是有问题的）。案《论语》此章也称"孔子曰"，则自然也是后人所附入的了。

（3）文义不类而在篇末。钱宾四先生说："古人书籍皆用竹简，传钞收藏皆不易，又篇皆别行，故篇末空白处传之者往往以书外之文缀记填入；在本人仅为省事备忘，非必有意作伪，而后人展转传钞，遂以混入正文；先秦古书似此者甚众，《论语》亦有其例"（《论语要略》）。案《论语》这章适在篇末，而文义又不类，疑与前后"巍巍乎舜禹之有天下"，"大哉尧之为君"，及

① "颜渊问为邦"一章我近来颇疑是汉人的手笔（说详《仲尼不述尧舜考》），现在姑且把它录下。《论语》中有《韶乐》，《韶》乃商汤之乐（张以诚先生以为夏启乐，顾颉刚先生以为齐乐），非虞舜乐，说另详《韶乐考》。

"禹吾无间然"三章（这三章都说尧舜禹，又都有道家墨家的色彩），统是后人加入的文字。

(4)"唐虞之际"一词的晚出。在史诗中"唐虞之际"一词连用到八次（条举见下）其他先秦汉初古书未见连用这四字的，这是《论语》这章晚出于汉代的确证。

又据我近来的探究，《论语》中凡说及尧舜的几条大都可疑（说详仲尼不述尧舜考）不仅此章；何况这章中的"武王曰予有乱臣十人"，和"三分天下有其二以服事殷"的话也都极可疑呢！何况尧为虞帝之说明着于《墨子》《国语》等书中呢（见下）！孔子以前若有唐虞，则"周监于二代"（夏殷），"焕乎其有文章"的唐虞，周为什么不监它们呢？

四、"虞夏商周"四代系统的出现

继儒家而起的是墨家，墨家的书《墨子》里说：

且惟昔者虞夏商周三代之圣王[①]。（《明鬼下》）

子胡不尚考之乎商周虞夏之记[②]。（《非命下》）

夏商周以前又有虞代，这是墨家的发明。这虞代是从哪里来的呢？代表这虞代的帝王是谁呢？《墨子》书说：

> 故惟昔三代圣王尧舜禹汤文武之所以王天下正诸侯者，此亦其法已。（《尚贤中》）
>
> 然则富贵为贤以得其赏者谁也？曰："若昔者三代圣王尧舜禹汤文武者是也"。（同上）
>
> 今逮至昔者三代圣王既没……后世之君子……皆曰："吾上祖述尧舜禹汤文武之道者也"。（《节葬下》）
>
> 夫爱人利人顺天之意得天之赏者谁也？曰："若昔者三代圣王尧舜禹汤文武者是也"。（《天志中》）
>
> 故昔也三代圣王尧舜禹汤文武之兼爱天下也，从而利之。（《天志下》）
>
> 若昔者三代圣王尧舜禹汤文武者足以为法乎？（《明鬼下》）
>
> 凡言凡动合于三代圣王尧舜禹汤文武者为之。（《贵义》）

---

① 这文下面说"必择木之修茂者立以为菆位"。王念孙云："菆与业同，位当为社字之误也"。案这里说社较《论语》添出了虞的一代。

② 案此时虞代已有所谓记，则虞之一代当出现已久；《墨子》书本墨子后学所作，大约虞代即是墨子所提出，以求加于儒家的夏殷周三代的。

原来墨家在禹以前又发见了尧舜，所以就连带发见了虞代；这虞就是尧舜的国号，尧舜就是虞代的帝王。但是奇怪：在《墨子》书里，实际上虽已有虞夏商周四代，而名称上仍沿着三代这个名词；这无非是因为三代这一个名词用得太熟了，上面虽又添出了一代，一时改不过口来，所以糊里糊涂的混称四代为三代了。

自从墨家发见了这个虞代，于是虞夏商周一个系统便成为述古的方式。先秦的书遵用这个方式述古的话，现在我们把它汇拢来看一看：(下面所举没有细检，恐怕或有遗漏的地方。)

有虞氏禘黄帝而祖颛顼，……夏后氏禘黄帝而祖颛顼，……商人禘舜而祖契，……周人禘喾而郊稷。……(《国语·鲁语上》)

在虞夏商为汪芒氏，于周为长狄。(同上《鲁语》下)

昔匄之祖：自虞以上为陶唐氏，在夏为御龙氏，在商为豕韦氏，在周为唐杜氏。(晋语八。左传里公二十四年文全同，不另录。案此节原文当作："在虞为陶唐氏，在夏为豕韦氏，在商为唐氏，在周为杜氏"；说见下。)

夫成天地之大功者，其子孙未尝不章，虞夏商周是也。虞幕能听协风以成乐物生者也；夏禹能单平水土，以品处庶类者也；商契能和合五教，以保于百姓者也；周弃能播殖百谷蔬，以衣食民人者也。(《郑语》)

故有得神以兴，亦有以亡，虞夏商周皆有之。(《左传庄公》三十二年)

征东之诸侯虞夏商周之胤。(《左传成公》十三年)

于是乎虞有三苗，夏有观扈，商有姺邳，周有徐奄。(《左传》昭公元年)

殷周七百余岁，虞夏二千余岁，……今乃欲审尧舜之道于三千岁之前(《韩非子·显学》)。——案此条亦可证尧舜皆为虞代之帝王。

今虞夏殷周无存者。(《吕氏春秋·审应览》)

周不法商，夏不法虞，……上不及虞夏之时，而下不修汤武。(商君书·开塞)

孔子云："有虞氏不赏不罚，夏后氏赏而不罚，虞人罚而不赏，周人赏且罚"。(《太平御览》引《慎子》)

此外《礼记》是东汉人撮录战国西汉的儒家书造成的(《二戴礼记》皆东汉人所辑，说见拙作《二戴礼记辑于东汉考》，《浙江图书馆馆刊》第四卷第二期)。里面叙述古制也还遵守着虞夏商周四代的一个老方式：

有虞氏瓦棺，夏后氏堲周，殷人棺椁，周人墙置翣。(檀弓上)

凡养老：有虞氏以燕礼，夏后氏以飨礼，殷人以食礼，周人脩而兼用之。(《王制》)

有虞氏养国老于上庠，养庶老于下庠；夏后氏养国老于东序，养庶老于西序；殷人养国老于右学，养庶老于左学；历人养国老于东胶，养庶老于虞庠。(同上)

有虞氏皇而祭，深衣而养老；夏后氏收而祭，燕衣而养老；殷人哻而祭，缟衣而养老；周人冕而祭，玄衣而养老。(同上。以上三条《内则》文全同，不另录。)

记曰："虞夏商周有师保，有疑丞。……"(《文王世子》)

鸾车，有虞氏之路也；钩车，夏后氏之路也；大路，殷路也；乘路，周路也。(《明堂位》)①

有虞氏之旂，夏后氏之绥，殷之大白，周之大赤。(同上)

泰，有虞氏之尊也；山罍，夏后氏之尊也；著，殷尊也；牺象，周尊也。(同上)

米廪，有虞氏之庠也；序，夏后氏之序也；瞽宗，殷学也；頖宫，周学也。(同上)

有虞氏之两敦，夏后氏之四琏，殷之六瑚，周之八簋。(同上)

俎：有虞氏以梡，夏后氏以嶡，殷以椇，周以房俎。(同上)

有虞氏服韍，夏后氏山，殷火，周龙章。(同上)

有虞氏祭首，夏后氏祭心，殷祭肝，周祭肺。(同上)

有虞氏官五十，夏后氏官百，殷二百，周三百。(同上)

有虞氏之绥，夏后氏之绸练，殷之崇牙，周之璧翣。(同上)

祭法：有虞氏禘黄帝而郊喾，……夏后氏亦禘黄帝而郊鲧，……殷人禘喾而郊冥，……周人禘喾而郊稷。……②（《祭法》)

昔者有虞氏贵德而尚齿，夏后氏贵爵而尚齿，殷人贵富而尚齿；周人贵亲而尚齿；虞，夏，殷，周，天下之盛王也。(《祭义》)

---

① 《明堂位》的作者不是不知道有唐代的，它曾说"土鼓，蒉桴苇苍，伊耆氏之乐也；拊搏，玉磬，揩击，大琴，大瑟，中琴，小瑟，四代之乐器也"。这伊耆氏分明就是指陶唐氏的（《潜夫论》《五德志》及《帝尧碑》都称伊尧，《帝王世纪》说"尧姓伊祈"，释文：伊耆氏或云即帝尧。有人说伊耆氏是神农氏，这是更晚起之说）。但是它为什么不明说出陶唐氏来呢？这无非是因为记礼之家多拘守着这四代的老方式，它不敢说出一个陶唐氏来惹人注目罢了！（伊耆氏一个名词很像太古的名号，说了这个，便不致明显的破坏四代的老方式了。它下面说"四代之乐器也"，可见它是以四代为一个系统，伊耆氏是在这个系统之外的）。

② 案，《祭法》此条本《鲁语》而少变其文。（说见下）

子曰："虞夏之道寡怨于民，殷周之道不胜其敝"。(《表记》)

子曰："虞夏之质，殷周之文，至矣！虞夏之文不胜其质，殷周之质不胜其文"。(同上)

有人说唐遭洪水，礼制草创，文章不及虞氏，所以后世记礼之家只记四代之制(友人俞庵先生就这样说)；这话大不对！我们看《大戴礼记·少闲篇》说：

子曰："昔尧取人以状，舜取人以色，禹取人以言，汤取人以声，文王取人以度，此四代五王之取人以治天下如此"。

它把尧舜禹汤文王称为四代五王（这里称四代不称三代了，因为虞的一个朝代出来已久，人们已把四代一个名词用熟了），可见是没有唐这一个朝代，尧舜都是有虞的帝王了。

五、尧同舜的关系和五帝同属虞代说

尧同舜既都是虞帝，那末他们的关系究竟是怎样呢？我们要明白这个，须得先向《国语》中去探讨。《国语·鲁语》说：

有虞氏禘黄帝而祖颛顼，郊尧而宗舜；夏后氏禘黄帝而祖颛顼，郊鲧经而宗禹；商人禘舜（据《祭法》应作喾。宽按，《论衡·祭意篇》引《礼》，亦曰"殷人禘喾"）而祖契，郊冥而宗汤；周人禘喾而郊稷，祖文王而宗武王。

有虞氏是禘黄帝，祖颛顼，郊尧，宗舜的，例以本节所述夏商周的祀典：黄帝，颛顼，鲧，禹都是夏的祖；喾，契，冥，汤都是商的祖；喾，稷，文王，武王都是周的祖；那末黄帝，颛顼，尧，舜，应该都是虞的祖了。照这样看来，尧和舜至少有血族的关系。(有人说舜受禅于尧，故虞郊尧，这话很嫌勉强，况且禹不是受禅于舜的吗，为什么夏后氏不郊舜呢?)《大戴礼记·少闲篇》说：

昔虞舜以天德嗣。尧，布功散德制礼，朔方幽都来服，南抚交趾，出入日月莫不率俾，西王母来献其白琯，粒食之民，昭然明视，民明教通于四海，海外肃慎北发渠搜氐羌来服。舜崩，有禹代兴，禹卒受命，乃迁邑姚姓于陈。……舜不率先王之明德，……乃有商履代兴，……成汤卒受天命，……故乃放移夏桀，……乃迁姒姓于杞。

我们看：舜是嗣尧的，禹汤是代舜禹而兴的，两者措辞不同。禹迁逃姓于陈，汤迁姒姓于杞，舜却不迁伊姓（尧姓）或貍姓（丹朱姓）于唐，或陶（尧国），或丹，或房（丹朱国)，这是什么道理呢？原来舜就是尧后，他自己不能迁自己和本家啊！

今本《尧典》[1] 说：

帝曰："格汝舜，……汝陟帝位"！舜让于德弗嗣。正月上日，受终于文祖。

十有一月，朔巡守，……归，格于艺祖，用特。

月正元日，舜格于文祖。

《史记》说："文祖者，尧太祖也"。《伪孔传》说："尧文德之祖庙"。郑玄说："艺祖，文祖也"。《伪孔传》说："艺，文也；言祖则考著"（案此说恐非，《尚书大传》作"归假于祢祖"，祢，近也，祢祖盖指近祖，与太祖之文祖有别）。据此，舜受尧终于尧太祖之庙，及尧崩即真，又格于尧太祖之庙，这不是后世内禅的前影吗！这也是尧舜一家说遗迹的留存。（又嗣，继也，子继父位为嗣。）

陈侯因餈資敦（田齐时器）说：

昭緟高祖黄帝。

《左传》说：

陈，颛颛之族也。（昭公八年）

可见黄帝颛顼都是陈的祖宗。《国语》说：

肃慎氏之贡矢，以分太姬，配虞胡公，而封诸陈。（《鲁语》）

《左传》又说：

昔虞于父为周陶正，……我先王……庸以元女太姬配胡公，而封诸陈。（襄公二十五年）

箕伯直柄虞遂伯献其相胡公太姬已在齐矣。（昭公三年）

遂世守之，及胡公不淫，故周赐之姓，使祀虞帝。（昭公八年）

可见陈是虞后，陈就是虞。《国语》又说：

---

① 《尚书·尧典》在《虞书》而没有《唐书》（《左传》引《虞书》文也在《尧典》），这也是尧舜同代，古来没有唐代的证据。《尚书·大传》有《唐传》，《说文》引《古文尚书》有《唐书》，这就是二书晚出的铁证。

其在有虞，有崇伯鲧称遂共工之过，尧用殛之于羽山。(《周语》)

有虞①时的帝是尧，那末尧当然是虞帝了；可见尧舜一家，尧是虞祖的证据确是很多的(《吕氏春秋·开春论》说：“故尧之刑也，殛鲧于虞而用禹”，这虞若解作舜，文法便不通了，这也是尧是虞帝的证据)。又《史记·始皇本纪》载二世曰：“吾闻之韩子曰：‘尧舜采椽不刮，……禹凿龙门，……’夫虞夏之主贵为天子，亲处穷苦之实”。上称尧舜禹，下称虞夏之主，这不也是尧舜同属虞代的铁证吗！(《庄子内篇·应帝王》有“有虞氏不及泰氏，有虞氏其犹藏仁要人”等语，这有虞氏也分明是指尧舜而言。还有管子国准篇说：“黄帝之王，有虞之王”；揆度篇说“黄帝之王，尧舜之王”。有虞也指尧舜。)《吕氏春秋·应同篇》载五德终始的学说道：

凡帝王者之将兴也，天必先见祥于下民。黄帝之时，天先见大螾大蝼，黄帝曰：“丰气胜”；土气胜，故其色尚黄，其事则土。及禹之时先见草木秋冬不杀，禹曰：“木气胜”；木气胜，故其色尚青，其事则木。及蓬之时，天先见金，刃生于水，汤曰：“金气胜”；金气胜，故其色尚白，其事则金。及文王之时，天先见火，赤乌衔丹书集于周社，文王曰：“火气胜”；火气胜，故其色尚赤，其事则火。

这里以黄帝为土德，禹为木德，汤为金德，文王为火德，禹汤文王既都是一朝的始王，那末黄帝也就是一朝的始帝了；夏商周以前既是虞，那末黄帝当是虞的始帝了。大约当时已有一派人以五帝——黄帝，颛顼，帝喾，尧，舜，——为一线相承的系统②，以颛顼，帝喾，尧，舜为都是黄帝的子孙(这里黄帝一系比《鲁语》多出了一个帝喾)，都是虞朝的嗣帝，所以他们虽都是兴王，但都用不着改德了。(案，据此则《论语·尧曰篇·尧曰章》载尧封舜说：“天之历数在尔躬”，它的时代当很晚了，我以为《论语》这章是在三统说背景下产生的。)《吕氏春秋高注》引邹子曰：

五德之次，从所不胜，故虞土、夏木、殷金、周火。

淮南子齐俗训说：

有虞氏之祀，其社用土，……其乐咸池，承云，九韶。(案咸池是黄帝

---

① 有虞大约本是个时代很长的国家(韩非子说：“虞夏二千余岁”，可证古来的传说虞夏历年是很长的)，它的初起当与夏并时；我近来颇疑虞就是昆吾，唐就是豕韦。

② 皇帝颛顼帝喾等传说之起很晚，这些人本都是各民族的上帝和祖先，本来没有什么时代的先后，战国末人把他们同尧舜合了起来，排成一系，称为五帝，同属于虞代，这是更晚的事情。

乐，承云当是尧乐，九韶是舜乐，）其服尚黄。这都可以证明我上面这个假设（《韩诗外传》说："舜兼二女，非达礼也；封黄帝之子十九人，非法义也"；这也是舜是黄帝之后的证据）。

又《史记·伯夷列传》载伯夷叔齐的采薇歌道：

神农虞夏，忽焉没兮！

神农本在五帝外，是黄帝以前的一个人物，这里以神农虞夏连称，可见虞就是指五帝的。

《礼记·祭法》说：

有虞氏禘黄帝而郊喾，祖颛顼而宗尧。

它为什么变换《鲁语》之文呢？因为他们想，有虞氏（指朝代）到舜已绝，那末那里还有有虞氏来宗舜呢？所以他们在这个有虞氏的祭典中把舜除去，添了一个喾，叫有虞氏去郊他，又把尧降做宗；这样一来，理论是圆满了，但是有虞氏却白白的添了一个喾的祖宗，而尧又不幸由郊降而为宗了。[①]（喾为虞的祖宗说当是承邹衍一派的五德说同《帝系姓》等书而来。又自从《祭法》有此文，后人便解《伪大禹谟》"受命于神宗"的神宗为尧了。）

六、陶唐与唐的来历

现在要审查唐同陶唐的名号是怎样来的了。唐同陶唐的名号始见于《国语》《左传》：

昔匄之祖：自虞以上为陶唐氏，在夏为御龙氏，在商为豕韦氏，在周为唐杜氏。（《晋语》；《左传》襄公二十四年文同。）

陶唐氏之火正阏伯居商丘，祀大火，而火纪时焉；相土因之，故商主大火。（左传襄公九年）

迁实沈于大夏，主参，唐人是因，以服事夏商；……及成王灭唐而封太叔焉。（同上昭公元年）

分唐叔以大路，……命以唐诰而封于夏虚。（同上定公四年）

《夏书》曰："惟彼陶唐，帅彼天常，有此冀方，今失其行，乱其纪纲，

① 还是皇帝等同虞离开在先，还是尧同虞离开在先，这是他们同时离开虞？现在尚是疑问。

乃灭而亡”。(同上襄公六年)

上录第一条顾颉刚先生以为是汉人窜入《国语》和《左传》中的(说见《五德终始说下的政治和历史》),我以为这条诚然可疑,但可疑不在全条,而在“御龙氏”三字(参看顾著本文)。案昭公二十九年《左传》说:

> 及有夏孔甲,扰于有帝(案有帝二字不词,左传中亦无此文法,当是后人摹古有意造出这怪名词来),帝赐之乘龙,河汉各二,各有雌雄,孔甲不能食;……有陶唐氏既衰,其后有刘累,学扰龙于豢龙氏,以事孔甲,能饮食之,夏后嘉之,赐氏曰御龙,以更豕韦之后(可见豕韦是夏朝的国家);龙一雌死,潜醢以食夏后,夏后飨之,既而使求之,惧而迁于鲁县,范氏其后也。

汉代古文家在文公十三年的《左传》士会归晋一段末加上了“其处者为刘氏”一句,把刘氏同士会(范氏)发生了关系;又在这段里造出了御龙氏刘累的姓字来,说范氏是其后,而御龙氏则是陶唐氏之后,以证明汉为尧后之说。不幸在这段里露出了一个马脚,便是鲁县两字,夏朝已有郡县制度,这倒少听见过。我以为“自虞以上为陶唐氏”一节的原文当为:“在虞(“自虞以上”四字是后人所改)为陶唐氏(据哀六年《左传》引《夏书》陶唐灭于夏),在夏为豕韦氏(据《诗商颂》:“韦顾既伐,昆吾夏桀”。笺:“韦,豕韦,彭姓也”。豕韦后虽曾复兴为商伯,但仍为商所灭。《郑语》:“彭姓……豕韦……则商灭之矣”),在商为唐氏(据昭元年左传:唐人服事夏商,周成王灭唐),在周为杜氏(据《左传杜注》:“周成王灭唐,迁之于杜,为杜伯”。国语韦注略同。又案左传这条与昭二十九年语矛盾,彼是伪窜,则此是原文也)。”豕韦,唐,杜既是夏商周三代的三个国名,那末陶唐当然也是虞代的一个国名了①。

上录第二条的陶唐氏也未必指尧。案昭公元年《左传》说:

> 昔高辛氏有二子:伯曰阏伯,季曰实沈,居于旷林,不相能也;日寻干戈,以相征讨;后帝不臧,迁阏伯于商丘,主辰;商人是因,故辰为商星。

两条文字相比看来,陶唐氏恐怕就是高辛氏罢?(贾杜《左传注》说:“后帝,尧也”;大非!观上下文后帝就是指高辛氏。又将帝喾同高辛氏发生关系,也是汉以后人

---

① 《左传正义》引贾逵《国语》注说:“武王封尧后为唐杜二国”。以唐杜二国为武王所封,可见改窜《国语》《左传》者就是贾逵一派人。《乐记》说:“武王克殷反商,未及下车,……封帝尧之后于祝”,——《史记》做蓟——《乐记》作时尚无武王封尧后为唐之说,《乐记》是西汉末古文家作的。

的把戏。）高辛氏大约同高阳氏①（高辛氏即是高阳氏，而高阳氏即是陶唐氏，说另详）缙云氏，太皞氏，少皞氏，共工氏等本都是古代部族的名字，后来渐渐变为古帝的名号。这种若隐若现的古帝，我们在《庄子》和《吕氏春秋》等书上还可以领教到不少哩！

照上录的第三四五条《左传》看来，唐是夏商时的一国，被周所灭以封太叔（诗有《唐风》就是《晋风》）。陶唐或是唐的前身，陶唐是个大国，为夏所灭，夏即居其地，所以夏虚就是唐虚。（后人以《左传》所引《夏书》的陶唐为既夏非！）这唐同陶唐与尧丝毫没有关系②。

《山海经·海内经》说：

> 有九丘，以水络之，名曰：陶唐之秋，有叔得之丘，孟盈之丘，昆吾之丘，黑白之丘，赤望之丘，参卫之丘，武夫之丘，神民之丘。

陶唐之丘是九丘之中的一丘，他同什么昆吾之丘叔得之丘孟盈之丘（叔得孟盈疑皆人名）相比，当是一个古国之虚。这里的陶唐也不是个代名。

《吕氏春秋》中也有陶唐氏，《古乐篇》说：

> 昔陶唐氏之始，阴多滞伏而湛积，水道壅塞，不行其原，（案，据此二语，陶唐氏与帝尧的发生关系或也因两时代都有洪水传说的缘故，）民气郁阏而滞著，筋骨瑟缩不达，故作为舞以倡导之。

案《古乐篇》历叙朱襄氏，葛天氏，陶唐氏，黄帝帝颛顼，帝喾，帝尧，帝舜（案自黄帝以下就是所谓五帝，也就是所谓有虞氏），禹，殷汤，周文王，武王，成王之乐；分陶唐氏与帝尧而二之，且以陶唐氏置于黄帝之上，可见《古乐篇》的作者犹不以陶唐氏为即帝尧。颜师古注《汉书·司马相如传》，据《古今人表》有葛天氏阴康氏，斥高诱妄改吕氏本文；案司马相如《上林赋》“奏陶唐氏之舞，听葛天氏之歌”，亦作“陶唐氏”③，断无二书皆为误改之理。（颜氏以为二书皆误，不可通之说也！）且后人只有据当时之说以改窜古书者。无据与当时相反之说以改古书者。《汉书·人表》之作“阴康氏”，则或正是后人“妄改吕氏本文”也。

---

① 高辛高阳等在最古时当本是各部族所奉上帝的名字（各部族所奉的上帝就是各部族所奉的祖先）《墨子》里有高阳，就是天帝。（高阳或就是高唐。）

② 春秋时男方又有一唐国，被灭于楚，这个唐国同古唐国与陶唐不知有没有关系？案这唐国是侯爵，恐是姬姓之国。

③ 《鹖冠子》说：“尧伐有唐”，这当是本于古书之说。有唐为尧所伐，可见非尧之国。又《太平御览》引《归藏》云：“昔者桀筮伐唐”。亦可证唐为夏灭之说，但此唐字恐是汤之假字耳。

《左传》又载吴公子季札聘鲁观乐，至唐说道：

思深哉，其有陶唐氏之遣民乎？……非令德之后谁能若是！（襄公二十九年）

这陶唐氏是指尧了。但是《左转》这节甚可怀疑，它说《周南》《召南》为王业始基，说《颂》为盛德之所同，殆以《商颂》为殷诗，同于《毛诗》说，与三家说相戾。又说秦“能夏则大，大之至也”，当是汉以后人的说话，这段文字至早也是西汉人的作品①。（又这段的开首本记季札箴叔孙穆子的话，下面突然说“请观于周乐”，文气也不连贯，是后人伪窜的证据。）

前人与近人也很多对它怀疑的，现在不多说了。

七、尧同唐怎样发生关系

照上面所举的证据看来，尧自尧，唐自唐，尧同唐并没有什么关系，尧怎样会变成皇帝，唐怎样会变成尧的国号呢？我以为这个关键就发生在禅让说上。禅让说是在墨家尚贤主义下产生的（参看顾颉刚先生《尚书研究讲义》戊种之二）。《墨子书·尚贤上》说：

故古者圣王之为政，列德而尚贤。……故古者尧举舜于服泽之阳，授之政，天下平；禹举益于阴方之中，授之政，九州成。……故当是时，虽在于厚禄尊位之臣，莫不敬惧而施，虽在农与工肆之人，莫不竞劝而尚意。（德）……尚欲祖述尧舜禹汤之道，将不可以不尚贤！

这还是尚贤说。《尚贤中》说：

故古者圣王唯能审以尚贤使能为政，无异物杂焉，天下皆得其利。古者舜耕历山，陶河濒，渔雷泽，尧得之服泽之阳，举以为天子，与接天下之政，治天下之民。此何故始贱卒而贵，始贫卒而富？则王公大人明乎以尚贤使能为政。（《尚贤下》文略同）

这便从尚贤说中推出禅让说来了。墨家因为主张尚贤禅让，便随意摭了两个不甚知名的古帝，把尚贤禅让的理想寄托在他们的身上，就发生了尧舜禅让说。这尧舜在当时的传说中大约本是一家相承的两个贤帝，墨家把他俩分拆做雨家，硬说舜起于微

① 襄公二十九年的这段《左传》，本记季札历聘鲁齐郑卫晋等国，历箴各国的贤士大夫的话的，无缘加入那一大段论乐的话。

贱是尧把他举了起来的；这是要见得尧的“大公无私”和“立贤无方”。这样一来，尧舜还敷衍着旧说合属于一代，但已分为两家了。（《荀子·成相篇》说：“尧尚贤身辞让，……尧让贤以为民，泛利兼爱德施均。……袭授能，舜遇时尚贤推德天下治。……舜授禹以天下，尚得推贤不失序”。尚贤泛利兼爱授能，都是墨家的主义，这也可证禅让说起于墨家。）

自从墨家把尧舜分做两家，尧舜本已有分属于两代的可能了，但是这个正名定分的工作墨家没有做，这个故事的本身显着一个漏洞。到后来，尧舜禅让说经墨家的鼓吹，渐渐成熟，流入了儒家的学说中，儒家本来是富于整齐增饰故事的本领的，他们既添出释禹禅让的故事来（《墨子书》中有尧举舜立为天子的话，又有禹举益的话，但没有舜举禹立为天子的话；在《墨子书》中：禹的出身，是个百里诸侯；他的得天下，是由于征有苗。关于这个说法，《大戴记·少闲篇》很有可以参证的价值），于是尧舜禹成为禅让故事中的三尊偶像，舜禹是虞夏异代的，那末尧舜也应当分属于两代，这个故事才能整齐。他们费尽了心思（我这么想），查见虞夏时有个大国叫做陶唐（这个陶唐在东方又有故墟在，大约就是《春秋·禹贡》的陶丘），这个陶字或许本读如皋陶的陶，他们觉得陶字同尧字的声音很相近（此顾颉刚先生说）而陶唐氏又曾成为一个古帝的名号；（襄公九年《左传》，《吕氏春秋·古乐篇》，）他们又查见晋的始祖叫做唐叔虞（据昭公元年的《左传》唐国的季世之君也叫做唐叔虞），他们觉得“唐叔虞”这个名字恰巧把唐虞二字包含在内，很能引起唐虞连属的一个观念，于是他们便放大了胆子，偷天换日地把虞夏的国家、黄帝以前的古帝名号的“唐”，改做虞夏前的一个朝代的“唐”。于是尧的国号有了，陶唐和唐的代表者也确实了，而尧舜也就正名定分地分为两家了①。

八、“唐虞”一名的出现

尧同唐的发生关系在什么时候呢？查唐虞二名的连称除一见于《论语》外，还见于《孟子》。《孟子·万章篇》说：

> 孔子曰：“唐虞禅，夏后殷周继，其义一也”。

① 后人对于尧舜同代说的弥缝，大约有三项说法：第一是举虞统唐说，这是很顺便的办法（其实是极不通的）。第二是舜为尧婿，以婿嗣岳，等于以子嗣父，所以有虞氏要郊尧或宗尧了。第三是尧舜同祖说，尧舜同祖皇帝，有虞氏禘皇帝，所以不能不郊尧宗尧。下两种说法合起来便矛盾了。——尧是舜的五世从玄孙，他竟娶起他的四世的姑太太来了。

《孟子》这条若不是后人加入的文字的话①，那末唐虞连称就始于此，唐同尧的发生关系也就始于此了。（《左传》中已有尧舜异代的暗示，或许尧为唐帝说是发生在战国晚世的。）

唐虞二字连称，在先秦书里真少，一到汉朝人所作的书中，便连见不绝了。我们且把《史记》以前汉人所作的书里连称唐虞的话条举一下：（《尚书大传》著作时代尚有问题）

及唐虞始为天下。（《庄子·外篇·缮性》）

黄帝，唐，虞，帝之隆也。（《管子·法法》）

（以上两种汉初人僞造先秦之书。）

故唐虞之法可得而考也。（《韩诗外传》卷五）

则唐虞之法可得而观。（同上）

唐虞之所以象典刑而民莫犯法。（同上卷六。今本“唐虞”作“是君”，讹。）

故自唐虞以上经传无太子称号。（《太平御览》引《外传》）

唐虞象刑而民不敢犯。（《尚书大传·唐传》）

唐虞之象刑。（同上）

唐虞象刑。（同上）

唐为虞宾。（同上《虞传》）

遇唐虞之时。（《淮南子·俶真训》）

君臣不和，唐虞不能以为治。（同上《主术训》）

惟唐虞能济其美。（同上《缪称训》）

---

① 我所以怀疑《孟子》这条也是后人加入的文字者，第一是因为唐虞连称，汉以前的书除《论语》外，仅见于此；《孟子》这条有孤证的嫌疑。第二是因为《孟子》书中除这一条外，未见唐虞的代名；《孟子》说：“夏后殷周之盛，地未有过千里者也”（《公孙丑》。案《荀子·强国篇》说：“秦……广大乎舜禹，……古者百王之一天下，臣诸侯也，未有过封内千里者也”）。“夏后氏五十而贡，殷人七十而助，周人百亩而彻，其实皆什一也”（《滕文公》。案《告子篇》说：“白圭曰：‘吾欲二十而取一，何如’？孟子曰：‘子之道，貉道也；……欲轻之于尧舜之道者，大貉小貉也；欲重之于尧舜之道者，大桀小桀也’”。尧舜之道就指什一之制）。“夏曰校，殷曰序，周曰庠，学则三代共之”（同上）。“三年之丧，……自天子达于庶人，三代共之”（同上。案《万章篇》引《尧典》：“百姓如丧考妣三年，四海遏密八音”。又说舜率天下诸侯为尧服三年丧，又说尧舜崩三年之丧毕，是尧舜时亦行三年之丧也）。“五霸者，三王之罪人也；今之诸侯，五霸之罪人也”（《告子》）。孟子述古多称三代，其历史系统为三王五伯，或许孟子就把尧舜放在三王之首的（虽然《孟子》中尧已有帝的称号）。《左传》引《虞书·皋陶谟》“赋纳以言，明试以功，车服以庸”三语为《夏书》；又引《夏书》：“念兹在兹，……惟帝念功”；帝是唐虞的称号。后世又有“虞夏同科”之说；或许尧舜确曾有一时代被放在夏代的。还有《孟子》这条的上文是：“周公之不有天下，犹益之于夏，伊尹之于殷也”；一个也字用得不久，下文接连又用一个也字，很是触目！

故唐虞之举错也，非以谐情也。（同上）

故唐虞日孳孳以致于王。（同上）

故唐虞之法可效也。（同上）

唐虞有制令而无刑罚。（同上《氾论训》）

故虞，绌唐，谓之帝尧。（《春秋繁露三代改制质文》）

契兴于唐虞大禹之际。（《史记殷本纪》）

后稷之兴在陶唐虞夏之际，皆有令德。（《周本纪》）

秦之先伯翳，尝有勋于唐虞之际。（同上《始皇本纪》）

《尚书》有唐虞之侯伯。（同上《高祖功臣侯年表》）

昔之传天数者，……于唐虞义和。（同上《天官书》）

故《书》道唐虞之际。（同上《平准书》）

右十一人，皆唐虞之际名有功德臣也。（同上《陈杞世家》）

序《书传》，上纪唐虞之际。（同上《孔子世家》）

而孟轲乃述唐虞三代之德。（同上《孟荀列传》）

唐虞以上有山戎，猃狁，荤粥，居于北蛮。（同上《匈奴列传》）

奈何欲效唐虞之治乎？（同上《汲郑列传》）

唐虞以上不可记已（同上《龟策列传》）

唐虞之际绍重黎之后。（同上《太史公自序》）

维禹之功，……光唐虞际。（同上）

余维先人尝掌斯事，显于唐虞。（同上）

（以上五种汉初人自作之书。《新语新书》时代未明，暂不查录。）

我们看，非但“唐虞”一词连见不絶，连“唐虞之际”一句话也是连见不絶；凡是一个名词到了应有的时候便自然会出现的。还有《楚辞》一书里面，凡较早的作品，如号称屈宋所作的几篇，都没有唐虞等字样，一到汉人所作的赋里，便有

唐虞点灼而毁议。（《七谏怨世》）

下合矩矱于唐虞（《哀时命》）

唐虞今不存。（《九怀蓄英》）

等语。

为什么这“唐虞”一词专是汉人会说它呢？（伪《古文尚书·周官》说：“唐虞稽古，建官惟百”。这就是《古文尚书》的所以为伪。）

九、帝尧陶唐氏一名的实定

《世本》说：

帝尧为陶唐氏。(书正义引《帝系篇》)

《史记》说:

帝尧为陶唐。(《五帝本纪》)

这是“帝尧陶唐氏”一名的开始。司马相如大人赋说:

历唐尧于崇山兮,遏虞舜于九疑。

《封禅文》说:

君莫盛于唐尧。

《史记·三代世表》说:

帝尧……号唐尧。

《自序》说:

唐尧逊位,虞舜不台。

这是“唐尧”一名的始见。

自从西汉末年的古文家秉着他们的安汉公摄皇帝王莽的意旨,本着他们的“正乖谬,一异说”的精神,惨淡经营,造出了一个整个的古帝王名号系统——太昊炮牺氏—炎帝神农氏—黄帝轩辕氏—少昊金天氏—颛顼高阳氏—帝喾高辛氏—帝尧陶唐氏—帝舜有虞氏—伯禹夏后氏—……——来,把《史记》的残缺乖谬(?)的古帝王名号系统——黄帝有熊氏—颛顼高阳氏—帝喾高辛氏—帝尧陶唐氏—帝舜有虞氏—帝禹夏后氏—……——的命革了;因着新汉〔东汉〕两代帝王的威权,得到了世人的公认,于是“帝尧”的头和“陶唐氏”的脚便安牢了,永远连成一体了。从此以后,人人不敢反对世经的古帝王系统,便也不敢反对“帝尧陶唐氏”一个名称;想不到大新皇帝和国师嘉新公们的权力有这样厉害!

二十四年十月一日于燕大

上文写就寄出后,续有新获,不及补入,辄缀于次,寄请馆刊编者先生代系于文后云:

(一)《大戴礼记》有《四代篇》,即指虞夏商周。四代篇云:“昔夏商之未兴也，伯夷谓此二帝之眇”，二帝指尧舜。又有“庶虞”之名，庶虞亦指尧舜之民也（《四代篇》亦有“昔虞舜以天德嗣尧”语）。《大戴礼记》又有《虞戴德》之篇，中云：“公云：‘昔有虞戴德何以？……’子曰：‘黄帝慕（幕？）修之日明。……’”是亦黄帝为虞祖及虞帝之证也。又有《诰志篇》云：“虞史伯夷”，《五帝德》谓伯夷兼及为尧舜之臣，此并可为尧舜同为虞帝之证。

（以上三篇及《少闲篇》并出《三朝记》，业前谓《三朝记》乃汉初古书，于此可证矣。）

（二）《慎子》（《荀子》注引）云：“有虞氏之诛：以画跪当黥，以草缨当劓，以履纟封当刖，以艾毕当宫”。《史记·孝文本纪》载文帝诏亦云：“盖闻有虞氏之时，画衣冠异章服以为谬，而民不犯”。并以象刑为有虞氏之制（文帝时自已有唐之一代，但其称通行尚未普遍耳）。而《汉书·武帝纪》载武帝诏乃云“朕闻昔在唐虞，画象而民不犯”，于虞上添出唐，正与《史记》多唐虞并称之文时代相合。

（三）《孔子家语》有陶唐有虞夏殷周五代，较《礼记》多出一代，《家语》晚出之故也（伪书之伪证有未经前人指出者，往往吾人于无意中得之）。《家语五帝篇》云：“康子曰，‘陶唐有虞夏禹殷周独不得配五帝，意者德不及上古邪？将有限乎’”？可见若此五代之名早出，必以之配五帝矣。

（四）《大戴礼记·五帝德》曰：“宰我曰：‘请问帝尧’？孔子曰：‘高辛之子也，曰放动’。宰我曰：‘请问帝舜’？孔子曰：‘蟜牛之孙，瞽叟之子也，曰重华’”。《史记·五帝本纪》亦曰：“帝尧者，放动。……虞舜者，名曰重华”。《家语·五帝德篇》乃作帝尧曰陶唐，帝舜曰有虞，此非尧号之陶唐晚出之证，而亦《家语》晚出之证邪？

（五）《家语·庙制篇》云：“子羔问曰：‘……若有虞宗尧，夏祖颛顼，皆异代之有功德者也，亦可以存其庙乎’？孔子曰：‘……功德不殊，虽在殊代，亦可以无疑矣’”。此即王肃对于国语及祭法文之怀疑，不知颛顼固夏祖（见五帝德，《帝系》，《世本》，《史记》，《汉书》），而尧亦本虞帝也。

（六）《后汉书·赵咨传》引《檀弓》文，上加黄帝陶唐两代，咨亦疑《檀弓》之无黄帝陶唐也。

该文首次刊于《浙江省立图书馆馆刊》1935年第4卷第6期。选自吕思勉、童书业编《古史辨》第七册下编，上海开明书店1941年版。

张西堂

张西堂（1901—1960），本名张正，字西堂。祖籍湖北汉川，生于湖北武昌。早年考入北京清华学堂，因病辍学。1919 年复考入山西大学国文科。在校期间即开始学术研究，主攻群经诸子之学。1920 年发表的学术论文《评胡适的〈中国哲学史大纲〉》，观点鲜明，材料翔实，指出了《中国哲学史大纲》的不少史料及观点错误，在校内外引起轰动，时任山西省政府秘书长的著名学者邓初民为此文特意到山西大学，走访了这位初出茅庐的青年学生。1923 年大学毕业后，先后在太原三晋高级中学、新民中学、斌业中学任教。1926 年秋到北京，先后任孔教大学、河北大学、中国大学、国立北平女子师范学院讲师、副教授、教授。1937 年 7 月，卢沟桥事变爆发，张辗转到广西梧州，任广东襄勤大学教授，后又到贵阳任贵州大学中文系教授兼系主任，并曾一度在四川江津国立编译馆工作。1944 年 8 月，张应老友高亨之邀，来到陕西省城固县国立西北大学文学院中文系任教，并曾一度兼任文学院院长和中文系系主任。从此，落脚于陕西，后在西北大学工作，直到 1960 年 2 月 10 日病逝于西安。

《左氏春秋考证》序

顾颉刚先生曾发大愿，编印《辨伪丛刊》，已出版的有许多种了。这一部刘逢禄的《左氏春秋考证》在两年前已经付印，只待作序就可装订成帙的。顾先生因为还有《诗辨妄》、《书序辨》等书亟待作序出版，同时他还有别的许多文章要写定，他命我代作本书的序。顾先生对于春秋是极有研究的，他的才学又是我们所极钦仰的，当然是他自己作序最好。我对于《左氏春秋》并没有很深的研究，我何敢来代他作这一篇序！但是为了本书早与读者相见的关系，为了顾先生别的大作早与读者相见的关系，不得已我只得勉强地为本书略作一介绍，来请教于顾先生和本书的读者了！现在，我请：

一，先略说《左氏春秋》的大概；

二，述刘氏考证的几个特点；

三，述康南海崔辉甫封于刘氏考证所补正的地方；

四，述章太炎对于刘氏考证的反驳，附以我之答辩；

五，再说我所感觉现在研究《左氏春秋》应当注意的几个问题。

一

《左氏春秋》这部书本来是与《春秋经》没有什么关系的。它不是解释《春秋》的专书，开卷便可见出。例如《春秋》经文的第一条："元年春王正月"，这看来似乎不须烦释，但是真为《春秋》作传时是不当毫无解释的。《公羊传》说："元年者何？君之始年也。春者何？岁之始也。王者孰谓？谓文王也。曷为先言王而后言正月？王正月也。何言乎王正月？大一统也。"《公羊传》的解释是否得当，我们且不管它，但它总算很郑重地为《春秋》作传了！《春秋经》，据现在流传的钟鼎文字看来，它的记事方法颇与金文不同。金文中每月皆可以书王，而春秋只限于"王二月"，"王三月"（详见沈彤《左传小疏》，陈立《公羊义疏》）：金文中用"初吉"，"既望"，"既生霸"，"既死霸"之类，而《春秋经》一概不用：金文中很少用春，夏，秋，冬（参看郭沫若《金文丛考》《金文所无考》），而"《春秋》编年，四时具然后为年"（《公羊传》语）。这种记事方法的大变更，如若左氏是亲见夫子的，或者是真有传授的，他不应当毫无说明。现在他对于这一条丝毫不加解释，还不及《公羊传》所说之多（《公羊》于"王二月"，"王三月"复有三统之说，见隐三年注），开卷便可见出它不是解经的。

这一条"元年春王正月"，《左氏》的传文作"元年春王周正月"；杜预注说："言周以别夏殷"。其实春秋奉周正朔，何须说出周字？即使说出，也不当放在"春王"之下。刘逢禄说他"不辞"（本书页三），这是一点也不错的。我们仔细看去，原来《左氏》多用夏正，如隐六年"冬，宋人取长葛"，《左氏》作"秋，宋人取长葛"（详见刘敞《春秋集传》，叶梦得《春秋考》等书）《左氏》既多用夏正，所以解经多一"周"字，好使人知道它与经的区别。这些地方，一方面固可使"读者最易混看"（《春秋大事表》一语），一方面也可证明它本别是一书，开卷便可想到它本不是为经而发的。

现在《左氏春秋》变成了《春秋》三传之一了！在它里面确有不少解经的地方；但我们只要细心考察，它的解经的地方实在有很多说不通的。不是不合事实，便是自相矛盾。例如隐公元年不书"即位"，它说："不书既位，摄也"。这样子的解释，好像真有其事，其实这话极不合道理，而且违反当日的情势的。刘敞《春秋权衡》上说：

> 若云隐庄初不既位，传当但云："公不既位，摄也"，"公不既位，文姜出

故也”。

这是要证明隐公在当日确乎既过位的。《左氏》正义也说：“旧说贾服之徒以为四公皆实既位，孔子修之，乃有不书”。到了杜注才以为“假摄君政，不修即位之礼，故史不书于策”。但《左氏》之以为摄，是千万讲不通的。崔东壁在《无闻集·鲁隐公不书即位论》上说：

> 鲁隐之元年，春秋不书“既位”，先儒以为摄。欧阳子曰：“隐实为摄，孔子决不书公。孔子书为公，则隐决非摄”。古之人摄有三：舜，君老而摄也；伊尹，周公，君谅阴而摄也；共和，君在外而摄也；皆不为君，故谓之摄。今也隐既君乎鲁矣，即使果授国其弟，亦不过如宋宣公，元武宗焉已尔；即使果自老于菟裘，亦不过如赵武灵，魏献文，宋高宗焉已尔；岂得谓之摄！

徐庭垣的《春秋管窥》也说：

> 不书即位，左以为摄。夫摄者，行其事而不居其位之谓；若伊之相太甲，周之辅成王，是也。今隐自称寡人，臣民君之，天子聘之，大国会之，小国朝之，孰曰非君也者，而岂得谓之摄！

就隐公方面说，“摄则不称公，称公则非摄”，这是毫无可疑的。华学泉在《春秋疑义》上说：

> 隐不书“即位”传，曰：“摄也”。开章第一义，便与圣经相戾。传称“惠公薨，有宋师，太子少，葬故有阙，是以改葬”。或遂疑惠公之时，桓公已正太子之位，隐承父命，摄以奉桓。审若此，则桓为君，隐为臣，隐摄以奉太子，太子立而谓之篡，可乎？故隐为摄则桓不当为篡，桓之立为篡则隐不当为摄，二者不待辨而明也。……设惠公时，桓公果正太子之位，则隐为篡，羽父为忠，桓之立为反正，而《春秋》诛乱贼，隐公其首也。然而《春秋》深恶桓，何也？

就桓公方面说，“隐为摄则桓不当为篡，桓之立为篡则隐不当为摄”，这更是确切的证明。《左氏》说“羽父请杀桓公，将以求太宰，……羽父惧，反谮公于桓公而请弑之，……使贼弑公于寪氏”，它的口吻也是隐让桓篡，如何能说隐公是摄呢？近近崔觯甫在《春秋复始》上说：

然摄亦非不行即位之礼者。鲁世家曰："践阼代成王摄行政当国"，是摄政必践阼矣！祭统曰："君衮冕立于阼"，则践阼即践君位，践位即即位也。隐公果摄，亦必即位，即位则行即位之礼。是则《左氏》所谓摄，不但非《春秋》所谓摄，亦非《史记》所谓摄也。

更证明隐公果摄，亦必行即位之礼；《左氏》所谓之摄，于礼也讲不通。然则《左氏》"不书即位，摄也"的解释，在任何方面都是极不合道理，而且违反当日的情势，很显然易见了！

又，《左氏》解释"郑伯克段于鄢"那一条说：

书曰："郑伯克段于鄢"。段不弟，故不言"弟"；如二君，故曰"克"；称"郑伯"，讥失教也。谓之郑志。不言"出奔"，难之也。

这几句话夹在上下文本相衔接的叙事文之间，显然是出于后人加入的。这几句话，无一处无毛病，无一处是讲得通的。刘敞《春秋权衡》上说：

非也。若段得生奔他国，则郑伯有伐弟之恶，非兄杀弟，《春秋》但当云"郑伯伐段于鄢"，……何以改伐为克哉？传例又曰："得儁曰克"。若太叔出奔共，是不"得儁"，也，何以书克耶？此年十月传曰："共叔之乱，公孙滑奔卫"。公孙滑为是段子，父子宜相从。今于传数见段子，不见段身；盖段见杀之后，其子出奔，《左氏》所据记注误云段身出奔尔。又云："如二君，故曰克。"《春秋》二君相伐多矣，皆曰伐，不曰克，不知何所据而以为二君言克邪？……

程端学《春秋》三传辨疑引戴氏曰：

段不言公子及公弟，传谓失子弟子道。尝观楚比弑君称"公子"，宋辰叛国称"弟"，岂复有子弟之道？

刘逢禄在本书上也说：

《春秋》有"杀世子母弟目君"之例，谓视专杀大夫为重耳。若讥失教，则晋侯杀申生亦失教乎？斯不然矣，曰"谓之郑志"，"谓之宋志"，若云亲见百二十国书耳。(页四)

《左氏》这几句话，如是的自相矛盾，如是的说不通；所谓"不言出奔，难之也"，与它以《春秋记事》都是从赴的原则相冲突。段如果出奔，《春秋》何以不记下来？刘原父说是“《左氏》所据记注误云段身出奔”，这话是很有理由的。《左氏》释《经》之纰缪丛出，我们只看这一二显明的例证也可以概其余了！

《左氏》受人尊信的缘故，只是它记载史事异常丰富；所以对它怀疑的人也还认定它是很重要的。啖助封于三传都不信任，然而他说：“《左氏》……比余传，其功最高；博采诸家，叙事尤备，能令百代之下颇见本末”。叶适也说：“《公》《谷》末世口说流传之学，空张虚义；自有《左氏》，始有本末，而简书具存，大义有归矣”。但是《左氏》所记事实，有许多都算不了信史；有的不合情理，有的自相矛盾，我们必须仔细地加以审查，鉴定，然后可以信任它。兹将先儒所已考出来的略举数事以为证。哀十年传说：

公会邾子郯子伐齐南鄙，师于鄎。齐人弑悼公，赴于师，吴子三曰哭于军门之外。

叶梦得在《春秋三传谳》上驳他道：

邾子郯子会伐而经不书，杜预以为“兵属于吴，不列于诸侯”，尤非是。且是时邾隐公方奔在齐，岂能从吴反伐齐乎？其妄尤可见，则知叙齐吴事皆不足据。

程端学《春秋三传辨疑》引黄氏说：

既谓吴伐齐，齐人弑悼公以说于吴，吴子安得三日哭？无此理也。

由这两说看来，《左氏》此传所叙之事自是不合情理，而且并非事实。哀八年传说：

齐悼公之来也，季康子以其妹妻之。即位而逆之，季鲂侯通焉；女言其情，弗敢与也。齐侯怒，夏五月，齐鲍牧帅师伐我，取讙及阐。

这里所叙，齐国因一女子的细故，举兵伐鲁，及至到了鲁国，忽然变更目的，多抢地盘：这种办法，恐怕是《左氏》伪造的谣言罢！程端学在《三传辨疑》上说：

经书“公入邾，以邾子益来”。继书“吴伐我”，又书“齐人取讙及阐”。属辞比事，大义昭然。

《左氏》乃以康子妻妹之事当之，此与桓公侵蔡为蔡姬荡舟之事相类。当以经为正。

《左氏》往往将当时侵伐的大事归之于儿女私情与其它琐屑的原因，程端学在这里所指摘的真是恰中肯綮。吕大圭《春秋五论》说："齐桓将伐楚，必先有事于蔡；晋文将攘楚，必先有事于曹卫：此事实也。而《左氏》不达其故，于侵蔡则曰为'蔡姬'故，于侵曹伐卫则曰为'观浴，与块'故。此其病在于推寻事由，……未可盖据也"。《左氏》所述像这一类不合当日情势的叙事，实在不可以说"能令百代之下颇见木斗"。最可笑的，《左氏》还有许多自相矛盾的记载，就是极其推尊它的人也不免引起怀疑。汪中《经义知新记》中有一段说：

> 哀元年《左传》：陈逢滑曰："吴曰敝于兵，暴骨如莽"。楚子西曰："闻闾食不二味（云云），勤恤其民而与之劳逸，是以民不罢劳，死知不旷。"阖闾一人之事，《左氏》叙述又同在一年，而矛盾如此，是可异也。

汪容甫是《左氏》的信徒，也不得不认它自相矛盾。又：桓二年《左氏》说："宋华父督见孔父妻于路，目逆而送之，曰：'美而艳'"，三年《传》："宋督攻孔父而取其妻；公怒，督惧，遂弑殇公"。程端学对于这一事批评道：

> 叶氏曰："孔父事，公羊言之是已"。所谓"义形于色"者，此非独公羊之辞，其传之必有自；《左氏》亦窃闻之而不能详，故误以色为美色一色，因附会以为督见孔父妻而萌其恶。孔父，宋之卿，督其大夫："杀卿取妻，犹居位不去，待君怒而后始惧，其不近人情已甚"。愚谓《左氏》，言亦自相戾。后言"宋殇公立，十年十一战，民不堪命。孔氏为司马，督为太宰，故因民之不堪命，先宣言曰："司马则然"。已杀孔父而弑殇公，召庄公于郑而立之"，前后异辞矣！

《左氏》后段所叙才是比较真的事实，稍可相信；如照前段所说，不惟不近人情，且在春秋初年，大夫如是之嚣张，弑君如是之儿戏，也是不合乎当日的情形。所谓"目逆而送之曰美而艳"，真是道听途说之辞；也不像一个卿的夫人与一个"不可徒行也"的大夫所作的事情。然而《左氏》不顾自相矛盾，也将这一段话拿来释经，像这样的史实，《左氏》所记虽多，对于《春秋经》只是"非徒无益而又害之"算不上信史的。

《左氏》书中有将一事重复记载的。例如昭三十二年冬十一月"晋魏舒，韩不信合诸侯之大夫于狄泉"与定元年春正月所记大体相同（这话是啖助说的，详见陆淳《春秋集传辨疑》。顾栋高《春秋大事表一》也提到了。又见本书页三九）。有误析一事为二事的。例如"晋楚之盟"，"羊舌虎，杨食我"之类（详见本书附录三）。在现在《左传》之中，我们更可看出它将一事分配在两三年之中，令人看了好像每年都有传而其实并非每年都有的。例如华督杀孔父的事，分配在桓公二三两年。又如：

庄二十三年传："晋桓庄之族偪，献公患之。士蒍曰：'去富子则群公子可谋也已'。公曰：'尔试其事'。士蒍与群公子谋，谮富子而去之。"

庄二十四年传："晋士蒍又与群公子谋，使杀游氏之二子。士蒍告晋侯曰：'可矣。不過二年，君必无患'"。

庄二十五年传："晋士蒍使群公子尽杀游氏之族，乃城聚而处：冬晋侯围聚，尽杀群公子"。

这本来只是一件事，将他分配在三年之中，令人看了好像年年有传，实在它是比年有阙文的（详下）。这些地方，虽说是杜预"分经之年与传之年相附"的结果，然而很可见出《左氏》本是一段一段的史文，后来将他分类改编，所以免不了记载重复，分析错误：就是很明显的矛盾的地方，也都编辑在一块儿的。书中所叙颇多荒唐神怪之言，无论何等人都有先知的能力（详见郝敬《春秋非左》）。书中害教伤义之论，更是不遑枚举。吕大圭春秋五论说："然《左氏》虽曰备事，……往往论其成败而不论其是非，习于时世之所趋而不明乎大义之所在。言'周郑交质'，而曰：'信不由中，质无益也'。论'宋宣公立穆公'，而曰'可谓知人矣'。鬻拳强谏楚子，临之以兵，而谓鬻拳为'爱君'。赵盾'亡不越竟，反不讨贼'，而曰'惜也越竟乃免'。此皆其不明理之故。而其叙事失实者尤多"（参看皮锡瑞《瑞师伏堂春秋讲义》及本书附录一）。总之，《左氏》这书，很令人想到它本是稗官野史之流，道听途闻之说，经后人编次年月，加以窜改，然后成为今本的《左传》的。这样子，自然引起许多人的怀疑，要考证它，要追究出它的本来面目来。

二

原来《左氏春秋》这一部书根本与《春秋》没有关系；在《史记·儒林传》里，根本就只有公、谷两家，没有《左氏》。《史记·太史公自序》和《报任安书》，都只说"左邱失明，厥有《国语》"。《报任安书》下又说："乃如左丘明无目，孙子断足，终不可用，退论书策以抒其愤"。三次提到左丘明，都只说他作《国语》。《汉书·司马迁传》也只说："司马迁据左氏《国语》，采《世本》，《战国策》，述《楚汉春秋》"，但有《国语》，无所谓《左氏春秋》（详见本书附录一）。在《汉书·刘歆传》里才说：

初，《左氏传》多古字古言，学者传训故而已。及歆治《左氏》，引《传》文以解《经》，转相发明，由是章句义理备焉。

这里明说刘歆引传文以解经；“传自解经，何待歆引；歆引以解，则非传文”，可见解经的《左氏春秋》从刘歆才有的，在汉书上说得再明白不过了。当时诸儒谓“《左氏》不传《春秋》”，及“儒者师丹奏歆改乱旧章，非毁先帝所立”，公孙禄议曰：“国师嘉新公颠倒五经，毁师法，令学士疑惑，宜诛以慰天下（详见本书卷下所引）个中消息，很可见出《左氏》是刘歆杂采诸书，一手编成，所以弄得群情愤激，大家对于他要痛下攻击了！

但是《左氏》记载繁博，文辞淹富，东汉的时候，郑贾之流更将条例，训诂，章句，渐渐增加完备，虽有范升李育他们攻击“左氏不祖孔子，师徒相传又无其人”，多数已受了它的欺骗了！后来杜预在《左氏注序》上说：

> 左丘明受经于仲尼，以为经者不刊之书也，故《传》或先《经》以始事，或后经以终义，或依《经》以辨理，或错《经》以合异，随义而发。

这种说法，直将《左氏》与《春秋》不相合的地方，如：无《经》之《传》，不释《经》之《传》，好多都遮掩了！他在注中又多回护，使得《左氏春秋》更盛行起来！后来刘知几《史通·六家篇》说：

> 予观《左氏》之释经也，言见《经》文而事详《传》内，或《传》无而《经》有，或《经》阙而《传》详，其言简而要，其事详而博，信圣人之羽翮而述者之冠冕也。

他的申左篇更说“《左氏》之义有三长，二传之义有五短”。他将《左氏》的价值抬得比《春秋》和《公谷》都要高些了。不过这样的冒牌的劣货，终瞒不了明眼人的观察。历来道破他本来面目的，也自不少（群见本书附录一）。但是真正对于《左氏》攻击最力的要自唐之啖赵起。啖助说：

> 予观《左氏传》，自周晋齐宋楚郑等国之事最详。晋则每出一师，俱列将佐；宋则每因兴废，备举六卿。
>
> 故知史策之文，每国各异。《左氏》得此数国之史，以授门人，义则口传，未形竹帛。后代学者乃演而通之，总而合之，编次年月以为传记。又广采当时文籍，故兼与子产晏子及诸国卿佐家传，并卜书，梦书，及杂占书，纵横家，小说，讽谏等，杂在其中。故叙事虽多，释意殊少，是非交错，混然难证。（陆淳《春秋纂例·三传得失议》）

赵匡也说：

啖氏因旧说，以左氏为邱明，受《经》于仲尼。今观《左氏》解经，浅于公穀诬谬实繁。若邱明才实过人，岂宜若此？……夫子自比，皆引往人；邱明者，盖夫子以前贤人，如史佚迟任之流。……焚书之后，莫得详知；学者各信胸臆，见《传》及《国语》俱题左氏，遂引邱明为其人……所谓传虚袭误，往而不返者也。

他们一个提出了左氏不是亲见夫子，好恶与圣人同的；一个说《左氏》是后代学者编次年月所作的传记：这比范升所说的证据确然可靠得多了！到了宋朝，叶适说：

《左氏》有全用《国语》文字者；至吴，越语则采取绝少，齐语复不用。盖合诸国记载，成一家之言；惜他书不存，无以徧观也。（据“经义考”引）

罗璧说：

《左传》，春秋，初各一书；后刘歆治《左传》，始取《传》文解《经》；晋杜预注《左传》，复分《经》之年与《传》之年相附，于是《春秋》及《左传》二书合为一。（据《经义考》引）

这两位更差不多将《左传》的原本和他的改编者完全发现了。从啖、赵起，考证《左氏》的书如陆淳《春秋集传辨疑》，刘敞《春秋权衡》，叶梦得《春秋三传谳》，程端学《春秋三传辨疑》，有的攻驳《左氏》的条例，有的批评他所述的义理，有的考证他所记载的事实，都有不少的发现。明末郝敬的《春秋非左》更是专对于《左氏春秋》而发的。《左氏春秋》的真相一天比一天暴露了！

刘逢禄的《左氏春秋考证》，正是继续他们的努力来考订《左氏》而是最有成绩的一部书。刘氏发前人所未发的约有四点：

第一，他发现了《左氏传》之旧名“《左氏春秋》”。他以为《史记·十二诸侯年表序》上只有“鲁君子左丘明作《左氏春秋》”的话，无所谓《左氏传》。他说：

《左氏春秋》，犹《晏子春秋》，《吕氏春秋》也。直称《春秋》，太史公所据旧名也。冒曰“《左氏春秋》”，则东汉以后之以讹传讹矣。（本书页一）

又说：

曰“鲁君子”，则非弟子也。曰“《左氏春秋》”，与铎氏，虞氏，吕氏并列，则非传《春秋》也。故曰“《左氏春秋》”，旧名也；曰“《左氏春秋传》”，

则刘歆所改也。(本书页四六)

他这种话，虽不及后来康有为崔适见到十二诸侯年表序已经是刘歆改了的，虽不及康有为根据《史记·儒林列传》,《河间献王世家》,《太史公自序》等篇，证明史迁所据无所谓《左氏春秋》；然而《左氏春秋传》这个名称，经他如此的破坏，它的威信已全失了。我们知道《左氏传》的名称之不可靠，它这部书当然也有问题了。虽没有像康崔二氏作进一步的证明，这发现也是很有价值的。

第二，他证明了《左氏传》体列与《国语》相似。他在桓十一年说：

《楚屈瑕篇》年月无考，固知《左氏》体例与《国语》相似。不必比坿《春秋》年月也(本书卷上，页一五)

又在桓十七年说：

左氏后于圣人，未能尽见列国宝书，又未闻口授微言大义，惟取所见载籍，如《晋乘》,《楚梼杌》等相错编年为之，本不必坿夫子之经，故往往比年阙事，刘歆强以为传《春秋》，或缘《经》饰说，或缘本文前后事，或兼采他书以实其年。如此年之文，或即用《左氏》文而增"春，夏，秋，冬"之时，遂不暇比坿经文，更缀数语。要之，皆出点窜，文采便陋，不足钆真也。(本书卷上，页一九)

他这话比叶水心更进一步了！叶氏只说"《左氏》有全用《国语》文字者"，尚未从体例上着想；他历举《左氏》比年阙事，年月无考，证明他与《国语》相似，提出《左氏》本不必比附夫子之经的确证了！康有为说他"虽未悟《左传》之摭于《国语》，亦知由他书所采附，亦几几知为《国语》矣!"这确是他的第二个大贡献。我们必须知道了《左氏春秋》原本的体例；当然才可想出他的原料是什么，这样子的过程是再重要不过的。

第三，他攻破了伪造的《左氏传》传授系统。《史记》中无所谓《左氏春秋传》，在《汉书·儒林传》却有了《左氏传》传授的源流；孔颖达《春秋疏》，陆德《明经典释文》也都载有；忽然左氏师徒相传又有其人了！这当然是刘歆之徒所妄造的。刘氏将他们一一地驳斥了！(详见本书页五九，六六，六九。)现在引崔适《春秋复始》上一段话来证明：

刘逢禄曰："《张苍传》曰'著书十八篇，言阴阳律术'而已，不闻修《左氏传》也。《贾谊传》曰'颇通诸家之书'而已，亦未闻其修《左氏传》也。

所著述存者五十八篇，皆与《左氏传》不合。《张敞传》曰：‘本治春秋’；其所陈说以‘《春秋》讥世卿’，‘君母下堂则从傅母’，皆《公羊》义。《萧望之传》曰‘治《齐诗》’，曰‘从夏侯胜问论语礼服’。其《雨雹对》谓‘季氏专权，卒逐昭公’，《伐匈奴对》谓‘大士匄之不伐丧’，亦《公羊》义，未闻引《左氏》也”。适案：尹更始与韦玄成上《罢郡国庙议》，亦引《公羊传》文，文见上篇。《翟方进传》曰“受《春秋》”，则与《公孙丞相》，《董生》，《张苍传》所云无异，皆谓《公羊传》也。无一人可见其为《左氏》学者。

这种传授系统很令人引起偶像的崇拜；刘歆之徒为了使人尊信起见，为了避免攻击起见，所以要托之于张苍贾谊。其实他们至多不过见到《左氏》的原本，《国语》及其它，并非现在的《左传》；否则他们的传上不会每个都遗漏的。刘氏将这伪传授系统一一打破，我们更可明白《左氏》之不传《春秋》了！

第四，他辟出了一条考订伪经的新途径。从前考订《左氏》的人，他们大都是：“以《传》考《经》之事迹，以《经》别《传》之真伪”（用程子语）。啖赵所爱用的方法是“当据《经》文为正”，程端学所爱用的方法也是“当以《经》为正”，这当然是很狭隘的。刘氏的考证便不同了！

（ㄅ）他用对照的方法，援引《鲁世家》（页一），《宋世家》（页七），《陈杞世家》（页一三），《晋世家》（页一五），《卫世家》（页一六），《齐世家》（页二九）、证明《史记》所采《左氏》书文多与现在的《左氏》不合。他援引《列女传》以证明文字之有异同，服杜以后之尚有改窜（页二三）。这种方法，后来如魏源在诗古微上证明《左氏》书中“息夫人不言”那一事与《史记·列女传》不合，康有为在《新学伪经考》上所用之史汉对照法，都似乎受了他的影响的。

（ㄆ）刘氏考证《左氏》，极重《左氏》作伪的痕迹与其增窜之凡例。他辨“不书即位，摄也”说：“此类皆袭《公羊》而昧其义例”（页三）。辨“郑伯克段于鄢”说：“凡‘书曰’之文皆歆所增益”。其它如云“此类释经，皆增游之饰词”（页三），“此类皆无稽之言”（页六）。“凡例皆坿益之辞”（页一一），将刘歆作伪之术完全道破了！

（ㄇ）刘氏说：“《河间献王传》言献雅乐，不言献《左氏·周官》也”（页六六）。这几乎是把康有为《伪经考》所说“《史记》无之”，则为刘歆之伪窜无疑”的铁证发现了。

关于这些，固然他不免受了阎百诗《尚书古文疏证》的影响，但在清代，他确是考订刘歆伪古学的急先锋。康有为在《新学伪经考·汉书河间默王鲁共王传辨伪》上说：“余读《史记·河间献王》，《鲁共王世家》，怪其绝无献王得书，共王坏壁事，与《汉书》绝殊。……又得魏氏源《诗古微》，刘氏逢禄《左氏春秋考证》，反复证勘，乃大悟刘歆之作伪。”可见康氏受他的影响之深。康氏所说的“奸破覆露，霾开日中，发得巢穴，具告童蒙”，实在刘氏已差不多发现了！我们说刘氏辟出了一条考订伪经的新途径，这话他可以当之无愧的。

总之，他这部书不惟揭穿了《左氏春秋》的黑幕，举凡假冒的招牌，粗劣的原料，不清的来路，一一地发现，而且开出一条考订伪经的新路线，几乎把新学伪经的真赃实证都道破，这书的价值不可想见吗！戴望在所撰《刘氏行状》（《謫麐堂遗集》）上说：

先生论《春秋左氏传》，据太史公书，本名“《左氏春秋》”，若《晏子春秋》，《吕氏春秋》比；自王莽时，国师刘歆增设条例，推衍事迹，强以为传《春秋》，冀夺《公羊》博士师法：所当以《春秋》归之《春秋》，《左氏》归之《左氏》，而删其“书法”，“凡例”，及论断之缪于大义，孤章断句之依附经文者，……更成《左氏春秋考证》二卷。知者谓与阎、惠之辨《古文尚书》等。

近来钱玄同先生在《重印新学伪经考序》上也说：

他这部《左氏春秋考证》辨伪的价值，贵与阎若璩的《尚书古文疏证》相埒。阎书出而伪《古文尚书》之案大白；刘书出而伪《春秋左氏传》之案亦大白。

这些话的确是公正的批评。

三

但是一个人的智力终是有限的，刘氏考证《左氏春秋》，尚有许多不彻底的地方：后来经过康有为《伪经考》，崔适《史记探源》，《春秋复始》的补正，刘歆伪《左》的一案才慢慢的定谳。这正如阎氏疏证《尚书古文》有了惠栋的《古文尚书考》，丁晏《尚书余论》而后才定案一样。

第一，关于《左氏春秋》的名称问题。康有为认为不惟“《左氏春秋传》”是冒名，就是“《左氏春秋》”这名称也是假的。康氏说：

或据《史记·十二诸侯年表》云“鲁君子左丘明惧弟子人人异端，各安其意，失其真，故因孔子史记，具论其语，成《左氏春秋》”以相难，则亦歆所窜入者，辨见前。……而谓“《左氏春秋》，犹《晏子春秋》，《吕氏春秋》也；直称‘《春秋》’，太史公所据书名也，冒曰‘《春秋左氏传》’，则东汉以

后之以伪传伪者矣”，盖尚为歆窜乱之《十二诸侯年表》所惑，不知其即《国语》所改，……不得其根源也。（本书附录一）

据康氏所述，则“《左氏春秋》”也是刘歆所伪造的假名称，《十二诸侯年表》也是为刘歆所已窜乱的。后来崔适在《史记探源》中更立七证以证明康氏此说（本书附录二），关于《左氏春秋》的名称的问题总算可以确定了！

第二，关于《左氏春秋》与《国语》的问题。康有为又将这个骗局的本源发现，比《刘氏考证》彻底得多了！康氏说：

《国语》仅一书而志以为二种，可异一也。其一“二十一篇”，即今传本也，其一刘向所分之“《新国语》五十四篇”；同一《国语》，何篇数相去数倍？可异二也。刘向之书皆传于后汉，而五十四篇之《新国语》，后汉人无及之者，可异三也。盖五十四篇者，左丘明之原本也，歆分其大半凡三十篇以为《春秋传》，于是留其残剩，掇拾杂书，加以附益，而为今本之《国语》，故仅得二十一篇也。考今本《国语》：《周语》，《郑语》多春秋前事；《鲁语》则大半敬姜一妇人语；《齐语》则全取《管子小匡篇》；《吴语》，《越语》笔墨不同，不知掇自何书；然则其为《左传》之残余而歆补缀为之至明。

这是用《汉志》的篇数来证刘歆分《国语》为《春秋传》的事实。《左氏》原来就是《国语》的改本，这确是一个惊人的发现。现在《国语》也是“掇拾杂书，加以附益”，然则我们对于《国语》也不可过于信任；《左氏》与《国语》的详略互有不同，这也是将一书瓜分为二的显证（钱先生说详见下方）。近来瑞典人珂罗倔伦著《左传真伪考》（陆侃如有译本），由文法上的统计，证明《左氏》的文法不同于《论语》，《孟子》，——珂氏所谓之“鲁语”，——证明《左氏》的作者不是鲁人。他说：

在周秦和汉初书内，没有一种和《左传》相同的文法组织的：最接近的是《国语》，此外便没有第二部在文法上和《左传》这么相近的了！

这一段话既证明《史记》“鲁君子左丘明作《左氏春秋》”那一段话是窜入的，又是《左氏》和《国语》本是一书的一个很强有力的证据。《左氏》的骗局，总算可以定案了！

这两点，确是刘氏考证中未发明而必须后人为之补正的。此外，他尚未想到崔适在《春秋·复始外篇》，《史记探源序证》中所述“终始五德”，“十二分野”，“变象”，“互体”各项也出于窜乱（详见本书附录二，附录三）。除了这一二点遗漏之外，刘氏这书是可以说不受什么批评的。所以我们要说：“刘书出而伪《春秋左氏传》之案亦太白”。

四

但是阎氏《尚书古文疏证》出，就有毛奇龄、洪良品他们的反驳出来；刘氏这书一出，在古文学家的眼中当然是不欢迎的，当然是要设法推翻它的。章太炎先生是当今的古文学大师，他在所著《春秋左传读叙录》中将《刘氏考证》的下一卷痛驳了！太炎先生之为人与其对于古音学上的贡献是我所极钦仰的，不过他老先生的主张，有些我实在不敢赞同。顾颉刚先生曾说过：

> 他在经学上，是一个纯粹的古文家，所以有许多在现在已经站不住的古文家之说，也还要替他们弥缝。他在历史上，宁可相信《世本》的《居篇》，《作篇》，却鄙薄彝器钱物诸谱为琐屑短书；更一笔抹杀殷墟甲骨文字，说全是刘鹗假造的。……在许多地方，都可证明他的信古之情比较求是的信念强烈得多，所以他看家派过于真理，看书本重于实物。他只是一个从经师改装的学者。（《古史辨》第一册自序）

颉刚先生的批评实在是一点也不错。太炎先生之驳刘氏只是“看家派过于真理”，要将这已经站不住的《左氏传》替它弥缝罢了！他衹将刘氏的下卷反驳，而关于刘氏在上卷所举极重要的本证，章氏的驳辩说是“散在读中”，我们无由拜读。现在只有将章书所述的重要的地方附以答辩，分别地介绍在下面了！

第一，《左氏》的名称问题。关于这一点，章氏以为名称是没有什么关系的。他以为：“名者实之宾，《左氏》自释春秋，不在其名传与否也。正如《论语》命名，亦非孔子及七十子所定，……乃扶卿所名，无害其为孔子语也。”他在总结论上说：

> 《左氏春秋》之名，犹《毛诗》，《齐诗》，《鲁诗》，《韩诗》，《孟氏易》，《费氏易》，《京氏易》，《欧阳尚书》，《夏侯尚书》，《庆氏礼》，《戴氏礼》，举《经》以包《传》也。以为不传孔书而自作《春秋》者，则诸家亦自作《诗》，《书》，《易》，《礼》乎？

章氏这种见解确具相当的理由。但在西汉时只有《公羊传》本名《春秋》，其余一概算不了《春秋》（详见《春秋复始》）。一个真的名称可说是没有关系，一个假冒的名称却应当追究的。《齐诗》，《鲁诗》之类，是因为家派多了，不得不加地域或氏姓以示区别；如果左氏真是亲受之夫子，他何须用“左氏”二字来表区别？《左氏春秋》之不同于《左传》，正如《鲁诗》之不同于《鲁故》，《鲁说》，《齐诗》之不同于《齐后氏故》，《齐后氏传》，《欧阳尚书》之不同于《欧阳章句》，《大小夏侯尚书》之不同于

《大小夏侯章句》；不能一概说是“举《经》以包《传》也”。《左氏春秋》是解经的，他的命名应该先确定，不能拿《论语》来作比。这个假冒的名称，刘氏追究出来了，使《春秋左氏传》冒名的真相暴露出来，是有价值的；何况连《左氏春秋》这个名称根本就是假的呢？所以，章氏的驳辩，仔细看来，至多具有相当的理由，而不能使我们完全赞同。

第二，《左氏》的体例问题。关于这一点，章氏以为：“所谓传体者如何？惟《穀梁传》，《礼丧服传》，《夏小正传》与《公羊》同体耳！毛公作《诗传》，则训故多而说义少，体稍殊矣。伏生作《尚书大传》，则叙事八而说义二，体更殊矣。《左氏》之为《传》，正与伏生同体。然诸家说义虽少，而宏远精括，实经所由明，岂必专尚‘裁辨’，乃得称传乎”？他说：

> 凡言传者，有传记，有传注；……同此传名，得兼传记传注二用。亦犹裴松之注《三国志》，撰集事实，以见同异；间有论事情之得失，订旧史之韪非，无过百分之一；而解诂文义，千无二三。今因《左氏》多举事实，谓之非《传》，然则裴松之于《三国志》亦不得称《注》耶？且《左氏》释经之文，科条数百，固非专务事实者，而云非传之体，则《尚书大传》将又何说？

章氏在这里所说的意见，表面上看来似乎理由充足，但是这些话实在都是极牵强的。《春秋》这部书是孔子所作：“‘笔则笔，削则削’两‘则’字见得极快，……盖褒贬予夺，因事裁制，非一端所可拘，唯化裁因心者能之”（用刘绍攽《春秋笔削微旨》语）。“《春秋》言是其微也”，“《春秋》推见至隐”，替他作传的当然不能像《尚书大传》“叙事八而说义二”，将《春秋》中重要的微言大义忽略过去。“书以道事”，故《尚书大传》说义甚少；《左氏传》是不应当如此的。“《左氏》之为《传》，正与伏生同体”，这正是左氏不传《春秋》的明证。裴松之注《三国志》，是“奉诏采三国异同”，左氏却未闻受命采取异同。《左氏》记事，将许多重要的大事失于记载，或者兼有错误，如记齐桓霸业之简略而失真，这也是不可与裴松之注《三国志》同日而语的。《左氏》释《经》之荒缪，总有科条数百，也正是不传《春秋》的明证。章氏以为“《经》无而《传》有者，悉皆《经》之微言”。然则《左氏》所记与《经》毫不相干的话，如怪力乱神之类（详见《春秋非左》下），与《经》之微言有什么干系？左氏好恶与孔子不同，硬要说他就是左丘明，能亲见夫子，蔑视一切的铁证，这未免太牵强了！

第三，《左氏》传授的问题，关于这一点，章氏费了许多力量，来证明张苍、贾谊等之引用《左氏》，确都治过《左氏》的，《左氏传》是真有传授的。祖护《左氏》的人们大都如此说法。刘师培《左盦集》中也有两篇《周季诸子述左传考》，《左氏学行于西汉考》，这一类的文章，他们用力虽勤，而其结果之不足信还是毫无疑义。我们只看刘歆《让太常博士书》便可以知道了。刘歆移书是为《逸礼》,《古文尚书》,尤其是《左氏春秋》而力争的。他说:“得此三事,以考学官所传,……传问民间,则有鲁国贯公,赵国桓公,胶东庸生遗学与此同”。他只举桓贯庸三家传《书》《礼》之学者,而不举出当时的《左氏》学者来;他连民间的儒生桓贯庸三家都要提到,而不引据朝廷执政的《左氏》大师如张丞相,尹咸,翟方进来说;箇中消息,不够使我们知道当时《左氏》并无师传,张丞相,尹咸,翟方进等传授之说是确实靠不住的么!(参看廖平《古学考》)刘歆既未说出,则《汉书·儒林传》之谓张苍、贾谊等传《左氏》当然是伪托的了!张贾等既经刘逢禄,崔适证明其“无一人可见其为《左氏》学者”,而章氏刘氏不问所根据的材料是否真实,有无窜乱,究竟张贾之引用《左氏》,是现行的《左氏》,还是《左氏》的旧文及其它,而一概认为是治过《左氏》的;这是不足信的。刘氏说:“苍均有书,惜不可考”,足见张苍之治《左氏》是有疑问的。刘氏说:“《贾子新书》足补《左氏》之缺”,章氏也以为“《贾书》,楚惠王等八事,不知采自何书;各记别事,本与《左传》丝毫无涉,……又有《左传》所不载者。……自古人异事同,传记所载何止一端”。足见《贾书》所说的事不一定是根据《左氏》,贾谊之治《左氏》也是有疑问的。章氏刘氏以为在他们书中有许多与《左氏》相同的话,便认定他们是治过《左氏》的,那我们也可以说:“梅赜之《古文尚书》,其亦三代经传袭用梅氏!”(魏源《诗古微》语)这未免太不足信了!

第四,其它重要的问题。要详细介绍章氏的话,在本篇是不可能的。现在姑 就我所感觉的不得不说的几点来说:

(ㄅ)《河间献王传》不言献《左氏》,《周官》,这当然是极重要而驳不了的证据。章氏却说:“传不言献《左氏》,《周官》,亦犹张贾本传不言修《春秋》也”。他将一件小事来比一件大事,不想张贾本传之不言修《春秋》的关系极小,而献《左氏》,《周官》,对于民间古学之兴的关系极大,不可相提并论的。遁辞知其所穷,于此可见一斑。

(ㄆ)“师丹为大司空,亦大怒,奏歆改乱旧章,非毁先帝所立”,这也是一件不可否认的事实。章氏却说:“丹虽大儒,耄荒丧志。据《丹传》:丹上书曰:‘臣闻天威不违颜咫尺’,则固引《左氏》语矣。……一议两歧,岂足以定丹之取舍?”这所说好像是不错的。但如章氏攻击《公羊》,而无形中又许《公羊》“裁辨”(引见前),我们能说不足以定章氏之取舍吗?章氏极端相信《汉志》,而不信《汉志》所说《毛诗》“自谓子夏所传”的话,是否一议两歧?我们能因此否认章氏所有在学术上的贡献吗?据当时的情形看来,说左氏不传《春秋》,不是一个人的意思。师丹即取《左氏》一二语,左氏之不传《春秋》还是无庸置疑的。

(ㄇ)《史记·儒林传》云:“申公独以《诗》为训以教,无传疑”。章氏以为“‘疑’字衍,《汉书》无”。他说:“《汉书·楚元王传》云:‘申公始为《诗传》’。……然据《艺文志》……仍不谓《鲁诗》有《传》也。夫以学官所习,博士所诵,而有《传》无《传》尚有异同之辞,况《左氏》素非所习,其云不传《春秋》,可据以为证哉!”这是以《鲁诗》有《传》无《传》的疑问来证明“左氏不传《春秋》”的不可信;其实《鲁诗》是有《传》的,“疑”字并非衍文(详见马瑞辰《毛诗传笺通释》),不能因《鲁诗》之有疑问而将博士所说“左氏不传《春秋》”的话也推翻的。章氏又以为“孔子自有《书传》”,“《公羊传》亦以《春秋》始作即有《传》,若舍《左氏》即无《传》之可言”。这都是曲解证据,不可以取信的。

总之,章氏所驳刘氏《考证》的话,实际上并没有将他驳倒,而往往自陷于矛盾。一方面极端信任《汉志》,一方面却又信《汉志》所鄙薄的《毛诗》。更谓“《史记·儒林传》不见《左氏》的传授,自是文略”,却不想到如果左氏真有传授,史公年十岁诵古文,正当特别对《左氏》加以叙述,决不会忽略过去的。章氏这样牵强说话,反骂“妄人魏源、康有为辈,鄙儒不考,无足致辨”。顾先生说他“看家派过于真理”,“在现在已经站不住的古文家之说,也还要替他们弥缝”,这种批评真是很够证明了。

五

现在我请略说我们此时研究《左氏春秋》应当注意的问题,举其荦荦大者约有两端,分述于下:

(一)《左氏春秋》与《国语》的关系。这个问题,虽由康有为、珂罗倔伦他们的主张证明《左氏》是由《国语》分化出来的,《左氏》的文字和《国语》最相接近,但仍不免有怀疑这问题的人。最近钱玄同先生在重印《新学伪经考序》上说:

《左传》与今本《国语》,既证明为原本《国语》所瓜分,则瓜分之迹必有可考者。此事当然须有专书考证,我现在姑举出一点漏洞来:

(ㄅ)《左传》记周事颇略,故《周语》所存《春秋》的周事尚详(但同于《左传》的已有好几条)

(ㄆ)《左传》记鲁事最详,而残余之《鲁语》所记多半是琐事;薄薄的两卷中,关于公父文伯的记载竟有八条之多。

(ㄇ)《左传》记齐桓公霸业最略,所谓“管仲相桓公霸诸侯,一匡天下”的政绩竟全无记载,而《齐语》则专记此事。

(匚)《晋语》中同于《左传》最多，而关于霸业之荦荦大端记载甚略，《左传》则甚详。

(万)《郑语》皆《春秋》以前事。

(分)《楚语》同于《左传》者亦多，关于大端的记载亦甚略。

(去)《吴语》专记夫差伐越而卒致亡国事，《左传》对于此事的记载又是异常简略，与齐桓霸业相同。

(孓)《越语》专记越灭吴的经过，《左传》全无。

你看，《左传》与今本《国语》二书，此详则彼略，彼详则此略，这不是将一书瓜分为二的显证吗？至于彼此同记一事者，往往大体相同，而文辞则《国语》中有许多琐屑的记载和支蔓的议论，《左传》大都没有，这更露出删改的痕迹来了！

钱先生这一段话，确是极重要的说明。两书记载一事，有的时间不同：如“晋惠公卒”，《左氏》以为九月（僖廿四年），《晋语》则以为十月。有的人名不同：如“《常棣》之诗”，《左氏》以为召穆公作（僖廿四年），《周语》则以为周文公作。有的地名不同：如“宋之大城”，《左氏》以为萧亳（昭十一年），《楚语》则以为萧蒙。有的事实不同：例如“晋楚争盟”，《左氏》以为“乃先晋人”（哀十三年），《吴语》则以为吴公先歃。这确见《左氏》是经过删改的，它往往采取《国语》的一二句或一段而敷衍成篇，如“曹刿论战”之类（《鲁语》，《左》庄十年），《左氏》的文章，在艺术方面比《国语》好得多了！我们根据现在的《国语》和《左传》，说它们完全出于一人之手，这是不可能的了！但是，我们根据现在的《国语》和《左传》，说它们是两部各不相干的书，这也是不尽然的，从篇数上，详略上看来，它们是同出一原；从文字上看来，它们是很相接近，它们毕竟是很有关系的两部，我请更举两个例来谈谈：

齐孝公来伐，臧文仲欲以辞告，病焉。问于展禽，对曰：“获闻之，处大教小，处小事大，所以御乱也；不闻以辞。若为小而祟，以怒大国，使加己乱，乱在前矣，辞其何益”？文仲曰：“国急矣，百物惟其可者，将无不趋也！愿以子之辞行赂焉，其可赂乎！”……“恃二先君之所职业，昔者成王命我先君周公及齐先君太公曰：‘女股肱周室以夹辅先王，赐女土地，质之以牺牲，世世子孙无相害也’，君今来讨弊邑之罪，其亦听从而释之，必不泯其社稷；岂其贪壤地而弃先王之命，其何以镇抚诸侯？恃此以不恐。”（《鲁语上》）

公使展喜犒师，使受命于展禽。……“恃先王之命，昔周公太公股肱周室，夹辅成王，成王劳之而赐之盟曰：‘世世子孙无相害也。’载在盟府，太师职之。桓公是以纠合诸侯而谋其不协，弥缝其阙而匡救其灾，昭旧职也。

及君即位，诸侯之望曰：‘其率桓之功’，我敝邑用是不敢保聚，曰：‘岂其嗣世九年而弃命废职，其若先君何？君必不然。’恃此以不恐”。（僖廿六年）

这里《国语》所叙，将鲁国连遭兵祸，国家危急，所以要以辞行赂的原因说出，与后来“公子遂如楚乞师”，“公以楚师伐齐取穀”是联贯的（参看《春秋经》）。而《左传》的改本则未将原因说明，忽然地“公使展喜犒师”，并且要慎重的“使受命于展禽”，而退兵的话则比《国语》说得明白多了，但是责齐太过，也不甚合情理。中间加入“载在盟府，太师职之”八字，是《国语》所未有的，《左氏》凭空加入的。（顾氏《补正》：“太师，周之大师，主司盟官。”《左传诂》引武亿云：“师，当作史。”）他的意思，可想而知。又：

莒太子仆弑纪公，以其宝来奔。宣公使仆人以书命季文子曰：“……为我与之邑。……”里革遇之而更其书曰：“……为我流之于夷。……”公执之，对曰：“……毁则者为贼，掩贼者为藏，窃宝者为宄，用宄之财者为奸。……”乃舍之。（《鲁语》上）

仆因国人以弑纪公，以其宝玉来奔，纳诸宣公。公命与之邑。……季文子使司寇出诸竟。……公问其故。季文子使太史克对曰：“先君周公制《周礼》，曰：‘则以观德，德以处事，事以度功，功以食民’。作《誓命》曰：‘毁则为贼，掩贼为藏，窃贿为盗，盗器为奸’；主藏之名，赖奸之用，为大凶德。……是以去之。昔高阳氏有才子八人，……谓之八恺；高辛氏有才子八人，……谓之八元，此十六族也。……舜臣尧，……流四凶族，投诸四裔。……”（文公十八年）

这里《国语》所叙只有《左传》的四分之一的样子；两处人物多不相同，《国语》中里革所说的，在《左传》中变成了“先君周公制《周礼》曰”，“作《誓命》曰”，意义既较明显，文辞也美得多了！我们读到这里，大可以明瞭周公之礼是如何产生的了，《左氏传》是如何改编的了！所谓“十六族”，“四凶”，我们从前总认为是真的，崔觯甫告诉我们说：“于《尧典》人名无一同者，是于禹契为蔽贤，于‘十六族’为攘功”（本书附录三）。看来只是改编的一段欺骗人的谎话罢了！

由此看来，《左氏》是由《国语》改编，时间地点人物事实叙述之不同，或者就是他删改的凭证；所加入的新材料，或是别有所本，或是向壁虚造，这却是我们现在所当努力去研究的事情了。我们不可以随便说两书完全出于一人之手，或者以为是两部各不相干的书；因为作伪者有时故意与所采的原料持相反的论调，如《国语》“民可近也，不可上也”，在《伪古文尚书》中作“民可近，不可下”，上下相反了。康氏说：

“掇拾杂书，加以附益，而为今本之《国语》”。如《左氏》所述关“互体”者甚多，而《国语》中也有一二条，这就是所谓“加以附益”。我们如因此而认定《国语》晚于《左传》，这也似乎是不应当的。

（二）《左氏春秋》与史料的关系。这一点，我在前面已经说过，《左氏》的记事是靠不住的；现在我请再举一二重要的例证以见《左氏》记事非仔细审查不可的理由。

（ㄅ）隐公四年《左氏传》：“宋殇公之即位也，公子冯出奔郑，郑人欲纳之。及卫州吁立，将修先君之怨于郑，而求宠于诸侯，以和其民。……故宋公，陈侯，蔡人，卫人伐郑，围其东门，五日而还”。

程端学《春秋三传辨疑》说：

叶氏曰：“前言穆公属殇公而使公子冯出居于郑，则冯固已自处郑矣，安得殇公即位而后出奔也？”愚谓《左氏》或本其初而言，义亦可通；但“围其东门”之事，未必有也。叶氏又曰：“《经》书‘夏，宋公，陈侯，蔡人，卫人伐郑’，‘秋翚帅师会宋公，陈侯，蔡人，卫人伐郑。’《左氏》谓‘宋公，陈侯，蔡人，卫人伐郑，围其东门，五日而还。秋，宋公来乞师，翚固请以师会而行；诸侯之师败郑徒兵，取其禾而还’。自《左氏》言之，则疑以为实；以《春秋》法言之，则非。何者？前伐果‘围东门’而还，自当书‘围’，后果‘败郑徒兵’而还，自当书‘战’为何但书‘伐’而已乎？且‘乞师’亦当见《经》。盖《左氏》不晓翚不书氏之义，又不晓帅师之义，故于此言‘翚帅师，公不许，翚固请而行。’后翚帅师会齐宋伐郑，言‘翚先会’，皆以专行为帅师之义，而实无有也”。

《春秋经》再书“伐郑”，是“书之重，辞之复”其中是有深意存在的。（此点参看张洽《春秋集注》：清儒孔广森《公羊通义》于文十年曾暗袭其言，陈立《义疏》引之，未悟也。）《左氏》误会为两件事，看它说来言之凿凿，其实都是虚构的。它说：“故书曰‘翚帅师’，疾之也”，隐元年“公子豫请往，公弗许，遂行”，也是非公命的，何以反书疾翚而不疾豫呢？它之虚构事实，结果还是自相矛盾。像这里所述“围其东门”，“败郑徒兵”，这种记载当然不可视为信史。

（ㄆ）宣公十年“崔氏出奔卫”，《左氏》以为是崔杼。家铉翁在《春秋详说》上说：

《左传》以为“崔杼有宠于惠公，高国畏其偪，因惠死而逐之，书崔氏，非其罪也”。愚以岁月考之，是岁至杼弑君，盖五六十年；使杼得年七十，此时方在弱冠，不应权势已甚，为人所畏。

这一件可疑的事，差不多许多人都知道的。《左氏》所述何尝不像真有其事呢？但是这事之不合情理，就其结果而言，很可见得这出奔的崔氏不是崔杼，《左氏》所述当然没有信史的价值。这些都是有应当注意的必要的。我们该对于《左氏》的记载重新加以检查。

以上两点，是我所感觉我们现在研究《左氏春秋》应当注意的问题，希望这两个重要的问题能于最短期间解决，能令我们早早地看得一个水落石出来！

二十一年十一月十一日，张西堂序。

选自顾颉刚编《古史辨》第五册，朴社1935年版。

《荀子·劝学篇》冤词

在寒假中，做得关于讨论《荀子》各篇真伪的一篇文章，预备在暑假中修正全稿，然后公诸同好。现在谨将关于《劝学篇》的先行提出，锡之以嘉名曰《〈荀子·劝学篇〉冤词》，用以见吾人之辨伪，并非是对于什么书都说他是假的；想爱好古书者，当不至于不愿见此《冤词》之说也。

六，八，一九三六

一、《荀子》各篇真伪之假定

现行的《荀子》三十二篇，有的是很杂乱地凑成的。杨倞的《荀子注》说《大略篇》是“弟子杂录荀卿之语”，《宥坐》，《子道》，《法行》，《哀公》，《尧问》，各篇是“荀卿及弟子所引记传杂事”，在《尧问篇》末更说“自‘为说者’以下，荀卿弟子之辞”。这是认定《大略》等六篇不是真的荀卿所作。在他以后，如宋濂的《诸子辨》，胡应麟的《四部正伪》，姚际恒的《古今伪书考》，都没有提出新的意见，其他校注《荀子》的人也没有对于《荀子》的真伪发出什么议论。近来对于《荀子》怀疑的人则比较多，例如胡适《中国哲学史大纲》说：

> 《汉书·孙卿子》三十二篇，又有赋十篇，今本《荀子》三十二篇，连《赋》五篇，《诗》两篇在内。大概今本乃系后人杂凑成的。其中有许多篇，如《大略》，《宥坐》，《子道》，《法行》等，全是东拉西扯拿来凑数的，还有许多篇的分段全无道理：如《非相》后两章，全与《非相》无干；又如《天

论篇》的末段，也和《天论》无干。又有许多篇，如今都在大戴小戴的书中（如《礼论》《乐论》《劝学》诸篇），或在《韩诗外传》之中。究竟不知是谁钞谁。大概《天论》，《解蔽》，《正名》，《性恶》四篇全是荀卿的精华所在。其余的二十篇，即使真不是他的，也无关紧要了。

这里只认《天论》，《解蔽》，《正名》，《性恶》四篇是真的，实在是一种严格的主张，而说“其余的二十余篇，即使真不是他的”，虽未尝即以为伪，而怀疑这些篇数，实在比较前人进步得多了。后来梁任公《要籍解题及其读法》也说：

今案读全书，其中大部分固可推定为卿自著，然如《儒效篇》，《议兵篇》，《疆国篇》，皆称“孙卿子”，似出门弟子记录。内中如《尧问篇》末一段，纯属批评荀子之语，其为他人所述，尤为显然。……然则非全书悉出卿手甚明。

一方面说“大部分固可推定为卿自著”，一方面说“然则非全书悉出卿手甚明”，然而没有详细的推定，则那些是真是伪，当然还是疑莫能明。他对于《荀子》与《戴记》的关系则说：

凡此皆当认为《礼记》采《荀子》，不能谓《荀子》袭《礼记》，盖《礼记》本汉儒所裒集之丛编，杂采各家著述耳。然因此可推见两《戴记》中其摭拾《荀卿》绪论而不著其名者或尚不少。而《荀子》书中，亦难保无《荀卿》以外之著作搀入。盖《荀子》亦由汉儒各自传写，诸本共得三百余篇，未必本本从同，刘向将诸本冶为一炉，但删其重复，其曾否悬何标准以鉴别真伪，则包？所未言也。

这里虽说不能“谓《荀子》袭《礼记》”，而说“亦难保无荀卿以外著作搀入”《荀子》一书，除了“《宥坐》以下六篇宜认为汉儒所杂录，非《荀子》之旧”，“其余二十六篇，有无窜乱或缺损，则尚待细勘”。《荀子》全书的真伪，确是有待于细勘的。我个人对于《荀子》的各篇，是以为当分为六组来看。

第一组：《劝学》，《修身》，《不苟》，《非十二子》，《王制》，《富国》，《王霸》，《天论》，《正论》，《礼论》，《乐论》，《解蔽》，《正名》，《性恶》共十四篇。

这十四篇都可信为真荀子文，有的间有一段或由他篇错入。

第二组：《荣辱》，《非相》，《君道》，《臣道》共四篇。

这四篇有几段可信为真荀子文，但在这四篇中却有几段很可疑为不是荀子所作的。

第三组：《儒效》，《议兵》，《疆国》共三篇。

这三篇非荀子文，应是荀卿弟子所撰述的。

第四组：《仲尼》，《致仕》，《君子》共三篇。

这三篇非荀子文，其思想与文字都极可疑。

第五组：《成相》，《赋》共二篇。

这两篇本与儒家的孙卿子无关。

第六组：《大略》以下六篇。

这六篇宜认汉儒所杂录之辞。

在第一组中，自然《天论》，《解蔽》，《正名》，《性恶》最为可靠，其余十篇正可由此四篇推证其为真荀子所作。在第二组中的四篇大约只有一半可信，故与第一组稍觉不同。第三组三篇是从梁先生的意见。第四组三篇是我个人的假定。其余的两组则旧来有说。不过要证明以上的假定，对于《天论》，《解蔽》，《正名》，《性恶》还需要作一番推证，以见其必为荀子之作，而且对于荀子与大小《戴记》与《韩诗外》相同的地方亦须略为比照而后才能判定其孰真孰伪。

二、《天论》《性恶》等篇之再探

《荀子》《天论》与《解蔽》，《性恶》，《正名》，在胡适之先生是以为全是荀子的精华所在，认为没有真伪问题的，我们由荀子所生的时代看来，《天论篇》所述的“戡天主义”，这种思想的发生确可以认为荀子时代才有的。在《王制篇》说：

王者之法，等赋政事，所以财万物，养万民也：田野什一，关市几而不征，山林泽梁，以时禁发而不税，相地而衰政，里道之远近而致贯，通流财物粟米，无有滞留，使相归移也。四海之内若一家，故近者不隐其能，远者不疾其劳，无幽闲隐僻之国，莫不趋使而安乐之。夫是之谓人师，是王者之法也。

据这一段看来，如云“四海之内若一家”，“无幽闲隐僻之国，莫不趋使而安乐之”，以及东西南北的出产中国都可以利用，泽居的人不会缺乏燃料，山居的人不至于有食无鱼之嗟（见《王制篇》），这都足以表示荀子所生的时代是一个疆域比较扩大，交通比较利便，物产比较丰富的时代。《王霸篇》又说：

关市几而不征，质律禁止而不偏，如是则商贾莫不敦悫而无诈矣。百工将时斩伐，佻其期曰，而利其巧任，如是则百姓莫不忠信而不楛矣。……商贾敦悫无诈，则两旅安，财货通而国求给矣；百工忠信而不楛，则器用巧便而财不匮矣。

这一段不惟足见工商业的发达，而且主张依“财货通而国求给”，“器用巧便而财不匮”，荀子所生的时代，正是物质文明比较从前进步，有了使用利器的工业可以使生产“佻其期日”，有了远征的商旅的来往可以使货财相通，他不必要像墨子那样“忧天下之不足”，这明明的告诉他人力可以征服自然，一切的事情不当听天委命，而要发出：

天行有常，不为尧存，不为桀亡，应之以治则吉，应之以乱则凶。疆本而节用则天不能贫，养备而动时则天不能病，……

的主张以为“错人而思天，则失万物之情”；主张参天役物，而说：

天有其时，地有其财，人有其治，夫是之谓能参。舍其所以参，而愿其所参则惑矣。

圣人清其天君，正其天官，备其天养，顺其天政，养其天情，以全其天功，如是则知其所为，知其所为，知其所不为矣。则天地官而万物役矣。

《荀子·天论篇》的思想正是由于当时社会所造成，可以说是极其显明。在孟子时，虽感觉到“机变之巧”，而未说到器用巧便可使生产加速；在韩非子，虽说“当今争于气力”，则又完全相信“力”之高于一切，故不重礼而重法。荀子略后于孟子，而较早于韩非，他只主张参天役物，这种思想的发生，由孟子与韩非看来，与其时代也正相合，所以他要一反“由天谓之，道尽因矣”的道家思想。《天论》这一是确可无疑为荀子的作品的。

《荀子·性恶篇》是有人以为不是荀子所作，而且讲荀子的往往讲成荀子主张性善，讲孟子的往往又讲得与荀子性恶相去不远；例如戴震《孟子字义疏证》本是发挥孟子之说，而程瑶田《论学小记》则说他“不能不与《荀子·性恶篇》相表里”；焦循《孟子正义》直认“孟子以人能改过为善，决其为性善，伏义之前，人同禽兽，其贪淫争夺，思之可见”，只是“乃若其情（实）则可以为善也”；其实与荀子的化性起伪相去不远了。孟荀性善性恶之分，就他们对于天道的观念看来，他决不会相同的。

孟子说：

万物皆备于我，反身而诚，乐莫大焉。

尽其心者，知其性也；知其性，则知天矣。

孟子以为“万物皆备于我，反身而诚，乐莫大焉”，天道既是善的，人性当然是善，所谓“道大而善小，善大而性小”（王夫之语），只须扩充尽才就能尽心知性，不是改变本性才能善的。荀子的《天论》是要以人力来征服自然，所以对于性也主张化性起伪，不能认为原来是善的了。故说：

故必将有师法之化，礼义之道，然后出于辞让，合于文理，而归于治。今人之性恶，必将待师法然后正，得礼义然后治，今人无师法则偏险而不正，无礼义则悖乱而不治。

他们所处的时代也略不同，孟子虽然也生在战国之世，“争地以战，杀人盈野，争城以战，杀人盈城”，但他还未感觉到长平之战一阬降卒至于四十余万之多；由《孟子》书中看来，似乎他也未感觉到当日诡辩家种种的诡辩，没有像荀子那样批评当日名、墨之“用名以乱名”，“用实以乱名”，“用名以乱实”。孟子还说人性是善。到了荀子，他真要感觉战祸之烈，惨酷已极；名墨之争，诡辩多端；他还可以像孟子一样说人性是善了！他的性恶的主张，也可以说是因时势而产生。

荀子既以为“礼义者是生于圣人之伪，非故生于人之性”；“凡所贵尧禹君子者，能化性，能起伪”；“今人之性固无礼义，故强学而有之也，性不知礼义，故思虑而求知之也”；所以他是极注意“圣”“知”“礼”“学”的。在《解蔽篇》说：

夫何以知？曰：心知道然后可道，可道然后能守道以禁非道，……何以知道？曰心。心何以知之？曰：虚一而静。

又说：

故学也者，固学止之也。恶乎止之？曰：止诸至足。曷谓至足？曰：圣也。圣也者，尽伦者也；王也者，尽制者也。……不好辞让，不敬礼节，而好相推挤，此乱世奸人之说也。

这一篇的大旨正是注重“圣”“知”“礼”“学”的。《正名篇》说：

生之所以然谓之性，性之和所生，精合感应，不事而自然谓之性。性之好恶喜怒哀乐谓之情，情然而心为之择谓之虑，心虑而能为之动谓之伪，虑积焉能习焉而后成谓之伪。

又谓：

性者，天之就也；情者，性之应也；欲者，情之应也。

其意见与《性恶》《解蔽》两篇所说大略相同。《解蔽》《正名》两篇，由《性恶篇》推证起来，也都可以认为是荀子作的。我们从荀子所生的时代，来证明他的《天论·性恶》之决非赝品，而由《天论·性恶》中的理论，来推证《解蔽·正名》之决非伪造，这样子才可以决定其他各篇之孰真孰伪。荀子这四篇与大小《戴记》并无相同之处，没有谁钞谁的嫌疑。《性恶》，《解蔽》，《正名》三篇也无与《外传》相同的处所，《天论》虽有三处与《外传》相同的地方，而是《外传》袭《天论》的（例证从略）。所以这四篇从理论上文字上看来，实是没有真伪问题的。

现在试以此四篇来推证《劝学》之真伪。

三、《劝学》与《外传》《戴记》之关系

《劝学篇》与《外传》文字相同的共有三处，与《大戴记·劝学》也有一大段相同。要讨论这一篇的真伪，我们无妨先将那些相同的地方，对照一下，然后再用《性恶》《解蔽》等篇来推证。《劝学篇》与《外传》相同的三处，其一是：

《荀子》：昔者瓠巴鼓瑟而流鱼出听，伯牙鼓琴而六马仰秣，故声无小而不闻，行无隐而不形，玉在山而草木润，渊生珠而崖不枯，为善不积邪？安有不闻者乎？

《外传》：孟子说齐宣王而不说，淳于髡侍，孟子曰：“今日说公之君，公之君不悦，意者其未知善之为善乎”？淳于髡曰：“夫子亦诚无善耳！昔者瓠巴鼓瑟而潜鱼出听，伯牙鼓琴而六马仰秣，鱼马犹知善之为善，而况君人者也”？孟子曰：“夫雷电之起也，破竹折木，震惊天下，而不能使聋者卒有闻；日月之明，徧照天下，而不能使盲者卒有见，今公之君若此也”。淳于髡曰：“昔者揖封生高商，查人好歌；杞梁之妻悲哭，而人称咏。夫声无细而不闻，行无隐而不形，夫子苟贤，居鲁而鲁国之削何也”？孟子曰：“不用贤，削何有也？吞舟之鱼，不居潜泽；度量之士，不居污世。夫蓺，冬至必彫，吾亦

时矣”。诗曰：不自我先，不自我后，非遭彫世欤？（卷六）

这里《外传》与《荀子》相同的四句，似乎难以辨别谁钞谁的。但在《荀子》以声无小而不闻，承上文；“瓠巴鼓瑟而流鱼出听，伯牙鼓琴而六马仰秣”之言“声”，而引起下文“行无隐而不形，玉在山而草木润，渊生珠而崖不枯”之连用比譬，而结以“安有不闻者乎”，文气是一贯的。《外传》以“瓠巴鼓瑟而潜鱼出听，伯牙鼓琴而六马仰秣”，说“鱼马犹知善之为善，而况人君乎”？这种譬喻是很好的。而以“声无细而不闻，行无隐而不形”，说“夫子苟贤，居鲁而鲁国之削何也”，以“闻”“形”喻“削”，这种比拟就不甚合。只可以说夫子苟贤，居鲁而鲁人必知之，乃至于齐宣王必知之，若说到鲁国之削，牵涉得太远了。《外传》这一段在意义上也不贯串，《汉志》说它本是“或取春秋，采杂说，咸非其本义”，依这一段看来，只有是《外传》采《荀子》，而非《荀子》袭《外传》。

其二是：

荀子：君子之学也，入乎耳，箸乎心，布乎四体，形乎动静，端而言，蝡而动，一可以为法则。小人之学也，入乎耳，出乎口，口耳之间，则四寸耳，何足以美七尺之躯哉？古之学者为己，今之学者为人，君子之学也以美其身，小人之学也以为禽犊。

《外传》：传曰：君子之闻道，入之于耳，藏之于心，察之以仁，守之以信，行之以义，出之以逊，故人无不虚心而听也。小人之闻道，入之于耳，出之于口，苟言而已，譬如饱食而呕之，其不惟肌肤无益，而于志亦戾矣。（卷九）

这一段是《外传》演绎《荀子》而成，在《荀子》是以为己为人为君子小人之别，其界限极分明，而《外传》以“人无不虚心而听也”说君子，而藏之于心，并非为己了。《荀子》“端而言，蝡而动”，这两句比较不好懂，《外传》则省略去，文字比较显明，尤足为《外传》抄《荀子》之证。其三是：

《荀子》：问楛者勿告也，告楛者勿问也，说楛者勿听也，有争气者勿与辨也，故必由其道至然后接之，非其道则避之。故礼恭而后可与言道之方，辞顺而后可与言道之理，色从而后可与言道之致。故未可与言而言谓之傲，可与言而不与言谓之隐，不观气色而言谓之瞽。故君子不傲不隐不瞽，谨顺其身。

《外传》：问者不告，告者勿问，有诤气者勿与论。必由其道至然后接之，非其道则避之，故礼恭然后可与言道之方，辞顺然后可与言道之理，色从然后可与言道之极。故未可与言而言谓之瞽，可与言而不与之言谓之隐，君子不瞽言，谨慎其序。

《荀子》的“未可与言而与之言谓之傲”，是比较难懂的，《外传》改作“瞽”字，就比较显明了。又删去“不观气色而言谓之瞽”，使“未可与言而与之言，可与之言而不与之言”，两两相对，比较整齐，这都足以证明《外传》之抄《荀子》。

至于这一篇与《大戴·劝学》的关系，则《大戴》与《荀子》相同的只由篇首至“玉在山而草木润，渊生珠而崖不枯，为善而不积乎，岂有不至哉”这几句止？《大戴》在以下说：

> 孔子曰：“野哉！君子不可以不学，见人不可以不饰，不饰无貌，无貌不敬，不敬无礼，无礼不立。夫远而有光者饰也，近而逾明者学也。譬之于袴邪，水潦灟焉，莞蒲生焉，从上观之，谁知其非源泉也？”珠者，阴之阳也，故胜火；玉者，阳之阴也，故胜水，其化如神。故天子藏珠玉，诸侯藏金石，大夫畜犬马，百姓藏布帛。不然，则强者能守之，知者能秉之，贱其所贵，而贵其所贱。不然，矜寡孤独，不得焉。子贡曰：“君子见大川必观，何也？”孔子曰：“夫水者，君子比德焉：偏与之而无私，似德；所及者生，而不及者死，似仁；其流行卑下倨句皆循其理，似义；其赴百仞之谿不疑，似勇；浅者流行深渊不测，似智；弱约危通，似察，受恶不让，似贞；苞里不清以人，鲜洁以出，似善；化必出，量必平，似正；盈不求概，似厉；折必以东西，似意。是以见大川必观焉”。

《大戴》在这三段所说的与《劝学》愈来愈没有关系。说“天子藏珠玉”，与“见大川必观”两段各不相谋，显见得《大戴》这一篇完全是“杂采各家著述”，然则其第一段自篇首至“为善而不积乎，岂有不至哉”当然是采取《荀子》的。即就与《荀子》相同的文字来看，《大戴》采《荀子》，文字也较浅近，如“冰水为之”改作“冰则为冰”，“强自取柱”改作“强自取折”，“质的张而弓矢至”，改作“正鹄张而弓矢至”，“驽马十驾”改作“驽马无极”，“蟹六跪而二螯”改作“蟹二螯八足”，“无冥冥之志”改作“无愤愤之志”，“无惛惛之事”改“无緜緜之事”①，都比较地易懂。衹有《荀

① 案“冥冥”“惛惛”，杨注谓“皆专默精诚之谓也”，望文生训，《王氏集解》从之，非是。《荀子》上文谓“锲而不舍，朽木不折；锲而舍之，金石可镂”，实谓学当黾勉。“冥冥”“惛惛”，实即黾勉之意。“冥”“黾”双声，古字通用。《左传·定公四年》“大队直辕冥阨”，冥阨即鄳阨也。《战国策》“填黾塞之防，以黾为之塞”，汉置鄳县，即《左氏传》冥阨地也。“惛”“忞”“暋”“昬”声近字通。《尔雅·释诂》“昬，强也”。《书·盘庚》“不昬作劳”，郑注“勉也”，并足证。《大戴记》袭《荀子》，不知《荀子》“冥冥”“惛惛”之意，故改为“愤愤”“緜緜”，然实不及《荀子》也。

子》的"而日参省乎已",《大戴》作"如日参乎已",比较晦涩,但《大戴》一本也作"而日参省乎已",则两书的原文究竟如何在现在颇难以判明。《荀子》的"兰槐之根是为芷",大戴作"兰氏之根,怀氏之苞",依孔广森《大戴礼记补注》:"氏语词,怀读为杯,《尔雅》曰"杯,槐;大叶而黑"。苞,本也。则《大戴》是有意分别地说,使其意义比较显明,不过氏为语助,怀杯通假,在现在觉着难懂而已。如此看来,《大戴》记之抄袭《荀子》,其痕迹极显然。如《荀子》袭戴记,不会难懂的反多些。

四、由《天论》等篇推证《劝学》

(1)荀子在《天论》,《解蔽》,《正名》,《性恶》四篇,主张参天役物,化性起伪,隆礼义,重师法,荀子是不得不重学的。在这一篇如云"木受绳则直,金就砺则利","教使之然也",正是化性起伪的说法,开宗明义,就可见出是荀子的思想,其证一。

(2)这一篇说:"学恶乎始,恶乎终?"曰:"其数则始乎诵经,终乎读礼。其义则始乎为士,终乎为圣人,真积力久则人,学至没而后止也"。与《解蔽篇》所说:

> 故学也者,固学止之也。恶乎止之?曰:止诸至足。曷谓至足?曰圣。

重一"止"字,重一"圣"字,两篇意见完全相同,其证二。

(3)《劝学篇》极重"积"字,如云"真积力久则入"。如云"积土成山,风雨兴焉;积水成渊,蛟龙生焉;积善成德,而神明自得,圣心循焉"。与《正名篇》所说:

> 虑积焉,能习焉,而后成,谓之伪。

《性恶篇》所说:

> 化师法,积文学,导礼义,为君子。
>
> 圣人积思虑习伪,故以生礼义而起法度。
>
> 今使涂之人伏术为学,专心一志,思索孰察,加日县久,积善而不息,则通于神明,参于天地矣。故圣人者,人之所积而致矣。

注重积伪的意义相同,其证三。

(4)《劝学篇》说:"蟥无爪牙之利,筋骨之强,上食埃土,下饮黄泉,用心一也。蟹六跪而二螯,非蚍蟺之穴,无可寄托者,用心躁也。……目不能两见而明,耳不能两听而聪,……故君子结于一也"。与《解蔽》所说:

> 何以知道?曰心。心何以知之?曰虚壹而静。……虚壹而静,谓之大

清明。

自古及今，未尝有两而能精者也。

意见正相符合，都是注重专一的，其证四。

(5)《劝学篇》说："将原先王，本仁义，则礼正其经纬蹊径也，若挈裘领，诎五指而顿之，顺者不可胜数也。不道礼宪，以诗书为之，譬之犹以指测河也，以戈舂黍也，以锥飧壶也"。重礼过于《诗书》，与《性恶篇》所谓：

今人之性恶，必将待师法然后正，得礼义然后治。今人无师法则偏险而不正，无礼义则悖乱而不治。古者圣王以人之性恶，以为偏险而不正，悖乱而不治，是以为之起礼义，制法度，以矫饰人之情性而正之，以扰化人之情性而导之也，使皆出于治合于道者也。

特意地重视礼法，其意见也正相符合，其证五。

(6)《劝学篇》以为"君子生非异也，善假于物也"。历举所系者然，所立者然，所渐者然，以明君子居必择乡，游必就士，所以防邪僻，而近中正也。对环境极其重视。故说"学莫便乎近其人，学之经莫速乎好其人"。在《性恶篇》说：

夫人虽有性质美而心辩知，必将求贤师而事之择良友而友之。得贤师而事之，则所闻者尧舜禹汤之道也。得良友而友之，则所见者忠信敬让之行也，身日进于仁义而不自知也者，靡使然也。

这正是近其人，好其人的办法。旨意相合，其证六。

(7)《劝学篇》所用的文字也多与《解蔽》等篇相同，如云："安特将学杂志"，与《解蔽篇》：

案直将治怪说，玩奇辞，……

"安特将"与"案直将"文法是一样的。又如《劝学篇》说"故诵数以贯之"。而在《正名篇》亦有：

则虽守法之吏，诵数之儒，亦皆乱也。

"诵数"也是荀子常用的。《劝学》与《解蔽》等篇自当出于一手，其证七。

(8) 最重要的是《劝学篇》说五经而不及《易》，足为其文字成立甚早的确证。《劝学》提到五经的有两处：

(a)《礼》之敬文也，《乐》之中和也，《诗》《书》之博也，《春秋》之微也，在天地之间者，毕矣。

(b)《礼》《乐》法而不说，《诗》《书》故而不切，《春秋》约而不速。

这里绝不谈到《易经》，而说是“在天地之间者毕矣”，仿佛不知道天壤间有所谓《易经》也者，可以作为儒家的经典的。这尤其应当是荀卿时代的作品的明证。若《非相》末段与《大略篇》中间竟说到《易》，荀子为知《易》者，则不当说“在天地之间者毕矣”。若此篇为其弟子或汉儒所作，也不当如此说法了！所以据这一点来看，不需要《解蔽》《性恶》的证明，也可以断定《劝学》为荀子时代的产物，决非由《外传》《戴记》混入的，然则怀疑这一篇之谁钞谁的，而以为《荀子》与《外传》《戴记》相同，最好不要信为荀子所作，我们真要替《荀子》大鸣其冤了！《吕氏春秋·劝学》等篇中之教育思想，较《荀子》此篇进步，亦其一证。兹姑从略。

该文首次刊于《北京晨报·思辨》1936年第40、41期。选自罗根泽编《古史辨》第六册，上海开明书店1938年版。

杨 宽

杨宽（1914—2005)，字宽正，江苏青浦（今属上海市）白鹤江镇人。曾就读于苏州中学师范科，1936 年毕业于光华大学中文系，师从史学大家吕思勉先生以及蒋维乔、钱基博两位先生。1936 年参与上海博物馆筹建工作，1946 年任上海博物馆馆长兼光华大学历史系教授，1953 年任复旦大学历史系教授，1960 年调任上海社会科学院历史所副所长，1970 年又回复旦大学历史系任教授。历任上海市文物保管委员会主任秘书、古物整理处处长，上海市博物馆馆长，中国先秦史学会第一至三届副理事长。他在 1949 年前任上海市立博物馆馆长期间，对保护国宝毛公鼎与阻止著名的山西浑源李峪村出土铜器盗运出口作出贡献。20 世纪 90 年代以来，杨宽老骥伏枥，壮心不已，又在上海人民出版社连续出版了许多著作：《西周史》(1999 年 11 月)、《战国史》(增订本，1998 年)、《中国古代都城制度史研究》(2003 年)、《中国古代陵寝制度史研究》(2003 年)、《杨宽古史论文选集》(2003 年)、《历史急流中的动荡和曲折》(台北：时报文化出版企业有限公司 1993 年）等。另外著有《墨经哲学》、《中国历代尺度考》、《古史新探》、《吕氏春秋集释》（与沈延国合作)、《中国古代冶铁技术发展史》、《战国史编年辑证》等。90 年代又曾在《文学遗产》杂志上发表了研究有关长沙子弹库楚帛书创世神话的研究文章。曾参与修订《辞海》、编绘《中国历史地图集》先秦部分、标点《宋史》的工作。

读《禅让传说起于墨家考》

禅让传说是古史上的美谈，从来聚讼不一，到现在还是得不到一个结论。从顾颉刚先生做了这篇《禅让传说起于墨家考》(《北平研究院史学集刊》第一期）对于禅让传说的前因后果考得十分精详，可以说禅让传说的问题，已经解决了一半。我们只要再稍加探讨，便不难得到一个定论了。

查第一个明白批评禅让说的，当推荀子。《荀子·正论篇》把尧舜擅让称为“世俗之为说”，以为“天子者，势位至尊，无敌于天下，夫有谁与让矣”。原来荀子个性恶论者，又是主张“法后王”的，所以他不信古代有这等盛事！荀子的历史哲学是一种“古今一度”论，以为“古今一度也，类不悖，虽久同理”，“欲观千岁，则数今日”（《非相篇》），荀子既然把古今看得一样，他眼见当日人王的作威作福，决不肯让位，以为“有擅国，无擅天下，古今一也”：因此便断言禅让传说“是虚言也！是浅者之传，陋者之说也；不知逆顺之理，小大至不至之变者也；未可与及天下之大理者也”。荀子的反对禅让说，只是因为他的学说不合，并不是客观的批判。《韩非子》说“孔子墨子俱道尧舜而取舍不同”，诸子的“取舍”只是随他们自已的心，所以有“不同”，禅让传说因为不合荀子的心，就不免要“舍”了。

第二个明白反对禅让说的是韩非子。《韩非子·说疑篇》直捷爽快的说：“舜逼尧，禹逼舜，汤放桀，武王伐纣，此四王者，人臣弑其君者也，而天下誉之”！以为尧舜也只是逼伐，并非禅让！韩非子一面说尧舜逼伐一面又痛骂尧舜禅让是“反君臣之义，乱后世之教”，以为“至今人子取父之家，人臣取君之国”，都是尧舜传下来的祸根（《忠孝篇》）。但韩非子虽则骂尧舜禅让，却又承认禅让传说，并且用上古社会情况来加以解释：“尧之王天下也，茅茨不翦，采椽不断，粝粢之食，藜藿之羹，冬日鹿裘，夏日葛衣，虽监门之服养不亏于此矣！……以是言之，夫古之让天子者，是去监门之养而离臣虏之劳也，故传天下而不足多也”（《五蠹篇》）。原来韩非是个功利主义者，所以也反封禅让说，他知“孔子墨子俱道尧舜而取舍不同，皆自谓真尧舜”，孔墨二派不免有些托古改制，韩非看出此秘诀，因此也造出了“禹逼尧，禹逼舜”的说法。同时韩非子的历史哲学是“进化论”，以为“世异则事异，事异则备变”（《五蠹篇》），他并且还指出社会经济是逐渐进步的，认为古代人王为人民服务很是困苦，因此又承认了禅让传说。韩非子一会儿以为尧舜逼伐，一会儿又承认有禪让，也只是随口托古而已！

其次怀疑禅让说的，那要算晋的嵇康和唐的刘知几。嵇康看见曹丕受了汉献帝的禅让，说道：“舜禹之事，吾知之矣”！他因而非起尧舜来，像这样的非难尧舜，只是受了时代的刺戟［激］发出来的议论，也并不是研究古史！唐刘知几著《史通》，他在《疑古篇》里对于禅让传说更大加怀疑，实是用考据方法来否定禅让说的第一人。可是所据的史料，只是《汲冢琐语》之类，诚如章炳麟所谓：“若据以疑儒墨之传说，是为信近惑远”。刘知几说：“《山海经》谓放勋之子为帝丹朱，……得非舜虽发尧，仍立尧子，俄又夺其帝者乎”？其实丹朱就是朱明昭明和祝融，（详拙作《丹朱驩兜与朱明祝融》）本来也是古代崇拜的天神，《国语》曾称丹朱之神降于莘，朱明昭明祝融原是东夷系神话中的人物，《山海经》本来也是偏于东夷系神话的书，所以尊丹朱为帝丹朱。

刘知几的论证是根本不能成立的。

到近代，康有为著《孔子改制考》，又指出禅让说是孔子的托古改制，我们也不能相信。孔子是最审慎的人，他自称“述而不作”，又明白的说：“夏礼吾能言之，杞不足征也；殷礼吾能言之，宋不足征也。文献不足故也。足，则吾能征之矣”（《论语·八佾》）。他深叹夏殷之礼文献不足征，不敢相信“吾能言之”的传说，孔老先生对于治史态度的审慎从此可见。他对于夏殷尚且如此审慎，那里敢造出唐虞禅让的故事呢？况且他是主张“从周”的：“周监于二代，郁郁乎文哉！吾从周”！（《八佾》）又想梦见周公：“甚矣吾衰也，久矣吾不复梦见周公”！孔子不是个欢喜远托皇古的人，他并不像以后的诸子那样欢喜随口讲古史。《论语》里提及尧舜的几条都有后人加入的嫌疑，赵肖甫先生已著有十多万字的考证，童书业先生也著有《仲尼不述尧舜考》。仲尼连尧舜都没有述过，则禅让的故事当然不是他老先生编造的了。

自从“古代社会”的学说传入了中国，就有许多人出来用古代社会的情形来解释古史传说。郭沫若先生《中国古代社会研究》便以为尧舜禅让只是一种氏族社会中的酋长选举制，近来钱穆先生著《唐虞禅让说释疑》（见《史学》第一期），说得更有条理，可是依然“释”不了我们的“疑”禅让的传说，最早见于《墨子》，为什么以前的旧籍不见？根据现代民俗学家的研究，原始的人民记忆力并不十分强，要靠十口相传，从氏族社会一直传到战国再著录于书，怕不是容易的事吧！

较可信服的，便是顾颉刚先生这篇《禅让传说起于墨家考》。尚贤之说，墨家倡导最力，禅让的说法，也最早见于《墨子》，《墨子·尚贤上》说：

> 故古者尧举舜于服泽之阳，授之政，天下平。禹举益于阴方之中，授之政，九州成。汤举伊尹于庖厨之中，授之政，其谋得。文王举闳夭泰颠罝罔之中，授之政，西土服。

《尚贤中》说：

> 古者舜耕历山，陶河濒，渔雷泽，尧得之服泽之阳，举以为天子，与接天下之政，治天下之民。……

《尚贤下》也说：

> 是故昔者舜耕于历山，陶于河濒，渔于雷泽，反于常阳，尧得之服泽之阳，立为天子，使接天下之政，而治天下之民。

杨筠如先生著《尧舜的传说》（中山大学《历史语言研究所周刊》）根据了这点便说：

《尚贤上》……，这里虽没有明白说，有禅让的这种关系已经明明白白了。……这里“立为天子，使接天下之政而治天下之民”的话，便造成了《孟子》尧老舜摄的说法。

《墨子·尚贤》《尚同》等十论，都有上中下三篇，并不是一时的作品；上篇文义简要，中篇较繁，下篇最是文繁好辨，上篇的时代最早，中篇次之，下篇最晚（余有《墨子各篇作期考》，刊《学艺》十三卷一期）。《尚贤上》把尧举舜，禹举益，汤举伊尹，文王举闳夭泰颠并举，一样的是“授之政”。《尚贤中》《尚贤下》才说“举以为天子”“立为天子”禅让说的曾经墨家改造而扩大推演，是不可否认的事实！

自从顾颉刚先生发表了这篇《禅让传说起于墨家考》，不久赵肖甫先生就提出了几个反证来证明历？以前是有小人登王位小臣登相位的事实的：

《书·无逸》说：

其在高宗，时旧劳于外，爰暨小人。……其在祖甲，不义惟王，旧为小人；作其即位，爰知小人之依。

可证高宗祖甲都曾为小人。《齐侯钟》说：

成唐（汤），有严在帝所，尃受天命，翦伐司，败乎灵师。尹小臣隹辅。

这也和《墨子》说相合，可证伊尹本为小臣，后登相位；《墨子》并无甚造謡之处。不过我们觉得尧舜禅让故事的内容，渗入了不少墨家思想的成分，确是显明的事实，好比《庄子》的鼓吹尧让许由的故事，而尧让许由的故事乃是尧让四岳伯夷故事的转变，许由和伯夷是一人的分化，明陈霆《两山墨谭》及清宋翔凤《尚书略说》都曾有明证，（详拙作《许由皋陶与伯夷四岳》）这故事是有来源的；可是许由说：“鷦鷯巢于深林，不过一枝；偃鼠饮河，不过满腹。归休乎君，予无所用天下为”（《庄子·逍遥游》）！许由怡然自得不肯为天下，这却分明是道家的思想。《墨子》所记的尧舜禅让故事的内容，一定也是墨家的思想，《荀子》所以要痛骂禅让说是“世俗之为说”，是“浅者之传，陋者之说，……”也正因为这是墨家所鼓吹的传说。

那末禅让说的真正来源在那里呢？我以为一定是出于神话。郭沫若先生在《先秦天道观之进展》一书（初为日文，书名《天的思想》，在日本出版，后自译为中文，由商务刊行）中说：

《左传》襄九年还有一段关于阏伯的话，便是：

陶唐氏之火正阏伯居商丘，祀大火，而火纪时焉。相土因之，故商主大火。

此以阏伯为陶唐氏之火正，参照昭元年传文（“昔高辛氏有二子，伯曰阏伯，季曰实沈，……后帝不臧，迁阏伯于商丘，主辰……”）可知陶唐氏即是后帝。高辛氏帝喾据上述帝俊传说知即帝舜，帝舜在儒家的经典上是受了陶唐氏的禅让而为人王的，但照传说上看来，这禅让的一幕史剧是应该演在天上的。

这说法真是个可宝贵的发现，可惜郭先生没有提出充分的证据。尧舜本来是古神话中的上帝，舜便是帝俊帝喾和大皞，是殷人东夷的上帝；《商颂玄鸟》：“天命玄鸟，降而生商”，而后世传说帝喾生商契，可见帝喾无疑地是天帝。帝俊在《山海经》中，连日月也是他所产生的，当然也是上帝。《天问》说：“帝降夷羿，革孽夏民（下民）”，而《山海经·海内经》说：“帝俊赐羿彤弓素矰，以扶下国”，“帝”和“帝俊”因为是上帝，所以与下民下国相对（证详拙作《舜与帝俊帝喾大皞》）尧便是颛顼，是周人和西羌的上帝，《墨子·尚贤中》说鲧是帝（上帝）之元子，给帝刑于羽郊的，而后世传说鲧是颛顼的儿子而为尧所殛，这分明尧和颛顼是一帝的分化，本来是上帝。《尚书·吕刑》说上帝“遏绝苗民”，曾命三后伯夷禹稷“恤功于民”，曾命重黎“绝地天通”，而后世传说尧伐有苗，尧有臣伯夷禹稷，颛顼命重黎绝地天通，这也可证尧和颛顼确是一帝的分化，本来是周人和西羌（吕姜姓，姜本羌族）所崇奉的大神，（证详拙作《尧与颛顼》）尧舜原来既都是神话中的上帝，那么尧舜禅让的传说是从神话化来，实在算不得怪事！

最显见的，《国语·周语》下说：

……星与日辰之位，皆在北维，颛顼之所建也，帝喾受之。

颛顼原来是个建造北维的星与日辰之位的人，不用说是上帝了；上帝颛顼造好了星与日辰之位后来授给帝喾，当然是让帝喾来做上帝。尧是颛顼的分化，舜是帝的喾分化，尧舜禅让的故事当然也是颛顼与帝喾授受“星与日辰之位”的神话的演变。帝喾受了星与日辰之后怎样呢？《鲁语上》说：

帝喾能序三辰以固民。

这是说帝喾把日月星辰排列成次序了。这便是演在天上的一幕上帝禅让的趣剧。现在民间还有刘大帝让位给张大帝的神话，神话中原有上帝让位的故事，本来不是希罕的！

这上帝禅让的神话是怎样发生的呢？据我的推测，这是东西民族混合的结果。颛顼和尧原是周人西羌的上帝，帝喾和舜原是殷人东夷的上帝，在春秋战国之世，东西民族已经混杂，东西民族的神话也相淆乱，天上的上帝本该只有一个，可是这时因东西民族的混杂，上帝有了两个，一个是颛顼——尧，一个是帝喾——舜，怎么办呢？殷人东夷的文化，本来要比周人西羌的高，只因历人东夷被周人西羌用武力征服了，在政治上不能抬头，因此殷人东夷的宗教也遭受了压迫，殷人东夷的神道，如夷羿之类，都被说成恶神。可是周人武力能征服殷人东夷，文化决不能征服殷人东夷，周人用的文字还是殷人的文字，一切文化也都承袭着殷人，而且时间长久了，民族间的忌恨也慢慢淡薄起来，东周以后，文化中心更向东移，于是殷人东夷的神话又渐渐抬起头来了，结果竟把周人的祖先神后稷也说成了帝喾帝俊的儿子。古史传说里说尧让位于舜，把一切好事都说在舜的身上，怕也是这个原因。《孟子·万章上》说：

> 咸丘蒙问曰："语云：盛德之士，君不得而臣，父不得而子。舜南面而立，尧帅诸侯北面而朝之，瞽瞍亦北面而朝之；舜见瞽瞍，其容有蹙。"孔子曰："於斯时也，天下殆哉，岌岌乎！"不识此语诚然乎哉？孟子曰："否。此非君子之言，齐东野人之语也。尧老而舜摄也。"……孔子曰："天无二日，民无二王。"舜既为天子矣，又帅诸侯以为尧三年丧，是二天子矣。

其实真正的齐东野人之语，并不以为有二天子，实在是二天帝，因为天无二帝，才造出了禅让的说法。

1939 年 4 月

选自吕思勉、童书业编《古史辨》第七册下编，上海开明书店 1941 年版。

游国恩

游国恩（1899—1978），字泽承，江西临川人。著名文学史家、楚辞学专家。1919年毕业于临川中学（即今之抚州一中），1920年考进北京大学国文系预科，1922年升入本科，1926年毕业，回到江西执教于中学。1929年由于闻一多先生的推荐，去武汉大学，任中文系讲师；1931年又应闻先生的邀请，由武汉到青岛大学（后改称山东大学）任教；1936年再回武汉，任华中大学教授。抗战中，1938、1939年随校迁到广西桂林和云南大理。1942年，应北京大学兼西南联大中文系主任罗常培先生之约，到内迁至昆明的母校任教。抗战胜利后，随北大复员回北京。1952年，北大、清华、燕京三校文理科合并于北大，游先生任合并以后的中文系文学史教研室主任，一级教授。1978年6月，因肺炎住院，不治而逝，享年79岁。

荀卿考

荀子，赵人，姓荀氏，荀亦作“孙”。《史记·孟荀列传》称荀卿；《战国策》，刘向《孙卿书录》，班固《汉书·艺文志》，应劭《风俗通义》都称孙卿；韩婴《韩诗外传》称孙子；《荀子》书中多称孙卿子。司马贞、颜师古等都说因避汉宣帝讳询，故改称“孙”。顾炎武、谢墉则谓汉人不避嫌名，荀之为“孙”，如孟卯之为“芒卯”，司徒之为“信都”，不过是语音之转。胡元仪作《郇卿别传》，却谓荀当作“郇”；荀子是周郇伯的苗裔，而郇伯又是公孙的后代，或以“孙”为氏，故又称孙卿。以上诸说，当以颜谢二家为最通。

名况，字卿。《郇卿别传》云：“昔孟子为卿于齐，荀子亦为卿于齐；虞卿为赵上卿，时人尊之，号曰‘虞卿’；郇卿亦为赵上卿，故人亦卿之而不名也。”按胡氏以卿为尊之之词，殊为不当；故近人江瑔驳之曰：“刘向叙云：‘兰陵人喜字为卿，盖以法孙卿也’。此为荀子字卿之确证”（见《读子卮言》）。这话驳得极是。

他年十五，始来游学于齐。按十五，司马迁及刘向都作五十，惟应劭《风俗通义·穷通篇》不误。晁公武《郡斋读书志》谓《史记》所云“五十”为“十五”之讹。汪中《孙卿子通论》据《颜氏家训·勉学篇》“荀卿五十，始来游学”之文，谓之推所见《史记》古文已如此，未可据以为讹字（见《述学》）。胡适之先生也主张“五十”之说。他在《中国哲学史大纲》里复加以解释云：“不知本文说的‘年五十始来游学’，这个‘始’字含有来迟了的意思。若是‘年十五’，决不必用‘始’字了”。这个或者胡先生是错的。因为一来《史记·荀子传》说的“年五十，始来游学于齐”，应该注意“游学”二字。游学与游宦和游说不同；荀子游学与齐，与孟子游梁，墨子游楚，和苏秦游说六国不同。他来齐国游学，必在少年时代。“始”字本训为初，意思是说荀子十五岁的时候，初到齐国来读书。若五十岁才来齐国读书，那未免太迟了。按《颜氏家训·勉学篇》云：“荀子五十始来游学，犹为硕儒。公孙宏四十余方读《春秋》，以此登丞相。……此并早迷而晚寤也。”颜氏也觉得荀子来迟了；然借此亦可证明他这番游齐，是专为读书而来的。二来因为荀子在齐曾做过三次祭酒。他这番来齐，是第一次。胡先生假定他年五十始游于齐，在西历二六五至二六〇，是当齐王建初年，那么还有二次祭酒又在什么时候做的呢？故我以为应劭“十五”的记载是对的，并且应当拿他来订正《史记》及刘向的错误。

桓宽《盐铁论·论儒篇》云：

及湣王奋二世之余烈，南举楚淮，北并巨宋，苞十二国，西摧三晋，却强秦，五国宾从。邹鲁之君，泗上诸侯皆入臣，矜功不休，百姓不堪。诸儒谏，不从，各分散：慎到接子亡去；田骈如薛；而孙卿适楚。

按齐湣王三十八年（前二八六），灭宋；矜功黩武，民不能堪。从《盐铁论》看来，那时荀子大概与诸儒同在列大夫之列。他为列大夫，当在学成之后，其时大约总有三十岁。试以他年十五来齐推之；则他当在湣王二十四年（前三〇〇）始来齐国游学；再上推他的生年，当在周赧王元年（前三一四），即湣王的十年。《郇卿别传考异》谓荀子以齐湣王三十九年（前二八五）来齐。试以荀子是年十五岁推起来，当生于赧王十六年（前二九九）。这话大概是错的。若荀子果生于赧王十年，至齐王建初年，不过三十余岁，《史记》安得说他“最为老师”？这是他第一次在齐国为祭酒。

诸儒谏湣王，不听，故各各分散去了。荀子便在那些分散者之中。（按《荀子·强国篇》有说齐相一章，正是谏湣王矜功的事。）不到一两年，果然五国伐齐，湣王奔莒，被杀。那时齐国大乱，稷下之士，大概亡散尽了；及襄王复国，必再招集亡散诸子，“不治而议论”。司马迁、刘向诸人所说的“齐尚修列大夫之缺”，即是指此。荀子在楚不久，必曾应襄王的召，复至齐为列大夫，大约在襄王初年（前二八〇顷）。这是他第二次在齐国为祭酒。

刘向《孙卿书录》云："孙卿应聘于诸侯，见秦昭王……及秦相应侯，皆不能用也。"按齐襄王十八年（前二六六），当秦昭王四十一年，范雎相秦，封应侯。可见他自齐襄王十八年以后，必去齐游秦。《孙卿书录》又云："至赵，与孙膑议兵赵孝成王前。"按齐襄王十九年（前二六五），当赵孝成王元年，秦伐赵。赵是他父母之邦，他自然要回到本国去。按《荀子·议兵篇》只载他与临武君议兵于赵孝成王前，而没有说明临武君究竟是谁，故刘向以为就是孙膑。但考齐宣王二年（前三四一），即赵肃侯九年，使孙膑救赵，大败魏师于马陵。庞涓称他为竖子，他至少总有三十岁；至赵孝成王初年，快一百二十岁了。无论他能不能活到这么高的寿，而一个刖了足的老人，还会到赵国去议兵，未免不近情理；所以胡先生说他可笑。杨倞《议兵篇注》谓临武君是楚将，未知姓名。他引《楚策》云："天下合从，赵使魏加见春申君曰：'君有将乎？'春申君曰：'有矣，仆欲将临武君'。魏加曰：'……今临武君尝为秦孽，不可以为拒秦之将'"。可知此临武君另是一人，不是孙膑，荀子与他议兵于赵孝成王前，不知在何年。按《楚策》，赵使魏加求将于春申君，春申君欲将临武君，那时春申君必已为楚相；而他相楚在楚考烈王元年（前二六二）即赵孝成王四年：则议兵之事，大约即在是年或是年以后。

按刘向《孙卿书录》叙荀子再为兰陵令后，应聘于诸侯，见秦昭王及应侯，皆不能用，遂至赵，议兵于赵孝成王前。而胡元仪《郇卿别传》则叙他初为兰陵令，春申君信客言而谢之，遂去之赵，与临武君议兵于赵孝成王前；不用，遂应聘于秦，见秦昭王及应侯；又不用，复反赵。《郇卿别传考异》复为之考定云："……卿乃去之赵，当在考烈王八九年，赵孝成王之十二三年。议兵于赵孝成王之前，即此时矣"。又云："秦昭王在位，尽五六十年。郇卿人赵，当昭王五十二三年。由赵入秦，不出秦昭王五十四至五十六三年中也。即由秦反赵，亦不出此三年中"。今考《史记·荀子传》，春申君死，荀子废，家于兰陵，著书而卒；是荀子于春申君死后，并未应聘诸侯可知。若谓他因见废不甘寂寞，那么春申君死时，他年近八十，未见得便如此热中，故刘向的话是靠不住的。至于胡氏所说，也不甚合。他谓荀子于秦昭王五十二三年去楚入赵，五十四至五十六三年中，由赵至秦，复由秦反赵，数年之间，奔走数国，而秦，楚，赵又相去甚远，何荀子之不惮烦？况他在齐曾三为祭酒。"三为祭酒"者，乃三次至齐为祭酒，非历滑，襄，王建三世之谓；把他游秦反赵二事移在春申君谢他，他遂适赵以后，则他第二次自齐襄王时为祭酒，一直做到王建初年，中间未曾间断，不得说三为祭酒，故我谓荀子入秦，必在他第二次为祭酒之后，大概是久于齐的缘故；（自齐襄王初年至入秦时差不多二十年。）其后因秦伐赵，故又回到本国去，这是很合理的。

齐王建初年（前二六〇—二五五），荀子再由赵至齐，为列大夫，那时他已经有五十多岁了，在齐国当时诸子之中，要算是老前辈，故《史记·荀子传》云：“而荀卿最为老师”。此句上文既叙田骈之属皆已死齐襄王时（从胡先生说），则他在齐为老师，必在襄王以后可知。刘向是误解《史记》这段文字的头一个，故他在《孙卿书録》中竟改为“至齐襄王时，孙卿最为老师”。他武断的添上一“至”字，却又删去“而”字。后来应劭又承刘向的误，而一面仍参照《史记》，改为“至襄王时，而孙卿最为老师”。他又把“而”字添上了。这个错误之迹，是很可以寻得着的。后人读书不细心，反因刘向的错改而错读《史记》，遂致闹不清楚。其实荀子生于周赧王初年（详前），即至齐襄王末年，也不过四十多岁，未见得便“最为老师”。胡先生从文法上巧证《史记》这段的误读和错简，极精确可从（见《中国哲学史大纲》）。荀子这番至齐为祭酒，是最后的一次。

《史记·荀子传》云：“齐人或谗荀卿。荀卿乃适楚；而春申君以为兰陵令”。按《春申君传》，他于楚考烈王元年为相，相楚八年，以荀卿为兰陵令。可见齐人谗荀子，荀子适楚，是在齐王建十年（前二五五）的事。

按《楚策》，《孙卿书录》及《韩诗外传》都说荀子为兰陵令，春申君信客言而谢之. 于是去之赵。汪中因《史记》但说“荀子适楚，春申君以为兰陵令。乃春申君死而荀卿废”，故力诋此事为凿空之谈。其实荀子是当时的贤者。他做兰陵令时，必大得民心；客之谗他，不过是晏婴子西阻封孔子的意思，算不得什么稀奇的事。

《楚策》及《韩诗外传》又云：“客又说春申君……春申君曰，‘善’。于是使人请孙子于赵。孙子为书谢之”。今按荀子谢书，虽未明白表示去就，而但泛引前代劫杀死亡的事，似乎逆知春申君亲信李园，将有劫杀的祸；言外有去而不就的意。这样看来，他这番去楚，并未回来。但《孙卿书录》云：“春申君使人聘孙卿。孙卿遗春申君书，刺楚国。……春申君恨，复固谢孙卿，孙卿乃行，复为兰陵令”（应劭《风俗通义·穷通篇》略同）。可见荀子曾在楚国做过两次兰陵令。及楚考烈王二十五年（前二三八）春申君死，他便被废了。因此就在兰陵住家，著书数万言。后来竟死在那里。

春申君请荀子复为兰陵令，此事不知在何时。《郇卿别传考异》云：

> 考《春申君传》，春申君相楚二十二年，诸侯合从西伐秦，楚为从长，春申君用事。至函谷关，诸侯兵皆败走。楚考列王以咎春申君。……春申君以合从伐秦不利，归咎诸客，疏而远之。前谗郇卿之客，必在所疏之中。于是春申君所听信者，惟观津人朱英。……然则说春申君反郇卿于赵之客盖即朱英欤？由是言之，郇卿复为兰陵令，在楚考烈王二十二年之后矣。

按春申君信客言而谢荀子，大概是荀子为兰陵不久的事。而他疏远诸客，在楚考烈王二十二年（前二四一），中间相距十余年。在诸客未疏以前的十余年中，岂无再说春申君请荀君回来的，而必待朱英的劝？故我谓荀子初虽被谗去楚，而不久又因客言复为兰陵令，不一定在考烈王二十二年以后。

《盐铁论·毁学篇》云："李斯之相秦也，始皇任之，人臣无二。然而荀卿为之不食；覩其罹不测之祸也"。按《史记·秦始皇本纪》及《李斯传》，斯于始皇三十四年（前二一三）已为丞相；但他为相始于何年，《史记》无明文。《李斯传》云："二十余年，竟并天下，尊王为皇帝，以李斯为丞相"。汪中不察，竟据此谓李斯相秦在始皇二十六年并天下之后；距春申君之死十八年，距齐湣王之死六十四年。不知传文乃终言其事，并非说他相秦即在二十六年。若始皇二十六年，他不过为廷尉，二十八年乃为卿，《本纪》言之其明。他始为丞相，至早不能在二十八年以前，汪氏之说，殊为疏妄。荀子既及见李斯为丞相，可见他的死必在始皇二十八年（前二一九）以后。

胡先生在《中国哲学史大纲》里曾说《盐铁论》里的话不值一驳。但我以为不然，其证有三：

（一）《李斯传》云："斯长男由，为三川守。告归咸阳。历置酒于家，百官长皆前为寿。李斯喟然而叹曰，'嗟夫！吾闻之荀卿曰：物禁太盛'，斯乃上蔡布衣，今人臣无居臣上者。——物极则衰，吾未知所税驾"！《盐铁论》谓李斯相秦，荀子为之不食，想必有戒他的话。"物禁太盛"一语，必是针对他为相而发的。他凛师训居安思危的义，故当极得意之时，不觉发叹。

（二）《荀子传》云："李斯为弟子，已而相秦。荀卿嫉浊世之政，亡国乱君相属，不遂大道，……序列着数万言而卒"。看司马迁叙荀子的死于李斯相秦之后（刘向却改叙在前），可见荀子的确及见李斯为相。不然，他在叙荀子的死以前，忽夹叙着"李斯尝为弟子，已而相秦"两句，岂不是毫不相干的吗？

（三）《左传正义》引刘向《别录》谓张苍从荀卿受《左氏春秋》（《经典释文》同），按《汉书·任敖传》，张苍卒于景帝五年（前一五二）年百余岁。上推他生年，当在秦昭王的末年（前二五二顷）。下距始皇二十八年（前二一九），才三十余岁；他做荀子的弟子，可谓正当其时了。

根据上面的证据，故我谓《盐铁论》里的话是很可信的。其实荀子生于周赧王初年，至秦始皇二十八年，不过九十余岁，并非绝不可能的事；我们又何必故意要把他的年纪缩短呢？

荀子为周末大儒，他的学问可谓无所不通，在我国学术史上要算重要人物。司马迁虽为他立传，可惜太简略了。刘向《孙卿书录》所载，比较的详细一点；然而却有几点极大的错误。举之如下：

（一）他谓齐威王、宣王时，荀子年五十，始来游学。按齐宣王末年，即周显王四十五年（前三二四），下距春申君死时（前二三八）尚八十七年；若荀子以宣王末年来齐，年已五十，至秦始皇二十八年，有一百五十多岁。这话未免近于妄诞。（朱子《楚辞·后语》说他“历威、宣至襄王时。三为稷下祭酒”，就是为刘向所误。《郇卿别传考异》曾替向辩护，谓他说的是追溯稷下聚士之由，故统威王、宣王言之。“是时孙卿有秀才”，并非指威王、宣王之时，是指稷下之盛时。但“是时”一句直承上文而来，“是”字代表威王、宣王，语极明显，不必曲为解说。）

（二）他说荀子后孟子百余年。但孟子以周赧王二十六年（前二八九）卒；下距秦始皇二十八年，不过七十一年，何得说他在孟子后一百余岁？

（三）他把《史记·荀子传》读错了，而又擅改为“至齐襄王时，孙卿最为老师”，故后人遂误读《史记》而不疑，以至荀子的年代难以考见。

（四）他以为临武君即是孙膑，荀子与他论兵于赵孝成王前，也是错的。

（五）他谓苏秦张仪以邪道说诸侯，以大贵显，荀子退而笑之。按周慎靓王四年（前三一七）齐杀苏秦，那时荀子还没有出世。赧王五年（前三一〇），张仪卒，荀子不过四五岁。看“荀子退而笑之”的“退”字，似谓荀子与苏张是同时的人，此真大错。

又《韩非子·难四篇》云：“燕王哙贤子之而非荀卿，故身死为僇”。按燕王哙五年，以国让其相子之，即苏秦死的次年（前三一六）。此种无稽之谈，曾经受业的韩非决不致有此。这一定是后人伪托的妄言。而汪中竟遽然信他，以为荀子游燕，在游齐之前，殊为失考。

荀子年表

西历前	荀子年	传记的事实
三一四	一	荀子生。
三〇〇	十五	始游学于齐。
二八五	三十	为齐祭酒。说齐相适楚。
二八四	三一	五国伐齐，湣王被杀。
二八二	三三	襄王复国，荀子再为祭酒。
二六六	四九	去齐游秦，见昭王及应侯。
二六五	五十	去秦归赵。
二六二	五三	黄歇相楚，封春申君。
二六一	五四	与临武君议兵。

二六〇	五五	由赵至齐，三为祭酒。
二五五	六十	适楚，春申君以为兰陵令。
二五四	六一	适赵。
二五三	六二	返楚，复为兰陵令。
二三八	七七	春申君死，荀子废。
二一八	九七	李斯相秦，荀子为之不食。
二一七	九八	荀子卒。

（上《年表》，因篇幅的关系，由记者删节过。）

该文首次刊于《努力周报·读书杂志》1924年第18期。选自罗根泽编《古史辨》第四册，朴社1933年版。

孙次舟

孙次舟，原名孙志楫，山东即墨人，1933年毕业于北京大学国学系。1937年主编《历史与考古》杂志。抗战爆发后，曾先后任教于齐鲁大学国学研究所、金陵女子大学等校。新中国成立后，历任四川大学、南充师范学院历史系教授，2000年逝世。

再评《古史辨》第四册

（论《尸子》与《新语》）

前跋本书，限于篇幅，只对老子人之有无略加讨论，就质世人（请参看本刊第一卷第十二期）。今观本书第六部论《新语》，第十六部论《尸子》，亦欠正确结论，不揣冒昧，试为重加考证。

上论　《尸子》的真伪

《张西堂尸子考证》中疑现行辑本《尸子》非《尸佼》之旧，发瞶振聋，厥功甚伟。惟其立论，尚欠坚确。故予将重加稽索，以补张氏之阙。

（一）关于尸子人的考定 尸子之见于记载者，以《穀梁传》为最朔；其次为《史记》，别录，与《汉书》。兹并录其纪述如下：

（1）《穀梁传》隐五年引尸子曰：“舞夏，自天子至诸侯皆用八佾。初献六羽，始厉乐矣”。恒九年传又引尸子曰：“夫已多乎道”。

（2）《史记·孟荀列传》曰，“楚有尸子长卢阿之吁子焉，自如孟子至于吁子，世多有其书，故不论”。

（3）刘向《别录》曰：“楚有尸子，疑谓其在蜀。今案尸子书：晋人也，名佼，秦相卫鞅客也。卫鞅商君谋事画计，立法理民，未尝不与佼规也。商君被刑，佼恐并诛，乃亡逃入蜀。自为造此二十篇书，凡六万余言，卒因葬

蜀”。(《史记集解》引)

(4)《汉书·古今人表》尸子品列中中，与北宫子，鲁子，公扈子，捷子，邹衍，田骈相次。《艺文志·诸子略·杂家·尸子》二十篇，班固自注曰：“名佼，鲁人，秦相商鞅师之。鞅死，佼逃入蜀”。

古籍之言尸子事者，视此而已。然细绎所记，则尸子似有二人。何以言之？《穀梁》隐五年传，引尸子语于穀梁语之后，则尸子当为穀梁之徒。经学重师法，若尸子非穀梁之徒，则必不能载其言于传。以意推之，尸子之年辈后于穀梁赤，故穀梁后学著《穀梁传》于竹帛时，而以其言与《穀梁》相次也。(按《穀梁》之著竹帛，犹在《公羊》后。《公羊传》乃其五世弟子胡母生于汉景帝时著于竹帛者。)穀梁鲁人也，尸子亦当为鲁人。其名不可知，著书与否不可详。此一尸子也。至于《史记》，《别录》，暨《汉书》所载，当为另一人，即商鞅之师尸佼也——非《穀梁传》中之尸子。何以知之？考《史记》通例，凡古人之有著作大行于汉代者，列传中率不论其书。若其书稍隐僻，则录其要旨。例如《管晏列传》曰：

吾读管氏《牧民》，《山高》，《乘马》，《轻重》，《九府》，及《晏子春秋》，详哉其言之也！既见其书，欲观其行事，故次其传。至其书，世多有之，是以不论；论其轶事。

《司马穰苴列传》曰：

世既多《司马兵法》，以故不论；著穰苴之列传焉。

《孙子吴起列传》曰：

世俗所称师旅，皆道《孙子》十三篇，《吴起兵法》；世多有，故弗论。

今《孟荀列传》亦曰：

楚有尸子长卢阿之吁子焉。自如孟子至于吁子，世多有其书，故不论。

可见尸子之书，亦必喧赫于当时。凡诸子书之通行于汉代而为太史公所不论者，《汉书·艺文志》并著录之。若道家著录《管子》八十六篇；儒家著录《晏子》十八篇；《六艺略》著录《军礼司马法》百五十五篇；《兵书略》著录《孙子兵法》八十二篇，《吴起》四十八篇；儒家著录《孟子》十一篇，《孙卿子》三十三篇，《芋子》(按即《吁子》)十八篇；阴阳家著录《邹子》四十二篇，《邹奭子》十二篇；道家著录

《蜎子》十三篇，《长卢子》九篇，《田子》二十五篇，《捷子》二篇；法家著录《慎子》四十二篇，《处子》九篇，《李子》三十二篇；名家著录《公孙龙子》十四篇，并是也。(按《孟荀列传》所举自孟子至吁子诸人，《汉书》并有其书，惟淳于髡书阙如。）今尸子之书既在司马迁"不论"之列，则彼《汉书·艺文志》杂家所著录之《尸子》二十篇，即为司马迁所不论之书，明矣。《汉志》本诸刘氏录略，则史迁所不论之尸子书，亦即《刘向别录》中所著录者矣。由此以言，则《史记·孟荀列传》，刘向《别录》，《汉书·古今人表》，以及《艺文志》所言之尸子，实为一人，即商鞅之师尸佼是也。夫《穀梁传》之著竹帛也，既甚晚矣，而其所言之尸子，徒有其姓，则与《史记》诸书所言之尸子，当非一人。然诬者往往误《穀梁传》之尸子为尸佼，张冠李戴，混淆耳目，故不得不略为说明也。

据《史记·孟荀列传》，尸佼楚人，而刘向《别录》谓为晋人，《汉书·艺文志》自注谓为鲁人。其籍贯之参差也如此，将何所从乎？予意尸佼籍贯，当以晋人为是，以刘向乃按《尸子》而知者也。《史记》以为楚人者，当以其曾逃亡在蜀故。《汉志》以为鲁人者，汪继培以为"晋""鲁"形近而误，理或近是。至梁玉绳《史记志疑·人表考》谓"鲁后属楚，故云鲁"，殆不足信。盖尸佼本为晋人，秦相商鞅曾师之。佼因助鞅谋事画计，立法理民，逮鞅被戮，恐被并诛，逃亡入蜀，著书二十篇，六万余言，卒因葬于蜀焉。此其行事之所可考者也。

(二)《尸子》书的流传《汉书·艺文志·杂家》著录《尸子》二十篇。所谓杂家，乃"兼儒墨，合名法"者也。其书固有儒家之言，亦有墨家之言，名家之言，法家之言，甚且有道家之言，兵家之言，乃至农家之言。试绎《吕氏春秋》《淮南子》诸书，当知予言之不谬也。今张西堂氏以为辑本《尸子》中有儒家思想，遂断其非商鞅之师所作；又以其有贬损孔子之辞，则又疑其颇似商鞅之师之语；而结论更谓其中尚有《穀梁》尸子之思想！是殆忘却尸子之为杂家者欤？

《汉志》著录《尸子》二十篇，而《隋书·经籍志》，《旧唐书·经籍志》，《新唐书·艺文志》并云"《尸子》二十卷"，实与《汉志》同，因《汉志》固常以篇为卷。然亦有大可注意者，《隋志》曰：

> 《尸子》二十卷，《目》一卷，梁十九卷，秦相卫鞅客尸佼撰。其九篇亡，魏黄初中续。

是《尸子》二十篇者，曾于魏前亡其九篇也。然所谓"魏黄初中续"者，岂复得其所亡九篇以续之乎？抑黄初时人补作九篇，以足其数乎？二者必居其一；而《隋志》言之不详，颇费揣测也。

《隋志》中言《尸子》曾亡九篇，魏黄初中续，已使人疑，而汉唐人之论《尸子》

者，复言各不同，愈使人惑。刘向《荀子叙》曰：

楚有尸子，长卢子，芋子，皆著书，然非先王之法也，皆不循孔氏之术。惟孟轲荀卿为能尊仲尼。

刘勰《文心雕龙·诸子篇》曰：

尸佼兼总于杂术。……尸佼尉缭，术通而文钝。

李贤《后汉书·宦者吕强传注》曰：

尸子，晋人也，名佼，秦相卫鞅客也。鞅谋计，未当不与佼规也。商君被刑，恐并诛，乃亡逃入蜀。作书二十篇：十九篇陈道德仁义之纪，一篇言九州险阻水泉所起也。

足见李贤所见之《尸子》，已与刘向有异。是唐代所传之尸子，异于汉时者矣，尤为可疑。予尝悬揣其故，以为《尸子》原书本属杂家，诚如刘向所云，“非先王之法”，“不循孔氏之术”者。但自汉景帝后，《穀梁传》著于竹帛，流行民间，至宣帝时立于学官（《汉书·儒林传》赞曰：“初，《春秋·公羊》而已，孝宣世，立《穀梁》”），投机学者遂据《穀梁传》中两引尸子之语，伪造《尸子》一书，而将原书毁灭，以增《穀梁传》之价值。或《尸子》原书自行亡灭，习《穀梁》者遂据《汉志》之目，伪造二十篇，以为儒家之书焉。斯二者，必居其一。是虽儒生尊经之陋习，而其动因亦在误以《穀梁传》中之尸子为即尸佼也。

至伪《尸子》产生之年代虽难确定，而要当在东汉之季。《后汉书·吕强传》：强于灵帝时上疏陈事，有“《穀梁传》曰：‘财尽则怨，力尽则怼’。《尸子》曰：‘君如杅，民如水；杅方则水方，杅圆则水圆’”之辞。引《尸子》于《穀梁传》后，足证彼所见者，已属伪本矣。又《元和姓纂》卷十引《尸子》曰：“穀梁俶，字元始，鲁人，传《春秋》十五卷。”《穀梁》之著竹帛，在汉景后，其名《穀梁》者，乃后学之题其本师，尸佼乌得预知？是亦足证杜撰伪《尸子》者误以尸佼为即穀梁后学之尸子。自汉武帝罢黜百家，尊崇儒术以还，凡臣下上书，学士著书，无不缘饰经义，尊崇儒术，诸子杂家，鲜见征引。今裴松之《三国志·魏文帝传注》，载许芝劝曹丕受禅表，有云“周公反政，尸子以为孔子非之，以为周公不盛，不为兆民也”。《礼记·乐记疏》云：“《圣征论》引《尸子》及《家语》难郑”。若是时《尸子》非儒家书，而为“非先王之法”，“不循孔氏之术”者，恐许芝王肃必不克持以为说也。足见东汉之季，尸佼原书已亡，而儒士伪造之书，则已大行于世。《隋志》云：“《尸子》九篇，亡，魏黄初中续”。所亡者，已为东汉之伪书；而所续者，则又伪中之伪矣。

伪《尸子》十一篇与续伪《尸子》九篇，于唐尚存，故旧、新《唐书》，俱著于录。《通志·艺文略》亦著录《尸子》二十卷，是北宋时尚完好也。考其亡佚，当在南宋。王应麟《汉书·艺文志》考证曰：“尸子，李淑书目存四卷，《馆阁书目》止存二篇，合为一卷”。而马端临《文献通考·经籍考》，《尸子》无录，足证其书南宋时已亡。

（三）论辑本《尸子》伪《尸子》二十卷者，亡于南宋，而清儒多有辑本。若任兆麟，章宗源，孙星衍，汪继培等，并曾掇其逸文，辑以为书。而辑本之中，尤以汪辑为最完备。故今论《尸子》，即以汪辑为依据。

汪辑本分上下二卷：《群书治要》所载者为上卷，不载《治要》而散见群书者为下卷。“其征引违错，及各本误收者，别为《存疑》，以附于后。汪氏自言其所以为书，如是也。惟汪氏不知《尸子》出自伪托，故有《存疑》之作，疑其为后人所误引，非《尸子》原文。殊不知《治要》诸书所引，亦伪书也。汪氏何此之疑而彼之信？故今论《尸子》书，凡汪氏置诸《存疑》者！不复引为佐证；惟论其信为《尸子》原文者焉。

细绎汪氏《尸子》辑本上下卷，其文多雷同于诸子，若《吕氏春秋》，《淮南子》，《韩诗外传》，及《说苑》诸书，并见剽窃。其异于诸子者，十无二三焉。周末子书，断无是体；其属伪书，不辨可知。今惟取其尤乖谬者，论之于次，以见其非尸佼之旧。惜书为辑本，次序舛乱，何者为汉末人伪，何者为魏时人续，不克为之分别矣。

（1）刘向《荀子叙》曰：“赵亦有公孙龙，为坚白同异之辞，处子之言。魏有李悝，尽地力之教。楚有尸子，长卢子，芋子，皆著书。然非先王之法也，皆不循孔氏之术”。是《尸子》乃与《公孙龙子》，《处子》，《李子》，《长卢子》，《芋子》同科，为“非先生之法”，“不循孔氏之术”者也。处子，李子，长卢子，芋子，于今虽亡，然就《公孙龙》书观之，亦足是战国诸子著书立言之精神。夫《尸子》既与《公孙龙子》等书同科，“非先王之法”，“不循孔氏之术”，而今辑本《尸子》多有祖述仲尼，宪章尧舜之辞，何也？尸佼为商鞅师，又与鞅“谋事画计，立法理民”，是其所学，必与商鞅相同也。而商鞅亦“非先王之法”，“不循孔氏之术”者也。观其主张变法时之言曰：“三代不同礼而王，五伯不同法而霸；智者作法，愚者制焉；贤者更礼，不肖者拘焉”。又曰：“治事不一道，便国不法古，故汤武不循古而王，夏殷不易礼而亡。反古者不可非，非循礼者不足多”（并引《史记·商君传》）。可概见矣。设尸佼其人，果如今辑本之祖述仲尼，宪章尧舜者，恐商鞅不能与之共事也。

（2）《汉书·艺文志》著录《曾子》十八篇。其书今已不存。而《大戴礼》中有《曾子》十篇，说者谓即《曾子》之旧，而为戴氏采录者也。然《大·小载记》所辑各篇，尽出于秦汉人手，有识之士，所共认者。故《大戴记》所载《曾子》十篇，所出亦当甚晚。不然则何先秦古籍无道及者，而司马迁之《史记》亦未言也？（《史记·仲尼弟子传》，记曾子作《孝经》，死于鲁。设先秦已有曾子书，史迁不能不言。复考先室着述通例，凡题某子者，多出于后学之手，而题其本师。《曾子》一书亦在此例，故其成书必甚晚。）《曾子》之成书既晚，必非尸佼所克见。今辑本《尸子·劝学篇》引《曾子》曰："父母爱之，喜而不忘；父母恶之，惧而无咎"，盖出《大戴礼·大孝篇》（"惧而无咎"，《大孝篇》作"惧而无怨"）。尸佼与商鞅同时，乌得征引晚出之《曾子》乎？又《大戴礼·曾子立事篇》曰："临事而慄者，鲜不济矣"，乃撰《曾子》者剽窃《论语·述而篇》孔子语——"必也临事而惧，好谋而成"——误以为曾子言也。今辑本《尸子·发蒙篇》孔子曰："临事而惧，希不济"，又易曾子语为孔子语矣。抄袭认误，足证其伪。

(3)《汉志》著录《尔雅》三卷二十篇。其书盖亦汉初人撰辑。《四库提要》曰：

> 《大戴礼·孔子三朝记》，称孔子教鲁哀公学《尔雅》，则《尔雅》之来远矣。然不云《尔雅》为谁作。据张揖《进广雅表》，称周公著《尔雅》一篇。今俗所传三篇，或言仲尼所增，或言子夏所益，或言叔孙通所补，或言沛郡梁文所考，皆解家所说，疑莫能明也。于作书之人，亦无确指。其余诸家所说，小异大同。今参互而考之：郭璞《尔雅注》序，称"豹鼠既辨，其业亦显"，邢昺疏以为汉武帝时终军事。《七录》载犍为文学《尔雅注》三卷，陆德明《经典释文》以为汉武帝时人，则其书在武帝以前。曹粹中《放斋诗说》曰："《尔雅》，毛公以前，其文犹略，至郑康成时则加详。如'学有缉熙于光明'，毛公云：'光，广也'；康成则以为'学于有光明'者；而《尔雅》曰：'缉熙，光明也'。又'齐子岂弟'，康成以为犹言发夕也；而《尔雅》曰：'岂弟，发也'。'薄言观者'，毛公无训。'振古如兹'，毛公云：'振，自也'；康成则以观为多，以振为古，其说皆本于《尔雅》"。使《尔雅》成书在毛公前，顾得为异哉？则其书在毛亨以后。大抵小学家缀旧文，递相增益；周公孔子，皆依托之词。

提要所论，甚为质确。《尔雅》成书，当在汉初。然今辑本《尸子·广泽篇》曰："天，帝，皇，后，辟，公，弘，廓，宏，溥，介，纯，夏，幠，冢，晊，，皆大也"，辞出《尔雅·释诂》。尸佼著书何由滥入《尔雅》之辞？

(4)"仁义"之说，倡于孔孟 。然孔子重"仁"而薄"义"，至孟子出，始"仁义"并重。梁启超谓"义"为孟子之专卖品，非言也。今尸佼乃商鞅之师，其年辈先于孟子，而书中乃"仁义"并重，何哉？辑本《尸子》卷上《劝学篇》曰："商贾比财，烈士比义。"（按此语出孔子"君子喻于义，小人喻于利"。）又曰："夫德义也者，视之弗见，听之弗闻”。《贵言篇》曰：“教之以仁义孝悌，则终身无患”。（按此语出孟子“未有仁而遗其亲者也，未有义而后其君者也”。）又曰：“益天下以财为仁，劳天下以力为义”。《四仪篇》曰：“一曰志动不忘仁，二曰智用不忘义”。《分篇》曰：“曰仁施得分，曰义虑得分”。《神明篇》曰：“仁义圣智参天地，天若不覆，民将何待何望”？卷下曰：“仁则人亲之，义则人尊之，智则人用之也”。又曰：“树葱韭者，择之则蕃。仁义亦不可不择也”。又曰：“夫义者，万事之将也。国之所以立者，义也。人之所以生者，亦义也”。又曰：“众以亏形为辱，君子以亏义为辱”。（按出《说苑》“众人以毁形为耻，君子以毁义为辱”。）其言“仁义”也如此，于义尤为推崇，实非孟子以前所克有也。司马迁叙尸子于《孟荀列传》中。史迁叙孟子事，于其抱道不遇，感慨系之。故以荀卿与孟子合传，以见惟荀卿足与孟子相匹也。设孟子前已有所谓尸佼者，著书言仁义如此，恐史迁将表扬之不遗余力，焉能仅记其姓名于《荀卿传》后，以与公孙龙等并列乎？吾意史迁所见之尸子书，必与今本异也。

（5）辑本《尸子》卷下曰：“有医者，秦之良医也，为宣王割痤，为惠王治痔，皆愈”。考尸佼之逃蜀著书，在商鞅被诛后。鞅之被诛，在秦孝公二十四年，次岁即惠王元年。惠王在位二十七年，岂尸佼著书，乃在入蜀后二十七年耶？不然则何得言惠王之谥？佼为鞅师，鞅于孝公元年入秦，三年变法，而佼佐之理民。度其年岁，亦当五十余矣。自孝公元年，计至惠王之卒，又五十一年，则尸佼年当百余岁矣！岂有百岁之老翁，而犹著书者乎？

（6）荀子倡“性恶”之说，又以“心”为人之主宰。《正论篇》曰：“性之好恶喜怒哀乐谓之情；情然而心为之择谓之虑；虑而能为之动谓之伪”。又曰：“欲不待可得，而求者从所可。欲不待可得，所受乎天也。求者从所可，受乎心也。天性有欲，心为之制节”。又曰：“心也者，道之工宰也”。《解蔽篇》曰：“心者，形之君而神明之主也。出令而无所受令”。盖荀子谓人性本恶，情欲乃与生俱生：善修身者，不必去情逐欲，但以“心”为主宰，权衡善恶，自可节制情欲，而不使过也。夫以心制欲，并以心为道之主宰，此荀子所创之学说也。而今辑本《尸子·贵言篇》曰：“目之所美，心以为不义，弗敢视也；口之所甘，心以为不义，弗敢食也；耳之所乐，心以为不义，弗敢听也；身之所安，心以为不义，弗敢服也。然则令于天下而行，禁焉而止者，心也。故曰，心者身之君也。天子以天下受令于心；心不当则天下祸。诸侯以国受令于心；心不当则国亡。匹夫以身受令于心；心不当则身为戮矣”。其说颇与荀子相近。尸佼之时何来是论乎？至“故曰，心者，身之君也”，当即引《荀子》“心者，形之君”，尤非尸佼书之所克有也。

（7）张西堂曰：尸子说：“墨子贵兼，孔子贵公，田子贵均，料子贵别囿，其学之相非也数世矣，而已皆弇于私也”。这一段话，有几处很可疑的，足证尸子决不能是商君之师的尸佼。第一：田子贵均，当然是指田骈。田骈又叫陈骈，《吕氏春秋·不二篇》说“陈骈贵齐”。田陈古通，均齐义同，这是一个旁证。《庄子·天下篇》说：“慎到田骈彭蒙……齐万物以为首”。这也是可以证“田子贵均”的田子是田骈。田骈的时代，大概是西历前三世纪的初年。田骈学说之成熟，大概是前三世纪的初半。然而尸佼是于西历前三三八年，商君被刑后入蜀的。这和田骈的学说之成熟，相距至少有四五十年。尸佼是商君之师，如何能活得那样长久？如何能知道“田子贵均”呢？最可疑的，是第二：“其学之相非也数世矣”这一句。尸子能知道田骈的学说，和别的学说“相非”，至于数世吗？第三：“料子贵别囿”这话也可疑。“别囿”是宋鈃尹文一派的思想，在田骈之后。尸佼能知道这学派的产生吗？能说他们相非数世吗？合这三个疑点看来，现行《尸子》未必是尸佼的罢！按张氏误认现行《尸子》中有《穀梁传》尸子之思想在内，诚属非是，而此处之疑现行尸子非尸佼所著，尚足称为有识，故取以为佐证焉。

(8) 张西堂曰：“现行《尸子》上有这一句话：‘赤县州者，实为昆仑之墟’。‘赤县神州’是驺［邹］衍的新创。驺衍约和平原君同时。《史记·平原君传》且说驺衍在信陵君破秦存赵之后，约在西历前二五七年。尸佼前三三八年入蜀，他能知道这六七十年以后的学说吗？他能知道‘赤县州’这个名词吗？尸佼如若果是商君之师，我以为他说不出这话来”。按张氏此说，亦可持证予论。驺衍后于尸佼数十年，尸佼焉克知其“赤县神州”说耶？汪继培氏反为之强辩曰：“《史记》《孟子》《荀卿列传》作中国名曰赤县神州，此所称赤县州，与驺衍说不同”。殊不知《尸子》本伪书。其所言“赤县州”，正窃自驺衍者也。

由前所论，足见辑本《尸子》书，實非《尸佼》之旧，当即汉末人所伪撰，而已散佚者也。

下论　陆贾《新语》的真伪

现行陆贾《新语》十二篇，亦伪书也。疑其伪者，前有《四库提要》，今有梁启超、张西堂二氏。但梁氏只在其《中国历史研究法》中，轻轻提及，并无佐证；即《提要》与张氏所疑，亦单薄不足服人也。《提要》曰：

> 《汉书·司马迁传》称：迁取《战国策》，《楚汉春秋》，陆贾《新语》，作《史记》。《楚汉春秋》，张守节作《正义》犹引之，今佚不可考。《战国策》取九十三事，皆与今本合。惟是书之文，悉不见《史记》。王充《论衡·本性篇》引陆贾曰：“天地生人也，以礼义之性。人能察己所以受命则顺；顺谓之道。”今本亦无其文。又《穀梁传》至武帝时始出，而《道基篇》乃引《穀梁

传》曰，时代牴牾。其殆后人依托，非贾原本欤？

《提要》所见，要为卓卓。惟其佐证尚嫌单薄，不足钳议者之口，故多有起而非难者。唐晏《新语·跋》曰：

陆氏作书，去秦焚书才六年耳。其所读者，未焚之《穀梁传》也。但武帝则为再出矣，故所引者，今本无之也。

严可均《铁桥漫稿·新语》叙曰：

至《论衡·本性篇》引陆贾曰："天地生人也，以礼义之性。能察己所以受命则顺；顺谓之道"。今十二篇无此文。《论衡》但引陆贾，不云《新语》，或当在《汉志》之二十三篇中。又《穀梁传》孝武时始立学官，非陆贾所预见。今此书《道基篇》引《穀梁传》曰："仁者以治亲，义者以利尊"，乃是《穀梁》旧传，故今无此文。因知瑕丘江公所受于鲁申公者，其本复经改造，非穀梁赤之旧也。

唐严二氏乃对《提要》所引《论衡》《穀梁传》二证，加以辩护，以见《提要》所论之非。二氏所辨，是否可信，此暂不论。然自二家之说出，遂使后之学者，持为口实，于提要之论，根本怀疑。若胡适本唐说而作《陆贾新语考》，罗根泽本严说而作《陆贾新语考证》；是也。胡适复将《提要》所引《汉书》《论衡》二证，痛加辨正。其词曰：

《提要》所列三事，其第二点不足辨。因为《汉书·艺文志》有《陆贾》二十七篇。（按汉志儒家著录《陆贾》二十三篇；此言二十七篇者，当系笔误。）王充所引，或出于陆贾的他书。故此条不足推翻《新语》。（按严可均亦有此说，见前所引。胡氏草此文时，当未见严文也。）

又曰：

今按《提要》之第一点，全是无的放矢。《提要》的作者，实误记《汉书·司马迁传》原文。原文并未提及陆贾，亦并未提及《新语》。《迁传》赞中说："司马迁据《左氏》《国语》，采《世本战国策》，述《楚汉春秋》，接其后事，讫于天汉"。此文中何尝有据陆贾《新语》作《史记》的话？我推想《提要》作者所以讹说之由，大概由于《楚汉春秋》一书。《艺文志》说："《楚汉春秋》九篇，陆贾所记"。四库馆臣因联想作用，一时误记陆贾《楚汉春秋》

之外，另有陆贾《新语》，又偷懒不检原文，遂据误记之书，以定《新语》出于后人依托。岂非大冤枉吗？

胡氏所论，对于《提要》所列《汉书》《论衡》二证，确可根本推翻。但于《提要》结论，《新语》出于依托之说，仍难动摇。何则？《提要》之辨《新语》之出自依托者，恃有三证。其《汉书》《论衡》二证，虽为胡氏所推翻矣，但其《穀梁传》一证，唐晏严可均辨正之说，尚不足以使之发生劲摇。即余嘉锡刊布其《四库提要辨证》中论《新语》一文，杂引东汉人传闻之词，以明陆贾有读《穀梁传》之可能，仍无丝毫有损于此证之坚牢也。余今于《提要》所举佐证之外，复获若干事，并足证明现行《新语》之属伪书。

一事：《汉书·艺文志·诸子略·儒家》著录《陆贾》二十三篇，而《史记·陆贾本传》言"陆生粗述存亡之征，凡著十二篇；每奏一篇，高帝未尝不称善，左右呼万岁，号其书曰《新语》"。太史公赞亦云："余读陆贾《新语》书十二篇，固当世之辩士"。而《史记》张守节《正义》引刘向《七录》又云"《新语》二卷，陆贾撰也"。按《史记》《七录》俱言《新语》，或云十二篇，或云二卷，与《汉志》著录有异，为可疑焉。窃尝考之，班固《汉书·艺文志》尽本刘氏《略》《录》，其《艺文志序》自言之矣。但亦稍有出入，所谓"今删其要，以备篇籍"是也。凡班固于《录》《略》有出入者，率注曰："入若千家"，或"出若干家"，例如是也。今《汉志·诸子略》儒家之末注曰："入扬雄一家，二十八篇"。是《诸子略·儒家》，班固尽依《录》《略》之旧，惟增扬雄一家而已。然则，所著录之陆贾二十三篇，其即刘向《别录》之《新语》二卷，殆无疑矣。盖陆贾初惟著书十二篇，上于高帝；高帝善之，号曰《新语》——太史公所读者是也。至汉成帝时，刘向奉诏校书，复益陆生他著十一篇于《新语》后，离为二卷；《新语》十二篇为上卷，他著十一篇为下卷。遵古人以首篇名书之例，故仍题曰《新语》也。(按古人著书，有以首篇名书之例。若《春秋繁露》，原本《繁露篇》居首，因以名书。屈原诸赋称《离骚》，以《离骚》居首。《仪礼》于汉称《礼经》，又称《士礼》，以《士礼》九篇居首。《吕氏春秋》，汉人亦称《吕览》，以原本《八览》居首：说详拙著《吕览小言》。)逮班固因《录》《略》而为《艺文志》，遂易《七录》之《新语》二卷为《陆贾》二十三篇。此《汉志》《七录》著录陆贾书，名异实同之大略也。夫陆生他著十一篇，既与《新语》合为一书矣，班固以还，当无分离。何至唐人征引，若马总《意林》，魏徵《群书治要》，李善文《选注》，但及今本《新语》，而不及他著十一篇耶（见《四库提要》与严氏《新语叙》所举）？以言散佚，则何一书之内，乃只散佚他著十一篇而《新语》十二篇反独完好耶？揆诸情势，弥增疑窦。

二事：《汉志·陆贾》二十三篇，即刘向《七录》之《新语》二卷，前已证明之矣：而《隋书·经籍志》，《旧新唐书·艺文志》，著录陆贾书，并云“《新语》二卷，陆贾撰”，与《七录》同，为可疑焉。

（甲）《汉书·陆贾传》曰：“凡著十二篇；每奏一篇，高帝未尝不称善，左右呼万岁，称其书曰《新语》”。颜师古注曰：“其书今见存”。夫颜氏谓“其书今见存”，则唐诗所存《新语》当为十二篇矣。隋唐二志所著录之《新语》二卷，恐即师古所谓见存之书，而非刘向《七录》所著二卷二十三篇者也。

（乙）王应麟之《汉书艺文志考证》谓《新语》于宋只存《道基》，《术事》，《辅政》，《无为》，《资贤》，《至德》，《怀虑》七篇。魏征《群书治要》载《新语》八篇，于王氏所见篇目外，复多《辨惑》，《本行》，《明诚》，《思务》四篇。而黄震《日抄》卷五十六，尽录《新语》十二篇目录，及其篇义，又尽与王氏及《群书治要》之目合（按惟《资贤》作《资质》）。至明李廷梧刻十二篇足本于桐乡，即今通行本也。今据《群书治要》所载《新语》八篇，除多出者外，其余尽与王氏考证，黄氏《日抄》合。而李廷梧所刻十二篇足本，其篇目亦尽与王氏《考证》，黄氏《日抄》，《群书治要》合。复勘以颜师古“其书见存”之注，严可均文选注所引《新语》，今本并有之说，足证今本《新语》于唐尚全。至宋乃有二本：一为完本，一为七篇本，并传于后。洎明李氏，得完本而刻之，因至于今。今本《新语》十二篇，当即唐代旧书，为颜师古所言，马氏《意林》，《群书治要》，《文选注》所引，隋唐二志所著录者。夫刘向《七录》，著录《新语》二卷，实乃二十三篇也。今隋唐二志著录《新语》二卷，左右参证，乃止十有二篇。然则陆生他著十一篇者，乃何往耶？其书之亡佚，在何时耶？隋唐二志颜师古注，或言其书见存，或著录与《七录》同，而仍为十二篇，又何故耶？此尤使人疑窦满怀者也。

三事：现行《新语》之属伪托，《四库提要》所见要为卓识。而其《穀梁传》一证，尤为质确。《新语·道基篇》引《穀梁传》曰：“仁者以治亲，义者以利尊”。考公羊穀梁之说《春秋》，皆口头流传，未有著书。今之二传乃传其学者所记，题其先师。而《穀梁》之著竹帛，又在《公羊》后。《四库总目·春秋穀梁传提要》曰：

> 徐彦《公羊传》疏又称公羊高五世相授，至胡母生乃著竹帛，题其亲师，故曰《公羊传》。《穀梁》亦是著竹帛者显其亲师，故曰《穀梁传》；则当为传其学者所作。案《公羊传》定公即位一条，引子沈子曰。何休解诂，以为后师。此传定公即位一条，亦称沈子。公羊穀梁既同师子夏，不应及见后师。又初献六羽一条，称穀梁子曰。传既穀梁自作，不应自引己说。且此条又引尸子曰。尸佼，商鞅之师，鞅既诛，佼逃于蜀，其人亦在穀梁后，不应预为引据。疑除彦之言，为得其实。但谁著于竹帛，则不可考耳。

此《公》《穀》二传为传其学者所作之证。陈丰［澧］《东塾读书记》曰：

> 郑君云："穀梁近孔子，公羊正当六国之亡"。释文序录则云："公羊高受之于子夏，穀梁赤乃后代传闻"。澧案宣十五年《公羊传》云："多乎什一，大桀小桀；寡乎什一，大貉小貉"。此用孟子语。公羊当六国之亡，此其证也。僖二十二年《穀梁传》云："故曰，礼人而不答，则反其敬；爱人而不亲，则反其仁；治人而不治，则反其智"。此亦用孟子语。则不得先于公羊也。且穀梁不但不在公羊之先，实在公羊之后，《释文序录》之言是也。庄二年，公子庆父帅师伐于余丘，《公羊》云："邾娄之邑也。曷为不系乎邾娄？国之也。曷为国之？君存焉耳！"《穀梁》云："公子，贵矣；师，重矣；而敌人之邑，公子病矣。其一曰：君在而重之也"。刘原父《权衡》云："此似晚见《公羊》之说，而附益之"。澧案更有可证者。文十二年，子叔姬卒，《公羊》云："此未适人，何以卒？许嫁矣"。《穀梁》云："其曰子叔姬，贵也，公之母姊妹也。其一传曰：许嫁以卒之也"。此所谓其一传，明是《公羊传》矣。宣十五年，初税亩；冬，蝝生。《穀梁》云："蝝非灾也其曰蝝，非税亩之灾也"。此《穀梁》驳《公羊》之说也。《公羊》以为宣公税亩，应是而有天灾。《穀梁》以为不然，故曰"非灾也"，驳其为天灾也。又云："其曰蝝，非税亩之灾也"，驳其以为应税亩而有此灾也。其在公羊之后，更无疑矣。

此《穀梁》后于《公羊》之证。《公羊》至汉景帝时，始著竹帛，《穀梁》尤在其后。今陆贾于高帝初年作《新语》，乃克征引《穀梁传》，岂非怪事乎？且不惟《道基篇》引之，《至德篇》末论鲁庄公事曰"故《春秋穀》"，其下文缺，当亦引《春秋穀梁传》也。他如《辨惑篇》论鲁定公与齐侯会颊谷事，《至德篇》论鲁庄公以三时兴筑作之役，并与《穀梁传》相合。夫《穀梁传》至汉景帝后始有其书，高帝时并无其目。设现行《新语》，果为陆贾原书，乌得征引之乎？（按经书源流，愈后愈详。若《穀梁》一传，《史记·儒林传》只言："瑕丘江生为《穀梁春秋》，公孙弘得用，尝集比其义"云云。至《汉书·儒林传》则加详云："瑕丘江生受《穀梁春秋》及《诗》于鲁申公，传子至孙，为博士。武帝时，江公与董仲舒并"云云，但就《史记》观之，《穀梁》之产生实在景帝后也。）唐晏谓《新语》所称，乃未焚之《穀梁传》，不知《穀梁传》本口头流传，旧无成书也。严可均谓系《穀梁旧传》，亦凿空无稽。钟文烝谓系《汉志》所称《穀梁外传》（《穀梁辅注》）。不知《穀梁》本传，至汉景帝后始著竹帛，度其外传，尤当在后，陆贾著书时，亦必不获觏也。余嘉锡谓《穀梁传》久已流传世间，说出附会，勿用置辨。余故曰：《四库提要》辨《新语》出自依托，其《穀梁传》一证，尤为质确。（按《穀梁传》多因袭《公羊》之处，其属后出，昭然如揭。自崔适

《春秋复始》，疑其系伪书，而张西堂又著《穀梁伪书考》，大肆攻击，愈足证明《穀梁》之晚出也。至张氏《伪书考》附记辨《新语》诸端，亦足助余张目。）

四事：《史记·陆贾传》曰：“陆生时时前说《诗》《书》，高帝骂之曰：‘迺公居马上而得之，安事《诗》《书》?’陆生曰：‘居马上得之，宁可以马上治之乎？且汤武逆取而顺守之，文武并用，长久之术也。昔者，吴王夫差，智伯，极武而亡。秦任刑法不变，卒灭赵氏。乡使秦已并天下，行仁义，法先圣，陛下安得而有之?’高帝不怿，而有惭色。乃谓陆生曰：‘试为我著秦所以失天下，吾所以得之者何，及古成败之国’。陆生乃粗述存亡之征，凡著十二篇。每奏一篇，高帝未尝不称善，左右呼万岁，号其书曰《新语》”。据此，则陆贾之作《新语》，系奉高帝命也。度其为书，当为奏议之体，作臣下对君之词，必无异也。而现行《新语》十二篇，既非奏议体裁，又非臣下对君语气，只泛论得失，侈言成败；至其文体、则与刘子《新论》相似。揆诸《史记》有所不合。况其《思务篇》曰：“孔子曰：‘行夏之时，乘殷之辂，服周之冕，乐则韶舞，放郑声，远妄人’。□□□道而行之于世，虽非尧舜之君，则亦尧舜也。今之为君者则不然，治不法□□□而曰‘今之世，不可以道德治也’。为臣者不师稷契周公之政，则曰‘今之民不可以□□□□’。为子者不执曾闵之贤，朝夕不休，尽节不倦，则曰‘家人不敦也’。学者无□□□□，昼夜不懈，循礼而动，则曰‘世所不行也’。自人君至于庶人，未有法圣人□□□□□□为善者寡，为恶者众”云云，尤非贾对高帝之所宜言。考陆贾之奉命作《新语》，在高帝得天下之后。（据《陆贾传》推之，当在六年。）所谓“今之为君者”，即高帝也。岂有高帝命陆贾著“秦所以失天下，汉之所以得天下，与古成败之国”，而陆贾乃斥今之为君者耶？揆之情理，必不如是。若云“自人君至庶人，未有法圣人；为善者寡，为恶者众”，是直悍然诟詈矣。以臣对君，必不敢如是。设诚如是，恐高帝必不能称善，而左右亦难呼万岁矣。此现行《新语》之尤足令人怀疑者也。

五事：《汉书·艺文志》列陆贾书于儒家，其序曰：“儒家者流，盖出于司徒之官，助人君，顺阴阳，明教化者也。游文于六经之中留意于仁义之际。祖述尧舜，宪章文武，宗师仲尼，以重其言。于道为最高”。班固之以陆贾书列诸儒家者，殆以此矣。然今本《新语》，有《无为》一篇。“无为”者，道家之说也。陆贾书中，恶得有此？司马谈论《六家要旨》曰：“道家无为，又曰无不为。其实易行，其辞难知。其术以虚无为本，以因循为用。无成势，无常形”。《史记·老庄申韩列传》曰：“老子所贵道，虚无因应，变化于无为”。是“无为”实道家之所贵也。今本《新语》既有《无为篇》，而篇中所论，亦尽道家变化于无为之意。若曰：“故无为也（旧注曰有误），乃无为也”，恐系“故无为也，乃无不为也”之误，即司马谈所谓“道家无为，又曰无不为也”。夫《新语》儒书也，而有道家之言，讵不令人眩惑乎？况儒家重“仁义”，而道家尚"道德"。孔氏重仁不重义，至子舆氏始"仁义"并称。道家卑薄"仁义"，尊重"道德"。若老子曰："绝圣弃智，民利百倍；绝仁弃义，民复孝慈"。庄子曰："毁道德以为仁义，圣人之过也"。"道德"，"仁义"，儒道所异也。今现行《新语》书，不惟《无为篇》多道家之，即其他诸篇亦多言道德，不滋令人生疑乎？《道基篇》曰："是以君子握道而治，□德而行，席仁而坐，杖义而强，虚无寂寞，通动无量"。《术事篇》曰："立事者不离道德，调弦者不失宫商"。《本行篇》曰："故圣人卑宫室而高道德，□□服而仅仁义"。《新语》本儒家书，乌得有此？况其《辅政篇》曰："故仗圣者帝，杖贤者王，杖仁者霸，仗义者强"。《术事篇》曰："故制事者因其则，服药者因其良。书不必起仲尼之门，药不必出扁鹊之方"。是直以"仁义"为仅足霸强，而仲尼之书亦不必可贵。此与儒家"留意仁义"，"宗师仲尼"之例，大相违戾。奚有称《诗》《书》者，而克作此言也？现行《新语》之属伪托，此尤显然者矣。

六事：孔子删定六经之说，最初见于《史记·孔子世家》。至以《诗》《书》《礼》《乐》《易》《春秋》称六经者，最早见于《庄子·天运篇》：

孔子谓老聃曰："丘治《诗》《书》《礼》《乐》《易》《春秋》六经，自以为久矣"。

六经之称，此为最朔。孔子六经，在炎汉以前，并无他称。炎刘定鼎，名称始繁。或曰六艺，若《史记·孔子世家》所称者是也。或曰六籍，若张衡《思玄赋》曰："近信而远疑兮，六籍阙而不书"，是也。或曰六学，《春秋繁露·玉杯篇》曰："是故简六艺以赡养之。《诗》《书》序其志，《礼》《乐》纯其美，《易》《春秋》明其知。六学者皆大，而各有所长"，是也。或曰六术，贾谊《新书·六术篇》曰："《诗》《书》《易》《春秋》《礼》《乐》六者之术，以为大义，谓之六艺"，是也。此孔子删定六经，与两汉六经称谓之大略也。汉代复有五经之称，乃至武帝时始有，汉初无是也。盖自秦皇焚书，篇籍消亡，至武帝广求《诗》《书》，六艺差全，惟缺《乐经》，故有五经之目焉。《汉书·武帝本纪》曰："建元五年，置五经博士"。五经之目，此为最朔。王应麟《困学纪闻》曰：

六经始见于《庄子·天运篇》。以《礼》《乐》《诗》《书》《易》《春秋》为六艺，始见于太史公《滑稽列传》。或云七经，或以六经六纬为十二经，或以五经五纬为十经，或云九经。《乐经》既亡而有五经，自武帝立博士始也。

足证五经之称，始自武帝。现行《新语·道基篇》曰："于是后圣乃定五经，明六艺"。《术事篇》曰："校修五经之本末，道德之真伪"。凡两言五经。考陆贾之作《新语》，在高帝六年。是时六经之存亡，皆不可知。若承前之称，只有六经，并无五经也。《新语》之属依托，此亦其皎然者矣。

综兹六证，并甚确实。《新语》之为伪书，当可无疑。盖陆贾《新语》，亡于东汉之季。王充《论衡》，多引陆贾语。若《本性篇》："天地生人也，以礼义之性。人能察已所以受命则顺；顺谓之道"。《书虚篇》："离娄之明，不能察帷簿之内，师旷之聪，不能闻百里之外"。其文并不见于现行《新语》，当即《新语》原文之仅存者矣。今本《新语》，当作于魏晋之际，正当老庄盛行之时。胡适《中国哲学史大纲导言》，谓审定史料之真伪，当就五方面观察：一史事，二文字，三文体，四思想，五旁证。余辨现行《新语》之属伪托，已有其四。言文字，陆贾之时，无五经之称，一也。言文体，西汉之初，无此等对偶文，二也。言思想，《新语》本儒家书，而今本多道家说，三也。言旁证，刘向《七录》，班固《汉志》著录《陆贾》书，其篇数与《隋·唐志》有异，四也。故余明目张胆，敢斥今本《新语》之为赝鼎也。

二十二年九月五日，于临沂

该文首次刊于《图书评论》1933 年第 2 卷第 3 期。选自罗根泽编《古史辨》第六册，上海开明书店 1938 年版。

栾调甫

栾调甫（1889—1972）山东蓬莱人。名延梅，以字行，号山东侉子，书斋曰“三经堂”。民国时任齐鲁大学教授，主持齐鲁大学文学院和国学研究所。1949年后任山东大学教授、山东省文史馆馆长。1960年受聘为中国科学院山东分院历史研究所研究员。1963年被选为中国人民政治协商会议山东省委员会常务委员。1967年将全部家藏古籍4705册捐献给国家。1972年病逝，终年83岁。

梁任公五行说之商榷

前年读梁任公《墨经校释》，感其“有所见辄贡诸社会，自能引起讨论”之言，曾将读《校释》怀疑之处，草为《读墨经校释》一文，就正于海内治墨辩学者。先后蒙张仲如，张子晋，伍非百三先生赐书讨论，纠正错误，受益不少。近读任公《阴阳五行说之来历》一篇，尤觉趣味无穷。余虽未敢谓任公此文即为对余之讨论，然因拙读于《校释》五行一章尝有所疑，则谓任公著此文之动机乃见拙《读》而作，似不为傅［附］会过甚之辞。再进一步言之，或者任公因余之疑，特著此文而教之。若果如此，则余感德于梁先生者当益无涯矣。但余对于梁先生五行说，所疑尚未能尽祛。念先生既已乐教不吝，愚亦何妨再为请益之文。请录《墨经》五行章及任公《校释文》于下。

经　五行毋常胜，说在宜。

说　五合水土火火离然。火烁金，火多也。金靡炭，金多也。合之府水木离木，若识麋与鱼之数无所利。

释　《经说》本条有讹夺，未敢强校。胜者贵也。或以五行生克说解之，非是。生克说出邹衍以后，墨子时无有。《孙子·虚实篇》云：“故五行无常胜”，即引此经之文。古书除《公孙龙子》外，引《墨经》者绝少。因此亦可证《孙子》非孙武书也。

案曹镜初《墨子笺》云："胜，克制也。五行以克胜而成用。"似即任公所谓或说也。愚以五行生克，古人谓之生胜，以克训胜，不为无见。任公谓其非是，窃所未解。而谓生克说出邹衍以后，墨子时无有，寥寥数语，别无明据。虽云言之成理，终觉持之无故，故拙《读》据《尚书·甘誓·洪范》驳之曰：

夏启征有扈，说他"威侮五行"。箕子述《洪范》，说鲧"汩陈其五行"。可知五行在夏商的世代是很重要的一种学说。不过到周文王演《易》，始革五行而复四行之教。《周易》说理固然精深，但要说五行不及四行，或古人并不知道甚么生克，直待到邹衍才能发明出来，也未免太把岐周以前的古人一笔抹杀了。因为古人的五行，若无生克之说，那"威侮"与"汩陈"的罪案就难以讲了。

以上仅据事理推想而有所疑，亦未敢自信其不误。今读《来历》始知两证均不为任公所取。而旧注五行说，尚有可商榷者在。谨录《来历》于下：

《甘誓》"有扈氏威侮五行，怠弃三正。"梁先生曰："此语不知作何解，颇难臆断。后世注家多指五行为金木水火土，三正为建子建丑建寅。然据彼辈所信，子丑寅三建分配夏商周，《甘誓》为夏书，则时未子丑二建，何得云三正？且金木水火土之五行，何得言威侮，又何从而威侮者？窃疑此文应解为威侮五种应行之道，怠弃三种正义。其何者为五，何者为三，固无可考。然与后世五行说绝不相蒙盖无疑"。《洪范》"我闻在昔，鲧堙洪水，汩陈其五行。"又"一五行：一曰水，二曰火，三曰木，四曰金，五曰土。水曰润下，火曰炎上，木曰曲直，金曰从革，土爰稼穑。润下作咸，炎上作苦，曲直作酸，从革作辛，稼穑作甘"。梁先生曰："此不过将物质区为五类，言其功用与性质耳。何尝有丝毫哲学的或术数的意味！'鲧堙洪水，汩陈其五行'者，言因堙水之故，致一切物质不能供人用。若谓汩乱五行原理，则与堙水何关耶。"

此外，梁先生复引《荀子》《左传》所记五行二事：

《荀子·非十二子篇》"案往旧造说，谓之五行。其僻违而无类，幽隐而无说，闭约而无解，案饰其辞而只敬之曰：此真先君子之言也。子思倡之，孟轲和之。"梁先生曰："此五行不知作何解。若谓即《洪范》之五行耶？子思孟轲书中，只字未尝道及。《中庸》以君臣父子兄弟夫妇朋友五者为天下之达道。道有行义，五行或指此耶？然此为儒家常言，非思轲所创。且无所谓

‘僻违’‘幽隐’‘闭约’。杨倞注释为仁义礼智信之五常，或者近是。然子思说虽无可考，孟子则恒言仁义礼智，未尝以信与之并列也。此文何指，姑无深论，但决非如后世之五行则可断言耳”。

《左传》昭二十五年传“……吉也闻诸先大夫子产曰：天地之经，而民实则之。……用其五行，气为五味，发为五色，章为五声”。梁先生曰：“此与后世所谓‘洪范五行’者甚相类。此文如可信，则是孔子之先辈子产时已有此说矣。然《左传》真伪，在学界久成问题。藉曰非全伪，然其作者最早应为战国时人，且最少有一部分为汉人窜乱，此殆无可讳者。谓子产有是言，吾以当时所有学说旁证之，不能置信也”。

据任公说《尚书·甘誓》与《荀子·非十二子篇》之五行，均不知作何解。《洪范》五行为金木水火土，然无生克之说。（曩与南昌黄先生益斋论五行，先生亦有此疑。）《左传》虽近于五行家说，其书真伪则有问题。质言之，是均不足为邹衍以前或墨子时有五行生克说之证也。夫五行之说创于黄帝，久成定论。盖自任公姑推翻旧说，而谓出自邹衍以后。其说新颖，已足引起讨论。余自愧不学，于五行又无甚深研究，不能详搜博讨，与任公一谈来历。即欲引证古书，对于古书本身之真伪又为极难解决之问题，如《黄帝内经·文子》诸书不论矣。《管子》虽比较的可信为秦以前人书；然书中有记管子身后事，又有经有解，似非出于一手，而不尽为管子之作。若然，则《管子·幼官》五图，所谓君服某色，味某味，听某声，治某气者，在未能证明《幼官》为管子作之前，固不能为墨子前有五行生克说之证。反之，在未能证明《幼官》非管子作之前，亦不能便断五行生克说墨子时无有也。则谓《管子》《左传》真伪俱有问题可也。而以《幼官》证子产之言，似不可便言以当时所有学说旁证之不能置信也。故愚谓引证古书，在未能证明其书之真伪以前，立争两方均不能极成。此实为吾人今日研究古学最困难之事，而持论稍一不慎，即有自陷入狂之虞。然拙《读》所疑本在《墨经》，无已，请循其本，一观《墨经》本章究应作何解。

讨论《墨经》五行章本文应作何解，似宜先知《墨经》文字之体例。《墨经》分上下两篇。上篇前半皆为界说，昔人所谓似《尔雅·释诂》文者。后半则重在分析区别。五行章在下篇，下篇皆辩说之论式。《经说》下云：“彼以此其然也，说是其然也。我以此其不然也，疑是其然也。”说即立是之说，疑即争非之辩。（《经上》：辩争彼也，彼赞为非，详见拙注。）此首明《经下》诸章立争论式之分也。每章前段为故，后段则以说明其所以成故者。如五行章为说体，五行毋常胜为墨子之故，说在宜，乃谓五行所以毋常胜者以其宜也。考旧注此章多不明了，近人尹候青《墨子新释》虽引《孙子·虚实篇》杜佑王晳注，然所释仍未达。旧惟张子晋《墨经注》“五行，金胜木，木胜土，十胜水，水胜火，火胜金，此其常也。当亦未可据为定论，故曰五行毋常胜”云云，能得常胜与毋常胜之义。惜张君于宜字未留意，仍循旧说谓“五行各随所宜为用”，至于毋常胜之义未能明彻。拙注以此章为墨子立量破常胜论者。尝据此，分古五行说为常胜论与非常胜论二大派。拙《读》尝说此曰：

我以为古人的五行讲生克是原始最古的。不过这种学说中还有两个派别，应当分别言之。一是常胜派，这派自邹衍的阴阳家，一直到现在的医卜星相，几乎无一家不讲说的，这是尽人皆知，用不着细说。二是非常胜派，这派是反对常胜而产生为五行进一步的学说。我虽不敢断定这是墨子的创作，或是为墨子以前所已有的，但我知道墨子是发明五行变化者。五行有变化，就是生克不常；要讲明生克不常，还须取证本章的《经》与《说》。《经》文的宜字当作多，照王引之、俞樾校书的法子，可说“宜乃多字之讹。宜古文多，与多字形近。又因下章有宜字，故校者改多为少，又转而为宜。《经说》下‘火铄金，火多也；金靡炭，金多也’，二多字是其证。”这多字就是墨子或非常胜派破常胜派学说最要的理由，因为常胜派说五行的相生相胜是一定不变的。他们拿五行来统万物，无论如何变动不居的东西，他们总是用这个常生常胜的定理来统辖他，这种囿蔽人心踢蹐物理的学说，实在是我们这几千年知识上的妖魔。但古人如墨子及非常胜的人却很能打破这种荒谬的学理，另创出一种新学说。他们的意思，是说五行相遇固然不免相胜，但他相胜却不是一定不移的。而且他们的相胜，因着种种机遇，且能生出变化来。譬如常胜派所说的五行相胜是说火胜金的，但火能铄金必非一星之火；反过来说，金也可以胜火。(《庄子·天下篇》辩者之谈火不热，据高诱《淮南子·诠言训》注云：炭不热，知古人以炭代表五行之火）这是金与火之间有一种当值之量：金过此量，金能胜火；火过此量，火能胜金。金火二者更迭相胜，只是能过此量者为胜，不能过者不胜。过者其物必多，不过者其物必少，这是五行相胜，因于多方胜少的缘故，并不是一定不变的常胜。

余分五行为常胜非常胜二派，与坚白离盈二宗，闻者多疑而未信。拙《读》就正于世，伍君非百独许余谈坚白“能分析古代坚白论的派别，发前人所未发。”张君子晋亦以拙说五行为然，并谓余曰：“五行毋常胜一语，直将五行相胜的旧案推翻，在五行学说中特标新帜，此亦墨学之进化也。”又曰：“以说在宜，宜字为多字之讹，举古文宜作多，及《经说》下‘火铄金火多也，金靡炭金多也’两多字为证，可谓铁案如山”。拙说久无解人，今幸得两先生为余正，使余稍坚自信之心，再为商榷之文，求其然否，是可感也。管见五行之说在今日固无甚神圣可言，但在古代能将世间物质统列为五大类，复因其体用而定五类之关系，如《洪范》谓水润下乃言其性质，谓润下作咸乃言其作用，又如钻木取火谓木生火，泼水灭火谓水胜火，诸如此类，不得不谓夫作者之圣也。独惜后人盲于信古，不肯观察物理，详究各物生胜所以然之故，及社会文明日进，物质发现日广，又不肯破旧说而另为之分类，转牢守其生胜之律，强自然之物质而尽纳诸五类之中，甚至遇其性质与作用不合于定律者，必傅会而强合之，此所谓不为足为履，而以履纳足，势至履裂足伤而后已。故吾谓五行阍蔽中国人心至数千年者，亦后人误用五行之过也。吾读《墨子·经下》至景鉴诸章，如景不从，鉴位景之易正说在中之外内，及二光夹一光一光者景也，（见张仲如《墨学分科光学条》采录拙注，）觉其精审与今物理学家言无异，则知墨子深研物理，必有见于五行常胜说之不可通，乃立毋常胜之宗。此非余傅会之言也，请以粗浅之事理喻之：夫水能灭火，人尽知之，然以杯水泼一车薪之火，则水将胜而为气，而火亦必不息也。是谓水胜火者，必有相胜之量，水不及此量水弗胜也，火过此量火亦能胜也，两俱能胜，如何可谓之常？要而论之，常胜派所谓之胜，乃绝对的胜；非常胜派所谓之胜，乃比较的胜，此余谓为五行进一步的学说也。

尝以拙说质之南昌黄先生，先生谓丹书中有五行相克，乃以多克少之言。惜忘其书名，难以相证。余素主丹家炉火之术出于墨子，闻先生言，益信汉人所传《墨子五行变化记》五卷为墨子书，而其黄白一门，（《淮南枕中书》，《墨子五行要记》一卷，即抄取黄白一门，非全书也，）为后世炉火之祖。《变化记》今已不传，其详不可考。据《参同契》“五行错王，相据以生，火性销金，金伐木荣”及“五行相克，更为父母”之言，颇似非常胜论。惟丹书文字类多隐秘，不可尽解。丹家亦谓“饶君聪慧过颜闵，不遇真师莫强猜”。吾人既未遇真师，强猜当然同于妄说。但就字面言之，所谓“错王”，所谓“更为父母”，则与《孙子》杜佑注“五行更王”，王晳注“迭相克也”诸言相合矣。

复以《经说》本章证之。《经说》文不甚可读，惟“火铄金火多也，金靡炭金多也”十二字则尚可解。火铄金为火胜金之征。金靡炭，据《淮南·本经训》“鼓橐吹埵，以销铜铁，靡流坚锻，无默足日”，销铜铁即铄金也。靡流坚锻为黄冶之术，其如何靡炭，殊难臆说。然火多金多，为言胜义，固极明了，不待穿凿。若任公说“此五种物质无常贵，但适宜应需为贵”，虽甚平实，但与此十二字无照应也。

复次以《孙子·虚实篇》证之，此任公所认为即引此经之文者也。《孙子》是否孙武书，固不易论。但谓其最晚当出于孙膑而非秦汉间人所作，则不待辨也。《虚实篇》皆言用兵虚实变化制胜之道，其引五行无常胜，即以证其兵无常势之义。读《孙子》本文自见。

《孙子·虚实篇》“……故兵无常势，水无常形，能因敌变化而取胜者谓之神。故五行无常胜，四时无常位，日有短长，月有死生”。

《孙子集注》王晳曰“迭相克也”，其义最是。盖《孙子》本文只是言无定言变化，其引五行四时日月，亦只以明其为无定为变化耳。若任公说无常贵，适宜应需为贵，虽不穿凿，但与变化之义无照应矣。

此外则《淮南·说林训》“金胜木者，非以一刃残林也。土胜水者，非以一墣塞江也”（亦见《文子·上德篇》），疑即常胜派与非常胜派之辩。严几道生平最恶五行，设难曰：“金胜木耶？以巨木槌击一粒锡，孰胜之耶”？闻者多不能应。今以《淮南》非一刃残林之说，应几道以木槌击锡之问，可谓相当矣。然则古必有以一刃残林，一墣塞江难常胜论者，此又古有非常胜论之一旁证也。

据上说，《墨经》五行章，以五行生克说解之，似较任公之说为当。至愚据此分古五行为常胜与非常胜二派；为慎重学问起见，仍认为余之一种臆说，敬待学者之讨论，且望世之治五行学与丹学者取吾言以证其书果有合否也。至《尚书》诸证，管见亦与任公说不同。盖谓中国古代民族，繁杂非一族类。虽云文野不同，要之各有其历久相传之宗教与风俗，各为畛域，保守不渝者也。夷夏不论矣。三皇五帝，则八卦五行宗教之异也。三王夏商周，则子丑寅三建授时之异也。夏主五行，箕子述《洪范》，周独演《易》而论八卦，此因周之先后稷出于姜氏，治稼穑，世农官，故述神农之教也。张子晋先生谓余曰：“鄙意八卦五行，为中国旧物理学两大系统，在三代以前，本分道扬镳。八卦画自伏羲而文王演之，五行著于《洪范》而箕子传之。《墨经》言五行而不言八卦，墨子系统本出于禹也”。愚以先生此言，辨析精审，颇与汉人“阴阳无箕子”之言合。大抵春秋以前，阴阳五行各有分畛，皇与帝《三坟》《五典》之书，周与齐四官五图之制，均各不同，及孔子赞《易》，墨子谈变化，义尤显然。其并为一谈者，盖始于子思孟轲，而大成于邹衍。一则以齐乱鲁学，一则以阴阳乱五行也。若《甘誓》之“五行”，当然为金木水火土，绝不容有疑义。“三正”似指天地人。盖谓其不奉大禹五行之教，不谨神祇与鬼之祭。不奉禹教是威侮矣，不谨祭祀是怠弃矣。《洪范》谓“鲧堙洪水，汨陈其五行”者，疑即鲧误用常胜论土胜水说，而以息壤堙水，致水失其避高就下之性。水高陆下则五行汨乱矣。《荀子·非十二子篇》谓子思孟轲案往旧造说谓之五行，疑即《春秋公羊》家说。至《左传》真伪，颇为难言，清儒治今文学者好诋古文家，谓《周官》《左传》甚至诸经古文，均为刘歆伪造或窜乱。两家之辩，至今无定论。平而论之，古书信多可疑者，然欲辨其真伪必详其所据，如清儒之辨《尚书》古文之伪，方足服人之心使明其义。往见某书以西人讥中国守旧，乃谓《论语》述而不作一章为刘歆所窜入。不知儒者述而不作，墨子亦尝诽之，见《墨子·耕柱篇》。如此立论，未免任意乱说，亦见读书未广耳。今任公以五行生克说出邹衍以后，而于邹衍以前之书不作别解，便谓窜乱，则吾不能不谓任公此种治学方法乃受治今文学者之影响也。然则墨子时有五行生克说乎？吾谓不必引证他书，请读《墨子》本书可也。《墨子·贵义篇》：

“子墨子北之齐，遇日者。日者曰：帝以今日杀黑龙于北方，而先生之色黑，不可以北。子墨子不听，遂北至淄水，不遂而反焉。日者曰：我谓先生不可以北。子墨子曰：南之人不得北，北之人不得南，其色有黑者有白者，何故皆不遂也？且帝以甲乙杀青龙于东方，以丙丁杀赤龙于南方，以庚辛杀白龙于西方，以壬癸杀黑龙于北方。若用子之言，是禁天下之行者也，是围心而虚天下也，子之言不可用也。”

该文首次刊于《东方杂志》1924 年第 21 卷第 15 号。选自顾颉刚编《古史辨》第五册，上海朴社 1935 年版。

王伯祥

王伯祥（1890—1975），江苏苏州人。现代文史研究家。名钟麒，字伯祥。50岁以后以字行。别号碧庄、容叟、巽斋、容安、容堂、苏亭、不翔等。王伯祥1906年考入苏州中西学堂。次年考入苏州公立中学，被编入二年级学习，开始从事学术文艺活动。毕业后入苏州甪直镇县立第五高等小学任教，同时任北京大学国学门通讯研究员。1919年1月与叶圣陶一同署名在《新潮》创刊号上发表《对于小学作文教授之意见》一文。同年冬，又与叶圣陶等创办《直声》文艺周刊。其后曾任教于厦门集美学校、北京大学中文系，担任上海商务印书馆史地部编辑10余年。1932年离开商务印书馆到开明书店任编辑，直至1949年后开明书店与青年出版社合并成立中国青年出版社。

《鸡鸣》

鸡既鸣矣，朝既盈矣。——匪鸡则鸣，苍蝇之声。
东方明矣，朝既昌矣。——匪东方则明，月出之光。
虫飞薨薨，甘与子同梦。——会且归矣，无庶予子憎。

《齐风·鸡鸣》诗明明是一首很好的情诗。它写男女燕暱的状态，真是活灵活现，使读这首诗的人可以仿佛想见他们在那里说话，而且是女对男发的一种无可奈何的说辞。简直与后来《读曲歌》中的“打杀长鸣鸡，弹去乌臼鸟，愿得连冥不复曙，一年都一晓”和《乌夜啼》中的“可怜乌臼鸟，强言知天曙，无故三更啼，欢子冒闇去”等有同样的风趣。我们因事无佐证，固然不能强派他们是私情，但也至多不过是新妇恐怕被堂上谴责，或受旁人讪笑而有这种对她丈夫的说话。决不是什么“贤妃御于君所”，“心存警畏”，“欲令君早起视朝”一类的话头。

自从《毛传》把“朝既盈矣”“朝既昌矣”的“朝”字读作“直遥反”，于是朝晨变为朝廷，把很容易解的说话翻成晦涩，从此说诗的人一定要把它曲曲牵引到朝廷上去了。其实这两句的上面既说“鸡既鸣矣”和“东方明矣”，当然联贯说下，道是“朝晨到了”，——“盈”训充，训溢，有“渐臻”的意思；“昌”字在《广雅·释诂》上训作“始”——方才不背眼前的风光。何况下面又接着说“匪鸡则鸣，苍蝇之声”，“匪东方则明，月出之光”呢！乃假造《诗序》的卫宏竟说这诗是“思贤妃也。哀公荒淫怠慢，故陈贤妃贞女夙夜相成之道焉”。后来郑玄作《毛传笺》的时候，便把蝇声月光的误会硬说是“夫人以蝇声为鸡鸣，则起早与常礼，敬也”；“夫人以月光为东方明则朝，亦敬也”了。

但这诗末了的“会且归矣，无庶予子憎”一语，终不可通，若璩《传笺》所说，实在自相矛盾。因这诗上边的说话，明明点清是蝇声而非鸡鸣，是月光而非天明，那么其时尚早，怎么会有许多人齐赴朝堂！即使待漏趋朝是那时做臣子的谨慎，但为什么君尚未至，他们便敢随便散归！分明这两句最传神，最含无可奈何口气的好诗——“姑且去罢！别招人家的谈论啦！”——被他们解释错了。我不解当时说《诗》的大家，他们平时都知道“会”字虚用有“刚巧”的意义，“归”字训“往”，“予”字训“与”，……那一套的玩艺的，为什么在这里便很老实的解释，说什么“他们赴‘朝会’的将要归去了，你不要因了‘我’受人家的嫌恶”啊！

该文首次刊于《小说月报》1923年6月第14卷第6号。选自顾颉刚编《古史辨》第三册，朴社1931年版。

周予同

周予同（1898—1981），浙江瑞安人。原名周毓懋，学名周蘧，又一学名周豫桐，字予同，笔名天行。著名历史学家，和周谷城齐名，号称“南北二周”。少年时代，就读于晚清经学大师孙诒让创办的蒙学堂。1915年毕业于瑞安中学，次年以第一名考取北京高等师范学校（今北京师范大学前身）国文部，1920年又以第一名成绩毕业。1921年入商务印书馆任编辑和《教育杂志》主编，并在上海大学执教。1933年至1941年，先后任安徽大学中文系主任、文学院院长，暨南大学史地系主任、南洋研究馆主任、教务长等职。1943年任开明书店编辑兼襄理，1945年开始任复旦大学历史系教授。1949年10月后，担任华东行政委员会文化教育委员会委员、上海市文史研究馆馆务委员、《辞海》副总主编等职。

经今古文学

五　经今文学的复兴

今文学的衰替，初由于郑玄王肃的混淆“家法”，次由于汉末西晋社会的扰乱。延至隋唐，仅有所谓“注疏之学”；再延至宋明，仅有所谓“理学”；虽也有所谓“道问学”“尊德性”之争，但经传终成了哲学家立论的工具；所谓今文经，所谓“家法”，久已成为学术史上的陈旧名词了。不料延至晚清，因社会的趋势与学者的努力，久成化石的今文学竟居然复活，而且占据学术界的重要地位，几有当者披靡之势，这不能不令吾人惊异了。

满清一代学术的变迁，梁启超谓一言以蔽之，“以复古为解放”。这话实在很确当；不过我以为清儒复古，其解放是消极的自然结果，其积极的目的在“求真”。清初学术界承晚明王学（王守仁）极盛之后，学者束书不观，游谈无根，于是顾炎武等起而矫之，大唱“舍经学无理学”之说。那时汉学初萌芽，大抵以宋学为根柢，而不分门户，各取所长，可以说是汉宋兼采之学，也可以说自明复于宋而渐及于汉唐。这是第一期。乾隆以后，惠栋、戴震等辈出，“为经学而治经学”之风大昌。说经主实证，不空谈义理，于是家诵许（慎）郑（玄），而群薄程朱。这可以说是专门汉学，也可以说是自宋复于东汉。这是第二期。嘉庆、道光以后，由许郑之学导源而上，《诗》宗三家而斥毛氏，《书》宗伏生、欧阳、夏侯而去古文，《礼》宗《仪礼》而毁《周官》，《易》宗虞氏以求孟义，《春秋》宗《公羊》而排《左氏》，西汉十四博士之说至是复明。这可以说是西汉今文学的复兴，也可以说是自东汉复于西汉。这是第三期。光绪末年，康有为作《孔子改制考》，说先秦诸子都是“托古改制”，经皆孔子所作，尧舜皆孔子依托，于是诸子学大兴，其影响直及于现代之古史研究者——如友人顾颉刚君。这可以说自西汉复于周秦，也可以说是超经传之诸子的研究。这是第四期。

依上文所述，可见清代今文学的复兴，是当时学术界之自然的趋势，其发生是溯时代以复古之必然的结果。然此外还有一外加的有力的原因，足以促今文学的复兴，——一如今文学衰替之含有外因——即道咸以来的政治社会状态和汉学全盛时期（即第二期）绝对不同的缘故。乾嘉之间，一方面社会的秩序比较安宁，使学者可以专心研究；一方面朝廷因异族之故，时时横施权威，使学者不敢作“经世”之想；所以当时学者群趋于“与世无争”之汉学研究。章炳麟《检论·清儒篇》所谓“多忌，故歌诗文史楛；愚民，故经世先王之志衰。家有智慧，大凑于说经；亦以纾死，而其术近工眇踔善”。这几句话很能说明清代第二时期汉学兴盛的原因。但一到了道光咸丰以后，情势完全不同了。内则有太平天国之乱，使满廷的权威渐渐衰替；外则自“鸦片战争”以后，外族的压迫与日俱增。当时智识阶级的秀出者，惧陆沉之有日，觉斯民之待拯；所以一方面对于当时学者断断于训诂名物之末而致其不满，一方面震于《公羊》中“张三世”“通三统”“绌周王鲁”“受命改制”等“非常异义可怪之论”，而假借经学以为昌言救世的护身符。这固然不能武断的说晚清今文学家都是如此，但我们只要看龚自珍、康有为假借经义讥切时政的态度，便瞭若观火了！

清代今文学复兴的出发点是《春秋公羊传》；这是不足怪的，因为当时所谓《十三经》中，惟有何休的《公羊解诂》是今文家言。至于复兴今文学的首倡者，当推庄存与。他和戴震同时，但治学的途径完全和震不同。他著《春秋正辞》一书，不讲汉学家所穷究的训诂名物，而专讲所谓“微言大义”，可以说是清代今文学的第一部著作，但他个人并不是绝对的今文学者，他于这部书之外，还著有《周官记》《周官说》《毛诗说》等关于古文经传的书（均见《味经斋遗书》）。到了他的弟子宋翔凤，刘逢禄，今文学才渐渐的成立。宋喜附会，杂采谶纬，实不足称。至于刘，则专主董仲舒，李育之说，作《春秋公羊经传何氏释例》（简称《公羊释例》），《公羊何氏解诂笺》，《左氏春秋考证》等书。《公羊释例》一书，应用汉学家治学的方法——即近人所谓近于科学的方法——有例证，有系统，有断案，在清代一切著作中也可算是出色者。所以以章炳麟之信从古文，亦推许它，说是“属辞比事，类列彰较，亦不欲苟为恢诡；其辞义温厚，能使览者说绎”。这可想见它的价值了。庄、宋、刘都是常州人，当时称为常州学派，以别于所谓吴派（惠栋）皖派（戴震）。但后来这派学说渐渐得人信从，所以不一定限于常州人，如仁和的龚自珍，邵懿辰，德清的戴望（均浙籍），邵阳的魏源（湘籍）都是这派中的著名者。龚是汉学家段玉裁的外孙，富有天才。他虽没有关于今文学之专门的著作，但喜引用《公羊》义例以批评朝政，诋排专制。不过他终是才胜于学，喜博嗜奇，所以一方治《公羊》，一方又袭章学诚“六经皆史”之说，以自陷于古文家言。魏源与龚很相得，喜言经世，后不遇，乃转而治经。他曾著《诗古微》，攻击《毛传》及《大小序》，而专主齐、鲁、韩三家；又著《书古微》，说不仅阎若璩所攻击的《古文尚书孔传》是伪造，就是东汉马融，郑玄的《古文尚书》也不是孔安国的真说。同时邵懿辰著《礼经通论》，说《仪礼》十七篇并非残缺，所谓《古文逸礼》三十九篇全是刘歆伪造。戴望又引《公羊》义例以注《论语》，于是今文学的范围更逐渐推广。总之，自魏书出而《诗》《书》始复于西汉，自邵书出而《礼》始复于西汉，于今文学的复兴不能谓无功绩；章炳麟斥魏为“不知师法略例，又不识字”，斥邵为“倒植”，[1] 实在不免有阿其所好之嫌。但当时对于今文学的复兴，还有一有力的援军，即当时辑佚之风很盛，关于西汉今文博士的遗说考辑颇备；如冯登府的《三家诗异文疏证》，迮鹤寿的《齐诗翼氏学》，陈寿祺的《三家诗遗说考》，及其子乔枞的《今文尚书经说考》，《尚书欧阳夏侯遗说考》，《诗经四家异文考》，《齐诗翼氏学疏证》等书，都可以与今文学者以有力的援助。不过这些学者仅仅考证今古文学的不同，并非力主今文而排古文，所以我们不称为今文学者。延至光绪间，善化皮锡瑞著《五经通论》及《经学历史》等书，以授初学者，也偏主今文。又湘潭王闿运以今文义遍注群经；但王以文学著，经学造就实不足称。他的弟子廖平（廖前数年尚任成都高师教授）承其学，著《四益馆经学丛书》十数种，其中以《今古学考》一书为最有系统。廖为人盖敏于学而怯于胆，初持古文为周公，今文为孔子之说，继进而主张今文为孔子的真学，古文为刘歆的伪品，都不失为今文学家之言；但后来受张之洞的贿逼，竟言今文是小说，古文是大统，以自相矛盾。近著《孔经哲学发微》（中华书局出版）极附会荒唐之能事，其不知是在说什么话了。那时袭廖的旧说而成为集清代今文学的大成者，是南海康有为。康初从同县朱次琦学。朱治经，杂糅汉宋古今，不讲家法；所以康早岁好《周礼》，尝著《政学通议》一书。其后见廖书，因尽弃旧说，专致力于今文学，先著《新学伪经考》一书，——说古文经传是刘歆伪造，所以称为伪经；古文学是新

---

① 均见《检论·清儒》。

莽时之学，不是汉学，所以称为新学。在这部书出世以前的今文学著作，大抵是部分的，片段的；到这部书，然后网罗一切，对于古文学下根本的攻击；大意是说：一、西汉经学无所谓古文，一切古文都是刘歆伪造。二、秦始皇焚书，六经并未受灾，西汉今文十四博士的传本并无残缺。三、篆隶之说不足信，孔子时所用字体就是秦汉时通行篆书，就字体说，也无所谓古今文。四、刘歆想遮掩作伪的痕迹，所以校中秘书时，对于一切古书多加淆乱。五、刘歆作伪的动机，是想佐莽篡汉，所以崇奉周公而毁灭孔子的微言大义。六、古文学所以流传，是因为东汉的"通学"者及郑玄的混淆家法。继著《孔子改制考》一书，说先秦诸子都是托古改制，所以六经是孔子所作以宣传的书册，尧舜是孔子所托的理想社会。这部书是康著《大同书》之历史的初步著作，其性质实是超今文学的，不过内容仍然是由《公羊》中"通三统""张三世""受命改制"等义演绎而来。依康著《大同书》中所描写的理想社会，简直是无治主义者的理想；但康迷于三世（据乱世、小康世、大同世）之说，以现世为据乱世，所以力主君主立宪，以实现其小康世的理想；又感于旧君的私恩，复一变而为复辟论者。以极左的急进的思想家，经过两次的"右转走"，遂一变而为极右的复辟论者；我们于此，不能不感到应用学术思想之应该万分慎重了。康现在为国人所不齿，但在学术史方面，除他的武断外，实在自有他的立足点。康弟子梁启超近著《清代学术概论》，自称为今文学派之猛烈的宣传运动者，其实梁对于今文学没有系统的著作，其对于国内思想界的贡献另有所在，实在不能称为今文学者。至于近时纯粹的今文学者，除廖、康外，不能不推北大教授吴兴崔适。崔继康《伪经考》的研究，著《春秋复始》，说《穀梁》也是古文；又著《史记探源》，说《史记》是今文学，其所以杂有古文说，全是刘歆的羼乱，以为他自己主张古文经传的根据。此外近人如顾颉刚、胡适，其学术思想实也受有今文学的影响；但他们受他方面学术的影响较多，也不能称为今文学者。于此须附带声明的就是：清代的今文学者，他们在大体上对于排斥古文而信从今文一点是相同的，至于细节上，他们排斥古文至若何程度，信从今文至若何程度，那就各不相同；但我们为篇幅所限，只得从略了。又次，清代的复兴的今文学已不是西汉的原始的今文学，我们只要以《齐诗》诬妄的五际说与康有为的孔子托古改制说一比较，便可知学术思想相去的辽远了。

六　经今古文学与其它学术的关系

如果经今古文的异同只是经学上无聊的争辩，好像他们之争辩圣人是否"无父感天而生"一样，那末，我们实在不合算枉费精力与时间这样絮絮地去叙述；无奈这种异同的争辩，不仅仅是经学上自身的问题或文化史上已死的陈迹，而竟与中国其它学术有重要而密切的关系。——假使我们还承认中国其它学术尚有研究的价值，而不想把它丢在毛厕里。依我的私见，它与其它学术的关系，较为显著的，大约有四：一，古代学术思想的研究；二，古代史的研究；三，史学的研究；四，文字学的研究。

一、今古文学与古代学术思想的研究 我们研究先秦的学术思想，无论你是宗信儒家或排毁儒家，都不能不承认孔子在当时或后世是具有相当的权威，而当加以精密的研究，但经今古文两派对于孔子的观念就是绝对的不同，我们究竟何所适从呢？无论你在情感方面，对于孔子尊为素王，宗为先师，抑或斥为头脑不清之古代思想家；但孔子的真面目究竟是什么呢？最近有些学者主张研究孔子，用一种超经传的方法，即舍弃一切今古文的争论，而由《论语》等稍为可靠的书籍入手；但我以为今古文学家或者可以作为我们研究的初步的助手；我们的目的固然是超经传的，但为方法上的便利计，对于今古文说绝对不能取“得鱼忘筌”的手段吗？这些都是在研究古代学术思想的方法上成问题的。我个人是比较倾向今文的，我觉得近代今文学家固然有许多地方不免过于武断、夸大、诬妄，如有些学者们所讥刺；但他们给孔子以历史上的一个哲学家的地位，比较古文学家仅视孔子为一个古代文化保存者的史学家，的确高明得多。并且他们说孔子托古改制表面上是尊崇儒术，而实际夷与先秦诸子同列，比之古文学家尊崇古代实际政治家的周公而以孔子为他的承继者，实较有贡献，而能为我们研究先秦学术思想史上去一障蔽。现代有些学者们，大谈其古代思想，而先不明瞭今古文的派别；或于古文学本无深切的研究与信仰，而故意立异，欲与治今文者相抗争，如南京某大学国学系的几位教授们；在浅鄙的私意，都觉得不大妥当；但这也不过就我个人治学的嗜好而略抒所见而已。

二、今古文学与古代史的研究 今文学与一切学术关系最大而最密切的，当首推古代史的研究。本来治中国历史的人有两种相反的观念：一种以为中国古代的文化在尧舜或尧舜以前已经十分灿烂，以后不仅无进步，而且自春秋、战国以来每况愈下。这派姑名为旧派，他们以为“黄金时代”在古代已经实现过，所以略带有悲观的，复古的色彩。一种以为中国古代文化的灿烂期不在孔子所叙述的尧舜而在诸子争鸣的春秋、战国时候，以后虽受专制政体的影响而没有长足的进步，但今后努力奋振，不见得没有相当的希望。这派姑名为新派，他们相信人类一切社会都是渐渐进化，中国自然也不能例外，所以比较的带有乐观的，革新的色彩。我敢武断地说一句，这两派观念的不同，实在受经学上今古文的影响。前一派——旧派——一如古文学家，相信孔子所描写的尧舜时期的文明是真实的，相信《周礼》是周公治平天下之已实行或预计的制度。而后一派——新派——则采取今文学家的态度，以为古籍上尧舜时期文化的描写完全是孔子“托古改制”的宣传手段，和老庄之托于太古，许行之托于神农，墨翟之托于夏禹，是一样的把戏；至于《周礼》，至早也是战国时候的理想的作品，决不是什么周公的东西。他们更由此进一步而推翻古代一切相传的史实。顾颉刚说：“古代的史实完全无异于现代的传说：天下的暴虐归于纣与天下的尖刻归于徐文长是一样的。纣和桀的相像与徐文长和杨状元的相像是一样的”。① 胡适说：“包公身上堆着许多有主名或无主名的奇案，正如黄帝、周公身上堆着许多大发明、大制作一样。李宸妃故事的变迁沿革也就同尧、舜、桀、纣等等古史传说的变迁沿革一样，也就同井田、禅让等等古史传说的变迁沿革一样”。② 这可见他们态度的急进了。但是，我们要知道，新史学家的顾、胡的学说，实在是今文学家而为现社会所不齿的康有为的诸子托古改制说之进一步的讨论；所以无论赞成或反对他们，都须于今古文学有相当明晰的解悟。以上所述，还是说今古文学与治古代史的根本观念的关系；至于论及古代的史实，如制度等等，那今古文学的关系与异同更其复杂而繁琐了。——虽然有些学者对于这些异同以“三代制度不同”一句浮滑的话了之。现在仅就制度中之较重要者，表列于下，以明古代史实传说的不同，并以明治古代史者之能舍弃经今古文学的研究。

制度	今文说	古文说
封建	（1）分五服各五百里合方五千里 （2）分三等公侯方百里伯方七十里子男方五十里 （3）王畿内封国 （4）天子五年一巡狩	（1）地分九服亦各五百里并王畿千里合方万里 （2）分五等公方五百里侯方四百里伯方三百里子方二百里男方一百里 （3）王畿内不封国 （4）天子十二年一巡狩
官制	（1）天子立三公司徒司马司空九卿二十七大夫八十一元士凡百二十 （2）无世卿有选举	（1）天子立三公曰大师太傅太保无官属又立三少以为之副曰少师少傅少保谓之三孤又立六卿曰家宰司徒宗伯司马司寇司空六卿之属大夫士庶人在官者凡万二千 （2）有世卿无选举
祭祀	（1）社稷所奉享皆天神 （2）天子有太庙无明堂 （3）七庙皆时祭 （4）禘为时祭有举祭	（1）社稷所奉享皆人鬼 （2）天子无太庙有明堂 （3）七庙祭有日月时之分 （4）禘大于郊无祫祭
赋税	（1）远近皆取什一 （2）山泽无禁 （3）十井出一车	（1）以远近分等差 （2）山泽皆入官 （3）一甸出一车
其他	（1）天子不下聘有亲迎 （2）刑余不为阍人 （3）主薄葬	（1）天子下聘不亲迎 （2）刑余为阍人 （3）主厚葬

① 《语丝》第二期《古史杂论》一。顾又有论夏禹非实有其人，而含有神话性质，见《努力》附刊之《读书杂志》。

② 《现代评论》第一卷第十四、十五期《狸猫换太子故事的演变》。

三、今古文学与史学的研究 中国史籍不能不算丰富，但讨论或研究史籍的史学则异常不发达。就我们所知，较有系统而有价值的，当首推唐刘知几的《史通》和清章学诚的《文史通义》《校雠通义》。刘氏作《六家》《申左》诸篇，于《左氏春秋》、《汉书》则加以褒许；于司马迁《史记》则时施讥评。章氏则大唱其六经皆史说而竭力崇奉刘歆、班固。这二人，如果用今古文学的观点去观察，可以说都带有极重的古文学的气息；因为我们假使采取今文学的主张，则结论恰恰和他们相反。今文学以为《左氏春秋》不仅不是传孔子的《春秋》，如《公羊传》《穀梁传》等之得称为《春秋左氏传》；而且是刘歆羼撮伪托之作，其价值还远在《国语》之下。那末，刘氏称《左氏春秋》谓“其言简而要，其事详而博，信圣人之羽翮而述者之冠冕”的话，完全不能同意了。至于班固，他本生在古文学盛行的东汉，而又是一个康有为所称为“通学”者，他的《汉书》大部分仍袭古文学创始者刘歆的旧文或主张。如《汉书》中的《艺文志》，几乎完全抄袭刘氏的《七略》，在章氏的《校雠通义·宗刘》诸篇崇奉甚力，但康有为《伪经考》则特作《艺文志辨伪》上下二篇，谓《艺文志·六艺略》之罪凡五：颠倒六经的次序，其罪一；以伪古经列于孔子今文经之上，其罪二；盛称伪作的经传，而诋斥当时博士之学，其罪三；提倡训诂形声之学，以灭没孔子的微言大义，其罪四；夺孔子之学与教以上托于文王、周公，其罪五。自然，经学与史学的观点不尽相同，但史以信实为第一义，现在《汉书》已时有掩护作伪的嫌疑，则刘氏所称“言皆精练，事甚该密”的话又不可信了。《史记》一书，学者毁誉不同。刘氏斥谓“所载多聚旧记，时采杂言，故使览之者事罕异闻而语饶重出”。但今文学家则以为司马迁生在伪经未出之前，又习闻今文学大家杨何、董仲舒之说，[①] 所以以其说多与今文学符合，其中如《五帝》《夏》《殷》《周本纪》《周公》《孔子世家》《孔子弟子》《儒林列传》《太史公自序》诸篇，于经学及史学上都是具有威权的著作。至书中杂乱的语句，如《自序》中“年十几则诵古文”，《儒林传》中“孔氏有《古文尚书》，安宫以今文读之，《逸书》得十余篇”等，则系刘歆故意窜乱，以为颠倒五经的佐证。总之，就今文学家的观点，则《史记》是信史，《左传》是伪品，《汉书》是掩伪之书。中国的史学研究本不发达，而以今文学的眼光去研究史学的，除崔适的《史记探源》外，还没有其它有系统的著作。我们信从今文学或允许用今文学的观念去治史学，固然还是一个有待讨论的问题；但今文学和史学之不能绝无关系，那我们就无法否认了。

四、今古文学与文字学的研究 清代学术的正统派是“汉学”，而“汉学”的中心学科是文字学，我们如果说中国二千年来的文字学以清代为最发达，决不是一句武断

① 《史记·太史公自序》言迁父谈“习《易》于杨何”，又有“余尝闻董生曰”的话。

的话。但是一到晚清今文学复兴之后，文字学却受一种消极的影响。清代今文学的复兴，是所谓“复东汉于西汉”，或“革郑许而崇博士”的运动，所以他们对于当时正统派的中心学科——文字学，施以猛烈的攻击。他们以为：第一，文字学不过是治经的一种工具，如终身穷究训诂形声，那就决不能得到孔子寄托于六经中的微言大义，这无异于成语所谓“买椟还珠”。第二，汉代倡道文字学之最力者是刘歆，而刘歆所以倡道训诂形声之学，实有掩护伪造的“古文”的嫌疑。第三，文字学者所以认为最有权威的书籍，在训诂方面是《尔雅》，在形义方面是《说文》；但《尔雅》多与《毛诗》《周礼》合，《说文》也多袭古文学言，都不足凭信。第四，文字学者所视为金科玉律的“六书说”和“古文篆隶之分”，都是伪造或信奉古文学者的捣鬼，实在毫无根据。现在依次略述大意如下：廖平《知圣篇》说：“惠、戴挺出，独标汉帜，收残拾坠，零璧断圭，颇近古董家；名衍汉学，实则宗法莽歆，与西汉天涯地角，不可同日语。江、段、王、朱诸家，以声音训诂校勘提倡天下，经传遂遭蹂躏。不读本经，专据《书钞》、《艺文》隐僻诸书，刊写误文，据为古本，改易经字。白首盘旋，不出寻丈。诸家勘校，可称古书忠臣；但毕生勤劳，实未一饱藜藿”。这种攻击文字学的话，不免近于武断，且易发生极大的流弊，如戴震所讥的“宋以来儒者以己之见硬坐为古圣贤立言之意，而语言文字实未之知”。① 但是对于沉溺于声音训诂的研究而抛弃其它一切学术思想的学者，实在是一个当头棒喝。康有为《伪经考》说：“小学者，文史之余业，训诂之末技，岂与六经大道并哉！六艺之末而附以小学，……此刘歆提倡训诂抑乱圣道，伪作古文之深意也”。又说：“歆既遍伪群经，又欲以训诂证之，……自此经学遂变为训诂一派，破碎支离，则歆作俑也”。② 他并且列举若干证据，以证实刘歆的罪状。这些罪状，固然还待考核；而刘歆之能否这样地不惮烦与能否有这样的精力，也都有待于讨究；但治文字学者决不能就愦愦地斥为谰言。《尔雅》一书，相传伪周公作，其诬妄不言可知。孙星衍在《尔雅释地四篇后叙》说“《尔雅》所纪则皆周官之事”，陈启源《毛诗稽古编》考《尔雅》与《毛传》多同，所以康有为说：“《尔雅》训诂，以释《毛诗》《周官》为主。释山则有五异，与《周官》合，与《尧典》《王制》异。释地九州与《禹贡》异，与《周官》略同。释乐与《周官》大司乐同。释天与《王制》异。祭名与《王制》异，与《毛诗》 《周官》合。若其训诂，全为《毛诗》；……时训三家，以弄狡狯”。至许慎《说文》，自段玉裁注行世后，如日中天，几

---

① 见《东原集·与某书》。按廖氏晚年著作的支离附会，实不免如戴氏所讥。

② 均见《伪经考·汉书艺文志辨伪下》。

为初学必读之书；但许氏实东汉古文学大家，《说文序》说“其称《易》费氏，[1]《书》孔氏，《诗》毛氏，《礼周官》，《春秋左氏》，《论语》，《孝经》，皆古文也”。则《说文》为古文学的附庸，实很显著。所以康有为于《伪经考》中特附《说文序纠谬》一文，斥许慎为刘歆的功臣，说“歆伪经之光大，则赖郑玄之功；伪字之光大，则赖许慎之力。……篡孔子之圣统，慎之罪亦何可末减哉”！且《说文》中所谓六书，所谓古文，所谓篆隶之分，在康氏都以为不可考信。六书说仅见于《周官》保氏，而不见于他书；《左传》有“止戈为武，反正为乏”的话，适足证古文经传的相同；其后汉儒言六书，惟有许慎《说文》及郑玄《周官注》，而博士们则绝无谈及；凡此，都不能不启今文学者的怀疑。康氏对于六书说的本身许为条理甚备；但因为刘歆“伪托于经，则不得不恶而辩之”。至于古文的不足信，第一不合于文字由繁而简的原理；桂馥谓“小篆于籀文则多减，于古文则多增”；则小篆于籀，其理顺而可信；籀于古文，其理逆而可疑。第二，古文出于孔子壁中，而壁中得书的事，今文学者就根本不信，而斥为刘歆伪托的初步。第三，新莽居摄时，复位六书，一曰古文，二曰古文奇字，则刘歆更有借莽势以行伪古学的嫌疑。至区分篆隶之不足信，第一，篆隶不过用笔圆长方折的不同，一如真书行书的微异，并不是字体的殊异。第二，文字的变迁，是风气的渐移，不关人事的改作；如真书兴于魏晋，但无人能指为谁作，所以程邈造隶书的话决不可信。第三，《汉书·艺文志》谓“隶书施之于徒隶”，陈千秋说“刘歆伪撰古文，欲黜今学，故以徒隶之书比之，以重辱之”，也的确有相当的理由。总之，今文学者并不反对文字学的研究，但现今的文字想都局促于古文学说之中，实有改造的必要。这或者可以与治文字学者以一种解放的勇气，似乎决不能愤慨地就斥今文家言为鲁莽灭裂吧！

七　经今文学在学术思想上的价值

国内学者对于今古文的态度，大抵不出四派：一派不明了经学有所谓今古文的异同，一派坚守今文，一派专治古文，最近一派又有超今古文而研究孔子或古代史的趋势。第一派不明学术途径，可以置而不论。第三、第四两派所以不满意于今文学，大抵以为西汉今文学，如《齐诗》五际六情之说，圣人感天无父之争，以及董仲舒取蛙祈雨之术，直同原人思想，或类方士术数，的确不配称为学术思想；至于清代的今文学者，则斥古经不免武断，信纬书实近诬妄，而各人对于今文学的见解亦复各执一辞。这种批评的话，都是颇中肯綮；并且我也不是专治今文学者，实无用其辩论或掩护。不过我们平心而论，清代今文学在中国学术思想上，也自有其相当的价值与功绩，未

① 费氏，原书作孟氏，依章炳麟及康有为说改，见《检论·清儒》及《伪经考》卷九《说文序纠谬》。

可一般抹杀。就普通的影响说，在消极方面，能发扬怀疑的精神；在积极方面，能鼓励创造的勇气。就实际的结果说，在消极方面使孔子与先秦诸子平列；在积极方面，使中国学术于考证学理学之外另辟一新境地。

学术发达之有待于怀疑精神，自不待言；清代学术界，自胡渭的《易图明辨》，对于宋儒假托于羲文周孔的《易学》，诋为诬妄，阎若璩的《尚书古文疏证》，对于晋人伪托于孔安国的孔壁古经，证为赝品，已启怀疑经典的绪端。到今文学者，于《诗》则斥《毛传》，于《书》则斥《古文尚书》，于《礼》则斥《周官》，于《易》则斥费氏，于《春秋》则斥《左传》，举千余年来学士大夫所奉为圣经贤传而不敢稍加诽议的东西，而大声狂呼，斥为刘歆伪造，以为佐莽篡汉的工具；则其怀疑的精神，在中国历来的学术界实少其匹。在我们现在，即如某君之呼孔子为孔二，也不足谥为勇者；但在数十年前，孔子经传还握有绝大权威而含有宗教性的时候，居然有人斥其中一部分是伪造，其胆识不能不令我们有相当的钦佩。这比如在共和政体之下指斥君主专制，毫不为奇；而在独夫恣睢时代，鲍敬言倡无君，唐甄言抑尊，则不能不称为急进的思想家了。我们只要看廖平受威逼而变节，康有为著《伪经考》而被焚禁，则大可看见当时今文学者为提倡怀疑精神而被压迫了。至于所谓鼓励创造的勇气，是指今文学者能揭出孔子的创造精神以相号召而言，本来孔子学术思想的真面目，我们到现在还没有完全的真切的了解，虽然我们崇奉孔子为先圣或先师已经有二千余年之久。梁启超说："寖假而孔子变为董江都、何邵公矣，寖假而孔子变为马季长、郑康成矣，寖假而孔子变为韩退之、欧阳永叔矣，寖假而孔子变为程伊川、朱晦庵矣，寖假而孔子变为陆象山、王阳明矣，寖假而孔子变为顾亭林、戴东原矣"。[①] 这话颇能痛快地指斥中国数千年来学术冒牌失真的弊病。所以清代今文学者所描写的孔子，是否能得到孔子的真象，还是疑问；不过他们特别提出孔子的创造的改革的而带有热情的精神，比较董、何的专己守残之学，马、郑的经传注疏之学，韩、欧的文章格调之学，程朱陆王的个己修义之学，顾、戴的名物考证之学，的确不能不说稍高一筹。他们说孔子决不是一个老学究式的古代文化保存者；他热情的主张救世，坚决的主张改革：他想依其力之所及以创造新社会，他想依其学之所就以建设新学派；他栖栖遑遑，席不暇煖，无非是救当时的陷于水深火热的人类：他孜孜仡仡著述六经，也无非是救当时或后世的陷于水深火热的人类。我们读《论语》"鸟兽不可与同群，吾非斯人之徒与而谁与"的话，的确使我们不能不从内心敬仰这个热情的救世者。总之，经学上自有清代的今文学，然后孔子才脱离迂缓的、顽固的、琐屑的气味，而与我们以伟大的、热情的印象。

---

① 见《清代学术概论》页一四四引壬寅年《新民丛报》。

使孔子思想从弥漫的死气里，一变而含有新鲜的生命，这不能不感谢今文学者的功绩。

至于今文学发生后的结果，在消极方面，使孔子与先秦诸子平列，在积极方面，于考证学理学之外另辟一新境地，这都不是今文学者所预计或及料的。本来今文学者研究经传，研究孔子学术，还是仍袭汉武罢斥百家尊崇儒教的传统的荒谬的思想，还是视孔子与先秦诸子绝对不同；但自康有为作《孔子改制考》，说孔子著经是托古改制，诸子著书也是托古改制，孔子之赞许尧舜文王，无异于老庄之称誉太古，许行之称誉神农，墨翟之称誉夏禹，都是一种宣传的手段。在康的本意，是说明孔子创教，以尊崇孔子；但结果，孔子的六经与庄生的寓言相等，孔子的手段并不比诸子高明，于是孔子的地位与经典的尊严发生摇动；而儒家不过周秦诸子中的一派的思想自然会顺势而起。加之当时考证学发达，经史之外，旁及诸子，于是诸子学渐渐兴盛，不似往昔的被抑。我们现在对于古代学术，所以能从孔学中解放出来而自由研究，固然是时势变异。但今文学者不无促成的微功。至对于中国学术界另辟一新境地，则殊明显。因为中国学术大体不出两派：一派是东、西汉及清中叶的考证学，专门在名物训诂上用功夫；一派是宋明及清初的理学，专门在心性理气上去钻研。到了清末的今文学者，他们不在文字上着力，也不在修养上的着力，而专门着眼于社会制度的改革。这派的研究，在汉学家或斥为“无稽不信”，在宋学家或诋为“本末倒置”；但是无论如何，我们不能不承认今文学者是于汉宋学之外另树一新学派，另辟一新境地呢！

该文首次刊于《国学小丛书》，商务印书馆 1926 年版。摘录顾颉刚编《古史辨》第二册，朴社 1930 年版。

顾著《古史辨》的读后感

不客气地说，我对于国内出版物，不仅在量的方面感着不热闹或者甚至于惨淡的景象，就在质的方面也觉得每有著作者与书贾串通以诈欺读者的嫌疑。我是命定的不得已的去研究国故学的一个人——请注意这句话的副词，我不是喜欢国故，也绝对不是受某博士所开的风气的影响，——就国故方面讲，我只见什么大纲或什么文存继续地在书坊出现，而始终不能一振我惺忪欲睡的倦眼。我有点乖僻，我总觉得天天在那里喊“用科学的方法来整理国故呵”的口号，或者逼债式的出版什么杂志与旬刊，都是无聊的而使人厌恶的举动；好像张口不动手喊什么“外抗强权，内除国贼”与发什么“中国者，中国人之中国也”的呜呼派的宣传品，一样的使人感着强度的无聊与厌恶。我以为对于一切的学术，只有大家低着头去努力，去前进，等到有话说的时候和非说话不可的时候，然后痛快的系统的说一顿。这是我们对于自身生活之正当的态度，也就是我们对于社会尽所当尽的义务。这种态度，我杜撰地称为“亦艺术亦功利的生活”。

似乎有点“跑野马”了，或者误会以为又在那里说废话，发牢骚了，带住罢！自我读了颉刚的《古史辨》，我的确从内心里受到深切的感动；我倦眼为之一振，而我藏在内心从未发表的意见也居然得了一位实行者。以前不说，我一年来所阅读的书籍，自第一个字看到末字的，可以说绝对没有；但颉刚这部书居然成了例外。我用了我为吃饭而工作之剩余的时间，从沈君所题的封面起，一直看到附录的“顾颉刚启事”的最末行。当我阅读的时候，不仅不觉得沉闷、无聊或者厌恶，而只是不得自已的热情的看下去。这或者因为友谊的缘故，使我对于颉刚的性格与学术要求更明析的了解；但我不相信这是全部的原因，至少原书态度之诚恳与勇敢，及方法之新颖与缜密，给我们以一种诱惑的魔力。总之，简略些说罢，免得多疑的人们又以为在标榜，在阿谀；无论怎样，赞成他的方法与结论也好，反对也好，颉刚这部书的确有一读的价值，并且的确值得介绍与批评。

这部书是集合已发表与未发表的论文及信札，而冠以七万言的长序而成，——这序，顾君自谓“有生以来的最长最畅的文”。这部书所给予学术界的影响，与其说在辨驳的结论，不如说在他治学的态度与方法，更其是在态度方面，能引起人们热切的同情与兴奋。因为结论之能否成立，如禹之是否是古代部落的酋长，抑或是传说中的神，甚或是洪水时代大爬虫的变身，我们固都在怀疑、在踯躅，即颉刚自身，恐怕也不见得就满足于现在的论证；但他的态度与方法，那我们只有赞叹，只有提出意见来商榷，假使读者平心静气而不是受什么学统或党系的偏见所蔽。

现在先说说颉刚在本书中所表现的治学态度罢。颉刚在我们友朋中，是低着头努力的人。他不说空话，不喊口号，也不做什么“国学概论”“国学大纲”一类空疏的、无聊的、甚至于抄袭而成的文字。他是有计划的，勇敢的，就心之所安，性之所近，力之所至，以从事学问与著述。上海一班反动教育家每每借“学术救国”的名词阻止有热情的学生的政治运动；但我敢大胆的说一句：“假使学术可以救国，你们这班野东西也不配；配的，只有我们的颉刚，因为颉刚才真真是沉醉于学术的人”。这并不是在说阿谀的话，我决不愿自菲的说阿谀的话，颉刚也决不愿受夸浮的赞誉；只要读者不是盲目的，不是戴着有色眼镜的，那表现努力于学术的态度的文字，在本书中，真是掇拾都是。我不愿多举例以占有限的篇幅而减本文的情趣，我只略举一段罢。

……这篇序文的起草，适在北方军事紧张之际，北京长日处于恐怖的空气之中：上午看飞机投弹，晚上则饱听炮声。我的寓所在北海与景山之间，高耸的峰和塔平时颇喜其风景的秀美，到这时竟成了飞机投弹的目标。当弹丸落到北海的时候，池中碧水激涌得像白塔一样的高，我家的窗棂也像地震一般的振动了。每天飞机来到时，大家只觉得死神在自己的头上盘旋不去。家人惊恐之余，连水缸盖和门户的开阖的声浪也变成了弹声炮声的幻觉。……北京大学的薪金，这两个多月之中只领到一个月的一成五厘，而且不知道再领几成时要在哪一月了。……在这又危险又困穷的境界里，和我有关系的活动一时都停止了；……我乐得其所，终日埋头在书房里一天一天的从容不迫地做下去，心里想到什么就写什么，实足写了两个月，成了这篇长文。……（序五六至五七页）

我们读了这段，只深切地感觉到军阀的残暴，民众的庸懦，与真正学者的镇定。其实这还不过是颉刚嗜学态度的小小表现；我们只要读完这部书，我们立刻觉得他十年来对于学术的努力与今后预定有系统的研究计划之可赞叹佩服。我和他相识不过四年多，而晨夕晤谈的机会不过在上海的一年左右。我平素有点个人主义，有点享乐思想；我从前总以为颉刚太自苦，太有目的，太牺牲自身生活的情趣，而近于所谓“傻瓜”。但是现在我觉得我有点误会了。他非如此不安，非如此不乐；读书著述就是他安身立命的地方，就是他生命所喷发的火焰，也就是他的艺术生活的表现。他曾对我说，他是柳宗元所说的“蝜蝂”；我现在领会得，蝜蝂式的生活也是广义的艺术生活；因为这正是超功利的，这正是无所为而为的精神的表现。我现在对于他治学的态度，只有赞叹，只有佩服，只能说我的脾气不愿这样做，我的学力不配这样做，而不敢说他不应该这样做。读者不要误会，我并不是希望全国的智识阶级全去研究古史，而变成第二第三以至第若干的顾颉刚；我只以为这种“锲而不舍”的态度，与这种“扎硬寨，打死仗”的精神，是治一切学术的必需条件，也就是从事于革命工作与解放运动的必需条件。不然，一切是口头的，一切是夸浮的，一切是绝望的，而我民族的末日也就不远了。这才配得起所谓“学术救国”！混蛋的教育家们，你们晓得吗？你们配开口吗？

其次，我们谈谈这部书中所表现的方法罢。颉刚在这书中，似乎有三种目的：第一，是它上篇所讨论的，大概是想做辨伪的工作，或者可以说是想集古今辨伪的著述而成所谓“辨伪丛书”或“辨伪丛刊”。第二，是它中篇所辨论的，也就是这部书的中坚，大概是想考古史的真相，如“禹是否有天神性？”“后稷的实在怎样？”等等都是。第三，是它中下两篇及序文时所谈及的，大概是想用研究故事转变的方式来研究古史的变化。第一种辨伪的工作，在现在国内乌烟瘴气的学术界，尤其是国学方面，我承认是必要的，而且是急需的。谈古史的，还固执《周礼》以为是周公治平之绩；谈哲学的，还援引《伪大禹谟》“道心人心”的话，以为理欲二元论起源于舜；谈文字学的，还推尊仓颉为中国文字的创始者，而以许君《说文》为不祧之祖：你有什么话说呢！他们连经史不分，汉宋学不分，今古文不分，他们只觉得一个完全无缺的所谓国粹也者在面前发毫光，你说要他们不要“考信于六艺”而以禹有大爬虫的变相的可能性，他们怎么不仓皇失措群起反抗呢！所以辨伪虽是国学常识，但也是第一步的工作。颉刚和钱、胡两先生所讨论的印刷“辨伪丛刊”的事，及本书附录“标点书籍”八种，我非常的赞同，并且很希望早些实现。——我自己呢，或者不自度德，也想在这方面尽点力。不过我的意见，以为在这些丛刊及书籍以外，应该作一部集大成的有系统的“古今伪书伪物考”。内容大约分四部分：一，伪书，全书皆伪者属之，如《孔子家语》，《孔丛子》，《今本竹书纪年》等；二，伪篇，全书中有一部分伪者属之，如《书经》中的《伪古文尚书》二十五篇等；三，伪物，如杨慎伪造的大禹《岣嵝碑》等；四，存疑，凡伪书伪篇伪物之未有定论，及虽非伪造而不能信为传说的著作者的作品皆属之；前者如《老子》及《石鼓文》，后者如《孝经》，《礼运》之决不能视为孔子思想，《胠箧》，《天下篇》之决不能断为庄子著作等是。每部分都以书或物为纲，而以古今来学者对于该书或物的议论为目。我以为这样然后才能网罗古今来辨伪的片言只语而无遗漏，而学者也可以因此而对于古今来伪书伪物得到鸟瞰的、历史的、系统的而且彻底的了解。自然，这是个很粗疏的提议，如果我们决定动手，当然还须加以考虑与修正。

第二种考证古史真相的工作，如在《努力杂志》所发表的诸文，在许多人或者震于颉刚的博洽而加以非常的赞誉；不过我的私意，觉得他在这方面所用的方法并不见得十分的成功。但是这不能疵议颉刚的，因为这完全是受中国考古学过于幼稚的障碍。大概我们要考证古史的真相，逃不了两个方法：一，实物考证法；二，记载考证法；而前者方法的价值实远胜于后者。这点意见，他自己也很明了；他说：“我知道要建设真实的古史，只有从实物上着手的一条路是大路。……我很愿意向这一方面做些工作使得破坏之后得有新建设，同时也可以用了建设的材料做破坏的工具”。(序页二八)对的，“用建设的材料做破坏的工具”，真是一句研究古史真相的格言，或者更是一切治学治事的格言。譬如拿禹来说罢，与援引古代记的话来反对禹之治水，决不如用地质学的知识来实地考察龙门砥柱之较为的确。丁文江先生说：“龙门是天然的峡口，用不着人凿的，也非人工所能为力的。砥柱又叫做三门，是因为有两块火成岩侵入煤系软岩石之中；煤系软而火成岩硬，所以受侵蚀的迟速不一样。煤系被水冲开一丈，被风蚀低一丈，火成岩却不过受了十分之一的影响，成功了所谓三门。与禹何涉”！（页一七七）你看，这话多么干脆而有力！又譬如说《禹贡》是后来的作品，九鼎不是禹所铸，你就是说得舌敝唇焦，但人们受了二千余年伪古史的束缚，决不见得立刻信从；但是你假使有了考古学上的实证，那他自然闭口无言了。安特森（J. G. Andersson）发见的渑池的石器时代的文化，以为商代犹在石器时代的晚期；那末，铁固非夏代所有，铜亦非那时代所能用，而禹铸九鼎当然一种神话了。（页一六九）“拿证据来”！这是研究古史真相的秘诀，也是治一切学术法门。我说这话，并不是以为研究古史，记载考证法毫无用处，它的确也有相当的或者消极的功用。大概记载考证法在这部书中所表现的，可分三种：一，寻觅反证；二，追溯字源；三，解释字义。譬如经今文家在《尧典》中找到“蛮夷猾夏”一句有力的反证，于是以为《尧典》不是尧舜时的记载而是儒家托古改制的话。因为“夏”是尧舜以后的国号，怎么能亲出于舜之口呢？这就是所谓“寻觅反证”。譬如胡适之先生援引梵文的 Deva，希腊的 Zeus，拉丁的 Deus，中文的“帝”“天”，以为“Z”“D”“帝”“天”都是同纽，因而主张“帝”即“天帝”。（页一六九）这种用语言学的材料来证明古代记载上的真义，也的确有相当的价值。这就是所谓“追溯字源”。又譬如颉刚解释《诗·长发》“洪水芒芒，禹敷下土方”的“敷”字为“铺放”，而以为“在茫茫的洪水中，禹敷放土地于下方”；解释《信南山》“信彼南山，维禹甸之”，《韩奕》“弈弈梁山，维禹甸之”的“甸”字为“陈列”，而以为南山、梁山都是禹所陈列；解释《文王有声》“丰水东注，维禹之绩”的“绩”字为“迹”，而以为水道也是禹所排列；因主张禹含有神性而非人王。（页一〇九至一一二）这就是解释字义的方法。这方法，我敢不客气的说，实在没有什么了不得的价值，并且有点危险。为什么呢？因为中国的文字，引申、假借、转变实在太复杂，如果我们先有了成见然后去解释字义，每每可以用什么对转旁转的方法，得到一个与原意相反的字。就是能够繁征博引，也只能做到“能胜人之口而不能服人之心”。所以颉刚上文所训释的几个字，刘掞藜先生就提出抗议，以为应该训“敷”为“治”，训“甸”为“治”，训“绩”为“功”，禹实毫无天神的嫌疑，而斥他为“穿凿附会，迁就己意”。（页一六六至一六九）我对于颉刚和刘先生的博学，都致相当的敬意，但我总觉得这样的咬文嚼字，都不见得干脆而有力！本书中编，颉刚似乎太喜欢用这种方法，所以许多人甚至于他的很熟稔的朋友每以为他在强辨。其实这是方法本身的问题。如果他今后仍抱有考证古史真相的野心，我希望他努力于实物考证法，而对于解释字义的方法加以限制的采用。

第三种是用研究故事转变的方式来研究古史，也就是颉刚所要著作的“层累地造成的中国古史”。我觉得这是目下研究古史的最重要工作，而且比较地容易有成绩。我并不以为考证古史的真相是永远不可能的事，我只以为在现在考古学这样幼稚的时候，所得的结论究竟不容易有力量。我读到颉刚答李玄伯先生书：“从此以后，我对于古史的主要观念，不在它的真相而在它的变化。我以为一件故事的真相究竟如何，当世的人也未必能知道真确，何况我们这些晚辈；但是我们要看它的变化的情状，把所有的材料依着时代的次序分了先后，按步就班地看它在第一期如何，在第二期如何，……这是做得到的，而且容易近真的”一段文字，（页二二二—二二三）不觉为他道贺，因为他已经找得他所要走的“康庄大道”了。在现在要考证古史真相，有时不免总要“碰壁”；而研究古史的转变，则以颉刚的学力与眼识，自能轻车骏马欵段而行。我并非以为研究学术不应该有披荆斩棘的精神，而只是滑头的挑容易有成绩的去做；但学术究竟也是层累地成功，越尘而奔总不免会跌倒。宋学家怀疑的精神本是不坏，但结果得到“空疏”两个字的批评，就因为他们只有目的而无手段。至于颉刚对于达到这第三种目的的方法，在他的《我的研究古史的计划》的第六学程里说得非常清楚（页一八四），而胡适之先生在《古史讨论的读后感》一文中归纳得也很明晰（页一六五）。现在就录胡说以代替我自己要说的话罢。

> （一）把每一件史事的种种传说，依先后出现的次序排列起来。（二）研究这件史事，在每一个时代，有什么样子的传说。（三）研究这件史事的渐渐演进：由简单变为复杂，由陋野变为雅驯，由地方的局部的变为全国的，由神变为人，由神话变为史事，由寓言变为事实。（四）遇可能时，解释每一次演变的原因。

我觉得有了这种原则与方法，只要对于古史有兴趣的，大家不妨专拿一件史事去考它的转变。这样，或者可以帮助颉刚，而使他的《层累地造成的古史》早日产生。——如果将来时间与学力允许我帮忙，我当然要尽一分微弱的力。于此，我本来可以不说话了，但我看见了附录里的颉刚启事，说他要在十年之内对于

（一）“孟姜女故事”，

（二）“社和土地城隍神的庙宇祭祀和故事”，

（三）“各地迎神赛会和朝山进香的风俗”做专门研究，

不能不再说几句废话。我很晓得研究孟姜女与研究禹，它的价值是一样的；研究城隍庙及赛会，与研究明堂及封禅也是一样的，或者反较为有价值。但是这些究竟是研究文学或研究民俗学及比较宗教史的人的职责；治古史的人只有拿它来应用，似乎不应当“舍己之田而耘人之田”。自然，我不能限止颉刚，说你只配研究古史，不能研究别的，但他既然大书特书的以治古史自任，则究竟本根与枝叶当有分别。不然，恐

怕像骑野马跑荒郊，得不到一个归宿；而我所热切祈望早日出世的《层累地造成的古史》一书恐也不能及身目睹了。况且治古史者对于故事，只要利用它转变的原则；现在自《徐文长的故事》《孟姜女的故事》以及《狸猫换太子的故事》诸文发表以后，故事转变的原则大致已经明了，治古史者如果不急速回转自己的阵地，而贪多务博去解决许多个以至无穷个个别的故事，则不仅颉刚说六十岁有点不够，就是加倍活到百二十岁也恐怕不够。因为如所谓“八仙”“五通”“三星”“玉皇大帝”以至“钟馗爷”，真是数也数不清，假使每个故事全要费一二年的光景，则“吾生也有涯而故事也无涯，以有涯逐无涯，殆已”。又如土地庙，就我们温州说，因“瓯人好鬼”之故，几乎每一二条胡同就有一个，而乡村间大树之下也每有所谓“招财爷殿”，你怎样去研究呢？研究了以后，对于古史有什么巨大的帮助呢？我并不是要颉刚偷懒，而阻止他的高兴；不过学术研究竟应该分功而不应该包办，应该专治而不应该旁骛。不知颉刚兄与读者以为如何？

以上可说是很潦草的对于本书的意见的陈述，现在不妨谈谈我的真真的“读后感”了。这本书本来是一本比较专门的沉闷点的书，但我读了之后，不觉引起很深切的愤慨与同情。颉刚在各文中时常透露他内心的沉重的苦痛与悲哀，而在序文中更加以有系统的描写。他归纳他的苦痛为四种：第一，学问欲太强而同时的人又不能分工帮忙；第二，社会不了解他而拉他作不愿意的工作；第三，生活的不安定；第四，生活的枯燥。除第一问题关系于个人性格，其余全与社会问题有关，而更其是现代智识阶级全体的问题。我平素总觉得现在世界只有两大阶级，统治阶级与被压迫阶级，而我们则很明显的属于后者的阶级。老实说，你如果忍不住了，而你觉得你自己臂膊有力量，那你只有丢了笔头儿，拿住你自己的“血”与“死”，大胆的勇敢的去干去反叛；如果你仍旧依恋你学问的生活，或者你觉得你有点懦弱，那么，对不住，朋友们，你只有忍受。诅咒是无用的，流泪是无用的，至多，它们不过供被压迫阶级中怯懦的人们受鞭笞后的无聊的慰藉而已。但是，我们不要悲观，人类究竟是进化的，使政治经济以及社会组织其它问题与学术同时迈进，这是我们最后的志愿！也是我们努力的目标！颉刚兄，你的苦痛，你的悲哀，是全阶级的苦痛，是全阶级的悲哀；你我都是比较对于学术有兴趣的人，也都是比较地怯懦的人，那末，忍耐着罢，等着等着吧！不过我现在可以提出几种零碎解决的方法，这在你或者以为是不中听的，或者以为是滑稽的办法，但我也不妨提出來谈谈。我总以为人应该以每个人的生活情趣为中心，而不当受社会的压迫而牺牲自己；所以对于社会无理的要求，在我们能力之内，当然可以反抗。颉刚所觉得太忙的原因，大概不外人家逼他作文章或和作文章有关系的事物，但我觉得这是很容易避免的。什么社什么团体请你吃饭，或者通信，或者派代表强逼你作你所不愿作的文章，那你不要敷衍他，直接痛快的拒绝他就是了。人家背后或者骂你不识抬举，那你就不识抬举好了。我是我，抬举于我有什么好处。至于生活的枯燥，一半因为我们受旧式的教育成了畸形的发展，一半也因为对于学术的成就过于执着。我总以为人究竟是人，享乐的思想不应该排斥，而理想的生活应该灵肉一致，动静互用的。偏于灵的与偏于静的生活，如修道士或学究式的，都应该排斥。我们对于全生活应该热情的执着，不让印度佛教或中国道家思想的毒菌侵入；而对于学术，则应该为增进生活的情趣去努力，而不当将自己的全生活被学术整个的吞下去。颉刚兄，苦痛与悲哀是生活应有的味。是将快乐比映得更其快乐的必需品，但枯燥是不当有的，这是生活中的魔鬼。这不仅于你的身体是有害的，于你的学问的成就也同样的有害。颉刚兄，留意你的全生活而不要太执着你的学术罢！虽然在绝对不合理的社会组织之下，但勉强去寻觅发泄情趣的孔道究竟也是可能的，我们携着手努力地去寻找罢。

我的话，勉强可以说已经完毕了。最后我对于反对颉刚的柳翼谋先生和刘掞藜先生致同样的敬意，他俩的为学的态度与方法，虽然与颉刚或者我们不同，但他俩确是低头为学术努力的人，而不是一般喊口号作空疏的文字之自命的国故学者；在这样“士不悦学”的社会，这样的人究竟是应当赞叹的。

该文首次刊于《文学周刊》1926年7月第233期。选自顾颉刚编《古史辨》第二册，朴社1930年版。

刘 节

刘节（1901—1977），原名翰香，字子植，号青松。温州朔门人。早年毕业于浙江省立第十中学（今温州中学）。就读于上海私立南方大学哲学系。因参与学潮，被校长江亢虎开除，遂转入上海国民大学哲学系。1926年大学毕业后，以优异的成绩考入清华大学国学研究院，为该院第二届学生。师从王国维、梁启超和陈寅恪。1927年以优秀成绩毕业，当时他的论文是《中国古代哲学之起源》，后来留校继续研究。1928年应聘到南开大学任讲师。30年代初，任河南大学教授。不久，去北京图书馆任金石部主任。1935年以后又任教于燕京大学。抗日战争爆发后，先后在浙江大学、成都金陵大学任教。1940年至1944年间，索居于重庆南岸中央大学，专心于古代史研究，生活极其艰苦而矢志不移。1946年南下广州，任中山大学教授。50年代初，任中山大学历史系主任。此后，刘节一直执教于中山大学，直至1977年辞世。

评《刘向歆父子年谱》

钱穆氏所著《刘向歆父子年谱》，载《燕京学报》第七期，以批评南海康有为《新学伪经考》为主，仿王静安先生《太史公行年考》之法，缕举向歆父子事迹，及新莽朝政，条别年代，证明刘歆并未窜改群经，《周官》《左氏传》二书皆先秦旧籍，而今古学之分在东汉以前犹未彰著。列与康氏之说不可通者二十八端，皆甚允当。惟吾人所望于研究此问题者不在消极攻击旧说，而在积极分析事实，说明今古学之源流与底蕴，以为讲论学术史者所取资。惜夫！前贤举未能及此也。兹列举数事与钱氏一商榷之：

东汉以后，经学上今古二家之互相攻击，本因学说不同，利害冲突，其相争自有意义。至于晚清以来今古二家入主出奴之见，可谓无甚价值。若以真正历史家眼光观之，两者皆历史上事实，既无所轩轾，更不必偏袒。今文家谓《左氏传》《周礼》为刘歆伪造，而独抱遗经，自以为得孔氏之真传，殊不知《春秋经》及《公羊传》两者皆非旧战国以前古籍，以此攻击古文家，亦五十步笑百步而已。古文家讥今文家好言五行灾异，而古文家未尝不喜言阴阳谶纬。且今古学之分，即阴阳五行学说之分，其异同具详《五行志》，《刘向传》，《谷永传》，《春秋繁露》，《白虎通》诸书，而一切名物之不同，礼制之各殊，皆原于此。今之论今古学者，如不明阴阳五行家之渊源与派别，及其在当时社会上之潜势力，即不能讨论今古学，何况溺于一家之见，不自振拔哉。钱氏此文似未能离开古文家之立足点而批评康氏，故其言曰："主今文学者率谓六经传自孔氏，历秦火而不残，西汉十四博士皆有师传，道一风同，得圣人之旨，此三者皆无以自坚其说。然治今文学者犹信今文，疑古文，则以古文争立自刘歆，推行自王莽，莽歆为人贱厌，谓歆伪造诸经以媚莽而助篡，人易取信，不复察也"。篇中议论类如此，惜夫！其见解未能超越也。

晚清治今文学者以皮锡瑞，廖平，崔适，康有为最有力。如廖平之《今古学考》，崔适之《史记探源》，皆精深宏笃，远在康氏以上。钱氏谓"康氏之说破，则诸家如秋叶矣"，恐未必然。南海之书虽辞采斐然，而立说太易，学者惊为新奇。类如谓刘歆点窜群经，伪造古文字，埋藏古彝器，种种怪论，虽及门弟子梁启超亦未能奉信。钱氏能列举事实以证其谬，自是学术界上大快事。然崔康辈虽胶执今文，语多僻违，而对于《周官》及《左氏传》之疑难则确有见地。《周官》一书，条理整然，似成于一人之手，如谓实系周公致太平之书，固不可信，即谓出于周秦之间，亦未得确据。至于《左氏传》及《史记》中受后人改窜之处更多，虽未能断定尽出刘歆，然改窜之事实俱在，未容否认。崔氏《史记探源》，《春秋复始》二书已条分缕析，不必赘述。《史记》中有同《左氏传》之文，然亦并未标明《左氏传》云云，安知非得之于古本《国语》。凡此皆崔康辈所提出之事实，从事此问题者不能不切实解决者也。今钱氏之文于刘歆未造伪经之证据颇多，而对于《周官》及《左氏传》之著作时代无具体意见，吾人认为其抨击崔康者仍未能中其要害也。康氏之提倡今文，攻击古文，并非其真价值所在，其价值则在于因复古而思想得解放。欧洲文艺复兴之功绩如是，晚清今文学运动之功绩亦如是。当崔康辈立说初意，本在提倡今文，因而不能不攻击古文经典，于是《周官》及《左氏传》之著作时代发生问题矣。后人复以其攻击古文家之法还以检讨今文经典，则《春秋经》，《公羊》，《穀梁》二传相继提出不信任案，由是《禹贡》，《洪范》，《尧典》，《金縢》一一证明伪作，而中国上古史顿觉改观矣。追求康氏执笔为《伪经考》之始，岂料有如是结果耶！世界事往往有成绩超出预定目的以上者，哥仑布因环游地球而发现新大陆为然，康有为因攻击古文经典而得思想解放亦然。善治史学者自能知之。

最后尚有一意见贡献于钱君。此文本称《刘向歆父子年谱》，而刘歆生年《汉书》无记载，因此钱氏亦未能深考，于是谱中刘向卒后尽以王莽为主，刘歆事反为附庸。

歆莽关系甚深，歆谱自不能忽略莽事。然依年谱体例，凡一切年代事迹皆当以谱主为体，有关系者尽为从属可也。莽虽当国建元，而歆之生卒岁数不能不加以考求，此年谱家之责任也。果若以批评康氏说为主，则不必称《刘向歆父子年谱》可也。

颉刚案：钱宾四先生此文本名《刘向刘歆王莽年谱》；嗣以名较累坠，故为学报社同人所改。对于此文末段评论，同人实深致歉意。

《大公报·文学副刊》1930 年第一三七期。选自顾颉刚编《古史辨》第五册，朴社 1935 年版。

参考文献

1. 顾颉刚等编：《古史辨》全七册，上海古籍出版社 1981 年版。

2. 顾颉刚编：《崔东壁遗书》，上海古籍出版社 1983 年版。

3. 顾颉刚：《走在历史的路上：顾颉刚自述》，中国人民大学出版社 2011 年版。

4. 钱玄同：《钱玄同文集》第 4 卷，中国人民大学出版社 1999 年版。

5. 钱玄同：《疑古玄同：钱玄同随笔》，北京大学出版社 2010 年版。

6. 童书业著，童教英整理：《童书业著作集》（全七卷），中华书局 2008 年版。

7. 杨宽：《杨宽古史论文选集》，上海人民出版社 2003 年版。

8. 朱维铮编校：《周予同经学史论》，上海人民出版社 2010 年版。

9. 吕思勉著，张耕华编：《吕思勉学术文集》，上海人民出版社 2011 年版。

10. 钱穆：《八十忆双亲·师友杂忆》，三联书店 2005 年版。

11. 王汎森：《古史辨运动的兴起》，台北允晨文化实业公司 1987 年版。

12. 陈其泰、张京华主编：《古史辨学说评价讨论集：1949－2000》，京华出版社 2001 年版。

13. 张京华：《古史辨派与中国现代学术走向》，厦门大学出版社 2009 年版。

14. 顾潮：《顾颉刚年谱》，中国社会科学出版社 1993 年版。

15. 王学典、李梅、孙延杰：《顾颉刚和他的弟子们》，中华书局 2011 年版。

16. 刘俐娜：《顾颉刚学术思想评传》，北京图书馆出版社 1999 年版。

17. 许冠三：《新史学九十年》，岳麓书社 2003 年版。